本书为2013年国家社科基金一般项目
"南京国民政府甘肃保甲制度与基层社会控制研究"
（项目批准号：13BZS061）结项成果

民国保甲制度与
甘肃基层社会变迁

（1934-1949）

柳德军 著

中国社会科学出版社

图书在版编目（CIP）数据

民国保甲制度与甘肃基层社会变迁：1934－1949 / 柳德军著 . —北京：
中国社会科学出版社，2023.3

ISBN 978－7－5227－1397－7

Ⅰ.①民…　Ⅱ.①柳…　Ⅲ.①保甲制度—关系—社会变迁—研究—甘肃—
1934－1949　Ⅳ.①D693.62②K294.2

中国国家版本馆 CIP 数据核字（2023）第 033404 号

出 版 人	赵剑英
责任编辑	孔继萍
责任校对	闫　萃
责任印制	郝美娜

出　　版	中国社会科学出版社
社　　址	北京鼓楼西大街甲 158 号
邮　　编	100720
网　　址	http://www.csspw.cn
发 行 部	010－84083685
门 市 部	010－84029450
经　　销	新华书店及其他书店

印　　刷	北京君升印刷有限公司
装　　订	廊坊市广阳区广增装订厂
版　　次	2023 年 3 月第 1 版
印　　次	2023 年 3 月第 1 次印刷

开　　本	710×1000　1/16
印　　张	26.75
插　　页	2
字　　数	439 千字
定　　价	158.00 元

目 录

绪　　论

一　研究目的及意义

在中华民族的历史长河中，"农业、农村、农民"问题始终与这个以农为本的国家命运紧密相连。无论是封建王朝时代，还是国民政府时期，为了维系他们的统治，历代统治者都对这个占据全国总人口 80% 以上的乡村地域实行过一系列的改革。尽管这些改革既有经济性的，也有政治性的，但他们的改革均未能解决中国农村社会的根本问题。时至今日，"农业、农村、农民"问题仍然是我们党和国家领导人极为关注的重要课题。不可否认，对于中国农村社会的治理，不仅需要现代的政治理念，还需要顺应中国农村社会的自身特点，即如何将现代乡村治理理念与中国乡村社会传统有机地结合起来，无疑是我们探索乡村社会治理的必由之路。对于中国乡村社会而言，广袤的土地，世代定居、从事耕作的占全国人口 80% 以上的农民，既是中国乡村社会的基本特点，也是中国不同于西方国家的一大特色。正如梁启超所说："欧洲国家积市而成，中国国家积乡而成"①，可谓一语中的。正是由于乡村社会在中国政治、经济、文化等方面的特殊地位，因此，维持乡村社会的稳定、发展、繁荣则成为每个时代的统治者为之努力的方向。纵观中国基层政制的发展历程，保甲制度无疑是持续时间最长、影响最广、推行朝代最多的基层社会管理模式。

保甲制度萌芽于先秦、秦汉、魏晋南北朝，发展于隋唐，确立于北宋。此后历经宋、元、明、清，长久不衰。1840 年鸦片战争后，没落的清王朝在被迫同西方列强签订一系列不平等条约的同时，也将这个封闭的

---

① 梁启超：《饮冰室合集》（专集之八十六），中华书局 1936 年版，第 52 页。

"天朝大国"逐步推向了资本主义的世界体系。西方列强在向中国倾销商品、输出资本的同时，也源源不断地输出资本主义文明。先进的中国人在探索救亡图存道路上的不断受挫，也促使他们开始把目光转向了西方，向西方学习开始成为这一时代先进中国人为之努力的方向。1900年八国联军的侵华战争以及随后《辛丑条约》的签订，使清王朝仅存的颜面荡然无存。西逃路上的艰辛与屈辱，亦使慈禧太后及整个清王室不得不为其统治谋求出路。历史的车轮促使这位曾于两年前亲手镇压戊戌变法的慈禧太后不得不在20世纪初发动了一场影响深远的新政运动，清末新政在理论和实践上甚至比两年前的戊戌变法走得更远。无论清末新政的动机如何，但客观效果不言而喻。① 传统的保甲制度正是在这一新政运动中被遗弃，而舶来的地方自治开始受到世人的关注。

辛亥革命后，地方自治更是受到以孙中山为首的革命党人的推崇，孙中山甚至将其列为《建国大纲》的一项重要内容，以至于民国初年的历届北京政府均致力于地方自治的推行。1928年形式上统一中国的南京国民政府秉承了孙中山的遗志，继续推行地方自治，但时过两年，成效甚微。1930年中原大战后，蒋介石凭借自身实力平复了各地的反蒋军事集团，但中国共产党在鄂豫皖等地的迅速崛起，成为蒋介石的心腹之患。"围剿"道路上的不断受挫和"智囊人士"的不断"进谏"，使得蒋介石逐渐认识到政治在"围剿"红军中的重要作用。为了加强对鄂豫皖等中共苏区基层社会的有效控制，蒋介石开始把目光投向了传统的保甲制度。于是乎，冷落已久的保甲制度再次受到了南京国民政府的青睐。

然而，推行地方自治既是孙中山的遗愿，亦是国民党政权"法统"的理论屏障，那么，南京国民政府为什么不惜违背总理遗嘱而推行保甲制度？南京国民政府的保甲制度与传统的保甲制度有何异同？南京国民政府在保甲与自治之间最终将何去何从？学术界对于上述问题虽有探讨，但专题研究至今罕见。笔者将利用台湾新近出版的《蒋中正总统档案·事略稿本》以及《申报》《中央日报》《大公报》等报刊资料，系统论述南京国民政府在自治与保甲之间艰难抉择的心路历程，并通过对国民政府保甲

---

① 柳德军：《科举废、革命兴：论清末新政中的革命因子》，《南京政治学院学报》2012年第2期。

制度性质、特点及其异化过程的分析，从中揭示国民政府保甲制度与传统保甲制度的本质性区别。

中国幅员辽阔，各地区在政治、经济、文化等各个层面的发展极不平衡，区域特征各异，因此保甲制度在各地的推行难免会有所侧重。诚如费正清所言："面对这个国家的规模和地理差异，地方社会组织的不同以及不同领域内发展的不平衡，要努力找到这整个变革动态的单一进程或关键，难免要失败。"① 甘肃地处西北边陲，交通不便，民情闭塞，民国时期，回、藏二族在甘肃境内各具特色。然而，时至今日，学术界在区域史研究，甚至西北史研究中，对甘肃这一特殊地域仍缺少应有的关怀。正如李玉对近年来区域研究成果进行整理后指出：区域史研究"在省区方面，人文社会科学相对发达的沿海和沿江地区的地方史研究成果较多，而对内陆省份的相关研究则很薄弱"②。尚季芳亦认为，"近代西北史作为区域史的一个重要组成部分，虽然近年来取得了一些成果，但在研究方法、研究路径、问题的深入探讨以及材料的着力挖掘上，与东南史、华南史、华北史都存在着很大差距，与同处西部的西南史相比也有较大不同"③。足见近代西北史研究仍有极大的拓展空间。

事实上，即便是西北史研究中也有偏向，例如新疆、西藏等地仍然是西北史研究的中心话题，而对近代甘肃区域的研究成果屈指可数。然而，人们往往忽略了这一事实：甘肃位居西北枢纽，具有牵一发而动全身的地位，以至于无论是国民政府，还是我们今天，在考虑西北问题时，均不得不对甘肃问题慎加考量。很多实例证明，正是由于学术界对近代甘肃区域研究的漠视，往往成为研究近代西北问题的"瓶颈"。鉴于此，本书选取20世纪三四十年代甘肃保甲制度作为研究课题，一是因为甘肃特殊的地域和民族风情与东南、华南、华北，甚至西南各地迥异，尤其是甘南地区更是少数民族区域的典型，国民政府的保甲制度在甘肃这一辽阔而特殊的地域是如何推行的，它的推行对甘肃基层社会，尤其是对甘南地区社会产生了什么样的影响？本书将综合运用甘肃省档案馆馆藏档案、民国报刊以

① ［美］费正清、费维恺编：《剑桥中华民国史》（下卷），中国社会科学出版社1994年版，第5页。
② 李玉：《中国近代区域史研究综述》，《贵州师范大学学报》2002年第6期。
③ 尚季芳：《民国时期甘肃毒品危害与禁毒研究》，人民出版社2010年版，第4—5页。

及时人笔记、地方文史资料等,对这一问题进行系统阐述;二是鉴于目前学术界对近代西北史研究之不足,尤其是基于对近代甘肃区域研究仍缺乏应有之重视,希图尽自己的绵薄之力,为西北区域史,尤其是对民国时期甘肃乡村社会史的研究做一些基础性的工作。

二 学术史回顾

长期以来,学术界对国民政府保甲制度的研究要么缺乏应有的关注,要么采用意识形态的有色眼光一味地批判贬斥。因此,以实事求是的科学态度来分析和研究国民政府保甲制度,对我们当前基层政制的改革将具有重要的意义。为了能够对前人的研究有一个总体性的了解,笔者认为有必要对民国保甲制度的研究成果进行一个较长时段的综述,以窥其之长、补其所短。

(一)20 世纪 80 年代以前的研究概述

20 世纪 30 年代初,南京国民政府将保甲制度在基层社会强制推行,并用行政手段将其与地方自治融合。基层政制的变革引发国人的关注,保甲制度遂成为时人研究和讨论的时代话题。其中较具代表性的论著有闻钧天的《中国保甲制度》、李宗黄的《现行保甲制度》、周中一的《保甲研究》等①,这些论著从不同的侧面对保甲概念、保甲的缘起与发展、保甲特质、保甲编组、户口清查、保甲实施规程等做了较为详细的介绍。与此同时,民国时期的各类期刊亦登载了数量极为丰富的相关评论性文章,以其内容划分,有梳理民国保甲制度缘起、发展、作用和特点的②;有分析保甲制度与地方自治关系的③;有强调保甲制度对抗战作用的④;有介绍

---

① 闻钧天:《中国保甲制度》,商务印书馆 1935 年版;李宗黄:《现行保甲制度》,中华书局 1945 年版;周中一:《保甲研究》,独立出版社 1947 年版。

② 徐叔繁:《中国保甲制度之沿革》,《力行月刊》1938 年第 6—7 期合刊;朱博能:《论现行保甲制度》,《东方杂志》1941 年第 22 期;葛寒峰:《中国保甲制度研究》,《农学月刊》1940 年第 5—6 期合刊。

③ 曾迺敦:《论地方自治与保甲制度的关联》,《南潮月刊》1945 年第 4 期;胡彦云:《地方自治中的保甲问题》,《中央导报》1931 年第 7 期;汪镕三:《保甲与自治》,《苏衡月刊》1935 年第 1 期。

④ 冯和法:《保甲制度与动员农民》,《抗战农村》1938 年第 1 期;士伟:《调整保甲制度以动员民众》,《战斗周报》1938 年第 11 期;李乡樵:《调整保甲组织与动员农民抗战》,《时事类编》1938 年第 14 期。

新县制实施后保甲制度转型的①；有讨论乡镇保甲长的②。综观民国时期的各类著述，不难发现：第一，对保甲制度相关法律法规的阐述占据着其中心地位。第二，对保甲制度的论述具有浓厚的政治色彩，甚至很多论著本身就是为了配合官方推行保甲制度而编写的普及性读物。第三，对保甲长的描述具有明显的丑化色彩和个人感情。总之，民国时人对保甲制度的论述，虽具有当时人论当时事的真实性，但他们的论述亦难免含有"不识庐山真面目，只缘身在此山中"的缺憾。正因为此，对于民国时期的论著，研究者一般将其视为研究民国保甲制度的重要史料。

国民党政权失败后，保甲制度在历史车轮的碾压下销声匿迹。然而，保甲制度本身的消退并不意味着流传千年之久的保甲内在精神的没落。中华人民共和国成立初期对乡村社会政制的建构，在一定程度上借鉴吸收了民国保甲制度的精华。事实上，即使今天我们在面对"三农"问题时，亦可以再次从民国保甲制度中汲取营养。然而，由于受诸多因素的影响，从新中国成立到 20 世纪 80 年代以前，对于民国保甲制度的研究一直为学界所避讳。因此，这一时期"关于民国时期保甲制度的介绍只散见于中国近现代史、民国史、中国近现代政治制度史等书刊中，而且叙述非常简单"③。20 世纪 80 年代中后期，随着学术氛围的渐为宽松和民国史研究的逐步兴起，民国保甲制度也开始受到学界的关注，但这一时期对民国保甲制度的研究，仍大多滞留于意识形态层面的消极批判，而对保甲制度在当时中国社会推行之实况以及对基层社会变迁之影响缺乏实证研究。

（二）近 30 年来的研究成果及其特点

20 世纪 90 年代以来，随着档案资料的逐步解密和众多学者的积极参与，民国保甲制度研究逐步打破意识形态的局限而向纵深发展，研究触角已涉及民国社会的各个方面。综观近 30 年的研究成果，可以归纳为如下

---

① 李宗黄：《新县制保甲组织的特点》，《地方自治半月刊》1940 年第 12—13 期合刊；王蔚佐：《新县制实施以后之保甲制度》，《服务月刊》1943 年第 1 期；高清岳：《新县制下乡镇保甲组织之检讨》，《地方自治半月刊》1940 年第 12—13 期合刊。

② 潘守正：《保甲长人事管理问题之商榷》，《闽政月刊》1938 年第 4 期；葛文渊：《对于乡镇保甲长应有的认识》，《浙江省地方行政干部训练团团刊》1943 年第 34 期；程厚之：《乡镇保甲组织之干部人事问题》，《训练月刊》1940 年第 6 期。

③ 冉绵惠：《近年来国内有关民国时期保甲制度研究的新趋势》，《民国档案》2007 年第 2 期。

七个方面。

第一，民国保甲制度的缘起、性质及其作用。20 世纪 90 年代以前，由于受史料和意识形态的双重影响，学术界对民国保甲制度基本上持全盘否定态度。例如，谢增寿通过对蒋介石推行保甲制度原因及其特点的分析，指出：国民政府的保甲制度虽然不同于传统的保甲制度，但其"反动"的性质并未发生根本性的改变。其目的仍在于严密控制人民，加紧压榨人民，围剿革命队伍，镇压革命活动，实行恐怖统治，稳定反动秩序，从而维护其代表大地主大资产阶级利益的法西斯独裁统治，使中国仍然成为一个半殖民地半封建的国家。① 不难看出，谢文对保甲制度评述中的意识形态色彩跃然纸上。赵小平通过对国民党保甲制度产生、发展以及危害的论述，认为保甲制度完全是扰害人民的工具。其实施虽然强化了蒋介石的独裁统治，加强了国民党的一党专政，但其对封建专制手段的承袭、对人民的残酷控制和对经济的破坏，也为国民党丧尽民心、迅速垮台埋下了伏笔。② 朱德新以 1932 年至抗战爆发这一时期河南省的保甲活动为中心，讨论了河南省政府在沟通其与保甲行政人员关系时的恩怨纠葛。指出：由于国民党政府代表着大地主大资产阶级的利益，因此不可能对代表着与自己有相同利益的大多数保甲行政人员真正实施行为矫治。③

20 世纪 90 年代以来，学术界对民国保甲制度的研究逐渐摆脱单纯的意识形态批判，开始以实事求是的态度进行评论。王云骏通过对国民政府保甲制度兴起的历史考察，认为国民政府的保甲制度是民国时期的一项地方政治制度。作为一项统治手段，它脱离不了它的历史环境，有其维护独裁统治、侵犯人民权利、有违时代精神的一面。但同时应该看到它在规范社区管理、稳定社会秩序，进而促进经济发展中的历史作用。④ 李伟中以 20 世纪三四十年代中国乡村制度变迁为视角，认为国民政府的保甲制度可分为"剿共"保甲和"新县制"保甲两种模式，而这两种模式在具体目的、内容和性质上虽有着很大的差别，但均归属于保甲制度由式微到复

① 谢增寿：《国民党南京政府保甲制度述论》，《西华师范大学学报》1984 年第 4 期。
② 赵小平：《国民党保甲制述论》，《许昌学院学报》1990 年第 3 期。
③ 朱德新：《三十年代的河南统治者与保甲行政人员》，《史学月刊》1999 年第 1 期。
④ 王云骏：《民国保甲制度兴起的历史考察》，《江海学刊》1997 年第 2 期。

兴的历史进程。在这个历史过程中，保甲与自治的关系由相互分离到相互融通，国家权力对乡村社会的控制也在这一过程中得到了加强。①

20 世纪 30 年代南京国民政府在复兴保甲制度的同时，仍然对地方自治藕断丝连，如何在两者之间做出选择，南京国民政府曾一度犹豫徘徊。王先明以 20 世纪三四十年代两湖乡村社会为研究范围，对 20 世纪初乡制变革中现代自治与传统保甲体制由替代到融通的历史变迁进行了系统分析，指出：由自治取代保甲和以复兴保甲来推进自治，这一看似回旋的历史过程，深深地烙上传统皇族国家与社会结构崩解后，近代民族国家与社会结构重建的复杂性和探索性特征。近代乡村体制的多变性和反复性，是在中国传统体制文化资源和西方现代体制文化资源双重作用下，不同权力主体不断寻求最适宜自身需求的历史实践的结果。这一结果揭示出权力机制建构的实质在于权力主体利益的适度分域和规范界定，而不只是单纯地制度依赖。② 肖如平、张皓、沈成飞等人也从不同的视角对国民政府保甲制度兴起的原因、特点及其作用进行了深度分析。③

第二，日伪保甲之研究。保甲制度曾经是中国封建统治者控制乡村社会的工具，而抗战时期的日本侵略者在中国沦陷区内也依法炮制。上海开埠前实行过保甲制度，不过到清末已经名存实亡。然而在 20 世纪 40 年代沦陷时期的上海，保甲制度在这座充满近代气息的都市社会里"复活"。那么，20 世纪 40 年代上海保甲制度是传统的，还是现代的？它在战时上海的有效性如何？它只能是战时的非常措施，还是可以作为常规的控制机制？它是国家的，还是社会的，抑或是国家与社会共同的政治空间？张济

---

① 李伟中：《南京国民政府的保甲制新探——20 世纪三四十年代中国乡村制度的变迁》，《社会科学研究》2002 年第 4 期。

② 王先明：《从自治到保甲：乡治重构中的历史回归问题——以 20 世纪三四十年代两湖乡村社会为范围》，《史学月刊》2008 年第 2 期；王先明：《辛亥革命后中国乡村控制体制的演变——民国初期的乡制演变与保甲制的复活》，《社会科学研究》2003 年第 6 期。

③ 肖如平：《从自卫到自治——论国民政府的保甲制度》，《历史档案》2005 年第 1 期；肖如平、李红梅：《民国保甲与乡村社会治理的困惑》，《晋阳学刊》2012 年第 1 期；张皓：《民国时期乡村自治推行之前因后果——从"民国乡村自治问题研究"谈起》，《史学月刊》2003 年第 5 期；沈成飞：《视导保甲政务与提高基层行政效率——以抗战时期的广东国统区为例》，《中山大学学报》2012 年第 3 期；杨焕鹏：《论南京国民政府时期保甲性质的转变——以浙江省为中心》，《鲁东大学学报》2009 年第 6 期。

顺利用上海档案馆馆藏档案，对上述问题进行了细致入微的分析，并指出：其一，上海的保甲制度既不是传统的，也不是现代的，而是介于传统与现代之间的；其二，战时上海保甲制度的"复活"，不过是日伪政权借助于非常时期具体的社会局势，在非常与常规之间找到了一个契合点罢了；其三，上海基层社会对保甲是国家的或是社会的属性并无一致的和确定的认同。这恰好证实了保甲本身属性的不确定性及上海城市政治社会的割裂性。[①] 此外，朱德新对20世纪40年代日本占领下的河北冀东地区保甲制度进行了研究。[②]

第三，保甲与自治的关系。保甲与自治的关系问题，不仅是当时困扰南京国民政府的一个难解之题，也是我们今天需要审慎评述的话题。20世纪30年代，面对中国的内忧外患，南京国民政府既希望借用保甲制度以建立行之有效的集权化社会控制系统，又希望谨遵总理遗嘱，推行地方自治，以保证其政权的合法性。经过长时间的犹豫后，南京国民政府最终迈出了将保甲融于自治的艰难一步。然而，学术界对于国民政府的这一变革褒者少而贬者多。李德芳认为，保甲与自治曾经是两个不同的制度体系，有着不同的政治功能。因而当30年代初各地纷纷仿效鄂、豫、皖三省，弃自治行保甲之际，内政部以此举有违总理遗嘱，极易招致社会批评为由，提出了将保甲与自治融为一体的建议。虽然南京国民政府将保甲融于自治之中的举措，在一定程度上解决了保甲与自治的对立，但这种将保甲融入的自治，已与南京国民政府初期以行政村为单位、以直接民权为灵魂的乡村自治制度迥异。[③] 李国青认为，将保甲融于自治之中，并未从根本上改变保甲制度的属性，因此，无论保甲法规如何完善，仍与地方自治精神相去甚远。[④] 武乾认为，地方自治是一项庞大而复杂的社会工程，它需要政治、经济与文化等各项社会要素的相互支持与共同发展。而南京国民政府却过于倚重政治要素中的行政要素，将各种复杂的政治、经济与文化事业的建设，全部寄托于保甲这样一个初始于简单治安需要的

① 张济顺：《沦陷时期上海的保甲制度》，《历史研究》1996年第1期。
② 朱德新：《略论日伪保甲制在冀东的推行》，《河北学刊》1993年第2期。
③ 李德芳：《保甲与自治关系考》，《北京师范大学学报》2002年第1期。
④ 李国青：《南京国民政府时期保甲与地方自治关系探论》，《求索》2010年第4期。

行政与准军事组织，其失败可以想见。再加以保甲制度的集权性与地方自治的民主性、地方性、自发性，完全不能相兼容，其结果必定更是南辕北辙。①

第四，保甲人员群体分析。在诸多因素的塑造下，民国时期的乡镇保长成为保甲制度欺压良民、残忍腐败的代名词。是什么原因造成了这一"历史记忆"的形成？学术界从多个层面进行了分析。沈成飞通过对抗战时期广东国统区保甲长的群体研究，认为在抗战这一非常时期，敌我双方都为争夺战争资源而强力控制基层社会。保甲长作为基层行政人员，成为国家进行社会控制的践行者。只是，强制性的国家控制和传统地方精英的强势存在，使保甲长如同婆姑间的媳妇，往往无所适从，且恶名昭彰。然而，揆诸史实，保甲长只是国家政策推行的棋子，决定其作用大小、良窳与否的标尺，在很大程度上是国家的政策及政策被贯彻的程度。② 丰箫以浙江省杭、嘉、湖地区为中心，利用档案、报刊和文史资料等，从好人、恶人的角度，考察了保长形象在乡村社会的塑造过程，并综合分析了保长形象游移于善恶之间的根本原因。他指出：面对战争年代无尽的征兵和征粮任务，保长和乡土社会无力对抗外来强势力量，迫使保长或背离乡土社会成为恶人，或成为多面夹击的牺牲品。③ 尚季芳以甘肃省为例，对国民政府时期保甲长的窘迫处境进行了较为详细的论述。④

第五，保甲户口之调查。保甲编组与户口调查，不仅有利于国家权力对基层社会的有效控制，而且也是测量一个国家基层社会近代化的主要标尺。国民政府保甲制度在强调基层社会控制的同时，也具有促进中国乡村社会近代化的积极作用。夏卫东以南京国民政府时期浙江省户口查记制度为例，指出：国民政府的户口查记可分为三个阶段：国民政府建立初期，户口查记的主要目的在于了解全国的基本形势；20 世纪 30 年代初发展为以"反共"为主；抗战爆发以后，则以军事斗争的需要为转移。纵观三阶段之特点，南京国民政府的户口查记工作，不仅是为了调

---

① 武乾：《南京国民政府的保甲制度与地方自治》，《法商研究》2001 年第 6 期。
② 沈成飞：《抗战时期广东国统区保甲长群体研究》，《抗日战争研究》2009 年第 4 期。
③ 丰箫：《善恶之间：南京国民政府时期保长形象的游移》，《学术月刊》2010 年第 10 期。
④ 尚季芳：《控制与消解：从保甲长的难局看国民政府时期的地方基层社会》，《历史教学》2010 年第 6 期。

查全国的人口数量，更重要的是以户口查记制度为手段，来维持其统治秩序。① 李强、侯杨方利用抗战后江南地区的一份保甲户籍册以及 20 世纪 50 年代初的土改户赋册中所蕴含的人口及家庭信息，对这一时段内该地区的人口与家庭进行了微观分析。② 王倩、石庆海利用 1936 年安徽保甲户口编查数据，运用历史人口学的方法，对 1936 年安徽的人口数量进行了复原。③ 丰箫对 1946—1947 年海宁县的户政问题进行了考证。④ 由此可见，民国时期的保甲户籍资料，已成为我们今天研究民国时期乡村社会的珍贵史料。

第六，保甲与征兵。20 世纪三四十年代的中国社会，不仅承受了持续 14 年的抗日战争，而且附加了 4 年的国内战争。连年的战争不仅使贫瘠的中国社会更加混乱，同时大量的人员损耗，也使征兵、征工之事如火如荼。民国时期乡镇保长形象的整体劣化，不能不说与征兵之事紧密相连。冉绵惠通过对抗战时期国统区内"抓壮丁"现象的分析，指出："抓壮丁"作为全面抗战开始以后国统区普遍存在的现象，一直未能得到国民党各级政府的制止。其原因在于：全面抗战前国民政府没有建立现代征兵制度；各种恶势力操纵征兵抽签；抗战的持续性和被征壮丁家属优待制度及军人抚恤政策没有得到很好的执行；国民党军政腐败，层层贪污中饱，借机买卖壮丁；办理兵役人员素质低下等。"抓壮丁"造成的危害是：严重影响了抗战部队的兵员素质和战斗力的提高；许多壮丁家破人亡，国统区人民的抗日爱国热情受到极大的挫伤；国统区工农业生产和社会治安受到严重影响；民众对乡镇保甲长和国民政府深恶痛绝，为国民党政权最终垮台埋下了伏笔。⑤ 龚喜林认为，抗战时期，国民政府在征兵过程中之所以屡受农民之反抗，是因为频繁的征兵严重地威胁着农民的生存，在生存与顺从的选择中，农民选择了生存。因此，战时农民的抗丁行

---

① 夏卫东：《南京国民政府时期的户口查记制度——以浙江为例》，《民国档案》2008 年第 3 期。

② 李强、侯杨方：《1940 年代末江南地区人口与家庭的微观分析——以保甲户籍资料为中心》，《西北人口》2009 年第 2 期。

③ 王倩、石庆海：《1936 年安徽保甲户口编查数据的考查》，《南方人口》2011 年第 3 期。

④ 丰箫：《1946—1947 年海宁县的户政》，《中国农史》2009 年第 2 期。

⑤ 冉绵惠：《抗战时期国统区"抓壮丁"现象剖析》，《史林》2009 年第 4 期。

为，是其在生存压力下而不得不做出的本能选择。① 此外，李常宝亦对抗战时期国统区内的兵役行政问题进行了论述。②

第七，保甲编组中的个案研究。在各地档案资料中，散落着大量有关保甲编组引发的诉讼案例。通过这些诉讼案例，我们可以看到当时保甲制度在乡村社会推行中所遇的各种困难与问题。龚汝富通过对江西宜丰、万载两县民国保甲纠纷案卷的系统梳理，分析了民国时期江西保甲长的权力寻租行为所引发的经济纠纷，并探讨了经济纠纷的解决机制及其失败的社会根源。③ 沈成飞以抗战时期广东黄冈保甲示范乡为例，系统描述了这一示范乡艰难曲折的办理过程，分析了国家权力与乡村势力间复杂的互动关系。他指出：黄冈保甲示范乡不仅是对地方原有管理模式的一种否定，而且压抑了乡村的固有势力。而在当时，地方强势势力和乡民在承受了作为战时省府所在地的责任和危险后，却得不到应有的补偿，省府的标签工程和他们的利益相去甚远，于是他们成为示范乡保甲政策的抵制者。④

（三）研究中存在的不足

20 世纪 90 年代以来，学术界对于民国保甲制度的研究不仅著述丰硕，而且研究已经突破初始阶段，开始向纵深方向迈进。尽管如此，保甲制度作为 20 世纪三四十年代中国最重要的基层政治制度，其自身所具有的复杂性和中国近代社会所具有之特殊性，以及各个地域之间的差异性，都使得民国保甲制度具有广阔的研究空间和重要的现实意义。然而，由于民国保甲制度近年来才为学界所重视，因此其研究的深度和广度仍极为有限。具体而言，可归纳如下几个方面。

第一，对于地方档案资料和地方报刊资料的挖掘利用不够充分，研究范围较为单一。实证研究是史学研究的基础，史料则是实证研究的本源。

---

① 龚喜林：《抗战时期国民政府征兵过程中农民的生存与反抗》，《历史教学》2012 年第 22 期。

② 李常宝：《民意迟滞下的国家政治期待：再论抗战期间国统区兵役行政》，《学术论坛》2012 年第 2 期。

③ 龚汝富：《民国时期江西保甲制度引发的经济纠纷及其解决——以宜丰、万载两县保甲诉讼档案为中心》，《中国经济史研究》2007 年第 3 期。

④ 沈成飞：《国家权力和乡村势力间的调适与冲突——抗战时期广东黄冈保甲示范乡透视》，《中山大学学报》2006 年第 2 期。

"不注重史实,就匆匆下结论,这种结论只能是泛泛而谈,没有说服力。"① 由于受诸多因素的影响,目前学术界对于保甲制度的研究大多集中于制度本身及其宏观层面的论述,而对保甲制度在近代基层社会的推行实况以及所引发的各种社会变革缺乏实证研究。同时以地方档案资料为依据深入探讨某一地域保甲制度的实证性论著仍显不足。究其原因,一方面缘于地方保甲档案的零星散落和地方档案查阅的诸多限制;另一方面,则缘于学者对于地方保甲制度研究的漠视和研究价值的怀疑。

中国幅员辽阔,各地区在政治、经济、文化等各个层面的发展极不平衡,区域特征各异,因此保甲制度在各地的推行难免会有所侧重。诚如费正清所言:"面对这个国家的规模和地理差异,地方社会组织的不同以及不同领域内发展的不平衡,要努力找到这整个变革动态的单一进程或关键,难免要失败。"② 目前虽有部分学者对一些省份的保甲制度进行了较为深入的研究,但其选区大多局限于较为发达的中部或东部省份;相反,对于西北等地的保甲制度则避而不谈。李玉曾对近年来区域研究成果进行整理归纳后指出,区域史研究"在省区方面,人文社会科学相对发达的沿海和沿江地区的地方史研究成果较多,而对内陆省份的相关研究则很薄弱"③。事实上,民国保甲制度研究成果的区域分布正是如此。

第二,对于保甲制度推行中起关键作用的乡镇保长群体缺乏系统深入的定量、定性分析。20世纪三四十年代国民政府推行的保甲制度最终仍摆脱不了失败的命运,此中除天时、地利等客观因素外,人的因素无疑占据重要一环。虽然国民政府为了提高乡镇保长的整体素质,曾对乡镇保长的产生模式、职能范围、生活待遇等方面进行过一系列的改革尝试,然效果甚微。无论基于何种理由,民国时期乡镇保长整体形象的"劣化"成为一个不争的历史事实。南京国民政府试图改革基层政制的梦想为什么会以乡镇保长群体的"劣化"而匆匆收场?无论是时人眼中还是文人笔下,民国乡镇保长为什么都是丑态百出、贪得无厌的卑劣之徒?作为公正的

---

① 陈谦平:《国际化发展:中华民国史研究的新视角》,《近代史研究》2012年第1期。

② [美]费正清、费维恺编:《剑桥中华民国史》(下卷),中国社会科学出版社1994年版,第5页。

③ 李玉:《中国近代区域史研究综述》,《贵州师范大学学报》2002年第6期。

"历史记忆"为什么只会留下他们的斑斑劣迹？对于这一问题，学术界至今仍缺乏具体深入的分析。譬如民国时期乡镇保长究竟由哪些人担任，他们是否都是文人笔下描述的"地痞无赖"，他们的出身、学历、年龄、资历以及家庭收入等又是如何，曾经为乡村社会治理承负主要责任的乡村士绅为何在这一时期却蛰伏远避？江南、华北、西北的乡镇保长在权力、地位及其利益上存在着哪些不同？为什么江南各省的保长选举竞争激烈，而甘肃的保长却无人应选，不得已由村民轮流担任？对于上述问题的研究必将为民国保甲制度的研究打开一片新天地。

第三，保甲制度的推进和国家权力机构的下移引发了其与乡村精英的冲突，在对乡村社会控制权的争夺中，国家权力机构与乡村精英之间发生了何种程度的"冲突性融合"？对于这一问题，目前学术界似乎缺乏应有的关注。20世纪三四十年代的中国饱受着战争的蹂躏和贫穷的折磨，一穷二白的社会实景和动荡不安的政治时局最终使国民政府改革基层政制的理想化为泡影。然而，保甲制度的失败并不意味着其内在精神的衰灭，兼具民主意象的民国保甲制度深入中国腹地，延伸到偏僻闭塞的中国乡村，将代表国家权力符号的乡镇公所设立于大大小小的乡镇集市，使得千百年来乡村社会绅治、自治的自然状态发生了根本性的改变，国家权力开始由传统的县一级下移至乡镇村庄。保甲制度的推行使得乡村社会既有的权力结构、权力阶层面临巨大危机，如何将传统的乡村精英融入国家行政体系，并成为国家控制乡村社会的中坚力量，无疑需要一个长时段的磨合过程。然而，目前学术界对于这一问题往往一笔带过，深入细致的个案研究凤毛麟角。

第四，对于国民政府时期保甲经费的来源、用途及其收支状况的实证研究至今罕见。经济基础决定上层建筑，充足的保甲经费保障是保甲制度得以顺利推进的前提和基础。然而，20世纪三四十年代的中国社会，战争与贫穷始终困扰着这片广袤的土地，且不说保证基层行政机构的财政运转，即使省县财政亦面临着巨大危机。严峻的财政困境迫使各级行政机构不得不自寻出路，保甲机构亦不例外。虽然国民政府为了防止乡镇保甲机构自收自用之弊病，曾试图对乡镇保甲经费实行统收统支，但实际上，由于省县政府规定的保甲经费数量极为有限，其规定之费用且不说维持乡镇保长的基本生活，即使平常的保甲开支亦有所不足。于是乎，就地摊派仍成为省县乡镇政府共同默认的财政来源。抗日战争的爆发进一步加剧了国家对基层社会的索取，而摊派的永无休止则加深了乡民对乡镇保长的仇恨，此时的乡镇保长已经演化为各种舆论争相攻击的对象。然而，翻阅当时地方档案不难发现，民众对乡镇保长的诉讼虽然叠案累牍，但其诉讼的背后所隐含的经济诉求则一目了然。因此，对这一时期乡镇保甲经费问题的研究，必将能更好地理解当时乡镇保长的处境及其整体劣化的时代缘由。

第五，保甲制度研究之选区仅限于汉民村落，而对其向少数民族地区逐步渗透的艰难历程，以及对这一特殊区域政治制度之变革、社会文化之发展、风俗习惯之改良所带来的深刻影响缺乏应有的关注。例如冉绵惠著的《民国时期四川保甲制度与基层政治》① 一书中对于民国时期川藏地区保甲制度的推行只字未提。近年来随着档案资料的逐步开放，有一部分学者虽然对甘南地区保甲进行了试探性的研究②，但由于受史料、视角和精力的限制，很难对甘南地区这一具有代表性的少数民族地区保甲制度进行系统而深入的研究，更遑论深入探究保甲制度之运行对甘南地区基层社会方方面面所带来的深远影响。甘南地区基于历史、民族、地域、习俗等因素的影响，直至民国时期其统治模式仍然沿承着落后的土司制度，其生产方式、生活习惯、民众认同等与汉民社会存在着极大差别。保甲制度的推行对于闭塞落后的甘南地区而言无异于千年未有之巨变，它不仅改变着该地传统的政制模式、机构名称、官吏称谓，同时也改变着当地民众对政府的认知，对法律的认同，甘南牧民只知有拉卜楞、杨土司而不知有国家、有政府的局面开始有所转变。以游牧为生的甘南牧民剽悍无拘的行为方式开始受到了法律的制约，脱笼于国家权力的地方行政体系开始逐步向国家靠拢，野蛮残忍的土司制度在保甲制度的侵浸下开始向民主的方向转变。现在看来落后保守的保甲制度在当时甘南地区的推进实不亚于一场制度革命。

三 研究思路与方法

马克思主义是本书研究的根本原则，实证研究是本书研究的主要方

---

① 冉绵惠：《民国时期四川保甲制度与基层政治》，社会科学文献出版社 2010 年版。

② 柳德军：《民国时期甘南藏区保甲编组中的利益冲突与调适——以夏河县"尕旦拉哈和小坞"之争为中心》，《求索》2013 年第 5 期；戴巍：《妥协与冲突：南京国民政府时期甘南藏区保甲推行及其绩效考查》，《历史教学》2012 年第 3 期。

法。陈谦平先生曾言：实证研究是史学的基础，"不注重史实，就匆匆下结论，这种结论只能是泛泛而谈，没有说服力。实证主义历史观认为：历史是客观的，历史研究的目标是寻求历史真相，客观地复原真实的历史。兰克极力主张历史是怎样发生就怎样叙述，坚决反对根据某种理论或抽象原则概括历史，认为史学家的理论前提和主观意图只能妨碍史学家说明事情的真实情况"①。史料则是实证研究的本源，因为"这里没有预设或先验的东西，一切结论都应该是依据客观事实，顺乎历史逻辑自然产生"②。因此，本书研究将以档案资料为主干，以民国时期主要报纸杂志和访谈笔记为依托，系统梳理国民政府时期甘肃保甲制度发生、发展和消亡的历史脉络，并对甘肃保甲推行过程中的困难与问题进行个案研究，以实事求是的态度来论述国民政府推行保甲对甘肃基层社会所产生的深刻影响。此外，本书将综合运用历史学、民族学、社会学、政治学、经济学等多学科的研究成果和方法，对国家权力与地方势力之间的博弈、乡镇保甲人员的群体构成与群像形成的时境源流，以及保甲制度逐步渗入甘南地区这一特殊地域时所遇之阻力与所产生之影响进行多角度、深层次的分析与解剖，并试图阐释国民政府时期保甲制度的推行与变异，是中国基层政权逐步走向近代化的一个历史缩影，其中也展示了中国基层政权回归国家、走向民主的艰难历程。

需要说明的是，本书虽立足于甘肃，但并不局限于甘肃，而是将其置于国际国内大背景下，以国际化的视角和中国近代化的眼光，对国民政府推行保甲制度的国际环境与国内因素进行综合思考，在论证保甲制度自身缺陷的同时，解析当时推行保甲制度的时代适应性与局限性，并从中揭示保甲制度最终被淘汰的历史根源。对于本书所得之结论，诚如费孝通在《内地农村》一书的序言中所称："人类所有的知识都受到时空的限制，都是有限观察和思考的总结，只要所说的话的确是根据事实，只要把时空的范围划清，就可以成立。所谓成立，并非说是颠扑不破的定论，而是可以做累积知识的基础罢了。观察的范围扩大了，原有的结论中有些话得加

①　陈谦平：《国际化发展：中华民国史研究的新视角》，《近代史研究》2012 年第 1 期。

②　杨天宏：《口岸开放与社会变革——近代中国自开商埠研究》，中华书局 2003 年版，第 13 页。

上一些条件，有些话得加以修改。但是除非在另一世界里、另一历史单位里，时空的变异中还是有若干不太容易变的事实，而且变异本身还是有原则可见，所以一切根据事实而作的结论，对于人类知识总是有用处的。"①

正是基于上述思考，本书试图在下列问题的研究上取得进展：第一，通过对保甲制度实施过程中个案问题的论述，从中揭示国家权力下移与地方既得利益阶层的权力博弈，并在此基础上进一步分析近代中国基层政制在西北乡村社会近代化的艰难历程；第二，通过对甘肃省档案馆馆藏档案中乡镇保甲人员的资料分析，运用社会学的研究方法，定量分析与定性分析相结合，综合考察民国乡镇保长的群体结构及其特点；第三，详细考证保甲制度向甘南地区渗透的艰难历程及其对这一特殊地域政治制度之变革、社会文化之发展、风俗习惯之改良所带来的深刻影响；第四，利用相关档案资料，对甘肃保甲经费的来源、用途及其收支状况进行实证研究。

在展开研究之前，有必要对本书研究的时域和相关概念予以基本界定。第一，本书所称之民国保甲制度，并非精确称谓，其主要时段集中于1934年至1949年。所以如此，一是民国保甲制度在甘肃地域的推行始于1934年，终于1949年。二是国民政府保甲制度已与传统的保甲制度大不相同。更为要者，本书所选取之甘肃，地处西北边陲，交通、信息不畅，抗战的爆发与首都的迁移对这一地域的影响并不大。对于甘肃来讲，无论是抗战前、抗战中，还是抗战后，无论是南京国民政府，还是重庆国民政府，只是名称的变化，而无实质性的差异。因此，国民政府保甲制度在甘肃地域的推行具有连续性特征。这恰恰反映出20世纪三四十年代甘肃保甲制度既有其他省区的特殊性，也有其独特的单一性。第二，本书所称甘肃，是指1929年青海、宁夏建省后的甘肃省。此外，由于受史料及篇幅的限制，本书考察的甘肃保甲制度，不包括时处青马势力控制下的河西走廊，以及在中国共产党力量控制下的陇东部分地区。第三，本书对国民政府时期甘肃保甲制度的研究，主要集中于甘肃乡村社会。一是保甲制度在乡村社会更有其生命力和着力点；二是对乡村社会保甲制度的研究更具有历史价值与现实意义。

---

① 费孝通：《内地农村》，上海生活书店1946年版，《序》第1页。

四　资料的收集与整理

本书的资料来源主要包括两部分：档案资料与民国报刊。

第一，档案。本书的档案资料主要来源于甘肃省档案馆馆藏档案。2012 年 7 月初，笔者利用暑假之暇，来甘肃省档案馆"扫描"相关馆藏档案，一个偶然的机会，发现了大量保存完整且可供研究者调阅的甘肃保甲档案资料。在兴奋之余，笔者便与甘肃省档案馆结缘。经过两年的集中阅读和抄录，笔者基本上掌握了国民政府时期甘肃保甲制度的演变脉络。在随后几年中，笔者对收录的档案资料进行输入、整理，最终有了近百万字的保甲档案资料。可以说，这一大批档案资料的收集与整理，是本书最终能够成稿的关键。

第二，报刊资料。报刊资料的来源主要分为电子来源与纸质阅读。《申报》电子数据库、《大成老旧刊全文数据库》《上海图书馆晚清和民国期刊全文数据库》，以及其他民国图书电子资源，为本书的写作提供了必不可少的史料补充。除此之外，笔者在甘肃省图书馆、天水市档案馆、天水市图书馆也找到了许多与本书相关的珍贵史料。这些史料，都成为本书写作不可或缺的一部分。

第 一 章

保甲制度推行前后之甘肃
政局与地方社会

　　甘肃地处西北边陲，交通阻塞，民风淳朴，乡土风俗甚浓。虽自近代以来，欧风美雨在中国长江以南浸润多年，但偏僻的甘肃农村仍然承袭着自给自足的生活模式和日落而息的田园生活，西方的冲击在这片土地上几乎悄无声息。即使如辛亥鼎革、清帝退位、民国肇建，这样的政治剧变，对甘肃乡村社会而言，似乎与历代的王朝更替并无明显区别。然而，20世纪30年代初南京国民政府推行的保甲制度却强烈地冲击着原本稳定而原始的甘肃乡村社会。不管其动机如何，保甲制度在甘肃地域的推行，一方面，在甘肃乡村社会开始出现了近代基层社会管理模式；另一方面，国家科层权力机构的创设和民主选举模式的出现，强烈地冲击着甘肃基层社会原有的治理模式，侵蚀着甘肃民众原始的生活观念，推动着甘肃乡村社会，尤其是甘南藏区等少数民族地区基层社会向近代化的方向蹒跚前行。

　　不过，民国时期任何一项政治制度的改革，都将与该省之地方实力派发生千丝万缕的联系。因此，在展开甘肃保甲制度研究之前，有必要对20世纪30年代甘肃政局的演变做一系统论述。而笔者将其单列一章进行论述，还有两个方面的考虑：一是甘肃虽为西北之枢纽，但目前学术界对西北问题的研究，大多集中于新疆、西藏、青海等地，对民国时期甘肃问题的研究甚为少见。而本书既然选择民国时期的甘肃保甲问题作为研究对象，就不能不对民国时期甘肃政局与地方社会多加论述；二是保甲制度作为一项重要的基层社会管理制度，它的推行不仅与国民政府的国家发展战略紧密相连，同时也与各省、县政府以及地方实力派的利益息息相关，而民国时期的甘肃，不仅政局混乱、军队林立，而且财困民瘠，民族关系复杂，因此，对于民国时期甘肃政局与地方社会等相关问题的研究，将更加有利于透析国民政府时期甘肃保甲推行中所遇到的诸多问题。

第一节　南京国民政府对甘肃地方势力的初步整合

民国初年，甘肃政坛风云多变，然而因其地"僻处西陲，交通阻塞，一般大军阀多不注意，向所谓政变，总不外回汉蜗角之争。……盖群马与甘有历史上甚深之关系，军权多在掌握，而各马间又地醜德齐，互争发展，复互相牵掣，益以无外力加入，以是变来变去，总不过局部问题而已"①。1925 年国民军冯玉祥部退踞西北，为甘肃政争增加了新内容。冯部入甘后，不仅倚借武力清除了甘肃汉人军事集团，同时分化和整合了西北回马集团，使得分崩离析的甘省政局暂时统一。然而，回马集团表面臣服并不能掩盖其与国民军之间的深刻矛盾，1928 年 5—6 月河州事变和凉州事变相继发生。如果说河州事变是回马集团对国民军入甘后的一次武力试探，而同年发生的凉州事变则是国民军对桀骜不驯的凉州马廷勷发动的一次蓄谋已久的武力讨伐。尽管说河凉事变是国民军与回马集团之间政治博弈和武力冲突的产物，然而，其发生发展及所造成的回汉冲突却给西北民众带来难以抹去的心理创伤。

河凉事变的发生不仅加剧了甘肃回汉之间的相互仇视，更使国民军与甘肃地方实力派之间的矛盾进一步激化。经过河凉事变，冯玉祥不仅看到回马集团在甘肃特有的军事政治地位，亦看到其因宗教、利益等问题而存有的矛盾和分歧。为分化回马集团并稳固西北基地，冯玉祥决定将最有实力的回马二系青海马麒与宁夏马福祥分出甘省。

一　甘肃分省与青海、宁夏省制的建立

甘肃原有辖区极为辽阔，今之青海、宁夏均属其统辖范畴。由于甘肃地处边陲，民族关系复杂，管理极为不易，清光绪三十三年（1907）朝

---

① 《酝酿变化之甘局》，《申报》1925 年 8 月 11 日，第 6 版。

廷乃令各省巡抚"妥议推行新政办法",两广总督岑春煊遂在《统筹西北全局折》中提出建立青海行省建议,但陕甘总督升允以青海"蒙番部民环海游牧,东南西北流徙无常","难以有定之治无定之民",奏请暂不设省,岑的建议被搁置。民初虽亦有人提议,但北京政府已无暇顾及。1916年甘肃都督张广建提议划青海为特别区并募兵屯垦,1921年马麒建议仿热河、察哈尔、绥远成例划青海为特别行政区,北京政府均未做出决定。①

1928年,南京国民政府在形式上统一全国,随着国家战事初定,裁兵编遣、安定地方成为当务之急。此时身兼国民党中央要职的冯玉祥对于国民政府裁兵计划虽表面上极力推崇,但地方武人的出身和特性决定了其不可能真正自裁兵力。为保存实力,冯决定推动甘肃分省进程。因为根据1928年国民党编遣会议方案,每省可保留3师军队,如能将甘肃分为3省即可增加军队编制。②尽管冯提议甘肃分省之动因不仅仅如此。

1928年10月3日,冯玉祥亲信、时任国民党内政部部长的薛笃弼向中央政治会议提议:第一,"将甘肃旧西宁道属各县,划归青海,以便治理"。其理由是:"青海幅员虽广,均未开发,现已明令改省,尚无相当之省会地点。查青海原属宁海镇守使辖地,其治所即设在甘肃之西宁县,历久相沿,青海之蒙番人民已认西宁为都会之所,是以货物之交易,粮食之运输,无不售中于西宁。今青海既改为省,西宁一区遂与分立,不但青海之蒙番人民深感不便,即欲于青海境内另觅一可设省治之处,亦甚不易,是以拟将甘肃旧西宁道属各县,划归青海,而青海省治即设西宁。再甘肃地大物博,失此一小部分,殊无关系,而青海得之,则可以立省之基础,而从事进行矣。"第二,"划甘肃省宁夏道属各县与阿拉善及额济纳两旗地方,合设宁夏省,其省会即设于宁夏"。其理由是:"甘肃面积过广,北部阿拉善额鲁特旗及额济纳土尔扈特旗地方,汉蒙杂处,夙号难治,从前设有宁夏护军使管辖,嗣宁夏护军使改为镇守使,该地方仍归宁夏镇守

---

① 严正德、王毅武:《青海百科大辞典》,中国财政经济出版社1994年版,第205—206页。

② 刘进:《中心与边缘——国民党政权与甘宁青社会》,天津古籍出版社2004年版,第40页。

使辖治，现时镇守使既不设立，该两旗地方遂致无所管属，甘肃政府鞭长莫及，难以控制，长此以往，殊非所宜。况宁夏地广人稀，尚待开发，听其自然，亦属可惜。甘肃宁夏地方，东濒黄河，土地肥沃，若将旧宁夏道属各县，阿拉善、额济纳两旗地合并为一，划设成省，一面就宁夏附近之地，从事经营，另一面向阿拉善、额济纳地方逐渐开发，不十年间，即可与内地各省相埒。至于宁夏物产丰富，关于省之经费，较之青海等省，尚有余裕，亦无财政之困难也。"① 同月17日，中央政治会议决议："甘肃省旧西宁道属各县，划入青海，定西宁为青海省治。设宁夏省，以旧宁夏护军使所辖及旧宁夏道属各县，为宁夏省管辖区域，以宁夏为省治。"②

1929年1月6日，孙连仲赴西宁组织青海省政府，26日就任省政府主席。同月9日，宁夏省政府成立，门致中就任省政府主席。23日，甘肃、宁夏、青海各省主席就三省划界事宜进行磋商，"拟定详细办法十五条，以旧宁夏道属宁夏、宁朔、灵武、平罗、金积、雒池、中卫、芝口、镇戎九县，划入宁夏省。以旧属西宁道属西宁、碾伯、循化、伙通、贵德、巴戎、皇源七县，划入青海省。所有上列各县一切行政事宜，自十八年一月一日起，由宁夏、青海两省政府分别处理"③。至此，原本辽阔的甘肃省域一分为三。

二　"甘人治甘"策略的失败

1930年中原大战，冯玉祥部失败，冯军分崩离析，曾经努力多年的西北地盘丢失殆尽。大战之后冯部分裂为四，"鹿钟麟、刘汝明、郑大章等为一系，驻黄河北岸怀庆、新乡等地；宋哲元、刘郁芬为一系，驻潼关内外；孙连仲为一系，驻豫冀之交。以上三部，皆渐非冯所能指挥。冯所能指挥者，仅现在退入晋境河东地域之庞炳勋、孙良诚、冯治安等部一二万人而已"④。

冯军号称西北军，此时何以不回西北而退入山西境内？事实上，冯军不回陕甘而退入山西者实乃情势所迫。1928年甘肃一分为三，当时三省

① 《薛笃弼之两提案》，《申报》1928年10月6日，第9版。
② 《中央政治会议》，《申报》1928年10月18日，第4版。
③ 《甘宁青三省划界办法》，《申报》1929年1月24日，第7版。
④ 《冯军败后之西北四省》，《申报》1930年10月27日，第6版。

主席虽皆由冯系人物担任，但与回马集团之间的矛盾并未消解。中原大战爆发后，冯调宁夏省主席吉鸿昌率军开豫，主席之位不得已由马鸿宾代理。青海自民国以来一直为西宁镇守使马麒控驭，国民军入甘之后马麒虽暂表臣服却实力犹存。1930 年夏，冯调青海省主席孙连仲率部开豫后，青海复为马麒势力范围。甘肃之陇东、甘凉道一带，马麟早已独立。陇西渭川道一带为黄得贵所占据，黄为旧甘督陆洪涛部旅长，"乘冯军大举南调机会，纠结旧部及回汉土匪二三万人占领甘肃省会之兰州，并派人向南京国民政府接洽，业已奉委为甘肃讨逆军司令"。此外，甘肃各大小股土匪到处攻占城池。接近陕西的天水县是由陕入甘孔道，亦落入土匪之手，其他则可想而知。因此，甘、青、宁三省已非冯有，而数年来一般人所称冯部为西北军至此名存实亡。[1]

冯军退出西北之后，甘肃境内派系林立、政治无序、社会失范。如何统驭西北、控制甘肃既为南京国民政府提供了机遇，亦带来了挑战。冯军失败后，甘肃地方实力派纷纷向国民政府投诚，如杨思等致电称："大局统一，无任倾向，甘省事务，经共同公议，军事推马麟为保安总司令，雷中田为副司令，政务暂不用主席名义，由省委共同负责处理，暂维现状，听候明令训示祗遵。"雷中田亦表示："田驻节兰州，分防各县，力持保境安民，兹谨率全体将士一致主张服从中央，听候处置。"[2] 雷中田原是冯玉祥旧部吉鸿昌手下的团长，中原大战后被蒋介石收编。1931 年 2 月，蒋委任雷中田为中央陆军新编第八师师长，驻防兰州，但雷始终与冯玉祥、吉鸿昌等保持密切关系。[3]

甘肃辖域辽阔，地方势力层叠分布，回汉矛盾尖锐。此时国民政府因政权初定，"剿共安内"与发展东南几乎占据其所有精力，故对地处西陲且难以控驭的甘肃省未能予以足够重视。虽然甘肃人士一再呼吁中央政府"亟应简派重要人物重镇严疆，驾驭怀柔，待遇各方，宜取平等，不使有所偏重，庶可久安长治之规"[4]。但南京方面不仅一时难以举荐一位理想大员

---

① 《冯军败后之西北四省》，《申报》1930 年 10 月 27 日，第 6 版。

② 《甘肃施政情形》，中国第二历史档案馆藏，档号：1—1585。

③ 金以林：《国民党高层的派系政治》，社会科学文献出版社 2009 年版，第 222 页。

④ 《甘肃省政府委员杨思等为平凉防务问题请示应付马仲英机宜》，中国第二历史档案馆藏，档号：1—1586。

镇守西北，且西北问题对之来说显得遥远而鞭长莫及。正是由于对西北问题的漠视，国民政府对于甘肃的治理仍采用了传统的"甘人治甘、以回治回"策略。1930 年 11 月 26 日，国民政府任命马鸿宾为甘肃省代理主席。①

马鸿宾为马福祥侄儿、马鸿逵堂兄，因其骁勇善战、足谋善任而为南京国民政府所青睐。1929 年马鸿宾乘冯军离宁之际就任宁夏省主席并利用手中兵力剪除原有割据势力，恢复了宁夏政局的稳定。然而，马鸿宾主甘之路却注定命运多舛，其原因不仅在于"甘肃内容复杂，一切财政收支，官吏任免，仍归强有力者随意支配，主席无权过问"②；而且蒋介石对于马鸿宾的任命亦心存疑虑。为了对马鸿宾有所牵制，1931 年 1 月，国民政府特派马文车为国民党甘肃省党部整理委员，以监视马的行动。据当时谍报人员称，甘肃境内政治势力分为四派：一是中央派，以马文车为领袖；二是何应钦派，以谭克敏为领袖；三是冯玉祥派，以民政厅厅长李朝杰为领袖；四是骑墙派，以马鸿宾为领袖。③ 此外，国民政府对驻在兰州的雷中田部仅名义上给予新编中央陆军第八师番号，粮饷仍由甘肃省政府供给。当雷部拿到省政府拨给公文向指定县份提取时又往往不能按时按数取到，雷马之间因此恩怨日深。加之雷为冯玉祥旧部，与冯有着难以割舍的情感，而马鸿宾为马福祥之侄，马福祥则是蒋介石借重与利用的西北回族头人，两人心系各异。④ 就当时驻防甘肃的军事力量而言，则以雷中田为最强，但雷马之间又"意见甚深，雷维持地方尚好，马除旧带之部队外，余均不听其指挥"⑤。

不难想象，马鸿宾在甘的日子并不好过。面对甘肃困局，马除在财政方面要求中央补助外，更希望得到中央军事力量支持。正如其就职月余后在呈蒋介石电报中所云："悉顾主任莅甘有期，勇敢来兰就职"，"敬恳速饬

---

① 《申报》1930 年 11 月 26 日，第 4 版。

② 《甘肃发生政变》，《申报》1931 年 8 月 29 日，第 4 版。

③ 《兰州某致陈立夫江电》（1931 年 7 月 3 日），《蒋方民国二十年往来电文录存》，"阎档"微缩胶卷，80/0511。转引自金以林《国民党高层的派系政治》，第 223 页。本节相关档案后出现的页码，均为引用该书之页码。

④ 张乃恭：《雷马事件中之马文车》，《甘肃文史资料选辑》第 3 辑，甘肃人民出版社 1987年版，第 108 页。

⑤ 《兰州刘秉粹致南昌何应钦宥电》（1931 年 3 月 26 日），《蒋方民国二十年往来电文录存》，"阎档"微缩胶卷，79/1723，第 223 页。

顾主任，早日莅甘主持一切"①。顾主任即顾祝同，时任潼关行营主任，蒋介石曾有"顾为甘肃主席，马为宁夏主席"之意。② 马鸿宾希望以蒋之重臣来甘莅任之机，借助中央军事力量达到安定甘肃政局、稳定地方秩序的目的。事实上，省内外甘人对于顾祝同入甘亦给予了极大期望，这一方面体现出甘人对国民政府治理西北实力的认同，另一方面隐现出对马鸿宾统驭甘肃政局能力的怀疑。然而，此时国民政府既然未将西北问题列入重要议事日程，亦就不可能将顾祝同这样的国民党要员简派甘肃而"大材小用"。

为稳定甘肃政局并羁縻地方势力，1931 年 8 月 4 日，经国民政府行政院第三十三次国务会议议决改组甘肃省政府，任命马鸿宾、李朝杰、谭可敏、马文车等 9 人为省政府委员，马鸿宾为主席，谭可敏为财政厅厅长。这个任命使马鸿宾由代主席一跃成为主席，而身兼军事要职的雷中田却连省政府委员都未能列席。马文车原以为可以得到个厅长实缺，结果比他资历浅得多、地位低得多的谭可敏当上了大权在握的财政厅厅长，而自己仅挂上个空头委员。其他省府委员"均系马（鸿宾）派，闻皆系马福祥以金钱运动而得"③。国民政府对甘肃省政府的这次改组不仅未能达到稳定政局目的，相反加剧了雷中田、马文车与马鸿宾之间的矛盾，推动了雷中田与马文车迅速联合，同时为雷中田等人以军事政变方式扣押马鸿宾埋下伏笔。

1931 年 8 月 25 日，雷中田等人在冯玉祥的指使下，在兰州以军事政变方式扣押时任甘肃省政府主席的马鸿宾，希图借此控制甘肃地方势力，重建西北军基地。④ 这就是著名的"雷马事变"。"雷马事变"后，马文

---

① 《甘肃省政府委员杨思等为平凉防务问题请示应付马仲英机宜》，中国第二历史档案馆藏，档号：1—1586。

② 高素兰编注：《事略稿本》（民国二十年二月至四月）第 10 册，台北"国史馆"2004 年版，第 315 页。

③ 《雷中田致冯玉祥电》（1931 年 8 月 23 日），《冯玉祥收电稿本》，第 223 页。

④ 关于"雷马事变"与冯玉祥的关系，陈兴唐等人利用相关档案进行了专题研究，认为"雷马事变"虽是在冯玉祥指使下发动，但事件的发展超越了冯玉祥掌控。冯玉祥曾就此事在 1931 年 11 月 26 日致薛笃弼、邓哲熙的电函中作了说明，并对"雷马事变"失败原因进行了深刻反省，指出：一是，雷中田等人兵力甚为薄弱，不足以震慑西北，而财政又极其困难，故样样均陷窘境。雷中田本人才识浅薄，又乏有识者襄助，应付如此艰难复杂的局面殊少善策，因而四面楚歌，进退维谷。二是，吴佩孚乘机思动，与陈珪璋等人勾结，从内部破坏。三是，蒋介石派兵入甘，陕西方面不容西北军的势力在甘立足。上述因素导致"雷马事变"最终失败的结局。转引自陈兴唐、韩文昌、潘缉贤《冯玉祥与甘肃"雷马事变"》，《民国档案》1986 年第 3 期。

车被推举为代理主席，雷中田为全省保安总司令，"并新编四师，以资扩充甘肃陆军"。同时，雷请求冯玉祥转告广州国民政府，要求其"汇款接济，以顾军需"①。

"雷马事变"是诸多因素综合作用的产物，但刨根溯源不能不说与马文车、雷中田两人野心关系甚大。马与雷本属两系，是何因素促使两人联合倒马呢？事实上，自 1930 年秋中原大战之后进取甘肃、控驭西北已成为国民政府既定战略。虽然蒋介石最初有派蒋鼎文率军入甘且在政治上以马文车为助手的想法，但因甘肃地处边陲、地广人稀、民族关系复杂，为减少部队入甘阻力便派马文车等人以军事委员会甘青视察员名义先赴甘肃考察。马到达甘肃后，基于与蒋鼎文的良好关系乃急切盼望其早日来甘，以为自己可以通过蒋对省政府的改组掌握大权。但蒋鼎文始终未来，而蒋介石却派顾祝同为潼关行营主任。尽管马文车与顾的关系难与蒋鼎文相提并论，但两人毕竟存在一般性的同僚关系，故在马看来，如顾氏来甘，则自己虽当不上省主席或代主席，亦可能当上省政府委员兼民政厅厅长。然而，顾氏到达潼关之后却逗留观望，迟迟不前。至 1931 年 5 月，由于两广发动反蒋事变，顾祝同被调回，潼关行营主任由杨虎城代理，马文车深感失望，遂萌发利用雷中田部发动军事夺权之念，而同年 8 月的甘肃省政府改组则进一步挫伤了马的自尊心。正如其在私下称："马代主席系回人，以种族关系激起汉回问题，情形复杂，各同事遇事又推弟首当其冲，应付深感困难，兼以谭视察员克敏系何敬之私人，一切秉承何之意志办事，且受人包围，不顾中央，不顾墨三（顾祝同），因对弟嫉妒，故意多方掣肘。"② 在心态严重失衡的情境下，马文车不惜以借助雷中田部发动军事政变的方式来改变甘肃政局。③

雷中田迫不及待地与马文车等人合流基于四方面原因：第一，马文车到兰后，在雷军需处长邹光鲁引荐下两人相识相交且感情良好，甚至交换"兰帖"结为兄弟。第二，雷亦在等待甘局改组并希望得到应有地位，然

① 《雷中田致冯玉祥密电》（1931 年 8 月 31 日），《冯玉祥收电稿本》，第 224 页。

② 《兰州马文车致上海徐圣禅敬电》，《蒋方民国二十年往来电文录存》，"阎档"微缩胶卷，79/1692，第 223 页。

③ 张乃恭：《雷马事件中之马文车》，《甘肃文史资料选辑》第 3 辑，第 107—109 页。

省政府改组后仍处在马鸿宾掌控之下。第三，雷部在甘肃实力较强，此时国民政府正集中全力应付西南而无暇顾及西北，这就为发动事变、制造既成局面创造了机会。第四，雷为冯玉祥旧部且与冯保持经常联系。省政府改组后，冯玉祥致电新任民政厅厅长李朝杰，要求其协助雷中田武装倒戈称："现在北方大局，虽石部未能成功，而两广大军业经北进，阎总司令已返并（太原），倒蒋局面不久将可实现，深望同志与雷师长用暴力手段行之。"① 以此而言，"雷马事变"亦可认为是冯指使发动的一场军事夺权运动。②

不管"雷马事变"发生动因如何，这一事变发生使得原本较静谧的西北政局顿时变得暗流涌动。事变发生之后，马福祥当即发表通电谴责雷中田、马文车的悖逆行为，并称："此次甘变，纯为一二野心者所主动，其余如陈珪璋、鲁大昌等，虽被冒通电，必不甘与雷马等共同叛变，此为局部问题，绝无扩大可能。现甘境其他各部军队，皆各守原防，毫未移动。本人昨电蒋主席请示，预料一二日内，当有回电。甘民年来天灾人祸，而一二军人肆虐不逞，最好由政府遴派大员，赴甘彻查事变真相，以凭核办。至外传回汉间各怀芥蒂而酿事变，尤非事实。今内忧外患交相攻逼之际，本人但愿此事早就解决，毋使其贻害地方民众，以为西北一隅留此一片干净土，绝无若何成见。"同日，其子马鸿逵在泰安亦致电雷中田、马文车等人，要求释放马鸿宾。青海马麒、马麟等则分别致电马福祥，请示进止。③

"雷马事变"不仅是对中央权威的挑衅，而且将会引发西北政局的剧烈变动，国民政府不得不迅即做出反应。1931 年 8 月 30 日，国民政府即电令马文车等人称："马鸿宾为政府命派之大员，应速令第八师长雷中田即行释放，恢复其自由，并制止各方军事行动，一切善后，应静候中央从长处理。"④ 9 月 1 日，蒋介石从汉口致电雷中田、马文车称："连日接报告，谓马主席被禁闭，如果属实，反抗中央，目无法纪，限文到即将马主

① 《冯玉祥致李朝杰函稿》（1931 年 8 月 16 日），《冯玉祥发函稿本》，第 224 页。

② 张乃恭：《雷马事件中之马文车》，《甘肃文史资料选辑》第 3 辑，第 108—109 页。

③ 《杨虎城全权处理甘变》，《申报》1931 年 8 月 30 日，第 4 版。

④ 《甘肃政变经过》，《申报》1931 年 8 月 31 日，第 8 版。

席恢复自由，行使职权，中央命令，绝不更改。"① 同时，蒋将此次甘变之罪责归咎于马文车一人，认为"马文车实系不知大体，只想做官，尤令人可恶"②。并电令"雷师长中田、高公安局局长振邦及陈、鲁两警备司令，将马文车立予拿解来京究办"③。

国民政府虽一再命令雷中田、马文车等人释放马鸿宾，但甘肃地处边陲而中央势力此前从未渗入，加之蒋介石正忙于"剿共"，很难对甘肃所发生的事变予以特别关注。雷中田等人又派员到京积极斡旋，并表示甘局之变在于"马鸿宾收编残忍匪类，扩充武力，激成全省反响，为安定秩序起见，依军民公议，权行挽留马氏，以俟将匪队解散后，即复其自由，初非欲加害于彼。至马文车手无寸铁，甘省民众，恐贻地域门户之讥，故推一非本省人而曾任中央职务之文人暂任主席，藉以表示对中央毫无他意，如中央任命新任，中田及文车愿随时解职，入京待罪"④。由于蒋介石身兼"剿共"大任，西南反蒋运动又风起云涌，故在雷、马二人表面臣服的情景下不得不对此事暂置追究。

事实上，对于"雷马事变"的处置态度亦缘于蒋介石战略重心的定位及对西北问题的漠视。自平定石友三叛乱后，蒋介石认为"除赤匪以外，对其他各方叛逆"皆可谋政治方法解决。⑤ 因此，对于无关大局的甘肃问题，蒋氏当然不愿花费太多精力，加之雷、马二人在事变后分别致电南京政府，称事变缘于马鸿宾勾结土匪，他们扣马是不得已而为之，并无违抗中央之意。⑥ 因此，"雷马事变"发生后，在记述蒋介石政治言行的《事略稿本》中也只简单地填注了"处置甘事"四字。⑦

1931 年"九一八"事变爆发，日军用短短 4 个多月时间侵占了面积

---

① 《蒋主席严令制止甘变》，《申报》1931 年 9 月 2 日，第 8 版。

② 周美华编注：《事略稿本》（民国二十年九月至十二月）第 12 册，台北"国史馆"2004 年版，第 62 页。

③ 贾自新编著：《杨虎城年谱》，中国文史出版社 2007 年版，第 245 页。

④ 《雷中田电京申述甘变经过》，《申报》1931 年 9 月 9 日，第 4 版。

⑤ 高素兰编注：《事略稿本》（民国二十年五月至八月）第 11 册，台北"国史馆"2004 年版，第 478 页。

⑥ 《兰州马文车致南京顾祝同宥电》（1931 年 8 月 26 日），《蒋方民国二十年往来电文录存》，"阎档"微缩胶卷，80/0990，第 225 页。

⑦ 高素兰编注：《事略稿本》（民国二十年五月至八月）第 11 册，第 572 页。

相当于日本 3 倍的东三省，中日关系骤然滑至战争边缘。积极准备对日作战，巩固和开发抗战后方，成为事变后国民政府为之努力的方向。正如蒋介石在 1931 年 10 月 3 日与熊式辉谈论备战计划时所言："此次无论对日和与战，而西北实为政府之第二根据地。万一首都沦落，即当选于洛阳。将来平时亦以洛阳与西安为陪都也。"① 与此同时，开发西北、建设西北呼声响遍全国。正如《大公报》所载："自辽吉黑沦陷，国人愈认识建设西北之亟，西安设陪都，亦足见政府目光渐重西北。近者长安洛阳道中，要人络绎，皆为视察关中，将欲为建设西北之研究者也。"②

尽管"九一八"事变吹响了日本侵华的号角，亦警醒了国民政府对西北问题的迷离，但中国西北地域辽阔、民族杂居、地形复杂、政治混沌、军阀割据、教育落后，要谈开发似乎言之尚早。正如戴季陶于 1929 年 12 月所云："本党现在已经把国家统一了，目前最重要的任务就是要建设。环顾全国情况，尤以西北建设为最重，实在关系我们国民革命的前途；我们现在就是注全力于此，恐怕还要二十年、五十年或百年方能成功。"③ 此言虽显悲观，却不失合理之处。面对西北乱局，如何将之纳入国家有效统驭之下无疑成为国民政府开发西北的先决条件。

甘肃为西北咽喉，具有重要的军事战略地位，历来为治理西北之关键。如果国民政府能够控制甘肃，不仅能够震慑青、宁两省，而且进取新疆亦将指日可待。因此，国民政府试图以甘肃问题为切入点作为治理和开发西北的突破口。但甘省政局因受"雷马事变"侵扰十分混乱，各方势力在此一隅相互博弈——青、宁两省回军蓄势待发，威胁兰州；冯玉祥、吴佩孚等人相机而动，企图在西北地区死灰复燃；陕西杨虎城亦乘机出兵甘肃，企图扩大地盘，坐大陕甘。蒋介石虽对雷中田、马文车等人发动事变极为不满并严令对马鸿宾"限文到之日释放"，但因在甘省无任何实力后盾而无法对此乱局进行有效的武力控制。不过，蒋介石已认识到，"甘肃之事，恐难一时了结，冯玉祥又勾结雷中田，怂恿叛变。杨虎城亦有推

邓宝珊之意，其内情复杂如此，恐非由中央派员往治，不能平也"①。

为了给南京政府留有一定回旋余地，蒋介石决定采取如下措施：第一，安慰回马军事实力派，令马福祥之子马鸿逵迅速就任宁夏省政府主席职②；令宁夏、青海回军与孙蔚如部"切实联络，一致行动，奠定西北"③。第二，劝阻杨虎城陕军入甘，仅让其居中调解以"维持中央威信"④；令孙蔚如部切实准备，"以备万一"⑤。第三，令马文车"留甘主政，暂勿回京"⑥；嘉奖兰州省城公安局长高振邦，称其"卫护地方，勤劳素著，此次省会发生事变，尚能维持秩序，殊堪嘉许，以后仍望加意防范，以靖乱源"⑦。然而，蒋的权宜之计却进一步激发了西北各方势力控制甘肃腹地的强烈欲望。"雷马事变"发生后，一直蛰居四川的北洋军阀吴佩孚利用事变之机由川入甘。雷中田等人基于诸多考虑，亦"欲利用吴在西北另开辟新局面"⑧。原本在释放马鸿宾问题上存有分歧的冯玉祥旧部雷中田、高振邦等人却在"迎吴"问题上达成一致。对此原因，雷中田在致冯玉祥的电文中亦有说明："此间对吴迷信过深，故此来各方均表欢迎"，"如我部即表示反对，恐数日内即生战事"⑨。而冯玉祥则对吴氏入甘深表忧虑并告诫雷、高等人：吴氏来甘并非幸事。如吴佩孚不染指甘省政事，雷、高、马（文车）等不与吴氏合流，则与蒋或有回旋余地；如雷等一旦与之合流，蒋势必无法容忍。"余深为弟等担忧，并非过虑，

①　周美华编注：《事略稿本》（民国二十年九月至十二月）第 12 册，台北"国史馆"2004年版，第 62 页。

②　《蒋促马鸿逵迅赴宁夏莅任》，《申报》1931 年 9 月 7 日，第 3 版。

③　周美华编注：《事略稿本》（民国二十年九月至十二月）第 12 册，台北"国史馆"2004年版，第 438 页。

④　《中央对甘变已有具体办法》，《申报》1931 年 9 月 7 日，第 3 版。

⑤　周美华编注：《事略稿本》（民国二十年九月至十二月）第 12 册，台北"国史馆"2004年版，第 421 页。

⑥　《马文车留甘主政》，《申报》1931 年 10 月 9 日，第 8 版。

⑦　周美华编注：《事略稿本》（民国二十年九月至十二月）第 12 册，台北"国史馆"2004年版，第 56 页。

⑧　《平凉陈桂璋致西安杨虎城删电》（1931 年 11 月 15 日），《杂派民国二十年往来电文录存》，"阎档"微缩胶卷，49/0441，第 228 页。

⑨　《兰州雷中田致汾阳冯玉祥马电》（1931 年 10 月 21 日），《蒋方民国二十年往来电文录存》，"阎档"微缩胶卷，80/1589，第 228 页。

实知弟等将有大祸临头，我将设法收你们的死尸矣。"① 但身居局外的冯玉祥此时已无法左右雷、马（文车）等人行为。1931 年 11 月 15 日，以青海省主席马麟领衔，甘、青、宁、新、川 5 省军政要人联名发出通电，拥护吴佩孚出山，雷、高、马等人均列名其中。吴氏与西北地方实力派的联结谋图使蒋介石难以容忍，尽管国民政府在西北的军事力量几近为零且对陕军入甘心存顾忌，但事有轻重缓急之分，借用陕军平息甘省割据局面形成并图将来之渗透成为此情此境下国民政府的首要选择。当然，这一决定亦是杨虎城期待已久的。"拥吴"通电一发，蒋遂令陕军孙蔚如部分路入甘。12 月上旬雷中田部失败，雷只身出走，高振邦随吴佩孚、马文车逃亡宁夏，孙部进驻兰州。② 喧嚣一时的"雷马事变"以陕军入甘宣告结束。

"九一八"事变前南京国民政府在政权初建、军事初歇之际，面对国际关系风云多变和日本侵略气焰嚣张难遏以及西南反蒋运动风起云涌和中共革命势力迅猛发展，即使有心经营西北亦似力有未逮。甘肃地处西北咽喉，地方势力雄厚，回汉冲突时常发生，中央势力能否在此立足尚有疑问。因此，借用传统"甘人治甘、以回治回"手法，即借重西北回族地方实力派力量稳定西北政局以达到陕甘宁青相互牵制之功效不失为国民政府的理性选择。③ 而任命马鸿宾为甘肃省政府主席正是这一策略的集中体现。然而，"雷马事变"的骤然发生及各方势力在甘肃的相互博弈，不仅宣告南京国民政府"甘人治甘、以回治回"策略的失败，而且甘省再次面临分裂割据危险。陕军入甘虽从表面上遏制了甘省政局的混乱状态，但杨虎城坐大陕甘则使蒋介石难以释怀。尤其"九一八"事变之后西北问题已成为全国关注的焦点，如何对待甘肃问题已成为蒋介石及其国民政府不得不慎重考量的议题。虽然孙蔚如部入甘后，杨虎城曾亲赴南京与蒋介石商讨甘政问题，并请"中央以蔚如为甘主席"④，然而，出于对陕西势

---

① 《冯玉祥致雷中田、高振邦、李朝杰急电》，中国第二历史档案馆藏，转引自陈兴唐、韩文昌、潘绪贤《冯玉祥与甘肃"雷马事变"》，《民国档案》1986 年第 3 期。

② 陈兴唐、韩文昌、潘绪贤：《冯玉祥与甘肃"雷马事变"》，《民国档案》1986 年第 3 期。

③ 蔡孟坚：《马步芳马鸿逵马步青三杰》，《传记文学》1935 年第 5 期，第 58 页。

④ 《西安王一山致兰州杜彬丞王宗山文电》（1931 年 12 月 12 日），《杂派民国二十年往来电文录存》，"阎档"微缩胶卷，49/0997，第 229 页。

力扩张的疑虑，杨的提议并未被南京政府所采纳。

在无足够军事力量的前提下如何有效治理西北成为南京政府的一个棘手问题。1931 年 12 月 15 日，重获自由的马鸿宾在请辞甘省主席时称："八月十五日之变，不能预防，万不能以负疚之身，再任繁剧，致再贻地方之戚，请准予辞去甘省主席职务，另简贤能，克日接替，早卸仔肩。"① 马请辞之后甘肃省政府主席之位由何人接替？国民政府经审慎考量之后决定任命德高望重的国民党要员邵力子为甘肃省政府委员兼主席。② 其之所以任命邵力子出任甘肃省政府主席，一是甘肃地方实力派向与中央貌合神离，而甘省内部各方势力之间又互不统属、矛盾重重，以至甘人一直期盼中央委派一位权高位重的中央大员来甘莅任。邵力子作为老同盟会会员，1919 年加入中国国民党，先后担任黄埔军校秘书长、政治部主任、国民革命军总司令部秘书长等职，深得蒋介石信赖，并在国民党二大、三大、四大均当选中央监察委员。国民政府任命邵为甘省主席不仅迎合了甘人期盼外派中央要员来甘莅任心愿，亦表明自身在缺乏足够军事力量的情景下希望能通过代表中央威权的文官莅任达到统驭西北的目的。二是"雷马事变"后陕军入甘，而陕军主帅杨虎城亦有邵力子主甘之说，这一提议可与蒋介石"文人治甘"的想法不谋而合。邵与杨虎城关系素善且为蒋介石信赖，故其出任甘省主席，蒋可借邵杨关系以"文治"甘肃，杨亦可借蒋邵关系拉近与蒋的距离。三是"九一八"事变后中日矛盾激化，对日作战只是时间问题。然而，中日战争敌强我弱，日本兵精粮多，我国地广人多，一旦战事立起势必难以立决。因此，以"空间换时间"成为国民政府抗击日本的基本策略。随着东北沦陷，西北战略地位日渐凸出，如何控驭西北并使之成为抗战可靠后方则是国民政府不得不审慎思考的问题。事实上，国民政府在"九一八"事变后任命国民党要员邵力子出任甘肃省政府主席在一定程度上体现出对西北问题的重视。

然而，甘肃历来为地方实力派垄断，回汉矛盾突出，且数年以来"天灾人祸，相间而至，地方残破，人民困苦，已达极点"③。此情此境，即使

① 《马鸿宾辞甘主席》，《申报》1931 年 12 月 15 日，第 7 版。
② 《国务会议决议改组三省政府》，《申报》1931 年 12 月 16 日，第 4 版。
③ 《邵力子谈不赴甘就职》，《中央日报》1932 年 1 月 7 日，第 3 版。

身系回马集团的马鸿宾亦经受不住"雷马事变"洗礼而宣告辞职。如今国民政府任命历任文职的邵力子赴甘莅任，对邵来说势必感到身轻责重而力不从心。因此，邵以身体等各种理由多次提请辞职，但均为国民政府所婉拒。

对于邵之顾虑，蒋介石心知肚明。为壮其胆，1932 年 1 月 18 日，蒋在对邵的谈话中表示：中国"目前外交问题，固属紧要，而内部不统一，其影响中国前途更大，且当此外侮日深，举国企求和平统一、共同御侮之际，余相信断无有此冒天下之大不韪，而造成割据形势以危及国家民族之前途者"①。蒋期望以邵的地位和声望赴甘莅任，代表中央以达统驭甘肃地方势力目的。蒋的谈话在一定程度上坚定了邵对于中央权威的信念，排除了赴甘就职的诸多顾虑。至此，邵虽称自己"身躯羸弱，近复多病，而西北气候，此时实难前往甘肃"②。但不再提请辞职，并表示等气候转暖、身体渐好之后即赴甘莅任。同年 4 月 30 日，邵偕同邓宝珊抵达兰州，5 月 20 日正式视事。③ 邵力子主政甘省，使心怀满满的孙蔚如顿感失望，以至于决心辞去甘肃宣慰使一职。对于孙的举动，杨虎城急电阻止，并表示"省府我既无十分把握，此名义似仍为目前所需要，嘱转兄打消辞意"④。在杨看来，邵氏治甘，势单力薄，其主甘之路必将有赖于孙部。而事实上，邵力子主持甘政不及两年便匆匆离职，不能不归因于多方掣肘而力不能行。

蒋介石力劝邵力子出任甘省主席标志着国民政府放弃了"甘人治甘、以回制回"的传统手法，开始将西北问题纳入国家战略要务之中。此后历届甘省主席均为蒋介石信赖的军政要员，从一个侧面反映出时世更易下国民政府战略重心的转移。

三　"文人治甘"的窘境

邵力子赴甘莅任，不仅身负蒋介石之信赖，而且身负甘省千百万民众的殷切期待。然而，邵力子视事之初，甘肃省内军队林立，派别各异，有

---

① 《邵力子返京后之谈话》，《申报》1932 年 1 月 19 日，第 8 版。
② 《邵力子返京后之谈话》，《申报》1932 年 1 月 19 日，第 8 版。
③ 《邵力子抵兰州》，《申报》1932 年 5 月 3 日，第 8 版。
④ 《西安子坚致兰州孙蔚如寒电》（1931 年 12 月 14 日），《杂派民国二十年往来电文录存》，"阎档"微缩胶卷，49/0999，第 230 页。

陕军、宁军、青军、甘军、川军。军队划区供养，据不完全统计，当时驻甘军队"综计不下八九师，每月共需军费 90 余万元，军队之多，军需之巨，实为前此所未有"①。更为甚者，地方势力为争夺地盘，派任县长，征收粮赋，扩充兵额，为所欲为。② 邵力子到任之初，开始从如下方面采取整改：第一，设立政军财整委会，以图彻底整理甘政。③ 第二，发布《告汉回民众书》，表示"汉回不分畛域，决平等对待"④。第三，开辟甘省利源，并邀请上海企业家来甘视察，推销国货于西北。⑤ 第四，吁请中央救济甘灾，并派民政厅厅长林竞任洮西绥辑专员，亲往各地视察。⑥ 对于救济河洮难民之意义，邵反复强调称：甘省"灾民甚多，何以于河洮独加重视，一因力量有限，不能不先其所急；二则河州（即今临夏回族自治州）等处，自民十七以后酿成汉回仇杀惨剧，故特提前安辑洮西一带难民，消灭回汉裂痕"⑦。

事实上，对于邵力子来说，整理甘政最为迫切，也最为棘手的问题是整顿财政和统一军政，这也是邵力子主政下之甘肃省政府能否持久的关键。整顿甘肃财政，首在禁种鸦片。"甘肃为著名种烟省份，人民受祸至烈，而历年来军阀视种烟为筹款妙法，所谓烟亩罚款者，年额四百七十九万余元。所有军费全恃此为挹注。近年鸦片滞销，人民祇受种烟之害而不见其利，然无论种烟与否，所谓烟亩罚款，仍需一律摊派，不种烟之农民，既受苛征，复蒙恶名，全世界秕政当无逾于此者。"邵力子莅甘时，"甘人多有以是否实行禁烟为询，邵皆无切实表示。盖因甘省财政因连年灾燹之故，早陷绝境，现时军费月需七十万元，即烟亩罚款依旧征收已不敷甚巨，若再取消，更无办法。且甘省因交通梗阻，农产品即在丰收时亦不能输出，加以水烟、皮毛等特产，本年完全滞销，而一切日用工艺品全

---

① 《电国民政府请缩减本省驻军解除民众痛苦》，《甘肃省政府公报》1932 年第 1 卷第 22—25 期合刊，第 91—92 页。

② 甘肃省志编纂委员会编《甘肃省志·大事记》（第 2 卷），甘肃人民出版社 1989 年版，第 247—248 页。

③ 《邵力子拟整理甘政》，《申报》1932 年 5 月 4 日，第 8 版。

④ 《邵力子晓谕汉回民众》，《申报》1932 年 5 月 9 日，第 5 版。

⑤ 《筹辟甘省利源》，《申报》1932 年 6 月 8 日，第 13 版。

⑥ 《邵力子吁请救济甘灾》，《申报》1932 年 6 月 18 日，第 9 版。

⑦ 《邵力子在甘省党部之报告》，《申报》1932 年 7 月 23 日，第 12 版。

仰给于外来，所有本省能换取外省现金之物品，几只有鸦片，若再禁绝，有谓于人民经济大有妨碍者，故迄在审慎考虑之中。然现已届播种冬苗之期，倘再不决定，则明年势必照旧种烟"。故经甘肃省府反复讨论，最终决定："全省驻军饷项，另订筹收抵补办法，所有烟苗自明春起，本省各地一律实行禁种，不准再有一株一苗发现，务期根本铲除。查全陇西北各县向种春烟，东南各县多种冬苗，自应早日查禁，以绝颗粒籽种入土。倘有不肖之徒违令偷种者，一经查觉或被告发，地则照章充公，人则依律加等治罪，决不宽贷。须知此次禁烟功令，势在必行，并由本府不时派员密查，慎勿故罹法网，致干重惩。"①

统一军政首在缩编军队，因为此举不仅可以防止甘肃地方实力派拥兵自重，而且可以缓解日益困窘的甘省财政。因此，这一措施不仅是邵力子莅任后甘省整改之关键，也是甘肃省府进行其他改革的前提。邵力子抵甘之时，曾执意要与邓宝珊一同前往，亦有如是考虑。邓为甘肃人，对甘肃地方较为熟悉，而且邓时任西安绥靖公署驻甘行署主任，而时任甘青宁宣慰使的孙蔚如②亦隶属于西安绥靖公署，以至于在甘肃，邓、孙二人的权限并无明确界定，而国民政府委派邓宝珊偕同邵力子赴甘莅任，并委其军政大权，在一定程度上表明了南京国民政府希望借邓之力对孙蔚如部有所牵制，并希其能在甘肃军政统一方面对邵力子有所帮助。

据当时甘肃驻军调查报告称，甘省驻军有"陇东一师二旅，师长孙蔚如，旅长李贵清、石秀英；陇西一师，师长鲁大昌；陇南一师，师长马青苑；陇北两师，师长马仲英、马步青；此外杂色军仍近五万"③。面对成色不一的甘省驻军，邵力子政府如何实现甘省军政统一、军队缩编之目的呢？对邵这样一个"赤手空拳"的国民党文职官员来说，唯一可以借用的就是中央权威。虽然邵力子深知甘肃地方动荡不宁，青藏边境冲突不断，土匪武装趁火打劫，要实行彻底的裁兵编遣几无可能，但邵仍从两个方面入手，努力图强：一是提高邓宝珊的军事权力；二是请求中央命令外

---

① 《甘肃省决心禁种鸦片》，《申报》1932 年 10 月 13 日，第 9 版。

② "雷马事变"发生后，在杨虎城授权和蒋介石的默许下，孙蔚如率陕军入甘平叛。邵力子入甘主政时，孙部仍驻留于甘肃境内。

③ 《全甘驻军调查》，《申报》1932 年 6 月 25 日，第 8 版。

省军队离甘。因为以目前甘省财政计，"甘全省收入不足养兵，本年可征之款已提取净尽"①，即使甘省军队由原来的九万五千人减至现今的八万三千人，但甘省拮据的财政仍不足以负其供养。"若陕警备师及青军离甘"，则甘省军队"可减至七万人，军费可缩减三分之一"②，甘省财政负担将可得到缓解。因此，邵呼吁陕军、青军撤离甘境。1932 年 6 月 18 日，应邵力子的呈请，南京国民政府电令"孙蔚如部移驻平凉，陇东绥靖司令部移固原，马仲英、鲁大昌、马步青各部归邓宝珊节制"③。

尽管南京国民政府顺应邵力子的意愿，命令陕军、青军撤离甘境。但对于中央的撤军命令，陕、青两省不仅虚与委蛇，即使身兼甘省主席的邵力子，在陕青军队的离甘问题上亦欲罢不能。正如 11 月 5 日青海马俊良等给马麟、马步芳的密电中所述：邵力子称"我军纪律严明，不忍一调，但系中央来电，甘州驻军，不开亦可，惟河州兵多，可以陆续开回，至所需各费，设法筹拨"，"职等意于开军事会议后，先将我河州驻军开回一二营，以表示服从中央。再各报传，则中央对我方自以诚意相结，其余部队不致再有移动"④。透过此函之情境，隐现出"文人治甘"的艰难困境。与此同时，为了"服从"中央命令，杨虎城于 11 月 13 日"调陇南陕警备师第二团回陕"，以减轻甘人负担，却另以陕军第三十八军接防天水、静宁。⑤ 由此可见，无论是青军，还是陕军，如没有足够的武力胁迫，他们绝不会自动地退出已经占据的甘肃地盘。调离外省军队离甘对于文人理政的邵力子来说，显然是力不从心。

邵力子莅任之后，虽然在甘省军政统一、财政整理、救济灾民、发展经济等方面做出了一系列的努力，但成效甚微。究其原因，一是中央权威难达地方，而地方势力对于中央政令亦虚与委蛇。例如邵力子、邓宝珊为整理甘省军政，拟定于 1932 年 11 月 15 日召开省军事会议，令全省各师旅长均出席参加讨论如下事项："一是按一定标准核减军费；二是非经绥

---

① 《甘省拨建设费三十万》，《申报》1932 年 6 月 24 日，第 7 版。

② 《邵力子之谈话》，《申报》1932 年 11 月 27 日，第 3 版。

③ 《孙蔚如部移驻平凉》，《申报》1932 年 6 月 19 日，第 4 版。

④ 《兰州马俊良等致马麟马步芳密电》，青海省档案馆，档号：15/1—1/50。转引自刘进《中心与边缘——国民党政权与甘宁青社会》，天津古籍出版社 2004 年版，第 78 页。

⑤ 《杨虎城部调离陕境》，《申报》1932 年 11 月 16 日，第 7 版。

署批准，不得招兵收匪；三是不得无故移动军队或有军事行动；四是不得直接向县政府征粮或提款；五是驻军对禁烟不得包庇或私纵。"① 由于这一军事会议的主题与甘肃地方实力派的切身利益发生冲突，因此，当筹备已久的军事会议召开时，很多军师旅长托称防务重要而拒不参会，所派代表亦含糊其辞，以致会议讨论事项全部搁浅。由此可见，在缺乏足够军事力量的前提下，南京国民政府试图仅靠中央权威之幻象来达到统驭甘省政局之目的，无异于缘木求鱼。

二是甘省资源的贫乏和财政的困窘，更使邵力子推行的各项改制如无薪之火。邵力子莅任之初，决心禁绝鸦片，并在致蒋介石的电文中称："鸦片为害甚烈，诚如钧示，甘省尤甚。民十八旱灾，饿死百余万，全由广种鸦片，户鲜存粮。考查全省烟民，至少之县不减十分之五，妇孺亦多。职等就任以来，几经考虑，初以甘省近年军费全取给于所谓烟亩罚款，年额四百八十万元，现全省军费月需七十万，不敷甚巨，若再厉行禁种鸦片，取消烟亩罚款，军费更将无着，颇有提议分期禁绝者，终以烟祸至烈，宁可别筹摊派抵补，决须全行禁绝。复因陇南各县多种冬烟，故于上月二十七日、三十日两次省务会议决议完全禁种，即日布告全省各县，切实查禁。兹奉电谕，深幸与钧意有合，且得钧座毅力主持于上，必可达除毒务尽之目的。"② 尽管邵力子看到了种植鸦片对于甘省经济发展所带来的深刻隐患，尽管甘省禁烟运动得到了蒋介石的支持，但庞大的军费开支和捉襟见肘的省府财政，使得邵力子试图先禁种鸦片而另筹军费的想法无异于白日做梦，因为甘肃地方实力派决不允许在没有足够财政保障的前提下断绝军费的主要来源。事实上，在政局动荡、武人当权的甘肃地域，要想真正实现军事与财政的整合，必须靠实力来说话。

至此，作为"文人治甘"的邵力子已深感心力难从。事实上，邵力子对于赴甘莅任本有存心一试之想法，今日既无益于甘省，于是决心知难而退。早在 1931 年 12 月南京国民政府任命邵力子主甘之初，邵对今日之结果即有预感，乃坚辞其职，并称其"才识短浅，经验缺乏，兼以体弱，常患失眠，甘肃地方重要，主席职务繁剧，自审驽下，万难胜任，与其贻

① 《甘当局召开军事会议》，《申报》1932 年 11 月 4 日，第 7 版。
② 《甘肃省决心禁种鸦片》，《申报》1932 年 10 月 13 日，第 9 版。

误将来，重贻钧府西顾之忧，宁求收回成命，曲全力子藏拙之志，为此沥陈下情，敬求钧府勿予发表任命，另简贤能，以重地方"①。然而其请并未得愿。时隔一载，1932 年 11 月 21 日，邵力子因甘省财政困难，诸事棘手，再次向南京国民政府提请辞呈。② 对于邵的请辞，时任行政院院长的宋子文来电挽留称："当此外交方亟，国难弥殷，尚望奋发谟猷，相与共济，所请辞职，应毋庸议。"③ 对宋之挽留，邵表示"际此时艰，当勉为留任，惟甘省财竭民困，实难支持，请中央迅赐设法救济"④。

然而，此时的南京国民政府面临着更为严峻之形势，外有日本的咄咄进逼，内有反蒋运动风起云涌，尽管邵力子热切期盼着南京国民政府能够给予甘肃财政以更多的帮助，尽管南京国民政府亦想为有效统驭西北做出努力，但事实上，此时的南京国民政府能够做到的仅仅是给予邵力子更多的精神支持。诚如时人所谓："中央政策之实施，乃以全国利益为着眼，不以一部休戚为标准，三陇问题虽与全国有密切关系，实则地方特性居其大半"，对国民党政权则无多大影响，因此，"三陇问题，仍需三陇自己解决"⑤。

事已至此，邵力子离甘之决心已无可动摇。1932 年 11 月 27 日，邵力子送眷属回京，并称甘肃财政已无办法，"下月初飞京后，如无切实措施，不再返甘"⑥。1933 年 1 月 25 日，邵力子呈请行政院，准其"二十六由兰州飞京，主席职务，暂由邓宝珊代行"⑦。邵力子作为文人治甘的历程最终告一段落，而甘肃仍旧是地方势力纵横捭阖的大舞台。那么，接下来南京国民政府将采取什么样的措施来治理甘肃问题呢？

四　朱绍良入甘与甘政初定

面对甘肃政局的混乱和财政的困窘，南京国民政府决定采取如下措施

① 《邵力子呈辞甘省主席》，《申报》1931 年 12 月 17 日，第 7 版。
② 《邵力子请辞甘主席职》，《申报》1932 年 11 月 22 日，第 8 版。
③ 《邵力子等电宋子文请救济甘财政》，《申报》1932 年 12 月 5 日，第 3 版。
④ 《邵力子等电宋子文请救济甘财政》，《申报》1932 年 12 月 5 日，第 3 版。
⑤ 塞翁：《与甘肃青年谈甘肃问题》，《甘肃民声》1931 年第 3 期，第 7 页。
⑥ 《邵力子送眷属回京》，《申报》1932 年 11 月 28 日，第 4 版。
⑦ 《邵力子假期中邓宝珊代行甘主席》，《申报》1933 年 1 月 25 日，第 37 版。

徐图挽救：一是 1933 年 2 月 26 日，蒋介石命令"第一师胡宗南部由陕调甘，以作中央在西北之模范军。如此甘省军费负责既得减少，而军纪亦能愈益严明，此亦为协助甘省财政苦心孤诣之办法"[①]。二是"胡师驻甘，饷由中央拨付，中央拨发债券，救济甘省农村经济，停发客军供应及陕协款，四月内可决定"[②]。作为蒋之嫡系，中央军第一师胡宗南部入驻甘肃，使甘省境内各地方实力派心怀顾忌且小心翼翼。因为胡师作为中央正规部队，不仅装备精良，且身具中央权威，如果其要消灭甘肃任何一部地方势力，不仅轻而易举，而且名正言顺。因此，甘肃境内的各小军阀纷纷投诚，即是雄踞一隅之青海马麒亦不例外。由此可见，在国民党还没有真正统一中国的前提下，南京国民政府想要掌控地方势力盘根错节之甘省，只有用"枪杆子"才能够实现。

胡宗南部入驻甘肃，为南京国民政府真正控驭甘政奠定了基础。面对邵力子坚辞甘省主席一职，南京国民政府决定对陕甘两省主席予以调整。1933 年 5 月 4 日，经行政院临时会议决议："第一，陕西省政府委员兼主席杨虎城辞职；第二，甘肃省政府委员兼主席邵力子免职；第三，任邵力子为陕西省政府委员兼主席；第四，任朱绍良为甘肃省政府委员兼主席。"[③] 对于朱绍良赴甘莅任，南京国民政府不仅审慎考量，而且寄望良多。正如 1933 年 5 月 2 日蒋介石在讨论甘肃省府人选时所说："甘肃为新疆基地，汉回共处，仇隙日深，军队庞杂，非文武兼资，有头脑有手腕者，不易使之安定，且恐蹈新疆最近之覆辙。一民（朱绍良）实较适合，虽属军人出身，然处事精密而有条理，实为政治长材，此次拟使赴甘，并不带兵随往，自与文人无异，此意前已电右任先生言之，俟其入甘布置粗定，后路既固，届时再行调新，而简纯粹文人以继甘任，于事必有裨益。"[④] 由此可见，蒋介石委任朱绍良为甘省主席，不仅着眼于甘省政局，而且亦有进取新疆之意。

对于朱绍良赴甘莅任，甘省人民亦期盼热切。1933 年 5 月 14 日，朱

① 《邵力子续假二月》，《申报》1933 年 2 月 27 日，第 7 版。

② 《中央拨发公债救济甘省农村经济》《申报》1933 年 3 月 1 日，第 10 版。

③ 《行政院临时会议决议》，《申报》1933 年 5 月 5 日，第 7 版。

④ 王正华编注：《蒋中正总统档案·事略稿本》（20），台北"国史馆"2005 年版，第 10—11 页。

学庐电陈甘肃情形，并催促朱绍良早日莅任曰："新疆事变，影响陇边，导河回匪，势甚猖獗，业经鲁大昌师堵截，驻陇西第三十六师已向新疆开动。甘肃回汉杂居，素相仇视，盼朱主席早日莅临坐镇，策划进行。"[①]对于出任甘省主席，朱绍良与前任邵力子相比，显得较为轻松。邵力子曾感慨言："西北今日地方大权，多操之当地将领，故今日国内才智超异之士，无敢萌从政西北之想。"[②]然而，1933年5月15日，面对中央社记者对甘省现状及其治甘方针的询问，朱绍良进行了谨慎而不失乐观的回答，并表示，对于治甘之方针，"不能离社会而空谈，须视社会之情形如何而后定。本人目前对于甘省情形不甚熟悉，故对于施政方针亦未有所决定，至于甘省政府各厅长人选，一仍其旧，并无更动"[③]。6月4日，甘宁青三省旅京同乡开欢迎朱绍良大会，朱即席答词，"谓将努力开发西北，以慰甘民之望"[④]。朱绍良之所以对治理甘肃颇具信心，原因有三：一是邵力子经过一年多的努力，虽无事实上之大进步，但形式上的割据局面已不复存在，中央权威开始在边远之甘民心中生根发芽；二是邵力子主甘的失败和徐向前领导的中共势力的迅速发展，促使蒋介石不得不派胡宗南部入驻天水，而胡部入甘为朱绍良统一甘肃军政提供了坚定的武力支持；三是朱绍良主甘得到了蒋介石的支持。1933年5月24日，朱绍良拜谒蒋介石并得其耳提面命。朱语中央记者云："此来谒蒋，请示一切，并商甘财政等问题。因甘财政困难，须待中央协助也。至施政方针，本人惟本中央意旨，脚踏实地做去。"[⑤]可见，朱绍良主甘无论在财政上还是施政方针上，都得到了蒋介石的重视和支持。

1933年6月13日，朱绍良乘机抵甘，6月19日晨"到省府及民厅视事，并出席省府第一次纪念周，报告治甘方针"[⑥]。对于治甘问题，朱绍良遵循"在安定中求进步"的方针，即一方面整改省县政府；另一方面谋求改善民众生活。主要表现如下。

---

① 王正华编注：《蒋中正总统档案·事略稿本》(20)，台北"国史馆"2005年版，第208页。

② 《今日西北之大患》，《中央日报》1932年12月12日，第3版。

③ 《朱绍良谈治甘方针》，《申报》1933年5月15日，第9版。

④ 《旅京三省同乡开会欢迎朱绍良》，《申报》1933年6月5日，第7版。

⑤ 《陕甘两主席邵朱抵赣谒蒋》，《申报》1933年5月26日，第3版。

⑥ 《马仲英部回甘被拒》，《申报》1933年6月21日，第8版。

第一，统一军政。军政统一是朱绍良推进甘政改革的前提和基础。为了加强朱绍良对甘省军事力量的控制，在朱赴任不久，南京国民政府即拟任朱绍良为驻甘绥靖主任。对此，初主甘政的朱绍良颇存担忧，称甘肃省政府"组织尚未健全，苟处理甘省绥靖事宜，恐有不易推进之虞。拟俟中央改组甘省府各厅，先树政治之基础，再行定期就绥靖主任"①。但南京国民政府认为改组省政府与掌控军政应同步进行，促其于1933年9月24日就任该职，并于10月1日明令公示。对于南京国民政府之眷顾，朱绍良感激遵从，并称"遵于勘日在兰州敬谨视事，才轻任重，深惧弗胜，尚祈时赐箴规，俾得奉为主臬"②。驻甘绥靖主任的任命，为朱绍良以中央名义统一甘省军政提供了便利。1933年11月4日，"朱绍良整顿甘肃军队，任邓宝珊为军长，统辖驻甘鲁大昌等部队，安靖地方"③。至此，甘肃地方部队表面上均处于朱绍良的管辖之下。

第二，整改省政府。1933年8月1日，朱绍良主甘后，经过近两月的考察与磨合，甘肃省委人选最终确定，邓宝珊、朱绍良、谭可敏、刘汝璠、马步芳、鲁大昌、胡梁男、杨渠统被任命为省府委员。④ 然而，上述省委人选基本上沿用了邵力子时代的旧人，甚至身为青海省政府委员兼军事长官的马步芳亦列位其中，以致朱绍良的很多施政方针难以有效推行。为此，朱绍良多次提请南京国民政府，希冀改组甘肃省政府，得到了蒋介石和汪精卫的支持。1933年10月17日，行政院230次会议决议，改组甘肃省政府，"除已任命朱绍良为该省政府委员兼主席，并兼民政厅厅长外，任命朱镜宙、许显时、水梓、李拯中、邓宝珊、佟世俊、张维为甘肃省政府委员，并以朱镜宙兼财政厅厅长，许显时兼建设厅厅长，水梓暂行兼代教育厅厅长，李拯中兼甘肃省政府秘书长"⑤。至此，甘肃省面貌焕然一新，甘省主要部门均为朱绍良所信之人。

随着甘肃军政的逐步统一，对于如何治理甘省，朱绍良提出了自己的看法：他认为"现行省府委员制诚不若省长制为优，现根本改革尚有待，

① 《朱绍良暂缓就甘绥靖主任》，《申报》1933年9月25日，第7版。
② 《公电》，《申报》1933年10月1日，第12版。
③ 《朱绍良请任邓宝珊为军长》，《申报》1933年11月5日，第8版。
④ 《甘省委人选已定》，《申报》1933年8月2日，第10版。
⑤ 《行政院决议改组甘肃省政府》，《申报》1933年10月18日，第3版。

似应以省长制之精神与委员制之整体折中参酌，以求适宜。省府与民厅似应先行合署办公，其余财教建各厅仍各独立，重要事件由各主管厅长随时承商省府主席决定施行。于集中政令之中仍有伸缩之余地，按之省长制精神亦相符合"①。朱绍良改治省制之意见得到了蒋介石的认同。因此，有人称朱绍良主甘的年代为"人治时代"，事实并不为过。因为在蒋介石的支持下，至1934年，甘省之军、政、财、建等大权均处于朱绍良的掌控之下。对于朱绍良主甘之状况，时人曾有如下评述："甘肃过去因军事财政无法整理，致政治不能执行，自朱绍良主甘后，先从安定人民生活、减轻民众负担着手，颇为得当，如无其他阻碍，甘政可渐纳于正轨。"② 可见，在中央军事和财政的支持下，朱绍良治甘之路较为顺畅。

第三，整顿县政。朱绍良莅甘之初，为了避免县长的频繁更迭，即将县长任期改为三年制，并令"全甘各县长激发天良，解除民众疾苦，如仍敷衍，决认真惩办"③。然而，甘肃地瘠民贫，各县财政极为困窘，如要整顿县政，解决各县财政困竭乃为根本。邓宝珊对此亦有认同。谓朱绍良莅任后"对于军事政治努力整理，省内一切设施，已有头绪"，省外各县大多数已经走上轨道，"不过最大的问题，就是财政无法解决"，因此，他认为今后中央如能对甘肃财政提供相当补助，"其他一切就可迎刃而解"④。

然而，时陷内外交困的南京国民政府对于甘省财政补助之请求显得力不从心。尽管国民政府不能为甘省提供必要的财政支持，但蒋介石对甘肃财政出路思虑良多。事实上，甘肃财政之困窘不仅源于地瘠民贫，交通不便，也有军人割据、拨款制度之侵扰。刘进对甘肃拨款制度的影响概括为三点：一是拨款制度影响县政，并极大地约束着县长为地方办事的能力；二是拨款制度加重了对民间的苛扰；三是拨款制度不仅制约着省政府财政的整理，而且影响着甘肃省政府威信的树立。⑤ 1934年10月，蒋介石巡

---

①　《朱绍良改革省制意见》，《申报》1933年11月8日，第6版。

②　《甘青最近政治状况》，《申报》1933年8月14日，第9版。

③　《朱绍良整顿甘省县政》，《申报》1933年8月6日，第8版。

④　邓宝珊：《中央对甘财政能补助其他困难可迎刃而解》，《甘肃省政府公报》1934年第3卷第21—24期，第137页。

⑤　刘进：《中心与边缘——国民党政权与甘宁青社会》，天津古籍出版社2004年版，第104页。

视甘肃后认为，"甘肃民众痛苦，完全因拨款关系"，因而电令"早日取消，以苏民困，并允以后按月由中央酌量补助建设事业费"①。虽然国民政府的财政援助对于偌大的甘肃来说显得微乎其微，但蒋的表态却为朱绍良改革甘省县政、取消拨款制度提供了坚定的政治支持。自1935年1月起，全省53县决定取消拨款制度。时处马步青统辖下的河西十四县，由于距省窎远，甘肃省府权力难以到达，以致延至1936年3月于学忠主政甘肃时才予以取消，其军费改由省库发放。②

第四，开辟公路，发展农村经济。早在1933年5月朱绍良赴甘之前，当记者询及甘省经济发展时，朱绍良即表示：甘省"蕴藏至富，惜多未经开发，人民务农多兼营畜牧，故其出产，除工业原料如棉花等外，羊毛兽皮之年产额为数亦巨。惟以交通不便，运费奇昂，故日就衰微耳。且今年旱魃为灾，田产锐减，亦对折减收，故财政情况自甚困难。惟尚能收支相敷，暂维现状。甘省交通甚为不便，其唯一干路为西安至兰州之汽车路，长千一百里，以兵工赶筑，仅掘平路基，绝无公路之规模。邵主席主政时，曾计划修筑，改铺路面，大约六七月间可以告成"③。况且开发西北，不仅中央甚为重视，即是甘省民众亦甚感兴趣，"但欲求发展，必先开辟公路，便利交通。该一切建设必须新式机械，如无便捷之交通工具，则不能输入多量之机械也。农业之改良，中央已派专家前往调查计划，且年前旱灾，曾输入灌溉引擎数具，惟以资力及交通关系，未能尽量采用。而欲求农业之发展，垦荒造林亦为重要设施"。因此，"甘省交通如能改善，则各界必乐往开发，故开发首要实在交通问题"④。

与此同时，为促进陕甘农村经济的发展，两省主席邵力子、朱绍良联名致电财政部部长宋子文，要求准征土烟特税，以利农事。电文称："查甘肃皋兰等县，出产青黄条绿烟叶，为甘肃仅有之外销产品，陕西商家向亦在此运销烟叶。比年因灾害频仍，产额早经锐减，益以东北失陷后，牛

---

① 朱绍良：《推进新运要公务员以身作则》，《甘肃省政府公报》1934年第3卷第41—44期，第138页。

② 《呈行政院呈报取消河西各县拨款请鉴核备案由》，《甘肃省政府公报》1936年第8期，第2页。

③ 《朱绍良谈治甘方针》，《申报》1933年5月15日，第9版。

④ 《朱绍良谈治甘方针》，《申报》1933年5月15日，第9版。

庄、大连等销场复经断绝，其余各地亦受舶来品卷烟之打击，行销疲滞，势成□末，农村凋敝，市场萧条，此为重大原因。力子前为扶持农业，振兴土产，曾与于院长右任提倡改良制作，以利行销。绍良到甘后，考察情形，亦觉维持烟叶实为复兴当地农村切要之图，正商拟呈请府院特予保护间，适贵部有办理苏浙等七省土烟特税之举，具征保护土产，抵制外货，硕画嘉谋，至深钦佩。陕甘事同一律，特联电奉恳，务祈俯念西北贫瘠，产品稀少，此种土烟准予七省同列入特税区内，统一征收，俾免运销时受重复征税之苦，庶陕甘两省市面农村，得以繁荣，国计民生，交受其益。"①

此外，为推进西北实业发展计划，朱绍良"欢迎上海国货厂家联合组织一国货流动推销团，即日派员前往西北甘肃等省。朱氏并已于宁夏、青海、陕西诸省联合招待欢迎，已将甘省原有城隍庙一所令饬建厅，即日加以修葺，以备国货商场之用，所有国货推销人员之沿途旅费以及起居膳宿，均由省府酌量津贴"②。

就在甘政改革稳步推进之时，1933 年 6 月 29 日，南京国民政府任命孙殿英为青海屯垦督办，从而引发了震动一时的孙马大战。对于"孙马事件"发生的原因及经过，学术界已进行过专题论述，此不赘述。③ 本书主要对朱绍良在"孙马事件"中的角色扮演，以及对甘青宁地方势力整合的作用进行简要评价。孙殿英部屯垦青海不仅与西北诸马集团的利益发生激烈碰撞，而且使西北原有之政治格局遭遇空前挑战，朱绍良作为南京国民政府派驻西北之代表，且身兼甘青宁三省绥靖主任以及驻甘绥靖主任之职，对于孙部西行势必有所反应。然而，孙部西行究竟是中央既定战略，抑或权宜之计，朱绍良不得不谨慎询问并审慎思量。正如朱绍良所言："某受命伊始，整理未遑，中央命令攸关，既不敢稍有违背，而地方安危所系，又不能不极力维持。"④ 南京国民政府是否给予朱绍良以明确的指示，仍缺乏足够的史料证实，但朱绍良此后的行为证明了他对蒋介石

---

① 《邵朱联电财宋统一征收陕甘土烟税》，《申报》1933 年 8 月 25 日，第 12 版。

② 《甘省府来电欢迎沪厂推销国货》，《申报》1933 年 12 月 21 日，第 9 版。

③ 参见柳德军《南京国民政府与西北地方实力派的冲突与调适——以"孙马事件"为中心的考察》，《民国研究》2013 年春季号。

④ 朱绍良：《电中央反对孙部西开》，《大公报》1933 年 11 月 5 日，第 3 版。

的意图心知肚明。①

　　1933 年 10 月 12 日，朱绍良以驻甘绥靖主任身份电令"甘青宁三省主席，严禁境内设立兵站"②，并与青、宁两省联名反对孙部西开。1933年 10 月 14 日，朱绍良致电汪精卫："孙殿英部奉令西移，甘宁青三省军民反对激烈，乃以孙部虽称九团，而实拥有五六万众，青西沮洳不毛，断难容纳，且沿途所经过，均系灾区，劫后余黎，何堪供应，群情激愤，准备抗拒，边境战事，悬于眉睫，衅端一启，则不特三省地方均遭糜烂，而西北全局亦不堪设想。"③ 何况"青海军事完整，号称治安，无再派大军防边之必要"，因此，朱绍良恳请"中央收回成命"，以维地方稳定，以安民众生活。④ 朱绍良对孙部西开的反对，不仅遵循了其"安定中求进步"的治甘理念，而且也获得了青宁回马军阀的信赖。事实上，南京国民政府之所以特派孙殿英为青海西区屯垦督办，乃因"九一八"事变后，面对日本侵略的不断加剧和冯玉祥领导之察哈尔抗日同盟军的迅速崛起，陷于内忧外患之中的南京国民政府为了迅速解决察哈尔事件而不得不选择的权宜之计，因为既非嫡系，且臭名昭著的孙殿英不可能成为蒋介石治理西北的理想人选。随着察哈尔事件的渐趋平息，消灭孙部势力、维持西北稳定，遂成为蒋之代表朱绍良的主要任务。可以说，孙马大战实际上是在

---

　　① 笔者认为，在孙殿英部屯垦问题上，国民政府也经反复斟酌。即使孙部屯垦地点的选择，也是在冯玉祥的电促下，始选定青海。至于行进路线，直至察事了结，仍未有具体计划。蒋介石曾于 1933 年 6 月 15 日电示何应钦曰："查孙部西移，不外两路，一由察入甘，取道兰州，固多所顾虑；二由察经绥西，取道五原，当察事尚未大定以前，孙部如循此路彼将裹同塞北反动各部，挟之西趋，冯必随军而行，以退为进，如此则更难收拾。"当何应钦建议改委孙殿英屯垦新疆时，蒋则不以为然。他表示："新疆情形，异常复杂，如先行改委新疆屯垦名义，也恐益增新省之纠纷，鄙意名义发表为一问题，屯垦之确定地点及移防之应经路线，又别为一问题。盖移防实行，事实上必须在察事定之后，既给孙以名义，非要孙积极或消极解决察事不可，如孙确能协助，再为指定路线，促令西行，尚未为晚。新青本属毗连，如孙确已西移，则屯垦青海，或届时改屯新疆，均可再商，此时似不必屡屡改变，致自乱其步骤也。"〔王正华编注：《事略稿本》(20)，台北"国史馆"2005 年版，第 566—567 页。〕可见，国民政府此时委任孙殿英屯垦青海，只不过是为解决察哈尔事件而采取的权宜之计，至于将来如何发展，并未做长远安排。

　　② 《甘青宁三省禁设兵站》，《申报》1933 年 10 月 13 日，第 10 版。

　　③ 《朱绍良致汪精卫电》(1933 年 10 月 14 日)，中国第二历史档案馆《孙殿英部青海屯垦档案史料选》，《民国档案》1994 年第 4 期，第 37 页。

　　④ 《朱绍良等致汪精卫电》(1933 年 7 月 10 日)，中国第二历史档案馆《孙殿英部青海屯垦档案史料选》，《民国档案》1994 年第 4 期，第 30 页。

南京国民政府的授意下，以朱绍良为现场总指挥，西北回马军队为主力，中央军、晋军为后援，对孙殿英部发动的一场歼灭战。孙殿英部在缺乏天时、地利、人和的境遇下，其灭亡的命运在所难免。综观"孙马事件"之结果，可以说，最终的受益者仍属南京国民政府，因为它不仅借助西北地方实力派的力量消灭了孙殿英部之流动军阀，而且借机加强了中央权力向青、宁两省的渗透，并给青、宁回马集团敲响了警钟。青、宁回马集团在此后的岁月中虽仍坐地为王，但对南京权威却推崇备至。而中央权力的逐步西移，也为国民政府进取新疆打开了通道。

第二节　南京国民政府与甘肃地方实力派之间的冲突与调适

自晚清民国以来，西北政坛风云多变，但发端于甘肃河州（今临夏）的诸马回族军阀，在西北政坛左右逢源，成为近代以来影响甘宁青乃至整个西北政局的重要军事政治集团。由于民国时期中央政府多属羸弱，地方势力在国家政权中几可独领一隅，因此，民国历届中央政府在规划西北战略时，都不得不对回马集团慎加考量。然而，"九一八"事变后，面对日本侵略的不断加剧和冯玉祥领导之察哈尔抗日同盟军的迅速崛起，陷于内忧外患之中的国民政府为了迅速解决察哈尔事件，于 1933 年 6 月 29 日特派"孙殿英为青海西区屯垦督办"，以期调孙离察①，然而，其任命却与西北诸马军阀的利益发生激烈碰撞，甚至引发了震动一时的孙马大战。以往研究者由于受史料和视角的双重影响，对这一问题的研究并不深入。②笔者以民国时期中央与地方之间的特殊关系为视角，对南京国民政府在这一历史事件中的角色、作用以及中央与地方之间相互借重之关系作一系统

---

① 《行政院致青海省政府电》（1933 年 6 月 29 日），中国第二历史档案馆《孙殿英部青海屯垦档案史料选》，《民国档案》1994 年第 4 期，第 27 页。下面所涉页码均为《民国档案》1994 年第 4 期所在页码。

② 对这一问题的主要研究成果有：沈社荣、郭迎春《孙殿英屯垦青海问题再认识》，《固原师专学报》1998 年第 5 期；张嘉选《卅年代宁夏"四马拒孙"历史真相刍议》，《青海民族学院学报》1990 年第 1 期；刘进《孙马大战：国民党中央政权与诸马军阀关系初步定型的关键事件》，《军事历史研究》2009 年第 1 期。

分析，并从中揭示"弱势统一"境遇下的南京国民政府在处理地方问题时所面临的困境。

一　孙殿英屯垦青海与各方反应

"九一八"事变后，面对民族危机的日渐加深，冯玉祥组建察哈尔抗日同盟军，并与日军展开激战。然而，冯玉祥的抗日行动并未受到南京国民政府的信赖，因为此种抗日行动不仅与蒋介石"攘外必先安内"的整体战略相背离，而且作为军阀的冯玉祥，其抗日行动未免带有多重动机。因此，如何解散这支以抗日名义聚集起来的部队，成为国民政府的当务之急。然而，经过长期的大规模的"剿共"战争与国民党新军阀战争，又面对"九一八"事变后严峻的内外形势，国民政府在处理察哈尔抗日同盟军事件时无疑面临诸多困难。一是在国难当头之时，不能诉诸武力，造成内战；二是冯玉祥打着抗日旗号，不可以公然武力围剿。因此，对于察哈尔问题之解决，如何做到政治军事并举，并减少舆论压力，成为国民政府的难解之题。

察哈尔抗日同盟军兴起后，活动在察绥一带的孙殿英部一度成为国民政府和冯玉祥竞相拉拢的对象。1933 年 3 月初，日军第 6 师团一部攻击赤峰，孙部第 117 旅曾顽强抵抗。长城抗战失利后，孙部驻防赤城、龙关一带，利用其抗日声誉，大肆扩编，全军兵力迅速扩充至七八万人。同盟军崛起后，冯玉祥曾多次派人拉拢，并称赞孙为"国家干城，可当方面封疆之重任者，苟能公平善处，无所不宜"①。孙部驻在平绥路上，其态度之转移对冯玉祥和国民政府均影响甚巨，为此，国民政府不惜以察省主席相许诺，企图诱使孙殿英助其攻冯。虽然孙殿英并未答应助蒋讨冯，但国民政府的诱饵已使其怦然心动。1933 年 5 月 29 日，孙殿英密电汪精卫，明确表达了不参加同盟军集体行动的主张。②

孙殿英在此关键时刻的政治选择无疑有自己深远之打算。1933 年 6 月 8 日，孙殿英致电汪精卫，"此次察变，谨遵指示办理，刻函欲远离漩

---

① 《论评选辑》，《国闻周报》1933 年第 10 卷第 23 期。

② 中国第二历史档案馆编《中华民国史档案资料汇编》第五辑，第一编：军事（五），江苏古籍出版社 1994 年版，第 699—700 页。

涡，移屯边荒"，但"战事结束，大军云屯，非切实缩编，实不足以差其后。职意我国兵士素乏专技，一离兵籍，即成匪寇，以往事实昭昭具在，与其裁而遗祸于社会，不如留而兴利于国家，屯垦实边实为上策。职不敏，愿率所部移屯陕北、绥西边荒"①。由此可见，孙殿英希图借此机会移兵西屯，以达保存实力，割据称雄的目的。从表面来看，自"九一八"事变后，西北开发成为国人瞩目之焦点，孙殿英主动请求移兵屯垦，似乎通情达理，因为此举不仅迎合了当时"化兵为工"和"开发西北"的社会思潮，而且也对国民政府分化察哈尔抗日同盟军意义非凡。因此，在何应钦看来，"孙之兵力约四五万，来日休养整理，及驻地生活补充及给养等问题，时在顾虑"，如让其"治理地方，整理部队，似可一举两得"②。尽管蒋介石对于孙殿英西移屯垦之意图疑虑重重，但鉴于察哈尔事态严重，不得不舍轻就重，拟令孙部"开赴青海屯垦实边"③。

以上表述充分显露了国民政府急于分化冯部，解决察哈尔事件的迫切心态，同时也隐现出孙殿英扩兵占地的军阀割据思想与南京国民政府在"弱势统一"境遇下"化整为零""各个击破"的统治策略并不相悖。然而，问题在于，西北虽为辽阔，但并非无人统驭，南京国民政府的这一任命无疑使盘踞西北的诸马军阀倍感压力。

对于孙殿英拟任青海屯垦督办一事，马麟早有耳闻。1933 年 6 月 25日，马麟曾试询于林森："顷报载孙殿英部将任青海屯垦督办，消息传来，青属之蒙藏同胞颇形不安，""窃思国难至此，西北安危关系极重，顺察舆情，困难询多，中央意旨何如，务请密示"④。然而，马麟的询问并未得到答复。6 月 29 日，国民政府正式任命孙殿英为青海西区屯垦督办，消息传来，喜怒各异。

对于孙殿英这样一个只有军队但无地盘的流动军阀来说，无疑是梦寐

---

①　《孙殿英致鲁雨亭电》（1933 年 6 月 8 日），《孙殿英部青海屯垦档案史料选》，第 27 页。

②　中国第二历史档案馆编《中华民国史档案资料汇编》第五辑，第一编：军事（五），第702 页。

③　《何应钦致汪精卫等密电》（1933 年 6 月 26 日），《孙殿英部青海屯垦档案史料选》，第28 页。

④　《马麟致林森等密电》（1933 年 6 月 25 日），《孙殿英部青海屯垦档案史料选》，第 28页。

以求之喜讯。因为这一任命不仅保存了自身实力，而且将以中央名义获得一块属于自己的地盘。因此，当任命颁布之时，孙殿英感激涕零，并称对中央宠命"益凛冰渊，自当激励部属爱国之情，仰答中央倚托之重"①。也许是肺腑之言。

然而，国民政府的这一任命，却直接威胁到西北诸马军阀的生存空间。对此，马麟迅即表示反对。并警告国民政府，"如孙氏必欲西来，民意军心，实难抑制，万一事出意外，不仅关青海之治安，西北从此多事矣"②。为了迫使国民政府收回成命，青海地方当局在强烈反对之余，采取了全方位、多层次的外交攻势。

第一，组织"召开青海全省民众拒孙请愿大会……并由会推定代表五人，赴京请愿……会毕选派代表数百人向党政首领机关请愿"③。青海军政当局企图通过民众运动向国民政府施加压力，制造紧张气氛。正如马麟所言，青海"现虽表面平静，而拒孙之民气甚形紧张，出有许多激烈宣言、标语……省府对此民众合法组织制止无效，万状焦灼"，谨乞我公"收回成命，令孙军停止出发，以安人心而弭后患"④。

第二，在青省军政当局的操控下，青海军、政、教、学等部门纷纷上书，声言反对。⑤ 同时派遣汉、回、蒙、藏代表赴京请愿。1933 年 7 月 11 日，青海省政府致电中央称：由于"青省荒寒不毛"，实难供给孙部大军，"爰由市民请愿大会，推定汉族代表祁中道，回族代表马继祖，蒙古族代表索南木扎紫活佛，藏族代表敏珠佛于蒸日乘汽车赴京请愿，请转电中央暨陕甘当局，俯赐接见并沿途驻军妥为保护，以利遄行"⑥。青省当局试图通过民族宗教领袖的请愿运动，向国民政府暗示在民族关系极其复

---

① 《孙殿英致林森等电》（1933 年 7 月 3 日），《孙殿英部青海屯垦档案史料选》，第 29 页。

② 《马麟致林森等密电》（1933 年 6 月 30 日），《孙殿英部青海屯垦档案史料选》，第 28 页。

③ 《马麟致林森等电》（1933 年 7 月 5 日），《孙殿英部青海屯垦档案史料选》，第 29 页。

④ 《马麟致汪精卫电》（1933 年 7 月 7 日），《孙殿英部青海屯垦档案史料选》，第 30 页。

⑤ 《青海省政府致国民政府电》（1933 年 7 月 2 日）；《青海省政府致行政院等电》（1933 年 7 月 11 日）；《青海拒孙请愿大会致行政院快邮代电》（1933 年 9 月）；《甘宁青三省党务特派办事处致中央党部等电》（1933 年 9 月 20 日），《孙殿英部青海屯垦档案史料选》，第 28—35 页。

⑥ 《青海省政府致行政院等电》（1933 年 7 月 11 日），《孙殿英部青海屯垦档案史料选》，第 31 页。

杂的青海地区并非任何人能够对其进行有效统驭。在青省代表的积极努力下，蒙藏委员会、交通部等中央部所均赞同孙殿英部暂缓西行或另作安置。①

孙殿英部的西行，不仅直接威胁到青海回马的生存空间，而且也使宁夏回马的利益备受威胁。因为该军过境，不仅"供应浩繁，民不堪扰"②。而且该军是否真移青海，抑或常驻宁边，尚成问题，孙部人数众多，纪律松弛，对宁马统治和宁边人民均构成威胁。正如宁夏省政府委员罗震所言，"孙军长西来既奉中央明令，而路线之如何经过，军食之应否供应，中央既无指示，地方又极困穷，若孙军征发支应，则势成冲突，若宁省再办供支，又力苦弹竭，处此万难之境，竟乏两全之术"③。正是在诸多顾虑下，宁、青两马最终联手，共同抵制孙部西行。

为了表明宁夏对孙部西行坚定的抵制态度，马鸿逵采用了先礼后兵的政治谋略。1933 年 10 月 10 日，马鸿逵致电行政院："逵守土有责，在未奉中央明令之先，如任人境，不特无以解民众之愤激，且违反朱主任制止兵站之命令，如实行制止，势必发生冲突，既贻累地方，恐无以对中央。"如何定夺，请中央明示。在未得理想答复的情况下，马鸿逵决定以退为进，辞职明志。1933 年 10 月 13 日，马鸿逵致电中央党部称，"孙军屯垦青海，既系奉有中央明令，则其部队同属国军，鸿逵拒诸中途于事为不顺，但朱主任既有严行制止之令，则鸿逵任其入境于命为不忠"，"此诚全国鼎沸之秋，若使逵不秉中央之命，据以一矢加诸孙军，是内战之衅"，"倘逵违三省父老之公意，置严行制止于不顾，再增西北人民负担，扰累地方，逵在乡在国即把西江之水，亦将无以自渝"，为此，他请求国民政府"即日遴派贤员来宁接替"，使其"获两全之路，免为乡里之罪人，藉培国家之元气"④。为了支持宁马举动，青海省府官员也纷表辞职，

---

①《蒙藏委员会致行政院秘书处函》（1933 年 7 月 15 日）、（1933 年 7 月 25 日）、（1933 年 8 月 16 日）；《交通部致行政院密呈》（1933 年 7 月 28 日），《孙殿英部青海屯垦档案史料选》，第 31—33 页。

②《马鸿逵致林森等电》（1933 年 10 月 11 日），《孙殿英部青海屯垦档案史料选》，第 36 页。

③《宁夏省政府委员罗震等致行政院电》（1933 年 10 月 14 日），《孙殿英部青海屯垦档案史料选》，第 37—38 页。

④《马鸿逵致中央党部等电》（1933 年 10 月 13 日），《孙殿英部青海屯垦档案史料选》，第 36 页。

以加声势。

面对青、宁两省的坚决抵制，主控甘政的朱绍良也甚感为难。正如朱绍良所言，"某受命伊始，整理未遑，中央命令攸关，既不敢稍有违背，而地方安危所系，又不能不极力维持"①。面对进退维艰之尴尬处境，朱绍良一时难以确定适当的应对策略。然而，这种犹豫并不长久，因为形势的发展不允许一个政治家做长时间的思考和准备。在权衡利弊之后，朱绍良决然扶植诸马集团。朱绍良之所以如此选择，原因有二：第一，诸马集团虽为西北地方军阀，但由于实力有限，地方保守观念根深蒂固，对中央统一表面持绝对赞成态度。同时，诸马军阀对朱绍良个人的推崇和表面拥戴，不能不说在一定程度上加强了朱绍良对诸马军阀的好感。② 第二，西北地处边陲，民族关系异常复杂，并非仅靠武力就能够进行有效统治。对于初定甘政的朱绍良来说，与其扶植孙部未定之势力，远不如增强既有之回马力量，以求西北大局的稳定。正是在上述考虑下，朱绍良迅疾调整角色，联合甘宁青军政当局，共同对国民政府施加压力。

1933 年 10 月 14 日，朱绍良致电汪精卫，"孙殿英部奉令西移，甘宁青三省军民反对激烈，乃以孙部虽称九团，而实拥有五六万众，青西沮洳不毛，断难容纳，且沿途所经过，均系灾区，劫后余黎，何堪供应，群情激愤，准备抗拒，边境战事，悬于眉睫，衅端一启，则不特三省地方均遭糜烂，而西北全局亦不堪设想。"③ 何况"青海军事完整，号称治安，无再派大军防边之必要"，因此，朱绍良恳请"中央收回成命"，以维地方稳定，以安民众生活。④ 同时，朱绍良在未经国民政府允可的情况下，以驻甘绥署主任名义，命令甘、宁、青三省，严防境内设立兵站。

---

①　朱绍良：《电中央反对孙部西开》，《大公报》（合订本），1933 年 11 月 5 日，第 1 张，第 3 版。

②　《马骏良致马麟密电》（1933 年 12 月 11 日），青海省档案馆，档号：15—50。转引自刘进《孙马大战：国民党中央政权与诸马军阀关系初步定型的关键事件》，《军事历史研究》2009 年第 1 期。

③　《朱绍良致汪精卫电》（1933 年 10 月 14 日），《孙殿英部青海屯垦档案史料选》，第 37 页。

④　《朱绍良等致汪精卫电》（1933 年 7 月 10 日），《孙殿英部青海屯垦档案史料选》，第 30 页。

二　南京国民政府的策略选择

面对青、宁两省军政要员的强烈反对和朱绍良的坚辞相劝，国民政府虽表示，"孙殿英青海西区屯垦督办之命，系与蒋委员长、何部长再三裕酌，复经国防会议同人详细讨论，始行决定，各方面利害感情都已顾虑及"，且"孙部给养每月仍由中央拨给，不致贻累地方，但能严整纪律，不扰民间，当能相安无事，中国各处地狭人稠，惟西北广漠有待开发，移兵屯垦，事势当然"[1]，并令朱绍良对回马军阀"设法劝谕解释，消其疑虑，和其情感，保卫边陲"[2]。

但事实上，在孙殿英部屯垦问题上，国民政府也经反复斟酌。即使孙部屯垦地点的选择，也是在冯玉祥的电促下，始选定青海。至于行进路线，直至察事了结，仍未有具体计划。蒋介石曾于1933年6月15日电示何应钦曰："查孙部西移，不外两路，一由察入甘，取道兰州，固多所顾虑；二由察经绥西，取道五原，当察事尚未大定以前，孙部如循此路彼将裹同塞北反动各部，挟之西趋，冯也必随军而行，以退为进，如此则更难收拾。"当何应钦建议改委孙殿英屯垦新疆时，蒋则不以为然。他表示："新疆情形，异常复杂，如先行改委新疆屯垦名义，也恐益增新省之纠纷，鄙意名义发表为一问题，屯垦之确定地点及移防之应经路线，又别为一问题。盖移防实行，事实上必须在察事定之后，既给孙以名义，非要孙积极或消极解决察事不可，如孙确能协助，再为指定路线，促令西行，尚未为晚。新青本属毗连，如孙确已西移，则屯垦青海，或届时改屯新疆，均可再商，此时似不必屡屡改变，致自乱其步骤也。"[3] 可见，国民政府此时委任孙殿英屯垦青海，只不过是为解决察哈尔事件而采取的权宜之计，至于将来如何发展，并未做长远安排。

然而，青、宁两省的强烈反应迫使国民政府不得不作出进一步的策略

---

[1] 《汪精卫致朱绍良等电》（1933年7月13日），《孙殿英部青海屯垦档案史料选》，第31页。

[2] 《汪精卫致朱绍良等电》（1933年7月13日），《孙殿英部青海屯垦档案史料选》，第31页。

[3] 《事略稿本》（民国二十二年五月至六月）（20），台北"国史馆"2005年版，第566—567页。

调整。马克斯·韦伯（M. Weber）认为，国家的首要本质在于其对合法武力的垄断，这也是国家机构赖以存在的最终保障，一旦国家丧失该项垄断力量，既有的政治秩序必然产生危机。[①] 因此，国民政府最佳选择则是借此机会，改组孙马现有之军队，解调孙、马二人之军职，改派中央信任之大员治理西北，以达到真正控驭西北之目的。但这对赢弱的国民政府来说只能是海市蜃楼，可望而不可即。那么，除此之外，就只能在孙、马二者之间做出选择。

对国民政府来说，如果扶植孙殿英，必将造成整个西北原有之政治格局的剧烈震荡，并将引起各种政治势力的重新分化组合，将来如何发展，前景不明。据朱绍良称，孙部西行，不仅遭遇青宁"事实上之抵制"，即使陕西杨虎城，对孙部经陕亦表反对。"此事必将引起西北极大纠纷"，不仅仅是"目前应付困难而已"。况且孙殿英是否会真心实意地服从国民政府，抑或受冯玉祥之控制，独居西北，亦难预料。[②] 何况既非嫡系且身负"东陵大盗"之名的孙殿英也绝非蒋介石治理西北的理想人选。

1933 年 8 月，在诸多因素的促使下，冯玉祥决定离察。对此，蒋介石认为，"冯已离察赴鲁，暂住泰安，察事可望局部解决"。察哈尔事件的有望解决，使孙殿英既有的利用价值直线下降，而国民政府对孙部之态度也发生了转折性变化。蒋介石认为，"孙军到青，冯必潜往，则察事虽平，青难又发，从此祸结西陲，莫之能制矣"[③]。然因当时情势所迫，无力而为，现察事既解，孙部遗留，自不足为患矣。由此可见，此时的蒋介石已决心拔除孙部势力，以绝后患。

然而，国民政府在解决孙部问题上仍面临诸多困难，如回马军阀是否真有决心与孙部抗衡？山西阎部态度不明，这一切都促使国民政府不得不在这一问题上谨慎从事。为了有效联合西北军阀共同拒孙，国民政府采取了如下措施：一是为了加强甘宁兵力，国民政府电催身居北京的马鸿宾返甘，"调马步青赴宁，而另以其他得力部队，移驻甘凉肃，以保甘新大道

---

① David Held et al. *States and Societies*，NY：New York University Press，1983，pp. 35 – 36.

② 《事略稿本》（民国二十二年七月至八月上）（21），台北"国史馆"2005 年版，第85—86 页。

③ 《事略稿本》（民国二十二年五月至六月）（20），台北"国史馆"2005 年版，第676—677 页。

之交通"①。二是为了加强中央在西北的军事政治地位，1933 年 8 月 28 日，国民政府"委朱绍良为甘肃宁夏青海三省绥靖主任"，并特电朱氏曰："甘省地位重要，兄本知兵，今第一师驻甘，并非毫无实力，自能应付裕如，西北军事，情形复杂，回汉感情未孚，更有统一指挥，妥为编配之必要。诸马对兄均表拥戴，虎城复电，亦甚赞成。幸勿谦辞，勉维大局。"② 三是在宁夏"厚集兵力，构筑工事，节节设防"。并对马鸿逵"加以慰藉，鼓其勇气"。四是联络晋阎，共同拒孙。蒋介石认为，阎锡山虽"急于送客出境，不惜以邻邦为壑"，但"孙部留包（包头）既非晋绥之所愿，西行则为甘青宁所拒，不进不退，两方皆受其威胁"。因此，国民政府可借此机会，联合甘宁青晋共同铲除孙部势力，以绝后患。对此，阎锡山也不得不明确表示，对于孙部问题，"昨已与少数高级当局慎密讨论，全以为孙部无益国家，毫无顾惜，决遵从中央意志，并力消除"③。

随着拒孙准备工作的积极进行，如何使拒孙行动合理有据，并最大限度地减少舆论质疑，国民政府虚心纳言。王纶文认为，"孙殿英本无西开决心，初则借口开拨费不足，迟滞不行，顷因阎百川愿助经费，促其西行，乃不得不逐渐西开，并派赴宁夏设兵站，彼固希望宁甘青反对，有以塞晋阎之口而驻扎于绥西也"，为此他建议，国民政府应"授意诸马不反对孙西开，而反对孙拥五万之众西开，盖孙在军分会备案之兵力，仅有三旅九团，孙如不裁兵而仍前进，自当阻止，则不能西开之责当由孙负之"④。刘健群也认为，最好由朱绍良与马鸿逵联合通电，阐明拒孙之理由，"系因该部漫无纪律，且不照中央编制，然后由军分会下令限期缩编，使孙无以见谅于人，再行相机处理"⑤。此后事实证明，国民政府正

① 《事略稿本》（民国二十二年八月下至九月）（22），台北"国史馆"2005 年版，第 54—55 页。

② 《事略稿本》（民国二十二年八月下至九月）（22），台北"国史馆"2005 年版，第 173—174 页。

③ 《事略稿本》（民国二十二年十月至十一月）（23），台北"国史馆"2005 年版，第 291 页。

④ 《事略稿本》（民国二十二年十月至十一月）（23），台北"国史馆"2005 年版，第 296—297 页。

⑤ 《事略稿本》（民国二十二年十月至十一月）（23），台北"国史馆"2005 年版，第 361—362 页。

是以裁兵为手段，迫使孙部走上冒险之路，从而为其灭孙政策开具了一条最佳理由。

晋阎对此也甚表赞同。阎锡山表示，"孙如能缩编队伍，整顿军纪，未当不可保留"，但观孙殿英之为人，"恐无此希望，故不如及早解决，设使逗留河套，或进入青新，后患均不堪设想，惟为顾虑中央威信，并严防地方糜烂，若未得中央命令擅自举动，必启相互并吞之渐，且为舆论所不容，又其主力未西移包头五原，则虑其距境过近，易于窜扰，现在内蒙问题，刘汤问题，在在均有一触即发，糜烂地方，影响外交之虑，故暗中准备仍隐忍至今，现季宽已抵绥远，此间当命傅宜生一切听命季宽相机办理。即为听命于中央。惟办理至必要时，仍请中央下一命令，作为责成绥宁等省驻军监督该部改编，如其抵抗，则断然处置"①。至此，阎锡山部成为拒孙同盟中的重要一员。

随着拒孙准备工作的逐步就绪，1933 年 11 月 11 日，国民政府训令："查四十一军孙殿英前经令其屯垦青海西区，虽已行抵宁边，但距屯区尚远，现时隆冬即届，边荒辽旷，冰雪载途，给养困难，大军远行诸多不便，应即停止西进，暂住原地，再待后命。"② 这一训令，使孙部处于进退两难的境地：西进不仅受到诸马坚拒，而且有违中央命令，退则势必与晋阎相撞，冲突在所难免。不退不进，则显难维持。国民政府的这一策略，把孙殿英推向众矢之的的不利处境。

三 地方实力派的自行其是与国民政府的谨慎应对

尽管国民政府与甘宁青晋在共同利益的促使下结成同盟，但西北军阀与孙殿英之间的秘密交涉却从未停歇。虽自南京国民政府成立以来，曾致力于"建构一套中央集权化的行政体系，而在缺乏社会、经济等下层结构的有力支撑下……政府既无力凭借意识形态、强制力量与物质报酬等诱因，凝聚基层地方的精英分子，将之整合于共同的政治目标之下，遂亦唯

---

① 《事略稿本》（民国二十二年十月至十一月）（23），台北"国史馆"2005 年版，第 374—375 页。

② 《军事委员会第一厅致行政院秘书处函稿》（1933 年 11 月 11 日），《孙殿英部青海屯垦档案史料选》，第 40 页。

有听任后者恣意分掠地方社会的权力与资源"①。在此弱势统一境遇下的南京国民政府在处理地方冲突时未免使中央与地方均陷于选择与交涉的双重困境之中。

作为地方军阀，阎锡山在与国民政府协商拒孙之余，仍不忘与孙部进行频繁的秘密交涉。在晋阎看来，孙部驻在绥西，必将威胁自身利益，但孙部如能西移，其威胁则不攻自破。因此，促孙西开，为其根本。为此，当孙部借口经费紧张，无法西行时，阎锡山主动提供经费，"促其西行"②。据朱绍良称，"孙在晋城部队，能于最短期间开拔完竣，系因孙阎定有妥洽条件如下：一是孙部扫数离晋，由阎接济开拔费若干。二是晋军在必要时协助孙军进取宁夏。三是孙军在晋城之机关军用品，不便携带运输者，由阎备价留用，约十五万元"③。然而，当孙部在诸马军阀的坚决抵制下畏难而不肯西开时，晋阎则立即施以强硬措施，并攻击孙部"内容复杂，西开或留绥宁，必为地方大患"，"主张及早解决"。同时派"步兵四师，骑兵四旅，炮兵四团"开至大同以北，以示武力。当孙殿英迫于压力，派人向阎表示"决行西开，并将主力退让至五原。孙本人亦退五原，准备放弃包头"时，阎锡山鉴于目的达到，则又拨予孙部"军费若干，由绥远山西省银行交款"，助其西行。④

事实上，不仅晋阎与孙殿英交往频繁，即使宁夏马鸿逵，不到最后关头，仍不舍与孙部保持必要的联络。1933 年 12 月 31 日，据胡宗南称，"孙殿英马鸿逵密使往返，似甚和洽，孙为避免与回军冲突，有将由盐城绕道，先取陇东说"。何应钦对此加以证实，他指出，马鸿逵曾表示，如果中央不能以实力助马拒孙，孙部过境，则"自当善为照料"⑤。不仅于

---

① 沈松侨：《地方精英与国家权力——民国时期的宛西自治，1930—1943》，《中央研究院近代史研究所集刊》（1992 年 6 月），第 21 期。

② 《事略稿本》（民国二十二年十月至十一月）（23），台北"国史馆"2005 年版，第 297 页。

③ 《事略稿本》（民国二十二年十月至十一月）（23），台北"国史馆"2005 年版，第 324 页。

④ 《事略稿本》（民国二十二年十月至十一月）（23），台北"国史馆"2005 年版，第 378—381 页。

⑤ 《事略稿本》（民国二十二年十二月至二十三年二月）（24），台北"国史馆"2005 年版，第 139 页。

此，即使在孙马大战已近尾声，孙马之间的秘密交涉仍未完全隔绝。1934年 3 月 5 日，国民政府突闻报载：马鸿逵主动劝孙息兵和解，并表示如果孙殿英能够即刻退守磴口以北，他不仅不再追击，而且愿意保护，并"请恢复军职饷项"，以"留他日见面余地"。对此信息，国民政府在惊惧之余，只能悉心开导，加以劝诫："此种存心，实属极大错误，是兄等累月苦战，并非为西北除大患，为人民解痛苦，直为地盘得失之争耳。尚复成何意义。唯兄等猛醒，勿存苟且偷安之念。"① 由此可见，地方军阀之间的秘密交涉，不仅为国民政府处理"孙马事件"增加了难度，而且也从一个侧面反映了国民政府对西北统驭能力的有限和对地方军阀各行其是的无奈。

尽管地方军阀为了谋求自身利益进行着频繁的秘密交涉，但借重中央权威仍是地方军阀战胜对手不可忽视的利器。因此，无论是西北诸马，还是孙殿英，都希望得到中央法统的照护。自孙殿英被任命为青海西区屯垦督办以来，青、宁两省函电交驰，诉说困情，并坚请国民政府收回成命，但在函文中一再表示对中央权威的仰赖与忠诚。甚至作为青省主席的马麟，在维护青省地方利益的同时，也希望借助中央之名巩固和提升自己在地区治理中的地位。1933 年 9 月，马麟在与朱绍良的密谈中，一再表示"拥护中央"，并承诺"此后中央若增进其地位"，便可牵制马步芳"自擅"之迹。尽管蒋介石认为"步芳尚可有为，不过稍躁进耳，此时对于种族复杂之青海，须依整个计划，按步实行，以免发生意外"②。但这一史例从一个侧面反映了南京国民政府对于诸如西北诸马这样的地方军阀来说，仍具有持久的心理优势和实力震慑。

相对而言，借重中央权威对身陷困境的孙殿英来说显得尤为重要。因为它直接关系到孙部的前途存亡。为了获取国民政府的信任，1933 年 12月 25 日，孙军驻平办事处处长王宝坪表示：孙殿英时常以"该军从未归钧座直接指挥为憾，迄今似仍非国家正式军队"，虽然"过去该军曾隶张

---

① 《事略稿本》（民国二十三年三月至四月）（25），台北"国史馆"2006 年版，第 58—59 页。

② 《事略稿本》（民国二十二年八月下至九月）（22），台北"国史馆"2005 年版，第 301—302 页。

宗昌，并一度附属冯阎，实非所愿，其所以在当时不即反正者，孙天性豪侠，不愿如是，今后孙果由钧座直接收容，一切绝对惟命是听"①。然而，孙的表白并未阻止即将发生的冲突。

1934 年 1 月 15 日，孙马冲突正式爆发。对此，孙殿英致电汪精卫称，"职部开赴沃野屯垦，部队于行进期间被宁夏省军截击"，"职团官兵以宁夏省军不论公理横加截击，气愤填膺，耐不可忍，当即还击"。尽管孙殿英极力为己开脱，但蒋介石仍将冲突之责任归咎于孙，并对其提出警告："兄部西开问题，去岁中鉴于西北军民群情沸腾，答请收回成命，即曾电令缓行，暂住原地候命，以免西北滋生误会，数月以来，亦急欲为兄部妥筹安置之法，尚在继续考虑中"。不料"兄部突然推进，致与宁夏军冲突，酿成祸变，揆诸军人服从之义，实无辞以解，吾兄自抗日以还，声誉日进，中央期许亦至殷切，若鲁莽从事，匪特自毁前程，贻人指责，且恐西北各军各族闻风骇惧，转增将来西行之纠纷，为国为己，均有害无益，切盼恪遵命令，悬崖勒马，自动制止前进，暂行撤回原驻地点，一切听候中央之处置"②。

为了推卸战争责任，积极推行灭孙策略。1934 年 1 月 31 日，国民政府下令撤销"青海西区屯垦督办公署"，并免去孙殿英"青海西区屯垦督办兼职"③。同时，何应钦亦令孙殿英"即率所部退出磴口以北地区，遵照军分会备案之编制，切实编遣，以观后效"④。至此，孙殿英面临着裁撤兵员和冒险一搏之两种选择。

虽然孙殿英对国民政府曾抱有幻想，但对今日之处境，孙殿英应该早有预料。早在 1933 年 10 月 11 日，马鸿逵就已对其提出警告："兄部现已开至乌拉河附近暂住，万勿前进为妥，因弟所处环境极感困难，近青海部队开到中街，胡宗南一部将开至海原，朱主任不日来宁，似此情形兄部未

---

① 《事略稿本》（民国二十二年十二月至二十三年二月）（24），台北"国史馆"2005 年版，第 125—126 页。

② 《事略稿本》（民国二十二年十二月至二十三年二月）（24），台北"国史馆"2005 年版，第 196—197 页。

③ 《行政院撤销西垦督办公署免孙督办兼职电稿》（1934 年 1 月 31 日），《孙殿英部青海屯垦档案史料选》（续），第 13 页。

④ 《孙殿英部当早为善处》，《时代公论》1934 年第 2 卷第 97 号。

到宁境,而甘青部队先已在宁境集中,实逼处此情何以堪? 我兄爱弟,只有请兄部在绥边停进,俟后再作规划。"① 对深谙军阀政治的孙殿英来说,当然不会不懂其中之蕴意。但客观环境迫使孙殿英不愿接受既成事实。对孙殿英这样一个虽有武装,但无地盘的流动军阀来说,其力量即使对抗已有对手已感不足,当然不愿对抗身居正统地位的国民政府。相反,表面的顺从,对其前途也许还有希望。何况自民国以来,虽然军阀割据之风渐成,但国民对国家统一的愿望从未减少,尤其在国家危难之时,实现中央集权,已成为"时代的要求和趋势"②。因此,即使在绝望之时,孙殿英仍不愿与中央公开对抗,以为自己留下退路。

孙马大战爆发后,为了占据舆论优势,国民政府与甘宁青地方当局大肆收罗孙氏罪名,如滥收匪众、擅自扩编、封官许愿、图据西北、勾结"共匪"、赤化西北、抗命不遵、自由行动等。这些罪名设置,使孙部从战争一开始就陷于异常被动的地位。

同时,为了加强军队的战斗力,马鸿逵甚至不惜"扣发全省公务人员薪[俸]十分之一",以资军防,同时建议甘肃省政府"亦提倡募捐"③。对此,主掌甘肃财政的朱镜宙事后承认,"自孙军抗命入青,战事爆发,其间如军队之动员,粮秣之补充,宁青皆惟甘肃是赖,计先后支出临时费已达30余万元"④。坚定的财政依托,成为甘宁青联军战胜孙部的重要因素。

孙马大战自1934年1月中旬正式爆发,至3月20日结束,历时三个多月。综观双方兵力布局,孙殿英部总兵力约有5万—8万人,但"各兵极乏训练者约占半数"。士兵多为临时收编,真正用于战斗者"不足两万",且大多使用土枪。⑤ 与之相对,诸马军阀所组成之拒孙联军,计有马鸿逵、马鸿宾驻宁部队的全部,约三万多人;马步芳部第三旅(原驻

---

① 《孙殿英致汪精卫电》(1933年10月11日),《孙殿英部青海屯垦档案史料选》,第36页。

② 《严惩孙殿英》,《前途杂志》1934年第2卷第3号。

③ 《本府委员会第一百七十四次会议纪录》,《甘肃省政府公报》,1934年第3卷第1—4期合刊,第87—88、64页。

④ 朱镜宙:《甘肃财政之过去、现在与将来》,《西北问题季刊》1935年第1卷第3期,第59页。

⑤ 《马步芳致汪精卫呈》,《孙殿英部青海屯垦档案史料选》,第41页。

甘州）、马步銮骑兵团以及第二旅、骑兵第二团、省政府手枪团等；河西的马步青派出骑兵暂编第二师第一旅和一个骑兵团。两部先后抵宁者约一万一千人。[1] 虽然西北四马在兵力数量上稍逊一筹，但其部队训练有素且内部团结，又有地方团队作依托，加上朱绍良的援宁三纵队和空中的飞机轰炸，实力并不稍弱。甘宁青拒孙联军以朱绍良为最高统帅，分左翼军、右翼军与总预备队。左翼军是诸马军队，总指挥为马鸿逵，前敌总指挥为马鸿宾，预备队指挥为马步芳；右翼军实为甘军，总指挥为邓宝珊；总预备队为第 1 师师长胡宗南。尽管蒋介石的嫡系部队与甘肃地方军队并未实际参加战斗，仅胡宗南师一部开至海原以示声援，但国民政府在法理层面的支持和曾派数架飞机助战的事实，以及晋阎在战争后期派队围截，趁火打劫的行为，都在一定程度上加速了孙殿英灭亡的命运。因此可以说，孙马大战实际上是在国民政府的策划下，以朱绍良为现场总指挥，西北回马军队为主力，中央军、晋军为后援，对孙殿英部发动的一场歼灭战。孙殿英部在天时、地利、人和均处不利的境遇下，其灭亡的命运在所难免。

综观"孙马事件"之结果，可以说，"孙马事件"最终的受益者仍属南京国民政府，因为它不仅借助西北地方实力派的力量消灭了孙殿英部之流动军阀，而且借机加强了中央权力向青、宁两省的渗透，并给青宁回马集团敲响了警钟。青宁回马军团在此后的岁月中虽仍坐地为王，但对南京政府的权威却推崇备至。而中央权力的逐步西移，也为将来国民政府进取新疆打开了通道。

---

[1]　谷苞主编：《西北通史》（第五卷），兰州大学出版社 2005 年版，第 210 页。

第二章

20 世纪 30 年代保甲制度
在甘肃的建立与推行

　　20 世纪 30 年代的中国与世界都面临着严峻的考验。第一次世界大战的洗礼并未使资本主义世界铭记战争的教训，相反，席卷全球的经济危机催生了军国主义基地的诞生，战争的气氛不断压迫着许多国家领导人敏感的神经。1928 年形式上统一中国的南京国民政府，不仅外受日本侵略之威胁，而且内部派系林立，相互争斗此起彼伏。中国共产党人在鄂豫皖边区的不断拓展，更使蒋介石忧心忡忡。面对严峻的内外形势，如何建立强有力的中央集权，并有效地动员和控制中国基层社会，成为南京国民政府不得不审慎思考且亟待解决的时代命题。

　　事实上，对于基层社会的控制，中国自古有之，保甲制度就是其中最为流行、最为有效的一种。然而，中国保甲历代各有不同。诚如叶木青所谓："历代有时势之不同，各地有环境之迥殊，保甲制度乃随时随地递嬗演变，而保甲运用亦遂有所侧重。或重在教，或重在刑，或重捕盗，或重查户，或重农桑，或重兵役，或偏于作用，或偏于编制。自周秦两汉以迄隋唐莫不皆然。王安石始正其名，初重警察，终重杂役，至元则用以施教，明用以役民，清用以制民。"[1] 近代以来，西方坚船利炮的冲击和欧风美雨的浸润，促使一部分先进的中国人开始寻求自强之路，向西方学习遂成为这一时代之潮流。传统的保甲制度正是在这一潮流中逐渐被遗弃，舶来的地方自治开始受到时人的青睐。辛亥鼎革，民国肇建，历届

---

[1]　何会源：《中国保甲制度之新检讨》，《民族杂志》1937 年第 5 卷第 5 期，第 869 页。

民国北京政府均致力于推行地方自治，但成效甚微。基于诸多原因，20世纪 30 年代初南京国民政府决定在鄂豫皖等中共苏区推行保甲制度，以便加强对这一地区基层社会的控制，进而达到"围剿"红军的军事政治目的。

第一节　南京国民政府推行保甲之时境源流

中国保甲制度源于先秦，兴起于隋唐，定型于北宋，历经宋、元、明、清各代。虽然历代保甲微有不同，然本质如一，即无论保甲制度本身名称如何变更，均与中国封建制度和自给自足的农业经济形态相依相存。保甲制度既能延绵千年，无疑有其可取之处，然而，保甲制度作为封建社会的遗留，亦是毋庸置疑的事实。20 世纪 30 年代的中国社会已在欧风美雨的浸润下近于百年，中国东南沿海各省不仅出现了商品经济形态，而且很多省会城市已初具现代化城市的雏形。那么，南京国民政府统治下的中国社会究竟是一个什么样的社会形态？这种社会形态还能否延续其传统的保甲制度呢？

一　保甲制度复兴的社会生态

从本质而言，近代中国"仍然是个农民的国家，有 4/5 的人生活在他们所耕种的土地上。所以社会的主要划分是城市和乡村，是固定在土地上的 80% 以上的人口，和 10%—15% 的流动上层阶级人口之间的划分。这种分野仍旧是今天中国政治舞台的基础"[1]。近代以来，中国的社会组织与结构虽然"处于复杂多变之中，但社会底层的变化往往不如社会表层那样激烈动荡，多是名变而实未变"[2]。一位西方学者曾这样描述近代中国乡村社会："中国人民生活的根本问题，常常可以从空中一眼看出：受到侵蚀的棕黄色丘陵、混浊江河泛滥的平原，小块小块的绿色田地，以及攒聚在一起形成村落的简陋茅屋、错综如网状的银白色水稻梯田和水路，是无数世代折断腰背苦力劳动的见证——这一切都是由于太多的人过

---

① ［美］费正清：《美国与中国》，世界知识出版社 2003 年版，第 20 页。

② 从翰香：《近代冀鲁豫乡村》，中国社会科学出版社 1995 年版，第 101 页。

分密集在太少的土地上，从而使人们为了维持生命，耗竭了土地资源以及人的智慧和耐力。"①

虽然近代中国的乡村社会仍然维系着其几近原始的农耕经济，然而不可否认，近代的中国社会在外部冲击下确实发生了变化，那么，这种变化对于近代中国社会又产生了什么样的影响呢？马敏认为，"自1840年鸦片战争以来，中国所跌入的半殖民地半封建社会，实质上是一种卡在封建主义与资本主义、独立国与殖民地之间的过渡社会形态。这种畸形社会形态是近代资本主义一体化趋势与原有封建社会运行轨道碰撞、夹击的合力结果，是传统与现代、沉沦与进步、封闭与开放、外来因素与内部因素相互纠缠混合的杂交体"②。而这种社会形态中所蕴含的封建性和农业特性无疑适宜于中国传统保甲制度的推行。

除此之外，中国乡村社会结构的超稳定性亦为保甲制度在近代化的浪潮中得以重植提供了原动力。由于乡村社会的封闭性与排他性，使得生活在乡村社会中的人们构成了一个天然的"熟人社会"，而正是这种"熟人社会"为保甲制度中的"联保连坐"提供了一个发挥功用的平台。因为在一个熟识的社会关系体系中，才能够通过"联保连坐"这种强制手段达到"制一人足以制一家，制一家亦足以制一乡一邑"③之目的。相反，地方自治旨在全面加强地方社会的政治、经济和文化建设，且以法定公民个人作为自治团体的基本单元，虽具有现代性质，然而与当时中国的社会性质并不适应，因而在实践中反而表现出"脱离实际"④。正是鉴于地方自治历经二十余载而收效甚微，加之20世纪30年代内忧外患的中国国情，南京国民政府开始将政制彩球抛向传统的保甲制度，并试图借此来促发疲软的权力机能在重温历史的旧梦中获得生机。因此，如要归咎20世纪30年代南京国民政府重植保甲而暂缓自治之缘由，用蒋介石的话来说，就是未经训练的中国农民固守旧习、缺乏自治能力，导致自治组织始终未能健全，而中国家族组织向来发达，只有以家族为中心的家长制重建成乡

---

① ［美］费正清：《美国与中国》，世界知识出版社2003年版，第4页。

② 马敏：《过渡特征与中国近代社会形态》，《历史研究》1989年第1期。

③ 闻钧天：《中国保甲制度》，商务印书馆1935年版，第14页。

④ 魏光奇：《官治与自治——20世纪上半期的中国县治》，商务印书馆2004年版，第199页。

村组织，才可"执简而驭繁"。因此，挽救之道，在于力倡保甲。①

对于南京国民政府重植保甲之提议，当时一批文人学者亦推波助澜。他们认为，民国初年地方政制之弊病主要在于"头重脚轻，基础不固"，而关键因素在于"治人之官"太多而"治事之官"太少。② 既然"治事之官"太少，那么，推行保甲制度不仅会增加"治事之官"的数量，而且可将国家权力渗透到基层社会，这对有效地整合国家必需的人力、物力与财力，外抗日本具有重要的现实意义。同时，对于保甲制度能否实行于近代中国社会，学术界亦进行了热烈的讨论。张固认为，保甲制度在我国不仅具有悠久的历史，而且近年来更经中央之提倡与指导，各省之研究与推行，灌注以新的灵魂、新的魄力，已成为一种适合时代的新产物，与从前的似不可同日而语。③ 高上佺认为，保甲之于国家，犹如细胞血液之于人身，一个人要求健全身体，需先要有好的细胞与血液，一个国家要求健全，也需先要健全保甲。④

由上所述，近代中国半殖民地半封建的社会形态为保甲制度的推行提供了必要的生存空间，而 20 世纪 30 年代内忧外患交迫下的中国国情，则为保甲制度的实施提供了时代紧迫感。身处近代的文人学者即使看到了保甲制度的种种不足，也不可能突破时代的局限而提出更为有效的方案。舶来的地方自治固然能够指引近代基层政制发展之方向，然中国名为统一，实则分裂的政治现实，以及严峻的内外形势，落后的国民经济以及教育尚未普及的国民，都不可能为南京国民政府推行地方自治提供生存机能。何况面对当时中国严峻的内外环境，推行保甲制度，将国家行政体系延伸至乡镇村庄，并使村庄成为最基层的行政单位，加强对基层社会的有效控制，安定社会秩序，无疑比提倡人民参政议政，培训人民行使"四权"来得更为切实。正因为此，"一向作为国民革命对象的保甲制度，在国民政府乡村政制的重构中却被诠释为具有现代使命的基本制度，似乎是一种

---

① 王先明：《从自治到保甲：乡制重构中的历史回归问题——从 20 世纪三四十年代两湖乡村的社会为范围》，《史学月刊》2008 年第 2 期。

② 张研、孙燕京主编：《民国史料丛刊》(77)，大象出版社 2009 年版，第 51 页。

③ 张固：《实施保甲的两个重要问题——乡镇长人选与农村教育》，《晨光周刊》1935 年第 4 卷第 11 期。

④ 高上佺：《对于健全保甲之一点意见》，《新西康月刊》1945 年第 3 卷第 6—8 期合刊。

历史的诡论,然而,一切社会问题的学理性分析最终要表达社会功利价值,对此,不存在传统与现代的绝对对立与替代关系"①。

二 徘徊于自治与保甲之间

尽管当时中国所处的时代、国情均要求南京国民政府推行保甲制度,然从理论层面而言,地方自治才是孙中山《建国大纲》的精要所在,也是国民政府必须遵循的建国思想。那么,如何在保甲与自治之间做出选择,南京国民政府曾经历了一个短暂的抉择过程。

1931年,蒋介石对鄂豫皖革命根据地实施了三次大规模的军事"围剿",但均以失败宣告结束。"围剿"红军的接连失败,促使蒋介石不得不对失败的原因进行反思。1931年5月12日,蒋介石在国民会议第四次会议上提交了《"剿灭赤匪"报告案》,内称:中国目前最大之祸患是中国共产党。国民政府与全国人民当前最急要之工作,亦莫过于扑灭鄂豫皖等地的中共力量。不过,由于红军"辗转趋避,出没无常,或凭恃天险相与抵抗,或化装农民扰我视线,加之苏区辽阔,山岭深邃,绝不能以正式作战之方略"来对付星罗棋布的红军。因此,只有妥善布置,严密搜索,让中共力量无处藏身,才可聚而歼之。况且克复之地,"如何恢复秩序,如何安抚流亡,使民众得以安居乐业",不致再为中共所乘,仍需政府及全国国民齐心协作。② 由上可知,蒋的报告虽认识到加强政府与民众的联系对于"围剿"红军作用重大,但应如何去做,蒋当时并无明确之想法。

经过国民政府内部的紧急磋商,蒋介石在随后的《"剿匪"决议案》中对如何加强政府与民众的联系提出了初步想法。他指出:"剿灭"中共红军,"一方固须赖国军之进剿,同时亦须赖人民之协助,协助之是否得力,则全恃人民自身是否有强固之组织。县自治固为地方人民应有之组织体,然在被匪之区,县自治尚未能依法筹备以前,政府必须予各县人民以先行举办保甲及组织自卫之实力。必如此,人民自身之力量始能确立,然

① 王先明:《从自治到保甲:乡制重构中的历史回归问题——从20世纪三四十年代两湖乡村的社会为范围》,《史学月刊》2008年第2期。

② 高素兰编注:《事略稿本》(11),台北"国史馆"2004年版,第136—137页。

后能转以其自身力量协助政府'剿匪'之进行"①。虽然蒋介石迫于现实的需要，试图在鄂豫皖等地试行保甲制度，以作为自卫之基础。但在国民党的政治宣传中，地方自治仍被誉为是治国之本，而举办保甲、组织自卫只不过是权宜之策。1931年5月17日，蒋介石对保甲制度与地方自治在国家发展战略中的地位做了如下界定："目前国家之大患，为地方秩序之不宁，政府对于剿除匪患之未尽，实深引为疚责，而当督率负责者以努力。唯地方之秩序安定，尤赖当地人士之协力自谋，更能事半而功倍。故兴办保甲，清查户口，缉除匪类，充实人民自卫之能力与组织，改革人民不良之嗜好与习惯，各地人民均当效法前贤举办乡约之精神，各有尽瘁乡里之努力，而后社会之秩序必日见安宁，国家之元气乃可恢复其旺盛。"然近年可忧之现象，"尤在各地优秀人士之群去其乡，乡村空虚之结果，必致庶事不举而基础日隳，此尤社会之隐忧，所当努力以挽回之者也"②。以此观之，蒋介石认为举办保甲是维持地方安宁，加强基层社会管理的有效途径，但应如何去做，蒋则把责任推到了乡村士绅及优秀分子的身上，试图仍借助于传统社会的士绅引导模式，兴办保甲、清查户口、组织民众、举办乡约，从而对基层社会实行有效管理。

与举办保甲的功利性质不同，蒋认为："建国工作以地方自治为根本，此为总理特具之灼见。吾人既已接受总理遗教而努力奉行，则今后工作，即应以建国大纲为人人必备之课本。而于其第八条所规定之调查户口、丈量土地、办理警卫、修筑道路四者，尤当以加倍之努力，尽量促成。盖宪政开始时期之到达，依于省县自治建设成绩之如何。训政六年，时限至促，吾人正须以团体竞赛之精神，各自为奋迅之前进，甚望诸代表加紧倡导，与各地同胞相互策励，省达于县，县达于乡，父诏兄勉，一致为地方自治之促进，此为国家建设之最基本的要件，三民主义之实现，将视此为关键。盖必自治事业一一兴办，而后四种政权（即选举、创制、复决、罢免）之使用，方得归着于具体之事实，而不流于空虚。"③

尽管保甲制度在南京国民政府的建国方案中不能与地方自治相提并

---

① 《对剿匪决议案》，《申报》1931年5月17日，第8版。
② 《蕲求一致之努力》，《申报》1931年5月18日，第4版。
③ 高素兰编注：《事略稿本》（11），台北"国史馆"2004年版，第213—214页。

论，但迫于现实需要，国民党军队开始在鄂豫皖地区清查户口，厉行保甲，以作为军事"进剿"之必要补充。正如何键在返湘时所说：湘省之大股红军，业已次第击破，其零星之军队，亦正设法肃清，"现已从事办理自治，组织保卫团，清查户口，厉行保甲，实施清乡，为一劳永逸之计"①。这一措施亦为时人所认同，谭适称：保甲虽是加强基层社会控制的根本方法，"惟工作繁颐，如编查户口，人事登记等事，非有相当时间，不能藏事。而保甲之功效，要保甲完成之后始能表现。在此编办期间，似宜集中军警力量痛剿一番，然后用保甲方法以善其后。养军警系剿办大股之匪、现有之匪；保甲系防范藏匿之匪、未来之匪。任务虽有不同，目的可合为一。如能双管齐下，收效尤伟。否则荆棘遍途，在在堪虞"②。

由此可见，地方自治虽然被国民党奉为建国之根本，但在"围剿"红军的军事运作中，保甲制度则更受到国民党军政要员之青睐，甚至蒋本人亦表现出对保甲制度的情有独钟。1932 年 6 月 16 日，蒋给鲁涤平、顾祝同的电文中又一次提道："我对于江浙皖三省之具体主张，民政以地方自治为主，借重地方正绅与知识阶级，赶办保甲团防与调查户口，保甲以分区、保、甲、户为四级，维持地方秩序，以代乡间之警察。"③ 1932 年 5 月，主持"剿共"军事的国民党要员何应钦在南昌亦发表谈话称：自广东增派大兵到达福建、江西，并与其原有之军力会合后，总兵力达到 20 万以上，"只需在整个计划并统一指挥之下，假以相当时日"，完全肃清中共力量并不是难事。当然，集团性的红军力量固然需要军队的力量才能将其整个击破，但隐匿于各地的零星的中共武装则如何才能根本肃清？其关键在于"清查户口、办理保甲、招集流亡、繁荣农村以及三民主义之宣传"④。

三 从"理想自治"到"实践保甲"

既然保甲制度是"围剿"红军不可或缺的一部分，又是军事行为之

---

① 《何键过汉返湘》，《申报》1931 年 5 月 24 日，第 9 版。

② 谭适：《我对于保甲的几个意见》，《浙江民政月刊》1931 年第 38 期，第 1 页。

③ 吴淑凤编注：《事略稿本》(15)，台北"国史馆"2004 年版，第 104 页。

④ 《何应钦发表三省剿匪谈话》，《申报》1932 年 5 月 6 日，第 7 版。

后民众抚辑、社会安宁、农村经济繁荣之枢纽，那么，如何使其行之有序，则成为各方讨论之焦点话题。1932年5月，南昌行营党政委员会保安处对于根本肃清中共问题，业已做出极缜密之计划。其要点即在以政治力量辅助军队行动，夺取苏区民众。"盖以前'剿匪'专恃军队而无政治力量去辅助，所以每克一地，以无地方武力去保持，结果仍演成兵去匪来，烧杀倍前之惨剧。故保安处今后的工作，即在以地方政治力量去保持已克失地，及清剿各县小股残匪，"根本铲除中共潜伏在农村里面的势力。① 同年6月22日，庐州王军长电称：查各地中共军队"乘我政治、党务及乡村组织之松懈，乃大肆煽胁争压民众"，不但中共占领区内被其麻醉，即便是其他区域，亦逐渐侵入，有形的中共力量容易清除，但无形的中共影响难以根除，"遂致伏莽遍地，大为进剿障碍"。虽然军队积极清查游击，但因良莠难分，收效甚微。经过最近调查，深觉军事进展仅能治标，如要彻底肃清，则需党政军民真诚团结，努力进行，才有成效。而且对中共占领区域内所进行的绥抚流亡及组织民众判别良莠等事，亦非军队所能办理，"军来匪散，军去匪聚，虽奔驰劳顿，而地方仍难安宁，拟恳钧座由中央组织'剿赤'善后机关"，并严督各省以党政干员组织善后委员会，驰赴中共占领区内，随军工作，收复中共占领区后，应专办宣传、组织、绥抚各种工作，使地方充实自卫力量，以便达到一劳永逸之目的。②

面对各方呈议，蒋介石亦有同感。并谓"昔者王安石上五事答子有云：保甲之法，起于三代，丘甲、管仲用之齐，子产用之郑，商君用之秦，仲长统言之汉。又云：什伍相维，邻里相属，察奸而显诸仁，宿兵而藏诸用，是可知保甲不自宋代王氏始兴，乃系周礼遗制，且不仅可以察奸强兵，若进而由人口以及土地，则孟子所当为称道之井田制亦可复见于今日，我总理之地方自治更由此实行。余当召集有学识有经验之人，再从详研究也"③。1932年7月3日，蒋介石电召张群、杨永泰由沪赴汉，商

① 《剿匪之新工作》，《申报》1932年5月14日，第10版。
② 吴淑凤编注：《事略稿本》（15），台北"国史馆"2004年版，第171—172页。
③ 吴淑凤编注：《事略稿本》（15），台北"国史馆"2004年版，第245—246页。

议"剿共"事宜,并于"'剿匪'期间,畀渠等以政治上重要职务"①。
同时蒋在鄂豫皖湘赣五省"清剿"会议上称:"去年江西'剿匪'是第一
次大规模的'清剿',但事实上只做到了一般工作,因为去年的'剿匪'
方针是想先打破'赤匪'的主力,然后再行整顿政治,仍是以军队为主,
党政为从。"②"这回'剿匪'最应当注意的是政治清明,如与军事相较,
可以说要用七分政治,三分军事。总要政治上有办法,政治上轨道,'剿
匪'才可成功。"③

然而,如何将"七分政治、三分军事"的"剿共"战略落于实处,
蒋介石将目光聚焦在县长身上。1932 年 7 月 12 日,蒋召集湖北各县县长
训话时称:"政治上最重要的问题,还是在于县长,县长如果得人的时
候,一县的县长可以抵挡一万兵还不止,如果县长不得力,就不仅一万兵
不够治理那县,即使十万兵也不易发生效力。"④"'剿匪'要靠县长想
法,不一定要用军事力量,倘县长能用地方力量,组织保卫团,调查户
口,实行保甲,按照省政府颁行的条规办法,一一实际作去,譬如组织地
团练,团有团长,乡有乡长,保有保长,甲有甲长,这种组织,就是县长
'剿匪'的工具。无论匪区如何混乱,只要县长能够身入匪区,领导民
众,所谓十室之邑,必有忠信。总可以找出几个人来帮忙的,来领导民众
'剿匪'的。除在地方民众中造成'剿匪'的中坚力量之外,没有其他
'剿匪'更好的方法。"⑤为了使县长能够真正承担起政治军事之双重任
务,蒋在训话之后,即令其返县,并令各县长兼任军职,即"一等县少
将、二三等县上校军职,返防后实行民众军事化,会同驻军'清剿'"⑥。

随着保甲制度在鄂豫皖区域的初步实践,1932 年 8 月 22 日,"蒋将
在赣'剿匪'时所行简便成规重加订正,制定'剿匪'区内编查保甲户
口条例四十条,各县区公所组织条例十八条,二十二令发鄂豫皖省府详细

① 《张群应蒋召赴汉口》,《申报》1932 年 7 月 3 日,第 3 版。
② 吴淑凤编注:《事略稿本》(15),台北"国史馆"2004 年版,第 125—126 页。
③ 吴淑凤编注:《事略稿本》(15),台北"国史馆"2004 年版,第 131 页。
④ 吴淑凤编注:《事略稿本》(15),台北"国史馆"2004 年版,第 427 页。
⑤ 吴淑凤编注:《事略稿本》(15),台北"国史馆"2004 年版,第 444—445 页。
⑥ 《各县长兼任军职》,《申报》1932 年 7 月 16 日,第 4 版。

体认，切实遵行"①。鄂豫皖"剿共"总司令部以此为蓝本，于 8 月 24 日公布了《"剿匪"区内各县编查保甲户口条例》。12 月 11 日，蒋介石又向内政会提议"重新制定县区地方自治法规，或镇以下实施保甲等方案，附办法四条，'剿匪'区内各县编查保甲户口条例四十条"②。这些条例的颁行，意味着保甲制度已作为一项正式的政治制度得以确立，"所有从前各级不同的名称，至此完全统一，一律正式使用'保''甲''户''口'字样。同时，从前复数进位的编制方法至此也完全统一，而为整数进位的编制，即以十户为甲，十甲为保。此外，关于保甲的任务和保甲人员的产生，也在条例中有明文规定，不像从前中央仅以概括规定，或以命令行使，而各地互易其内容了"③。

　　民国保甲制度虽源起于鄂豫皖等"剿共"区域，然而其范围突破了既有区域而向其他省域迅速迈进。截至 1935 年正式办理保甲的已经有豫、鄂、皖、赣、闽、苏、浙、湘、甘、陕、绥、宁、京、平 14 个省市，正在着手办理的有河北一省。④ 至此，保甲制度开始取代地方自治成为国民政府控制乡村社会的主要方式，农村政权亦迈进所谓"保甲的复兴"阶段。综观南京政府推行保甲制度之缘由，不外乎三个方面：第一，地方自治虽被国民党奉为立国之本，然而中国特殊的国情不适宜于地方自治的推行，相反，保甲制度在"围剿"红军的军事实践中却能发挥独有的效能；第二，中国共产党严密的群众组织和灵活的作战风格，不仅使蒋介石企图以军事力量消灭红军的愿望完全破产，同时也为蒋介石试图以政治配合军事的"剿共"方略提供了启示。在斟酌如何运用"三分军事、七分政治"的关键时刻，传统的保甲制度似乎为其提供了更为满意的答案；第三，整编保甲，组织民团，不仅可以"革除腐化与垄断积弊"，亦可"作实行征兵制度之过渡办法而备国家缓急之方"。正如蒋介石所说："查现在组织民团，最大目的，厥曰二端：一即充实民众自卫力量，使能协助军队，消灭各地之匪氛；二在普遍民众军事训练，以作征兵制度未能实施以前之过

---

① 《剿匪区内编查保甲》，《申报》1932 年 8 月 24 日，第 3 版。
② 《分组举行提案审查》，《申报》1932 年 12 月 12 日，第 7 版。
③ 谭庶潜：《保甲制度论》（中），《地方行政》1944 年第 6 期。
④ 松亭：《保甲制度与地方自治》，《半月评论》1935 年第 1 卷第 20 期。

渡办法，借备国家对外缓急之用。故将来民团之成绩如何，不仅为安内大计所关，实即攘外御辱基本武力所系，含义之重、使命之巨，绝非如向日民团徒以保卫一乡一邑为职责者，所可同年而语。"①

四　理想与现实之间的差距

在自治与保甲之间经过艰难的抉择后，国民政府最终决定暂缓自治而推行保甲，这似乎顺应了时代的需要，也符合当时的中国国情。因为国民政府推行保甲制度不仅可以加强对"剿共"区域内基层社会的控制，同时也可促成这一地域内民众与军队的有效配合，最终达到"剿灭"红军的目的。那么，国民政府的保甲实践是否达到了预定的目标呢？据《申报》载，从1932年起，江西保安处为防止中共力量发展，"积极充实人民自卫，除兴国、永新、石城、瑞金、横峰、莲花、宁冈、宁都、广昌、会昌、云都、安远、寻乌等少数县份情形特殊及'匪祸'成分较重，无法推行外，（一）次第办保甲者六十二县；（二）有警队者万载二十五县；（三）保卫团以一人一枪，有饷源者为原则，甲种团队萍乡八县，乙种团宜丰十二县，丙种上等三十县，'匪陷县'团队由临县或临省指挥，现计五八七队，枪万八千，经费由丁漕附征者二百三十万"②。

上述报道从一个侧面反映出江西保甲在形式上确已达到了较为完善的程度，但其实际运作如何，仅凭书面报告，似乎难以使人信服。1932年12月底，《申报》记者在随团视察湖北收复各区时发现："现在各处城镇乡村，虽有'剿赤'义勇队之组织，然非军队化、纪律化，不足以'防匪'。"相反，中共"组织严密，各苏维埃及各军队均受共产党指挥，党有无上权威，其作战也将所有实力集中前线，并威胁民众组织赤卫队、游击队以张声势。对于农民训练尤为严密，每日须开会一次，每周举行一次大游行，使一般农民有团体组织"③。毋宁说国民党的保甲机构在组织上、纪律上、信念上，以及军事化程度上不能与中国共产党的地方组织相提并论，即使国民党的正规部队在"剿共"区域内之所作所为，亦使民心离

①　王正华编注：《事略稿本》(16)，台北"国史馆"2004年版，第44—45页。
②　《赣保安处充实人民自卫》，《申报》1932年12月17日，第7版。
③　《剿赤收复各区视察记》，《申报》1932年12月21日，第9版。

散，怨愤日增。"据当地某君云：江陵境内受兵匪之害甚于'赤党'。曩时各乡总团队勾结土匪，横行闾里，官厅莫可奈何，人民无所呼吁，加以荆门一带，驻有崔二旦部，一般土劣依为护符，狼狈为奸，民不堪命。"①

由此可见，虽然国民政府为推行保甲制度进行了精心策划，各省亦紧遵中央命令而身体力行，保甲制度在"剿共"区域内得到迅速普及，其触角甚至延伸至其他省域，然观其成绩仍令其失望。1933 年 8 月 27 日，蒋介石再次督令"剿匪"省区认真办理保甲称："各省办理保甲已历年所，稽其成效，实属寥寥。""言念及此，'剿匪'前途，良深隐忧，兹特订定整理保甲、肃清零匪方案，区分进行步骤为清乡、自卫、保甲三区，于各区权其缓急，分配主要工作，指导运用法令要领，规定实施完成限期，并仿照曾（国藩）胡（林翼）前例，启用士绅办理乡团，以辅军政力量之所不及。所望各级军政长官惩前毖后，深加体察，督饬绅民，切实实行，以收三分军事、七分政治之效。"②

虽然保甲制度在推行过程中仅注重形式上的完备，而忽视实际效能的达标，而其实施效果亦与蒋的预期相距甚远，但蒋仍坚持认为，保甲制度在"严密民众组织、彻底清查户口、增进自卫能力、完成'剿匪'清乡工作"方面③，仍不失为目前最适合中国国情的基层社会控制模式。当时的一些文人学者亦为其鼓吹打气，认为自民国以来，"人民颠沛流离，战祸绵延，饥馑相闻，人民求生之不得，何将以言其他！故在此百废待举之时，绥靖地方，保卫闾阎，实为行政之先着"，而上述愿望之实现，厥为保甲制度之推行。④ 正是基于上述期待，1934 年 3 月 25 日，蒋介石电令苏、浙、闽、皖、赣、湘、豫、鄂、陕、甘主席，希其督促各厅，"加紧丈量土地、清查户口、办理警卫·保甲、修筑道路。上项四大要政，须先后详定计划，订明各行政区各县之实施程序，按月由该省政府检验呈报。此项总计划及其施行步骤，限本年四月三十日前拟定呈核，并限二十四年三月底完成初步工作，以期达到实施宪政之程度"⑤。为了使保甲制度成

---

① 《剿赤收复各区视察记》，《申报》1932 年 12 月 21 日，第 9 版。

② 《蒋令剿匪省区认真整理保甲》，《申报》1933 年 8 月 31 日，第 11 版。

③ 闻钧天：《中国保甲制度》，商务印书馆 1936 年版，第 550 页。

④ 胡迅：《保甲制度在中国现阶段上的需要》，《力行月刊》1938 年第 1 卷第 6—7 期合刊。

⑤ 《蒋令各省草拟四大要政计划》，《申报》1934 年 3 月 26 日，第 7 版。

为全国通行之政治制度，1934 年 11 月 7 日，国民党中央政治会议第 432 次会议决议："地方保甲工作，关系地方警卫，为地方自治之基础，应由行政院通令各省市政府提前切实办理。"① 至此，保甲制度不仅在实践中已然运行，而且在法理上得到了国民政府的肯定。

第二节　甘肃保甲的制度设计与初步实践

20 世纪 30 年代初，在邵力子、朱绍良的先后努力下，甘肃政局渐趋平静，社会秩序逐渐恢复。甘肃政局的稳定与地方秩序的恢复为保甲制度的推行提供了前提条件。

一　甘肃保甲的制度设计

自 1932 年 8 月南京国民政府决定在鄂豫皖等地推行保甲制度以来，其范围迅速向全国各省拓展。1933 年 8 月，甘肃省即拟将本省原有之自治组织暂时停办，而代之以保甲制度。1934 年江西行营电令甘肃省政府，令其丈量土地，清查户口、办理警卫·保甲、修筑道路。面对国民政府倡行之四大要政，甘肃省政府"以本省夙称贫瘠，地居边远，人财两缺，未便轻于滋事，同时并举，特拟于四项要政中，先择优办保甲一项"②。对于清查户口与办理保甲之关系，甘肃省政府认为，"清查户口应包孕于保甲之中"，遂将清查户口与办理保甲合二为一。并参酌各项保甲成规，就当地实际情形，厘定《甘肃省保甲补充条例》及其他章则，公布施行。③

然而，中国地域辽阔，各地区发展极不平衡。即使甘肃省境内，各县之间的差异也实在不小。有鉴于此，1934 年 11 月，甘肃省政府电令各县政府（夏河县除外）："本省推行保甲，以三省（鄂豫皖）总部所颁编查保甲户口条例为根本法规，以本厅所拟保甲补充条例为辅助法规。""惟各县实况至不一致，单就户口一项而言，在本省各县内，其密度亦颇不平

---

① 张纯明：《现行保甲制度之检讨》，《行政研究》1937 年第 2 卷第 3 期。

② 《各县举办保甲并颁发保甲法规由》，甘肃省档案馆，档号：15（全宗号）—14（目录号）—531（案卷号）。

③ 张纯明：《现行保甲制度之检讨》，《行政研究》1937 年第 2 卷第 3 期，第 217 页。

均，故在实行编组时，难保不无发生许多事实问题，实非数十条法规所能完全解决者。"①

为了适应甘肃各县之实际情形，甘肃省政府特拟要点数则，分示于下，以免办理保甲时发生困难。（一）各县编组保甲，遇有飞地嵌地，其居民应受所在地县政府之编制，插花瓯脱地，由两县县政府协商编于一县。所有土地粮赋，概仍其旧，不因编组保甲而有所变更。（二）编组保甲，遇有村庄距离弯远，并此村内之居民不能编入他村内之保甲时，准以三户以上另编一甲，三甲以上另编一保。（三）编组保甲应先就普通住户挨户编号，遇有寺庙及公共处所时，必须以保为单位，提出另行顺序编号，彼此不得相混。（四）编户之次序，应先从甲之东方起，先编东之南，次编东之北，顺序向西编去。（五）各县应依其面积、地形、交通、经济状况、人民习惯为乡镇之划分，不以人口多寡为标准，对于"居民满五百户以上"之八字应删除。（六）县治所在地地方，应照前各县，将县城及县城附近村庄一并划为一区。②

由此可见，甘肃保甲虽以江西保甲为蓝本，但因甘肃与江西南北相隔，地域、人文、风俗、民族各有不同，编组保甲之方法亦不得不有所变动。国民政府之保甲条例虽然规定十户为甲，十甲为保，但甘肃省政府鉴于本省的特殊情形，亦有所变通，甚至在一些特殊区域的保甲编组，以三户为甲，三甲为保。这种变通，充分体现了保甲制度在实际推行中因各省情形之不同而不得不"入乡随俗"。

为了使保甲制度能够在甘肃地域尽快推行，甘肃省政府除了对江西保甲编组的相关规定进行修正外，还对其他保甲成规进行了大幅度的修改与补充。主要表现在以下方面。

第一，修改户口异动登记办法。"保甲组织之健全性，必赖继续办理户口异动查报以维持之，如只知调查户口，而不知办理该项重要工作，则保甲徒具外表而已。"③ 因为办理户口异动，一方面可使"匪人无所匿迹，

---

① 《训令各县局：拟定保甲编组要点数则饬遵照办理由》，甘肃省档案馆，档号：15—14—516。

② 《训令各县局：拟定保甲编组要点数则饬遵照办理由》，甘肃省档案馆，档号：15—14—516。

③ 《渭源县区政保甲视察报告书》，甘肃省档案馆，档号：4—8—448。

从根本上消灭土匪活动之能力；另一方面为求得户口动态之实况，而使各县户口永远有真确数字之可考。此种工作，在步骤上实与编查保甲户口有一贯之精神，而为发挥保甲效用之唯一方法。惟欲使此项工作办理尽善，有条不紊，则关于办理之程序及考核方法，似不能不有一种完密之规定，否则，保甲人员恐有无所措手之困难"①。对于户口异动之相关办法，鄂豫皖三省总部虽于 1932 年 12 月间已经明令公布。但详核该项办法之规定，所有户口异动之登记及汇报，系以甲长办公处为主办机关。而甘肃省"人才缺乏，民智锢闭，充任甲长者，定多不识字之人，对于填表等事，自难胜任。即或请人代填，而一甲之内，只有十户，此十户之中，亦未必即有读书识字者，此为本省之特殊情形，似应按照事实，略予变更。再办理户口异动，手续较繁，主办人员，容不免有懈怠及需索情事，似亦应再增订专条，以资预防"②。

既然办理户口异动关系重要，且原有之方案与甘肃本省情形不甚相宜，因此，为切实推行保甲制度，有效控制基层人口流动计，甘肃省政府依据本省实际情形，对鄂豫皖等地颁行的户口异动办法进行本土化设计，似乎显得十分必要。1934 年 12 月，甘肃省政府颁发了《甘肃省户口异动登记办法》十九条，主要条款如下：（一）甘肃省民政厅为彻底明了全省户口异动状况，统计户口确数起见，特制定本办法颁布。（二）凡各县保甲户口编查完竣后，除对于户口之异动，事属紧急，应照各县编查保甲户口条例第二十四、第二十五各条规定，由户长报告甲长通报保长、乡镇长紧急处分外，平时需遵照本办法，举办全县户口异动登记。（三）户口异动之登记，以各县乡镇公所为主办机关，县政府为监督机关。（四）户口异动之登记，依下列各项：（1）出生；（2）死亡；（3）婚姻；（4）迁入；（5）迁出。（五）各户长如遵前条，户口异动事项发生时，应于三日内口头报告该管甲长。（六）甲长接到户长报告，前往该户，经查明属实后，即于门牌上注明增减数目，并会同前往保长办公处，声请登记。

---

① 《呈为拟定甘肃省户口异动登记办法及各种登记报告表式请查核并转报南昌行营查核由》，甘肃省档案馆，档号：15—14—529。

② 《呈为拟定甘肃省户口异动登记办法及各种登记报告表式请查核并转报南昌行营查核由》，甘肃省档案馆，档号：15—14—529。

（七）保长接到前条声请后，即照填登记表，经复询无误后，令户长及甲长画押或捺印证明。（八）保长每届月终，应将该保户口异动状况，汇造二份报告表，呈报乡镇公所。（九）乡镇公所接到报告表后，应于户口调查表内，查明户数，分别登记，并于每月五日以前，将该乡镇上月份各保所造户口异动状况报告表照抄一份，列表呈报县政府。（十）县政府根据各乡镇呈报各表，于每月十日以前，将该县上月份户口异动状况统计列表，呈报民政厅查考。（十一）户口异动之登记，各县政府与乡镇长及各保长，需就原有之户口调查表上明白填载，以昭确实，并于附记栏内注明登记年月日。如原表限于篇幅，不敷填用时，可就原表上另加浮条登记。（十二）乡镇公所户口异动之登记，由助理员负责办理，乡镇长负监督指导之责。（十三）保长办公处户口异动登记及填报报告表等事项，由书记掌理，并以该保小学教员协助。（十四）关于各县户口异动状况之统计报告，由县政府专设户籍吏一人负责办理。（十五）如有户口异动事项发生，该户长于规定期内无正当理由而不为报告者，处五角以下之罚款。（十六）办理户口异动之助理员、保长及甲长有下列情事之一者，处二元以下之罚款：（1）无正当理由不受理关于户口异动登记之报告者；（2）怠于户口异动之登记者；（3）关于户口异动之登记，向报告人有所需索者；（4）对于本办法规定之统计报告表，不按期编造者。（十七）办理户口异动登记之助理员、保长及甲长异常出力，能按期报告且能详细明确者，得由县政府酌予奖励，并呈报民政厅备查。（十八）户口异动登记各项表式由民政厅制定。（十九）本办法自呈请省政府核准之日施行，如有未当事宜，得随时呈请修正。①

由上可知，甘肃省政府对于户口异动办法的修改，主要表现在对主办机关的转换。原规定"所有户口异动之登记及汇报，系以甲长办公处为主办机关"，但甘肃人才凋零，一甲之内极难找到一识字之人，即使一保，亦不见得能找到书写之人，即使有此之人，而甲长办公处又设于何处？毋宁说甲长无法设立办公之所，即使保长，亦不得不以家为所。这种恶劣的办公条件，不可能有效地完成户口异动登记如此繁苛之任务。正是鉴于上述情形，甘肃省政府决定以各县乡镇公所为户口异动之主办机关，

---

① 《甘肃省户口异动登记办法》，甘肃省档案馆，档号：15—14—529。

而以县政府为监督机关。并规定乡镇公所户口异动之登记，由助理员负责办理，乡镇长负监督指导之责。

第二，订定保甲规约。"保甲规约为保甲制度之精华，即保甲内人民日常生活之规律。而在整个保甲制度中，具有教化意义者，亦厥为保甲规约。其目的在保持'出入相友，守望相助，疾病相扶持'之亲爱精神；提倡'相救、相恤、相赒、相爱、相敬、相纠'之互助风气"①。正如张其昀所说："中国历史上屡受异族侵入，但社会基础异常巩固，始终不受动摇，以得最后之胜利，此不能不归功于古来乡治之完善。古代乡制，有保甲之法，有乡约之法，保甲严密乡村组织，乡约提倡乡村道德，此为乡治基础。"② 对此，时人亦有同感。钱基博曾述："保甲者，所以清匪而防其外也。乡约，所以劝善而固其中也。防其外而不固其中，则毒固有由中发者，可奈何！是故行乡约，所以正人心，维风化也；扶正气，即以遏邪氛。"③

既然保甲规约对于乡村社会秩序之构建如此重要，甘肃省政府即要求各县保甲编定后，"应由保长召集各甲长开保甲会议，协定保甲规约，共同遵守。此种办法，不惟对于保甲各户长应执行之职务加以确定，实为促进保甲事业之枢纽"。至于保甲规约中应行订定之事项，业经甘肃省民政厅根据编查保甲户口条例之规定，分析列举其大概。制定保甲规约样式，附印于保甲法规内，令发各县局参考在案。"惟该附印规约样式中胪列之事项，多系根据法令而规定，为一般保甲规约应采之内容，初不过举其大概而已。如与各地实际情形或有所扞格或不需要时，自可酌量增减。订定适合当地民情及需要之规条，不得拘泥呆板、依式照抄，致失保甲规约之精神。"④ 甘肃保甲视察员邵体璋通过实地调查后认为，"保甲规约应以适合当地风俗习惯及切合实际需要为原则，条文尤须简明，以五六条至十条为已足，并于保长办公处，或于道路易见之处，挂牌或用粉写墙上，俾众

---

① 刘文襄：《保甲长的基础知识》，《北培月刊》1937年第1卷第12期，第80页。
② 《中大教授张其昀予陶记讲》，《申报》1933年8月15日，第18版。
③ 钱基博：《原保甲》，《光华大学半月刊》1935年第4卷第1期，第16页。
④ 《训令各县局：转饬所属乡镇保各长对于保甲规约，须按照地方实际情形，妥为订正，不得照所颁样式抄呈由》，甘肃省档案馆，档号：15—14—531。

周知"①。正是在参考甘肃省政府上述条令的基础上，各县政府在不违背民政厅规定原则的前提下，依据各县地方实际情形，制定了各具特色的保甲规约。

甘肃省政府为了使保甲制度在本省顺利推行，在法令制度上不仅力求详密，而且尽量使其本土化。然而甘肃省府也认识到，甘肃"文化落后，民智鲜开，若不特别设法督促"，则无论法令如何详密、政策如何切实，实有可能成为具文之虞。因此，为了确保保甲制度的行之有效，甘肃省政府委派保甲调查员分赴各县，实地督查。保甲督导员在各县的实地调查中，不仅对各县的保甲状况及风土人情进行了详细报道，而且提出了许多真知灼见。例如保甲督导员王序宾经过对临夏各县的实际调查，对临夏各地保甲问题提出了如下四个方面的改进意见。

（一）制发保甲外出证。查保甲规约中于户口变动时，有登记报告之规定，而于外出丁口之何事何往，既无特别存证，则到达地域，对于丁口之何来何干，为良为匪，更属难于稽查。拟请制定一种保甲外出证，凡某保丁口外出时，由户长声叙去地事由，呈请甲长转请保长填发证件，丁口持证至到达地域，只需查验既得。将来返回本籍时，仍将原证缴销，以杜滥冒。如此办理，良民固多一层障碍，匪徒势必无所混迹，对于清乡清匪，具有极大之效力。而非证不行，并可以提起人民对保甲之重视，然后可以促成保甲之实行。

（二）严密壮丁队之组织。本省自冯系强迫征兵后，人民惧怕征兵心理，较之任何人祸为尤甚。临夏区人民对保甲之疑惧，即为此种心理所形成。即是组织壮丁队，便认为大祸之朝夕将临，而起恐慌避匿壮丁者。拟请密令各区，凡有特殊情形之县份，对此种组织，表面上从缓从密，俟第三期查口毕事，登记年龄以后，由保长按年龄造册组存，既可免目前之惊扰，致妨害要政之推行，必要时按图索骥，亦无碍于壮丁队之组织。

（三）明白规定乡镇长任期。本省因旧区制办理之坏，养成地方绅首争权夺利之恶习，地方纠纷，多基于此。查保甲法规上对乡镇长之任期，并无明文规定，窃恐好事者援照旧习，此争彼夺，时起纠纷。拟请明令规定乡镇长有无任期之限制，如有时，是否即援用旧日区长任期之规定，并

---

① 《临洮县区政保甲视察报告书》，甘肃省档案馆，档号：4—8—448。

请通令转饬知照，以免狡黠者有所借口，多事纷扰。

（四）解释保甲编组令文。本省因地形辽阔，人烟稀疏，甘肃省民政厅为因地制宜计，曾有"三户以上，可以另立一甲，三甲以上，可以另立一保"之补充规定。是三户三甲以上，当然可以成甲成保。委员此次在临夏县乡镇公所，见该县政府训令：复有"五户五甲以上，另成一甲一保"之令文，则五户五甲以下，又当然在编入他甲他保之列，不能另立一甲或一保，似与补充法令不无抵触之处，应请明白解释，通令各县俾资遵循，而免分歧。[①]

对于王序宾的建议，甘肃省政府认为，王"所陈一二两项意见，尚属可采行。除制定保甲内住户迁移证明书式，并规定各县编组壮丁队，须先呈经本厅核准手续，分别通行各县局遵照外，至三四两项，关于乡镇长任期，条例内既无明文规定，目下亦无士绅援例争夺之事实发生。其临夏县令以五户五甲以上，另设一甲一保办法，与本厅通令并不冲突，均无通行之必要"[②]。

综观王序宾的建议，可取之处甚多。如制发保甲外出证，虽然在一定程度上加强了人身控制，但作为人口流动的重要凭证，制发保甲外出证，在科技尚不发达的近代中国乡村社会，无疑是必要的和有效的。至于训练壮丁，王建议在特殊县份应从缓从密，也是基于实际需要。因为甘肃省政府虽然表面上统辖各县，但事实上很多县份对其并不是唯命是从。如马步青控驭下的河西走廊，嘉木样及黄正清统驭下的夏河，仍在传统土司统治下的卓尼、临潭，以及回民聚居之临夏等地，以至于当时流传"甘肃省政府权力不出省城"之说。虽然这一说法未免有点夸大其词，但在一定程度上亦表明甘肃省政府的权力确实受到了诸多势力的挑战与消解。因此，甘肃省政府权力真正能够达至乡村地域者，又能有几分？这也许是甘肃省政府不愿意就很多问题明确其定制的主要原因。事实上，给予制度一定程度的模糊性，即意味着多一份灵活运用的空间，这不仅可以消解诸多无形的阻力，也使保甲制度在实际执行中少受坎坷而效果易著。

对于甘肃省政府而言，直接控制之机构为县政府，而县长位于自治之

---

① 《委员王序宾呈拟保甲实行意见数点乞钧裁由》，甘肃省档案馆，档号：15—14—529。
② 《甘肃省政府指令保字第七四九号》，甘肃省档案馆，档号：15—14—529。

发端，保甲之末梢，既是自治推行的发动机，也是保甲实施的监护人。因此县长对于保甲制度的推行，其重要性不言而喻。1937 年甘肃省政府训令各县长："此次整理保甲，为求切实完成清乡工作，加重民众组织训练与使用，以应付非常，树立自治基础起见，必须藉此时机，加倍努力，完成整理之任务。"① 同时要求各县长在保甲编组中务必特别注意如下问题。

第一，实行联保连坐，以发挥保甲之消极精神。查取具连坐切结，原为予人自新，互相监视，杜绝匪源，保护善良。当此抗战时期，为防止汉奸间谍之活动，尤需确实办理。区保甲长，应将具结意义及责任，先向各户长普遍讲解，如有无人与之联保，不能觅取切结者，由保长一面交付该户支分较亲之亲属看管或具报，另一面责令同甲各户户长严密监视。

第二，切实执行保甲规约，以发挥保甲之积极精神。查保甲公约，为实行团结互助，发展公共利益之一种规律，凡属保甲以内的住户，均有奉行遵守之义务，应由县政府区署，指导保甲户长，在法令道德范围以内，依照地方实际需要情形酌量协定，广为印刷张贴，或用大字誊写墙壁，再由保甲长及地方知识分子，向一般民众详细讲解，俾能了解公约内容之重要，知之既真，行之自易。

第三，登记户口异动。户口经过一次性调查后，不久即会发生变动，如不继续查报，则以前调查，概无意义，以后统计，亦无根据。为随时稽查奸宄，永久保持户口数目之精确起见，应督饬区保甲长，遵照本府前颁户口异动登记办法及表格，按月查报，由县统计呈报备查。

第四，查验自卫枪支。登记自卫枪支，原为使民间枪支不落匪人之手，并由政府保护，作为充实地方武力之用。应督饬区保甲长，遵照行营颁发"剿匪"区内各县自卫枪炮查验烙印及相应规程办理，造册呈报。②

至此，保甲制度所含之内容几乎全部被予以关注，如保甲编组、户口清查、户口异动、保甲规约、联保连坐、查验枪支等。然而，上述所列之规定，多适用于各县乡镇，而对省会城市保甲之编组，是否亦可按照乡村

---

① 《为呈复当经分令各局切实遵办训示整理保甲四项要事请鉴核备查由》，甘肃省档案馆，档号：15—14—556。

② 《为呈复当经分令各局切实遵办训示整理保甲四项要事请鉴核备查由》，甘肃省档案馆，档号：15—14—556。

组织之法呢？"保甲组织历代各不相同，而都市与农村情形亦各有异，在农村因居民散漫，地方辽阔，组织愈小则愈严密，现行保甲条例之采取十进制，实为适合于农村民众组织，至当不易之法。至于都市地方，既较农村为狭，而人烟之稠密，较农村不啻千百倍。徒即就本市（兰州）而论，有一门牌而附户至数十户之多者，有一街各里，门牌编至三百余号者。如按十进之法，则将使一门牌之住户编至二甲以上，一街各里为数保。加以本市各街，关于公益事项，原有一种组织，居民习惯安之已久，今一旦因保甲之编组强为分割，事实上难免不发生纠纷。"①

对此，甘肃省政府认为，兰州人口虽无南昌人口之多，但毕竟与农村社会截然不同，因而甘肃省会保甲之编组，应以南昌保甲为蓝本，并参酌兰州地方实际情形，将其编为"十户至二十户为一甲，十甲至二十甲为一保，较有弹性"②。

此外，联保连坐切结是否适宜于在省会推行？甘肃省政府认为，联保连坐切结虽为"保甲组织三大要素之一，然以之施行于五方杂处之都会居民"，尚需慎加考虑。"查农村地方类多聚族而居，婚丧庆吊，时相往还，人之良莠，率为一般居民所共悉。联保连坐之法，自易见诸施行。至于都会居民则异，是每一街，各中居民之籍贯互异，迁徙无常，故有同居一宅之人，而素未悉其姓名者，遑论于左右之邻居，更遑论于同街衢之住户。保甲制度之不易完全实施于都会，以此为最感困难之一端。"而且"省会军警林立，平日对于居民，稽查防范本极严密，与外县情形迥不相同"。因此，关于甘肃省会居民之具保，应由"省会公安局依照呈奉核准之调查户口办法办理，俾易实行，且免分歧"③。

如前所述，城市与农村因环境与人际关系之迥异，在保甲实施中难免会有所不同。事实上，各省因政治、经济、文化、环境等方面的诸多不同，城市与城市之间的差异之大，亦不输于前者。甘肃省会保甲在制度设

---

① 《准江西省政府函开准号电以省会保甲究由省会公安局抑或首县之政府办理等因请查照一案令仰查核办理由》，甘肃省档案馆，档号：15—14—516。

② 《准江西省政府函开准号电以省会保甲究由省会公安局抑或首县县政府办理等因请查照一案令仰查核办理由》，甘肃省档案馆，档号：15—14—516。

③ 《准江西省政府函开准号电以省会保甲究由省会公安局抑或首县之政府办理等因请查照一案令仰查核办理由》，甘肃省档案馆，档号：15—14—516。

计上虽秉承南昌保甲之法，但因"兰州情形，与南昌未尽相同，尚有不能完全采用者。如在南昌已设有南昌市政委员会，故省会保甲，由江西省会公安局与南昌市政委员会协同督办。兰州目前既无市政府，所有兰州户口，自仍为皋兰县之户口。惟欲使省会保甲事务责任分明、事权统一起见，又似应由省会公安局督办编查，以专责成。其编查户口确数，仍造送皋兰县政府编入户籍，籍符定制"①。

对于甘肃省会保甲是否设立区办公处，甘肃省政府认为，江西省会保甲之上设有区办公处，作为省会公安局、市政委员会与保甲间之联络机关。然而，甘肃"各县区公所，因过去办理不当，流弊百出，一般民众，完全认区公所为征粮派款之机关，深恶痛绝。故在二十一年，即前主席主甘时，各县党部及民众曾纷纷呈请撤销，以革弊数。当时省政府因限于制度关系，未便轻允，然在事实上，咸认区公所为妨公害民之机关。本年中央颁布改进地方自治原则及县自治法草案内，对于原有区之一级，已明白规定废除。故本厅应环境之需要，即根据前项原则，呈准钧府通令取消，现为因地制宜及改换民众心理起见，省会保甲组织内，似亦不应再有区之名义"②。

对于甘肃省政府呈请取消区一级之提议，南京国民政府虽认为"不设区长，另以乡镇长代替"，"事属违背通常"，不予获准。但甘肃省政府再次上呈，并称"本省区长制之不协，民情对于现今编查保甲户口及推行一切政务，实多窒碍。非不愿按本宣科，无依通例，循序推进，宁愿多所纷更，转费周折，良由本省独具特殊情形，诚不得因时因地，曲使就节"③。鉴于甘肃省政府的一再坚持，南京国民政府虽再无明文训令，然亦事实默许。

由此可见，甘肃保甲与江西保甲虽都侧重于保甲的军事属性，然而因两省各据南北，政治、经济、文化、宗教、民族关系等方面差异甚大，即

---

① 《呈为拟定甘肃省会保甲编组办法请即核转南昌行营由》，甘肃省档案馆，档号：15—14—516。

② 《呈为拟定甘肃省会保甲编组办法请即核转南昌行营由》，甘肃省档案馆，档号：15—14—516。

③ 《转奉南昌行营治字第 16472 号指令：附呈甘肃省会保甲编组办法一份》，甘肃省档案馆，档号：15—14—516。

使省会城市推行保甲，差异已然不小，更毋庸说两地乡村社会。因此，甘肃省政府就如何实施保甲问题，结合本省实际情形，在制度设计上对赣省之保甲成规进行了较大修改。一方面修改"赣制"条例中不适宜于甘肃实际情形之部分，使之更加与甘肃本省的地方实际相适应；另一方面修改或剔除被甘肃民众厌弃或痛恨之机构及人员安排，避免因此而产生不必要的麻烦。此外，对甘肃少数民族聚居之县份，在编制保甲或壮丁训练上，采用从缓从密，深入引导，循序渐进，以免物极必反。总之，甘肃省政府在保甲的制度设计上，虽不能说做到了尽善尽美，但可谓倾力而为。

虽然甘肃省政府为切实推行保甲制度不惜耗时费力，修改和补充了与本省实际不相适应的法令法规。即使如此，保甲制度在实际推行中因相关规定的模棱两可，使得各县呈请省府解疑之函件纷至沓来。颇具代表性的解疑函电如下。

第一，修正县区保户口异动呈报表中，列有"婚姻数"一栏内，又分娶、嫁两格，细查原表分格意旨，纯系属于女性异动之登记。今有第一甲某户无子，仅有一女，其户长为留家奉养计，并不嫁出其女，乃于第二甲中入赘一男为婿，即代子责。对于此项婚姻异动，"嫁娶数"栏填报发生困难，如填嫁，则其女并未出户，表列"与上月份比较数"一栏未便减列一人，如填娶，则女口数即应增加一人，但赘入实系男性。可否于"娶嫁"格内增列"赘"之一格，并于"娶嫁"格内填书一直线，照上列"出生死亡"各栏，分男、女两格，俾可按男、女两性实填。

第二，今有某户，有子二人，其长子娶媳生子，因病身故，该户长不使其妇再醮，留抚遗孤，复因经济困难，无力为次子娶媳，乃令叔嫂为婚，亦有兄娶弟妇之举。关于此项婚姻异动，如填娶，则此户女性并未增加，如填嫁，则此女性又未出户。表列"与上月份比较表"一栏，均未编列增加或减少数。此种情形，在本省回藏杂处及贫瘠乡村，所在多有，究应如何填报？

第三，本省习惯有所谓"童养媳"者，即某户有子年幼，户长预为论婚，但双方均未达法定结婚年龄，女性家境贫困，无力蓄养，由男性户长将此幼女领取到家，养至成年，始令成婚。关于此项婚姻异动，在同一户内同有嫁娶之事实，但无人口之增减，表列"婚姻数"栏，固可填娶，亦可填嫁，同时在"与上月份比较数"栏，均未便列增加或减少数。究应如何填报？

第四，今有某家某户中之某妇，因夫死子幼，生活困难，随带其子或女再醮。关于再醮一节，婚姻异动表固已明白规定，其随带子女，虽亦可依户口异动迁入报告表。填表说明第三项规定，准从承子女及其他添进人口列填报。但县区保异动呈报表填报即发生疑难，如填迁入迁出数，则为本月份户口实数"户"之一栏所限，因某妇携带子或女出醮，其故夫之家，并未全部随之迁移，自未便以户计。但实际上，其故夫家、再醮家，双方各有迁出迁入，而与"上月份比较数"栏，男女性确又有减少及增加二口或三口之事实，究应如何填报？

第五，全县户口异动呈报表区别之下保甲数一栏，若填异动者某保某甲，则为区别一栏所限，无法填入，若填某区共保数共甲数，对于户口异动仍无可查考。《修正"剿匪"区内编查户口条例》第六条第三项规定："编余之户，不满一甲者，六户以上得另立一甲，五户以下并入邻近之甲。编余之甲，不满一保者，六甲以上得另立一保，五甲以下并入邻近之保。"今有某区第一月呈报时，为五保，其中一保为六甲；但在第二月呈报时，此六甲之一保，因户口之迁移，不足六甲，自难成为一保，所余五甲，照章应并入邻近之保。其某甲某户之异动，及某保某甲之异动，究应如何填报？

第六，《修正"剿匪"区内各县户口异动登记办法》第四条内规定："各户有应行登记事项发生，应由户长随时报明甲长，填入报告表"，又第五条内规定"甲长每届月终，需将所填之报告表，汇送保长"。此项报告表如何填报，未奉明文规定。又查保甲组织，实以户为最低级之单位，《修正县区保户口异动呈报表》均以保名甲名为单位，对于户名并未注及，可否照保、户、口异动表式，以户名为单位，另增一种甲、户、口异动表，俾甲长填报，有所遵循，而资一律。①

以上各点，均系甘肃各县在办理户口异动时发生的疑难问题。对此，甘肃省政府秉承中央训令，做了详细解释：第一项情形俗称"招赘"；第二项俗称"转房"；第三项俗称"圆房"；第四项俗称"随嫁"；此类事实，各处皆有，不独甘肃为然。可于呈报表备考栏内，分别填注"招赘"

---

① 《行政院训令字第 1258 号》，甘肃省档案馆，档号：15—14—529。

"转房"等数字，则眉目清晰，不难一望而知。由于南昌行营颁发修正县区保户口异动呈报表式内最下一栏，漏写"备考"二字，应即补正。原呈第五、六两项，似于条例表式之意义，尚未能融会贯通。保甲制度最为重要部分，即属于保甲两级，故关于户口异动情形，应分别详载于甲长报告表中，俾保长甲长于户口异动之情形数字，均得精确明了。自区署以上，则只需得精确之数字，而不用详知异动之情形。因区署以上呈报表皆供统计之用，其琐细异动情形，既无详列必要，且事实上以区县署人员有限，事务殷繁，若将异动情形一一造具表册，不唯不胜其烦，抑非少数人员所能办理。如有特别事故必须考查异动情形，则一纸公文，径向保甲调阅详表，亦很容易，固无须层层抄写表册，以供备查。且在区县表中，虽无异动之详细记载，然若以上月之数对照，则异动数字，亦可一目了然。此即规定异动表式详于保甲而略于区县之原意。①

二　甘肃保甲推行的计划与实践

甘肃省政府在积极修正原有保甲条例的同时，也积极尝试将保甲制度在各县推行。不过，甘肃地居边陲，交通不便，情形特殊，对于很多县份来说，推行保甲，系属首举。为了避免畸形发展，甘肃省政府决定在"各县分期举办，次第推行"，以作为"本省自卫组织之基础"，而"辅助自治之完成"②。

按甘肃省政府之计划，甘肃保甲应分四期举办：第一期为"皋兰、临夏、天水、榆中、永登、定西、渭源、靖远、永靖、景泰等县，及康乐设置局"，"自本年（1934）十一月举办，至明年三月底完成"；第二期为"临洮、临潭、岷县、洮沙、漳县、甘谷、武山、礼县、秦安、通渭、清水、成县、两当、西固、民勤、会宁、海原等县，自本年十二月举办，至明年四月底完成"；第三期为"武都、西河、武威、永昌、古浪、镇原、固原、崇信、庄浪、华亭、灵台、泾川、静宁、隆德、华平、平凉、徽县、康县、宁定、和政、陇西等县，自明年一月举办，至明年五月底完成"；第四期为"张掖、山丹、民乐、临泽、酒泉、高台、玉门、敦煌、

---

① 《行政院训令字第 1258 号》，甘肃省档案馆，档号：15—14—529。
② 《各县举办保甲并颁发保甲法规由》，甘肃省档案馆，档号：15—14—531。

安西、金塔、鼎新、文县、正宁、合水、环县、宁县、庆阳等县，自明年二月举办，至明年六月底完成"①。

如何使保甲制度为人所知，且被人接受，无疑是保甲制度付诸实施的第一步。美国著名社会学家英格尔斯曾说："如果一个国家的人民缺乏一种能赋予一种制度以真实生命力的广泛的现代心理基础，自身还没有经历一个从心理、思想、态度和行为方式的现代化转变，再完美的现代制度和管理方式，再先进的技术工艺，也会在一群传统人民的手中变成一堆废纸。"② 因此，甘肃省政府在实施保甲之际，即强调："须知保甲一端，为民众自卫之良规，辅助自治之初步，出人民于水火、树愚政之准基，在此一举。务当请准该府僚佐及办理保甲各级人员详加讲习，使举办保甲之意义及一切办理之手续，凡奉办员均能彻底明了。"而且"在举办之先与进行之际，尤需随时随地从中向人民宣传，应多与民众讲演。各编整委员及乡镇保甲长等，尤应照指示方略，切实向人民讲说，必求心悦诚服后推行"③。

对于宣传保甲制度的重要性，谭适曾撰文评述云："稽之史册，宋明以来，已有保甲制度，而且获有莫大效果。去岁广东南区，亦行之有效。可见实施保甲，确实人民减除痛苦的唯一出路，并非徒托空言、有名无实之事。不过人民虽知保甲名词，而不知其组织和办法、意义和目的，倘若稍怀疑虑，则于进行上不无发生阻碍。似宜于实施之先，做一番宣传工作，务使家喻户晓，人人了解，……是所望于各党部、各报社，群策群力，热烈合作，不断地用文字口头，分别宣传。同时应将关于保甲各项章则，分送各报登载，以期普及。"④ 为此，甘肃省政府要求将"保甲法规章表以及有关系文件，编印成册，随令附发"。并要求各县长遵照，"详加研究，依限进行"⑤。1935 年 6 月，甘肃省政府主席朱绍良"为明了皋兰各村办理保甲成绩起见，连日赴各村实地视察，并对保长及壮丁训话，

---

① 《各县举办保甲并颁发保甲法规由》，甘肃省档案馆，档号：15—14—531。
② ［美］阿列克斯·英格尔斯：《人的现代化》，殷陆君译，四川人民出版社 1985 年版，第 4 页。
③ 《各县举办保甲并颁发保甲法规由》，甘肃省档案馆，档号：15—14—531。
④ 谭适：《我对于保甲的几个意见》，《浙江民政月刊》1931 年第 38 期。
⑤ 《各县举办保甲并颁发保甲法规由》，甘肃省档案馆，档号：15—14—531。

讲述保甲意义"①。

然而，保甲编组工作"至为重要而又至为繁难，分类编户到处皆成问题。分类过多则繁难而易混乱，过少则简略而难周密。临时户居处之期间不定，在编组时困难甚多。编之则变更太多，今日编定，明日变更，不但保甲之基础难期确定，即保甲之运用，亦将因之而受影响。至办理人员之更动表册，整理秩序之困难，尤其余事；不编则窝藏匪盗，易致变乱"②。不难想见，保甲制度虽为基层社会有效之管理制度，但因工作繁颐，非有相当时间，不能藏事。且保甲之功效，要保甲完成之后，始能表现。而甘肃省政府要求在如此短的时间内完成保甲编组，事实上亦不可为。因此，随着甘肃保甲的逐次推进，各县在保甲编组中的问题也随之暴露，其编组进度与结果更是与甘肃省政府的预期相距甚远。

譬如西和县县长张标因在预期内没有完成规定之责，甘肃省政府认为该县长办理保甲不力，给予记过示惩，并要求其将未造表册迅速造核。在甘肃省政府的促压下，1935 年 9 月，西和县长张标呈电称："本县保甲户口，因首次编查发现不实，遂经二次编查，现已清楚。计全县共编四乡一镇一百零三保，一千一百六十八甲，一万三千六百四十二户，刻下正在填具切结。编组壮丁队中。"③

同年 10 月，西和县又向省政府呈报称："遵查本年保甲，依限于七月八日以前办理完竣，业将编查保甲暨户口数目列表呈报在案。惟当时各乡镇查报壮丁，全县共计二千六百五十六名，内复经县长派员切实抽查，并以本县处在匪区，除将老弱暨染有嗜好、不堪任用者一律淘汰外，全县实有壮丁，计中山镇三百三十一名，板桥乡三百三十三名，西华乡四百五十名，固城乡二百九十五名，太白乡五十六名，共计一千四百七十名。"④

西和县属于甘肃推行保甲之第三期，计划于 1935 年 5 月底完成，然受诸多因素的影响，又延至 7 月 8 日以前完成。但事实上，在甘肃省政府

---

① 《朱绍良视察兰保甲》，《申报》1935 年 6 月 17 日，第 7 版。

② 张纯明：《现行保甲制度之检讨》，《行政研究》1937 年第 2 卷第 3 期，第 217 页。

③ 《西和县长寒代电复办理保甲情形乞垂鉴由》，甘肃省档案馆，档号：15—14—328。

④ 《呈赍编组本县各乡镇壮丁队报告表乞鉴核由》，甘肃省档案馆，档号：15—14—328。

的一再催促下，直至10月份，西和县始将户口与壮丁人数做了粗略编估，其可信程度仍令人怀疑。

山丹县为甘肃保甲编组之第四期，计划应于1935年6月底完成。但山丹县地处河西走廊，地僻民瘠，甘肃省政府的权力极微，且民众对于保甲编组忌讳尤深，以致山丹县保甲编组迟滞不前。1938年2月，山丹县保甲督导员李龙儒在给甘肃省政府的呈报中，对山丹县保甲编组延滞之原因进行了详尽的分析：职驰赴山丹办理保甲，适山丹县长新旧交替。马县长履新伊始，对于保甲事宜，极为重视，"遵即依照法令，委聘整理委员多名，分赴各区，会同新委区长巡官等编查去后。窃查山丹灾歉频仍，室家荡然，流离逃亡，为数极多。……以致保甲法令及户口册籍并有关文件，均经损毁，片纸无存。是以此次奉令督导整理，而其手续繁难，实无异从新编查。益以人民负担过重，恐复借此征款征兵，率多畏忌。经职等努力宣导，稍现功效。其如档案全失，无所参考，益以国难严重，此项工作，更未敢稍事疏忽敷衍，以贻误要政。委员亲自下乡，认真督导，县长督饬编查，始可蒇事，虽历时稍久，而从此保甲户籍，均有蓝本。从旁考察，此次编查数目，尚觉详实，如壮丁一项，增加数百名，即此可见其一斑矣。此编查困难暨逾限延期之情形也"[1]。

尽管山丹县因受多重因素之困扰而延迟保甲编查，但在甘肃省政府的催促下，仍于1938年2月"将本县保甲整理完竣数目略呈：查得全县旧分三区，刻新编查共二十二保，一百八十八甲，一千九百七十三户，男女三万四千九百三十五口，识字男女二千八百九十八人，壮丁六千四百九十六名，此整理保甲数目之概况也。至本县保甲，因属草创，恐仍有遗漏重复之弊，县长职责所在，自当督饬所属，切实遵照户口异动办法，逐月清查呈报，以期收愈演愈精之效。至联保切结，及户口册等，均经委员核阅无异。已咨交县长接收，遴派科员，妥为保管，俾资参考"[2]。对于上述编查结果的可信度，山丹县政府也认为，"本县人口因灾歉连年，逃亡过

---

① 《呈报山丹整理保甲困难暨逾期迟延情形兹将编查完竣造赍统计表呈请》，甘肃省档案馆，档号：15—14—248。

② 《呈报山丹整理保甲困难暨逾期迟延情形兹将编查完竣造赍统计表呈请》，甘肃省档案馆，档号：15—14—248。

多，且户口档案全行焚毁，其有户口不实不尽之处，容办户口异动，再为赓续清理，以期户口精确"①。

西和、山丹两县虽呈报了相关保甲户口数据，而对这一数据是否准确，即使各县县长，亦自知难以确定。为什么会有如此问题？我们首先从保甲查报本身入手分析。保甲的查报，既是保甲编组的初步程序，也是保甲机构确立的永久程序。因此，保甲查报程序，既含有阶段性，又含有连续性。即保甲的查报，是要不断连续地办理，一旦停止，便会破坏保甲的正确性。

就保甲查报的程序来讲，可分为主体查察和客体报告两个方面，主体查察又可分为三个步骤。第一步是户口清查。在未编组保甲之前，全区域内的整个户口是混乱的、无从知悉的。虽然有时也可估算一个概数，但这个概数是推定的，也可说是或然性的，缺乏准确性。既然户口缺乏准确性，保甲的编组也就无从着手。因此，在编组保甲之前，应有办理清查户口之必要。有人主张采用调查户口的方法以替代清查户口的方法。就调查户口来说，其办理的方法，不外乎由保甲长发给调查表，命各户户长填报，或者指定专门办理，保甲人员持表挨户命居民或替居民填报。虽然调查户口的方法表面看来似乎是正确可能的，但事实上是不准确的，因而也是不可行的。这是因为国民教育尚未普及，人民知识水准太低，一方面不理解自行忠实填报的重要性，另一方面也因为大多不识字的关系，根本就无法自行填报。纵然派定专门办理保甲人员挨户调查代填，但人民由于各种畏惧（如兵役、劳役之类），往往不能以真实人口报告，因而也难以获取正确的户口数字。综上以观，调查户口的方法显然是不足取的。所以在保甲编组以前，应当实施户口总清查。因为户口清查的结果，可使全区内的户口数准确无疑，从而使保甲的编组更加确实可靠。第二步是户口抽查。清查完毕以后的户口，仍然会随时发生变动，户口的变动（即户口异动），虽然随时由户长报告，但其报告是否正确却不得而知，因此要随时实行抽查，尤其是逐次不同地区的抽查，遇有不正确的随时予以改正，并同时督导住户认真办理异动报告，使保甲表册内的户口数字永保正确。第三步是户口复查。如果抽查的结果中出现多数户口与登记不确实，应即

① 《甘肃省山丹县户口统计第一表》，甘肃省档案馆，档号：15—14—248。

举办复查，即在抽查不确实区域予以全部复查。如果应行复查的区域过多，即应举行一次总清查。因此，查察的步骤是反复重演的，必如此才能随时把握户口的正确性。

客体报告就是人民对本身户口异动的呈报。一户的增设或消亡固然要向甲长报告，就是一口的来去（不留宿者除外），或出生死亡，都需向甲长呈报，甲长再呈报保长转报乡镇长，将保甲表册的记载分别予以更正。

可以说，主体查察是最可靠的，但又是最困难的。客体报告也是最可靠的，但也是最难实现的。因此，南京国民政府欲得到准确可靠的户口数字，必须将二者严密并行，才可获得比较准确的效果。这种户口查报程序，只有随着将来国民教育普及、国民知识水准提高，经过保甲制度的长期训练，仅靠人民自动办理户口异动报告便不致错误，这种查报程序或可停止使用。① 然而，这一理想状态在20世纪三四十年代的中国显得遥不可及。

综上所述，甘肃省各县之所以会在户口清查与保甲编组过程中问题迭现，不仅在于各县政府对保甲编组的漠视以及客观环境的限制，也在于保甲工作本身的繁颐和户口清查的不断反复。

西和县与山丹县的保甲编组工作尚且如此困难，那么，对于甘肃藏民聚居之夏河县，其困难之程度更是毋庸讳言。在1934年甘肃保甲初办之时，鉴于夏河县特殊的人文地理环境，甘肃省政府并未将其纳入必办保甲之县份。然而，1935年红军长征，路经甘肃西南，夏河县地处当冲，形势日渐紧张。由于关系"剿共"，甘肃省政府不能再"因环境特殊，保甲未经完成之故，即舍弃组民要政而不问"。于是，"密令临潭区'剿匪'督察专员及夏河县长会同办理"夏河保甲，并令甘肃省民政厅"督促该县长妥慎速办，务使完成，是为至要"②。

对于甘肃省府之密令，夏河县代理县长邓隆认为，对于夏河保甲之编组，不能操之过急。因为"职县全系番民，情形特殊，办事困难，有猝难办到者，有应变通者，谨先亲缕陈之。原电第一、第二两项，编组保甲及'铲共'义勇队或壮丁队。查藏民多系游牧生活，迁徙无常，编查户

---

① 谭庶潜：《保甲制度论》（中），《地方行政》1944年第6期，第30—31页。

② 《甘肃省政府密令民5170号》，甘肃省档案馆，档号：15—14—556。

口，难免惊扰，去岁县长会议面陈实情，邀准缓办保甲，而保卫之事，番民自足担任。盖番俗强悍，向多枪马，黄司令择番民有枪马者组织骑兵三团，计共三千五百人，是虽无壮丁队之名，已有壮丁队之实，应请免再编组，致滋惊扰。第三项修筑城堡。查县旧无城且地势临沟，急切无法，筑城碉堡一层，已由王厂长查勘，指定十九处，已遵庚电协同黄司令极力筹筑，所虑附近番民太少，已拨多人赶修飞机场，顾彼失此，恐依限不能完成，正在征集民夫赶筑碉堡，应俟竣工，另文呈报。第四项训练壮丁队及站岗守哨。番民狃于故习，隔于言语，县府号令向多漠视，现当'剿匪'之期，应请责成黄司令训练并饬站岗守哨，以重防卫。第五项一有匪警，坚壁清野等办法及第六项抚恤奖惩要旨，会同黄司令编拟汉番布告，编发各部落，以期鼓励民众严密组织，共御外侮"①。

对于邓隆之建议，甘肃省政府认为，"该县情形固属特殊，但办理保甲，编组壮丁队，为本省现时刻不容缓之举，来电所述黄司令已有组织，请免再编一节，不惟与壮丁队性质不同，且与县府不生关系，自应相机妥为办理，务使国家政令渐次实及民间，地方政府与民众，日渐亲密，并使民众防匪自为之组织日趋严密，而不背现行法令为准。此种运用，端赖该县长因势利导，相应得宜，合亟令仰该县长遵即查案，遵照本府洽秘民电办理，并参酌该县实际需要，切实负责办理，但不得操之过急。并将办理情形，迅速详呈来府，以凭核饬"②。

尽管甘肃省政府坚持要求夏河县编组保甲，但又鉴于其环境特殊，虽需切实办理，但也不得操之过急。这种从缓从密之方法，实难把握其限度。事实上，即使从缓从密，在夏河编组保甲，亦一时难以成为可能。为了平衡甘肃省政府与夏河县政府之间的分歧，甘肃省政府在夏河允诺编组保甲的前提下，采取相应的变通办法，以求实效。1935年，甘肃省政府颁布了《夏河县办理保甲变通办法》，内容如下。

（一）本县办理保甲以情形特殊，依本办法变通办理之。

（二）保甲概以原有部落为范围，暂不划区或乡镇。例如夏河县黑错

---

① 《抄送别动大队密饬派往夏河工作人员斟酌办理》，甘肃省档案馆，档号：15—14—556。

② 《甘肃省政府密令新任夏河县县长杨良民字第四八六一号》，甘肃省档案馆，档号：15—14—556。

第几保，夏河县卡加第几甲是也。

（三）保甲长以原有头人充任之，不敷时，依法加倍推举，报由县府圈委之。但一部落有两保或两甲以上者，由县府指定一保甲长为联保或联甲主任。

（四）各帐棚则以棚户名之。

（五）各寺院暂不编查。

（六）所有编查手续概由县政府会同拉卜楞保安司令部及别动第二大队第五分队派员办理之。

（七）所有表结、门牌、图记、委状、规约、须知及办公处牌等，除调查表外，概用汉藏两种文字。

（八）办理保甲一切费用呈请省府发给之。

（九）其余均遵照省颁条例办理。

（十）本办法呈请省府及民厅备案施行。①

在甘肃省政府的一再催促下，夏河县保甲"先由县城、黑错两处推进"，"县城户口，现已调查完竣，保甲长亦已产生，兹于本月三十日上午十时召集县城附近保甲长开谈话会，并饬请各机关团体派代表参加"②。至于其他地区，因全系藏民，尚事游牧生活，"情形特殊，政令尚在萌芽，组织尚难着手"③。即使夏河县城的保甲编组，也只是形式上的迎合，而无实质上的改动。事实上，夏河县保甲直到 20 世纪 40 年代才开始真正编查。

抗战前甘肃保甲的编组，毋宁说像夏河县这样特殊的县份，即使稍显特殊之县份，保甲编组亦处雏形。譬如金塔县在《本县整理保甲实施纲要》中所说："查编查保甲，为人民自卫要图，亦即地方自治基础"，即"人民欲求安居乐业，以增进其一切幸福，同时，政府欲谋各种政治彻底推行，深入民间，达到完全成功，均非先将保甲办理完善，无从再开始其第二步工作。现在各省办理保甲，均著成效，惟本省因历来情形特殊，遂致此项要政未能及早切实进行。而本县保甲，则更需全部从新整理。盖以

---

① 《夏河县办理保甲变通办法》，甘肃省档案馆，档号：15—14—556。

② 《呈报召集县城附近保甲长开谈话会请鉴核由》，甘肃省档案馆，档号：15—14—556。

③ 《呈复编组保甲困难情形仰祈鉴核由》，甘肃省档案馆，档号：15—14—556。

前本县办理保甲，在实际上仅能草率从事，此本无可讳言，尤其保甲人员多不识字，既不明保甲意义，更不知本身责任"。因此，就目前而言，金塔县如要依照"省政府此次整理意旨，将所饬办各项，依限完成，谅属必不可能"。即使保甲之民众讲习工作，亦"全赖各整理委员，事先悉心讲习，临事切实指导，事后仍需继续协助，不遗余力。庶几，本县保甲事宜，从此可望逐渐推进，底于完成"①。

金塔县虽然承认举办保甲事关重大，但对于结果并不乐观。如其在《本县整理保甲实施纲要》中所说："兹以奉令规定讲习期间十日，连同编查及整理表册，共计一月。期限如此紧迫，工作如此繁重，保甲人员又如此参差，是本县此次整理保甲，应秉春秋责贤之义，非由各整委员起指导协助之全责不为功。想诸君既系在桑梓服务，而又属为国家努力，似亦未便推诿。"② 透过上述之语不难看出金塔县对于保甲编组前景的消极态度。鉴于金塔县之实际情形，金塔县政府"依据法令原则，参酌地方情形，并为节省时间，增进效率起见，将编查保甲户口条例中关于编组保甲壮丁，清查户口，连坐切结，办理表册，填发门牌，制订规约，各种方法，并附创制工作日记，及日报表式各一份，以供短期讲习，藉作实施整理之一助"③。同时制订了《本县整理保甲讲习会简则》，"以便适应本地情形，便利切实讲习"，借以增强保甲整理之效率。④ 由此可见，金塔县的保甲实施仍处于动员民众、讲习宣传之阶段。

综上所述，自保甲制度在甘肃推行以来，经过甘肃省政府的多方督促，保甲编组虽在表面上取得了一定程度的进展，但甘肃保甲之运行仍处于草创阶段，无论在编组保甲、清查户口，抑或壮丁训练、联保连坐切结等方面，均未能从理论步入实践。事实上，保甲制度的推行并非一朝一夕之功，尤其是面对甘肃特殊的社会环境和各县发展的极不平衡，保甲制度在实践中得随时加以变通，以与本地实际相适应。在南京国民政府统治的前十年，鉴于国民党内部的不稳定和国共关系的恩怨纠葛，加之日本的严

---

① 《本县整理保甲实施纲要》，甘肃省档案馆，档号：15—14—556。
② 《本县整理保甲实施纲要》，甘肃省档案馆，档号：15—14—556。
③ 《本县整理保甲实施纲要》，甘肃省档案馆，档号：15—14—556。
④ 《本县整理保甲讲习会简则》，甘肃省档案馆，档号：15—14—556。

重威胁，南京国民政府急需一个安定的社会环境，以求经济的发展和国家的强大。因此，甘肃省政府推行保甲，亦不得与此种原则相背离。南京国民政府的这种态度，决定了甘肃省政府不会因为保甲编组而引发不必要的麻烦。况且保甲编组中国家权力的逐步下移，势必会与原有之地方权力群体发生冲突，而甘肃省政府的这种绥靖态度，亦决定了甘肃保甲只能停留于理论和宣传层面，而国家基层行政机构仍不可能在这一时期的甘肃基层社会生根发芽。

第三节　甘肃保甲机构的设置及其特点

国民政府保甲制度缘起于鄂豫皖"剿共"区域，渐次推及全国各省。因中国地域辽阔，各省在政治、经济、文化、民族、风俗、生活习惯等方面各不相同，因而保甲制度在各省推行过程中也会因时因地发生变化。即使保甲机构的设置，也会因地方实际需要而进行调整。

一　国民政府保甲机构设置的多样性

国民政府推行的保甲制度，不再是中国传统保甲的翻版，而是当中国被卷入国际化的巨潮之后，面对西方政治制度与思想文化的强烈冲击而产生的一种自觉式的反应：试图将西方基层民主模式之自治与中国传统基层控制模式之保甲熔为一炉。然而，国民政府的这种理想在当时中国特殊的国情下化为泡影，因为中国四分五裂的政局、凋敝的国民经济、稀缺的人才资源和严酷的战争环境，不可能为国民政府这种政治制度改革的尝试提供起码的条件。即国民政府试图以中西合璧的形式治理中国基层社会的梦想既缺乏现实的社会基础（即舶来之自治缺乏民智的开拓和广泛的认同基础，而传统之保甲则又为人们所唾弃），更缺乏时代的适应性。尽管如此，国民政府推行的保甲制度深入中国腹地，延展至偏僻闭塞的中国农村，将代表国家权力符号的乡镇公所设立于大大小小的乡镇集市，使得千百年来乡村社会绅权自治的状态发生了根本性的改变，国家权力开始由传统的县一级下移至乡镇村庄。

保甲的细胞是户，而构成细胞的原子是口，口无疑成为保甲中最基本的元素，但由于口的增减及流动要比户频繁得多，因此，保甲结构中不以原子的口为单位，而以细胞的户为单位。户既然是保甲结构的基本单位，那么，构成户的口，其数目之多寡，就不再加以限制。一个户中的口，其数目虽然不加限制，但为使其成为一个单位起见，每户设一户长，专负统率户内各口的责任。十户构成一甲，每甲设甲长一人，专负统率各户的责任。十甲构成一保，每保设保长一人，专负统率各甲的责任。①

那么，保以上的机构应该是什么呢？由于中国各省之间在政治、经济、文化等方面存有巨大差异，以至于南京国民政府的保甲机构，亦因诸多原因而各具特色。当时即有学者对保以上之机构因命名及特点之不同进行过分类。如张纯明认为，"保甲组织以户为基本元素，在户与政府之间，需要若干中间组织，是为层级及组织系统问题。近年来所行之自治组织，论者以为层次过多，运用不灵。保甲组织仅设户、甲、保三级，似较为简单化矣。然以保之单位太多，政府辖属匪易，又不得不应用其他中间组织为之联络，于是有另设机构者，有利用原有之自治组织者，亦有设保长联合办公处者"②。在张看来，这一时期的保甲组织不外乎两大类。

第一类是以豫、鄂、皖、闽四省之保甲系统为中心，其主要分层为：区—联保—保—甲—户等级层，其中区的组织，按照分区设署办法，与以前之自治区不同。联保在理论上为办理各保间共同事务之处所，亦非普遍设立，各保无论组设联保与否，同隶于区。江西省之保甲系统与鄂、豫、皖、闽等省大同小异，惟联保（在江西称保联）的地位略高于保，形成保之上之组织，其办公处亦为转呈机关。此五省之制度为纯粹之保甲组织，与以前之自治组织大相径庭。第二类则是以苏、浙、湘等省为中心，其保甲与自治参合，可以说是纳保甲于自治组织之下。不过，此三省之组织系统亦微有不同。例如，江苏保甲组织中，户、甲、保各为一级，保上为乡镇，再上为区县。湖南保甲之异于江苏者，为县下可直属乡镇。浙江之保甲组织，则较为复杂，户、甲、保各为一级，保上为乡镇，乡镇或迳隶于县，或设区署，保与乡镇之间，并得设置联保，唯设联保办公处者，即不设保办公处。此外，陕、甘、青、甘、新等省，其组织与系统虽各有不同，但就大体言之，亦可纳于以上两大类中。

---

① 谭庶潜：《保甲制度论》，《地方行政》1944 年第 6 期，第 28 页。
② 张纯明：《现行保甲制度之检讨》，《行政研究》1937 年第 3 期，第 219 页。

对于上述两分法，冉绵惠亦表认同。她认为，南京国民政府推行之保甲制度，有两种基本类型：一种是以江西为代表，称为"赣制"；另一种则是以江苏为代表，名为"苏制"。"赣制"主要实行于江西、河南、安徽、湖北、福建以及后来的甘肃、四川等省，保甲编组以户为单位，实行县、区、联保、保、甲五级制；"苏制"主要实行于江苏、浙江、湖南等省，保甲编组也主要以户为基本单位，实行的是县、区、乡镇、保、甲五级制。"赣制"主要实行于"剿匪"省份，所依据之法令由行营暂行颁发；"苏制"主要实行于非"剿匪"省份，所依据之法令由国民党中央颁布。①

事实上，这一时期各省所行之保甲制度，因各地情形不同，如按其机构设置及其特点来划分，又何止于两种！萧文哲以为，就机构设置及组织系统而言，南京国民政府推行之保甲制度，亦可划分为七种类型。

第一种主要实行于豫、鄂、皖、闽、赣、川、黔各省。其特点为：户、甲、保各为一级，各保组设一联保，与不设联保之保，同隶于区，区上为县。区之组织，依照分区设署之办法，与以前之自治区，同其名而异其趣。同时，废乡镇而以联保代替，理论上联保为各保间共同事务之机关，但实际上，除江西、贵州两省外，在其余各省，联保并非常设之机构，亦非保的上级机关。其系统为：县—区—（联保）—保—甲—户。

第二种实行于苏、湘、滇等省。其特征为：户、甲、保各为一级，保上为乡镇，再上为区为县。除湖南已经废区，而将乡镇直隶于县外，三省制度的一个共同特点是"纳保甲组织于自治组织之中"，其乡镇与区两级，实为过去之自治组织，而保、甲、户三级则为保甲之编制，确立乡镇为保之上级机关。实施此制之省份，大抵社会秩序较为安定，自治组织已有基础，其目的是：以原有之自治组织为基础，以求简化保甲编组之手续，并谋适合所谓"纳保甲于自治组织之中"之原则。其系统为：县—区—乡镇—保—甲—户。

第三种主要实行于陕西省。户、甲、保各为一级，联保为保之上级机关，按乡镇区域分设，直隶于县。县与联保之间虽有区之名称，而无实际

---

① 冉绵惠：《民国时期四川保甲制度与基层政治》，社会科学文献出版社 2010 年版，第 16—17 页。

机关，其特点是：联保成为实际一级，且直隶于县，而不设区为承转机关，且县以下纯粹为保甲组织。过去之自治组织，事实上已一扫无遗。其系统为：县—（区/乡镇）—联保—保—甲—户。

第四种主要实行于青海、山东两省。户、甲、保各为一级，保上有乡镇，乡镇直隶于县，不设区。其特点为：纳保甲组织于自治组织之中，且不设区一级。其系统为：县—乡镇—保—甲—户。

第五种主要实行于浙江省。户、甲、保各为一级，保上为乡镇，乡镇上或设区公所，或迳属于县。保与乡镇之间，并得设置联保，不过，设联保办公处者，则不设保办公处，其特点是：区为非普遍设立，联保为保之集合，与不设联保之保同隶于乡镇。与豫鄂皖各省之联保为保与保之间共同机关，及与赣、陕之联保为保之实际一级组织，均各有不同。其系统为：

第六种主要实行于广东省。这一组织是以原有之自治组织附编保甲，以邻为牌，牌上以闾为甲，甲上以乡镇为保，再上为区为县。其特点是：就自治组织编配保甲组织，两者名二而实一。所用名称与他省不同，其牌相当于他省之甲，甲相当于他省之保，保相当于他省之乡镇或联保。其系统为：

县	—	区	—	保 乡镇	—	甲 闾	—	牌 邻	—	户

第七种则主要实行于广西省。以户为基础，户上为甲，甲上为村街，村街上为乡镇，乡镇上为区，区上为县，但不满两区之县，则不设区，其编制依该省颁行之《广西各县组织大纲》之规定。该制特点是：虽有甲之一级，但其上则为村街乡镇，采自治与保甲参合制度，而独成一格。其系统为：

县——（区）——乡镇——村街——甲——户①

乡镇

由此可见，各省保甲系统，因环境各有不同，自不能强事划一。② 透过形色不一的保甲设置，不难看到，各省在保甲与自治的选择上亦有明显不同。鄂豫皖等"剿共"区域，基于对基层民众的严密控制，限制人口流动者大，以至于原有的自治组织荡然无存。相反，苏浙等地因地方社会相对安宁，加之民众素质较高，自治组织在保甲机构的设置中虽有改头换面，但存留较多。各省对保甲与自治的不同选择，实与当地的政治环境、经济状况、教育程度以及民众素质等紧密相连。

二　甘肃保甲机构设置的本土化改革

1934年甘肃省政府推行保甲制度之时，基本上是以"赣制"为样板。不过，甘肃地处西北边陲，经济落后，交通不便，民智闭塞，民族关系复杂，要想在这一省域推行保甲制度，不仅要对"赣制"保甲进行本土化的制度设计，还要根据甘肃地域之实际情况进行必要的机构设置。保甲机构是保甲制度得以推行之执行机关，保甲机构的设置是否合理、职能分工是否明确，必将影响着保甲制度的实施效能。因此，甘肃省政府在推行保甲之初，虽以江西保甲为蓝本，但仍对其进行了本土化的修改与订正。同时，鉴于省会城市与乡村社会之间的巨大差异，甘肃保甲制度在机构设置上，亦分为城市保甲与农村保甲两种基本模式。

（一）甘肃省会保甲机构的设置

南京国民政府推行保甲制度之初始目的，既与其"三分军事、七分政治"的"剿共"战略紧密相连，亦与其试图加强对乡村社会的控制息息相关。事实证明，南京国民政府决定暂搁自治，力推保甲，在20世纪30年代初"围剿"鄂豫皖等中共苏维埃政权的军事战争中厥功至伟，以至于在红军第五次反"围剿"失利后，保甲制度能够作为一项基本的政

---

① 萧文哲：《保甲制度之检讨》，《地方自治半月刊》1940年第12—13期合刊，第39—40页。

② 张纯明：《现行保甲制度之检讨》，《行政研究》1937年第2卷第3期，第219页。

治制度迅速向全国其他各省推进。然而，在保甲制度的推进过程中，一个颇具争议的话题是，保甲制度是否有必要在各省省会城市推行？对此，政学各界意见不一。其主流观点有二：一种观点认为城市应专办警察，而乡村应专办保甲。保甲制度乃农村社会之产物，其推行宜适宜乡村而不适宜于城市。乡村社会与城市社会有基本之差别，其所需要之组织，亦自有不同。乡村之单位甚小、人口甚少，同居一村落者，非同族即亲邻，关系既密，相知亦切。某也善，某也恶，某也忠厚老成，某也奸猾诈虞，隐显之间，殆无可逃。故履行保甲制度中之联保切结及规约等事，虽不无问题，然究属可能。城市则不然。城市之社会单位既大，人口亦密，即比邻对户，亦多老死不相往来。在此各不相关之环境下，而责以联保切结，共守规约，岂非强人所难？现在虽有若干城市已在推行保甲，个人私见，不敢苟同。① 另一种观点则指出：实施保甲之目的，在严密民众组织、增厚自卫力量，与警察之主旨，初无二致。但意欲以保甲代替警察，实属不妥。因为"警察需有专门学术，方克有济。如刑事警察之于搜查鑑识（如警犬指纹化验等）逮捕；高等警察之于侦查防范；外事警察之于监护外侨；交通警察之于指挥整理交通；卫生警察之于民众健康等。苟非研究有素，曷能胜任而愉快？故谓保甲可代警察者，是诚未谙警察之特质耳"。且"警权之伸张，原属保甲之归宿，相辅而行，相得益彰！乌可强为分割，致蹈支离破碎之途哉！"②

　　虽然时人对省会城市推行保甲持有怀疑态度，但民国保甲制度犹如滔滔大潮席卷于全国各省，各省会城市亦未能幸免。毋宁说位居江浙一带之国民党核心区域，即使地处西北边陲之甘肃省会兰州的保甲亦于1935年开始启动实施。据报载：1935年2月，甘肃省会公安局召集各分局局长讨论编查省会保甲事宜，并依照省会编查保甲法规之规定，省会保甲准由各分局代办，"现拟照前划分之六警局，分为第一、第二、第三、第四、第五、第六保甲公所，所长由各分局局长兼任"③。随后，兰州保甲编组

---

① 张纯明：《现行保甲制度之检讨》，《行政研究》1937年第2卷第3期，第229页。
② 高嶽岱：《警察与保甲之异同》，《警察杂志》1937年第35期，第8—9页。
③ 《各地消息：甘肃省会公安局要讯一束》，《警高月刊》1935年第2卷第5期，第146页。

工作亦在甘肃省民政厅的催促下迅速推进，时至 1935 年 12 月兰州共计设 6 个保甲公所，有 190 保，1866 甲，21292 户，总人口数为 97571 口。其中，第一、二保甲公所各有 52 保、49 保，5000 余户，二万余口；第三、四、五保甲公所分别有 28 保、28 保、23 保，1 万余口；第六保甲公所仅有 10 保，102 甲，1081 户，5411 口。①

事实上，甘肃省政府于 1934 年 11 月即已筹措在兰州省会推行保甲，不过兰州省会保甲该如何办理，仍面临着诸多问题。第一，保甲组织历代各有不同，而都市与农村情形更是差异颇巨。乡村社区，居民散漫，地方辽阔，组织越小则越严密，"现行保甲条例之采取十进制，实为适合于农村民众组织"。至于都市，地方虽较之农村为狭，但人烟之稠密，较之农村不啻千百倍。即以兰州城市而论，"有一门牌而附户至数十户之多者，有一街各里卷而门牌编至三百余号者，如按十进之法，则将使一门牌之住户编至二甲以上，一街各者为数保"。且兰州城市各街之公益事项，已有一种组织，居民习惯已久，今一旦因保甲编组强为分割，将难免不发生纠纷，推行必将越发困难。第二，联保连坐切结是否亦在兰州省会推行？联保连坐切结虽为"保甲组织三大要素之一，然以之施行于五方杂处之都会居民"，仍需慎加考虑。因为"农村地方类多聚族而居，婚丧庆吊，时相往还，人之良莠，率为一般居民所共悉。联保连坐之法，自易见诸施行。至于都会居民则异，是每一街各中居民之籍贯互异、迁徙无常，故有同居一宅之人而素未悉其姓名者，遑论于左右之邻居，更遑论于同街衢之住户。保甲制度之不易完全实施于都会，以此为最感困难之一端"②。

为了尽快将保甲制度实施于兰州省会城市，甘肃省政府在参酌江西省会南昌保甲的基础上，对于上述问题进行了如下说明。第一，关于保甲组织，城市与乡村确有不同，"兹就实地观察，为免除将来纠纷计，对于保甲组织，似应加以扩大，而含有弹性者，庶几因地制宜，泛应曲当"③。

---

① 《甘肃省会各保甲公所保甲壮丁统计表》，甘肃省档案馆，档号：15—14—345。

② 《准江西省政府函开准号电以省会保甲究由省会公安局抑或首县之政府办理等因请查照一案令仰查核办理由》，甘肃省档案馆，档号：15—14—516。

③ 《谨将此次奉令试办南昌市保甲拟订实施办法，对于本省现行保甲条规，应行参酌增减修改各点分析陈述》，甘肃省档案馆，档号：15—14—516。

并规定兰州保甲应以"十户至二十户为一甲，十甲至二十甲为一保……
即令皋兰县遵照"。第二，至于联保连坐切结，甘肃省政府认为，兰州城
市军警林立，平日对于居民稽查防范本极严密，与外县情形迥不相同。因
此，对于兰州省会居民之具保，应由"省会公安局依照呈奉核准之调查
户口办法办理，俾易实行，且免分歧"①。

　　不可否认，兰州省会保甲在推行之初，的确是以南昌保甲为蓝本，
但甘肃省政府也认识到，在保甲制度推行中，不仅"城市与农村因环
境与人际关系之迥异，在保甲实施中难免会有所不同"，而且各省因
政治、经济、文化、环境等方面的诸多不同，"城市与城市之间的差
异之大，不输于前者"。因此，兰州保甲在制度设计上虽秉承南昌保
甲之法，但因"兰州情形与南昌未尽相同，尚有不能完全采用者。如在
南昌已设有南昌市政委员会，故省会保甲，由江西省会公安局与南昌市政
委员会协同督办。兰州目前既无市政府，所有兰州户口，自仍为皋兰县之
户口。惟欲使省会保甲事务责任分明，事权统一起见，又似应由省会公安
局督办编查，以专责成。其编查户口确数，仍造送皋兰县政府编入户籍，
籍符定制"②。

　　此外，南昌保甲之上设有区办公处，是省会公安局、市政委员会与保
甲间的联络机关。但甘肃各县区公所"因过去办理不当，流弊百出，一
般民众，完全认区公所为征粮派款之机关，深恶痛绝。故在二十一年，即
前主席主甘时，各县党部及民众曾纷纷呈请撤销，以革弊薮……故本厅应
环境之需要，即根据前项原则，呈准钧府通令取消，现为因地制宜及改换
民众心理起见，省会保甲组织内，似亦不应再有区之名义"③。对于甘肃
省政府呈请取消区一级之提议，南京国民政府虽认为"不设区长，另以
乡镇长代替"，"事属违背通常"，不予获准。但甘肃省政府一再呈请指
出："本省区长制之不协，民情对于现今编查保甲户口及推行一切政务，

---

① 《准江西省政府函开准号电以省会保甲究由省会公安局抑或首县县政府办理等因请查照
一案令仰查核办理由》，甘肃省档案馆，档号：15—14—516。
② 《呈为拟定甘肃省会保甲编组办法请即核转南昌行营由》，甘肃省档案馆，档号：15—
14—516。
③ 《呈为拟定甘肃省会保甲编组办法请即核转南昌行营由》，甘肃省档案馆，档号：15—
14—516。

实多窒碍。非不愿按本宣科，无依通例，循序推进，宁愿多所纷更，转费周折，良由本省独具特殊情形，诚不得因时因地，曲使就节。"① 鉴于此，南京国民政府即再无明文训令，其实即已事实默许。

由此可见，甘肃省政府正是在参酌《江西省会编组保甲实施办法》的基础上，结合兰州省会之实际情形，制定了《修正甘肃省会保甲编组办法》，并对省会保甲的主要机构及其职能分工进行了较为详尽的说明（见表2—1）。其主要内容有二：一是确定兰州保甲组织及其主要负责人。（1）省会保甲之编组，按二十进制，以户为单位，户立户长；十户至二十户为一甲，甲立甲长；十甲至二十甲为一保，保立保长。（2）甲长由本甲内各户长公推，保长由本保内各甲长公推。（3）省会于每一警区设保甲公所一处，附设于各公安分局内。保甲公所设所长一人，助理员一人，书记一人，所长得由各公安分局局长兼任，助理员由所长呈请省会公安局委任，书记由所长委任。（4）两保以上因地方情形及习惯上之关系，有联合办公之必要时，得设保长联合办公处，设主任一人，书记一人。主任由该管公安分局内局员或巡官当任，书记由主任呈请所长委任。二是确立兰州保甲机构主要负责人的职能分工。（1）所长的职务是在省会公安局的指挥监督下，宣达所内奉饬遵行之法令及调查报告所辖地段内之情况；监督指挥所管保甲人员执行职务等。（2）保长联合办公处的职务为：办理联合各保之公共设备及修筑事项；办理联合各保之防御事项；办理联合各保之卫生清洁防疫事项等。（3）保长的职能是在所长的指挥监督下，辅助所长执行职务事项；教诫保内居民毋为犯法事项；辅助军警搜查逮捕盗匪事项；检举违犯保甲规约事项；分配督率保内应办之防御公共设备或修筑事项；检查指导保内居民注重公共及家庭卫生清洁事项；实行保甲规约上所定之赏恤事项；办理怠职罚金事项；办理保甲经费之收支及预算决算之编制事项；以及其他依法令或保甲规约所定应由保长执行之事务等。②

---

① 《转奉南昌行营治字第 16472 号指令：附呈甘肃省会保甲编组办法一份》，甘肃省档案馆，档号：15—14—516。

② 《修正甘肃省会保甲编组办法》，甘肃省档案馆，档号：15—14—516。

表2—1　　　　　　　　　　甘肃省会城市保甲机构

机构	主要负责人
甘肃省民政厅	民政厅厅长
省会公安局	公安局局长
省会保甲公所	所长（由公安分局局长兼任）；助理员一人；书记一人
保长联合办公处（必要时设立）	主任一人（由公安分局内局员或巡官当任），书记一人
保	保长
甲	甲长
户	户长

兰州省会保甲机构附设于甘肃省会公安分局内，且保甲公所所长由省会公安分局局长兼任，保长联合办公处主任由公安分局内局员或巡官充任，意味着兰州省会保甲成为甘肃省会公安局下辖的一个分支机构。虽然当时仍有人质疑省会保甲与同在省会公安局管辖下的警察机构职能重叠，势必会与城市警察的权力发生冲突，但从南京国民政府的态度来看，则无疑是认为城市警察能与省会保甲相辅而行。虽然这种观点从城市管理现代化的角度而言，似乎顺理成章，但从当时的社会实践来说，因保甲制度自身的特点及其与城市警察权力和职能的交错，使得城市保甲在实践中并未发挥出其应有之效用，却成为与城市警察争权夺利的工具。

（二）甘肃农村保甲机构

与省会城市不同，20 世纪 30 年代的甘肃农村不仅地广人稀，而且贫穷落后、信息闭塞，各县发展亦不平衡，以至于甘肃境内存有诸多地方政权，尤其在甘南藏区，其中既有拉卜楞政教合一的封建神权政体，亦有传承几百年的卓尼、临潭土司制度。甘肃农村社会大多仍沿袭着封建时代简单的乡绅引导模式，任何具有国家权力的机构或工作人员似乎与这片辽阔的土地并无瓜葛。此情此境下，南京国民政府试图在这片土地上推行保甲制度，将国家权力逐渐渗透于这片陌生而辽阔的土地，建立前所未有的国家科层权力机构——乡镇保甲，以图加强对基层社会的控制，其难度可想而知，其开拓性意义亦不言自明。

不可否认，20 世纪 30 年代甘肃农村保甲机构虽延承了"赣制"特征，即"县—区—（联保）—保—甲—户"，但又在此基础上做了适度调整。如江西农村保甲，以丰城而论，在1934年全县农村即已编组结束。它的编制是：每十户为一甲，选一个户主当甲长，十甲为一保，设一保长，十保或十几保组一联保，推举一个保长兼任联保主任，联保之上为区署，区署直辖于县政府，规模既大，权力也不小，区署的经费由县政府拨给，联保主任和保长办公费，以及区署以下的一切活动经费，则全部由农民直接按户摊派。① 同时，江西保甲机构之联保，理论上为各保间共同事务之机关，但并非普遍设立，亦非保之上级机关，联保与不设联保之保，同隶于区。②

表2—2　　　　　　　　江西省甲长、保长、联保主任职务简表

名称	职务
甲长	一辅助保长执行职务 二清查甲内之户口，编制门牌，取具联保连坐切结 三检查甲内奸究及稽查出境入境人民 四辅助军警及保长搜捕罪犯 五教诫甲内住民毋为非法 六奉行法令 七执行保甲规约
保长	一监督甲长执行职务 二辅助区长执行职务 三教诫保内住民毋为非法 四辅助军警搜捕罪犯 五察看管束自新人民 六处罚违犯保甲规约事项须报由区长转呈县长核定后执行 七分配保甲应办防御工事之设备 八执行保甲规约上之赏恤事项及处理怠职罚金 九经费之收支及预算决算之编制 十其他法令或保甲规约之规定应由保长执行事项

---

① 立人：《保甲生活中的江西农民》，《中国农村》1936年第10期，第77页。
② 萧文哲：《保甲制度之检讨》，《地方自治半月刊》1940年第12—13期合刊，第39—40页。

续表

名称	职　　务
联保主任	联保主任为谋联保实际上之便利而设负责处理各保之公共事务，暨辅助区长指挥各保长办理保甲各任务。

资料来源：刘庆科《赣省实施保甲之检讨》，《青年月刊》1936 年第 1 卷第 5 期，第 77 页。

与之相较，甘肃保甲机构的设置与江西最大之不同，是联保的地位与功能不同。江西的联保仅为各保间共同事务之机关，既非普遍设立，亦非保的上级机关，联保与不设联保之保同隶于区。而甘肃保甲在机构设置上，则"另行编组联保，定为区以下保以上之一级"①。至于甘肃联保的设置、联保主任的地位，以及其主要职能主要表现在如下方面。

第一，各县编组联保，依照下列各款之标准及地方自然形势为之：（1）每一联保，由十保编成，但遇特殊情形，或天然地形之限制时，六保以上、十五保以下，亦得编一联保。（2）户数不满三千之县份，暂缓编组联保。联保的番号，以数字表示（如某某县第几区第几联保）。

第二，每联保设主任一人，以在二十岁以上五十岁以下之当地人民，或在该联保区域内有住所达二年以上之客籍人民，具有下列资格之一者充任：（1）初中以上学校毕业者；（2）曾任委任官者；（3）曾任小学教员一年以上者；（4）曾经普通文官考试及格者；（5）曾经普通行政人员及教育人员训练及格者。

第三，联保主任承区长之指挥监督，办理下列各项事务：（1）辅助区长推行各项重要政务；（2）指挥监督所属保长甲长执行职务；（3）抽查户口；（4）教诫本联保内居民毋为非法；（5）辅助军警搜捕匪犯、汉奸及间谍；（6）执行保甲规约上之奖惩；（7）计划并办理本联保内之公共事务；（8）其他依法令或保甲规约所规定，应由联保主任执行之事项。

第四，联保主任应出席区务会议，必要时并得列席县政会议。县政府、区署对于联保主任无力举办及有碍保甲进行之事务，不得任意委托办理。联保主任由区长遴选加倍合格人员，呈请县长核委。

第五，联保区域内设有小学校者，得由联保主任兼任校长。联保主任

①　《甘肃省保甲补充条例草案》，甘肃省档案馆，档号：15—14—525。

如系兼任校长者，得设副主任一人，协助主任处理一切公务。副主任由区长遴选加倍合格人员，呈请县长委任之。副主任之人选，以素孚众望之公民为合格。联保主任及副主任之下，得雇用书记、公役各一名。

第六，联保主任办公处除接管原保长联合办公处之图表、册簿、案卷外，并应置备下列册簿、图表：（1）本联保内户口统计表；（2）本联保内保甲户长姓名册；（3）本联保内民有枪弹及其他武器调查表；（4）本联保内保甲规约之抄本；（5）文件收发簿；（6）经费收支簿；（7）本联保区域略图。此外，联保主任办公处钤记，由省政府规定式样，令县政府刊发，其文为"某某县第几区第几联保办公处钤记"。

第七，联保主任及副主任任期均定为二年，不得无故呈请辞职。各县联保主任委定后，由县政府将其姓名、年龄、籍贯、资历、任事日期、思想、能力、家庭经济状况等详细列表，汇报省政府及该管专员公署查核备案。

第八，联保主任办公处开办费定为二十元；联保主任薪金每月定为十五元，但兼任小学校长者，每月薪金减少五元，其余移作副主任津贴。上述经费均由县政府列入县地方预算统收统支。联保主任办公处薪公各费，均由县政府按月发给，不得拖欠。

第九，联保主任应每月召集所属各保长开联保会议一次，每三个月召集所辖各保甲长开联席会议一次，讨论本联保内各项应行事宜，并说明奉行各项政令之意义及办理方法，其会议规程由县政府订定。①

由上可知，甘肃省政府对江西保甲中之联保的地位与功能作了不同的修改与界定，使其成为介于区和保之间的真正一级。而且江西保甲机构中，联保主任与保甲长一样，均为无给职，而甘肃保甲机构中之联保主任，则由县政府给予月薪，其经费亦由县政府列入县地方预算统收统支。联保主任享受县政府薪津的事实，意味着甘肃联保一级不再是一般的自治组织，而是具有了国家科层机构的特点。同时，联保的设立使县与保甲之间的关系更加密切，相反，区则慢慢为人们所忽视，以至于时人认为，甘肃保甲机构中的联保，事实上充当了其他省份保甲机构中乡镇或区一级的角色，实非子无须有。1939年新县制实行后，甘肃省政府将"各联保办

---

① 《甘肃省保甲补充条例草案》，甘肃省档案馆，档号：15—14—525。

公处一律改为乡镇公所"①，也充分表明了联保一级在甘肃保甲机构中的特殊地位。此外，由于甘肃各县情形的参差不齐，以及有些地方民众对于区署称谓的心理敌视，以致在保甲制度的推行过程中，不同县份也有乡镇和区交替使用之情形，显然，此时甘肃乡镇与区的权力地位亦不相上下。

的确，联保一级的确立以及联保主任地位的提升，可以称为甘肃保甲制度机构设置的一大变革，它在一定程度上加强了县政府与地方自治机构的联系，加强了国家权力对乡村社会的控制。但是民国保甲制度成长于20世纪三四十年代，战争与贫困始终与其相伴而行，社会的动荡、战争的蹂躏、挣扎于生存边缘的农民，以及对教育的漠视和乡村人才的极度短缺，都造成了甘肃保甲制度推行的多重障碍。

1938年，甘肃保甲视察员邵体璋对临洮、渭源、康乐三县局的保甲推行情况进行了实地调查，并报告称：虽然县政府对于各区署均能尽力协助，"各该区长亦能接受县长指挥"，但"区署所辖各联保主任及保甲长，据查多未能接受区长之指挥监督"②。究其原因，一是近年来"差傜繁重，员役下乡，亦多藉端需索，保甲长一职，演成专为供应此项差役而设，稍有资望或有资产者，皆以此视为畏途，相率引退，其现任保甲长，多为地痞流氓或无知无识之徒，对政令则漠视，藉职务以渔利者"。二是"联保主任才学薄弱，无推行政令之能力，或为区长督责太严限期完成工作，或为政令不准私摊款项，致其无利可图，因之意存不乐，不肯诚心接受区长之指挥监督，遇事只图敷衍塞责而已，未有存做事之理想者"③。

那么，联保主任及保甲长为什么不受区长指挥呢？究其原因，亦是出于制度设计。因为甘肃各县之区署，其第一区基本上均由县府人员兼任，而其他各区所辖地域辽阔，但办事人员极为有限，且对其工作亦无明确分工，以致兼任区员"对于区政兼办事务，常有以县府本身事忙见推"④，专职区员也因能力和精力有限而知难退缩，以致区署对于地方社会之管理，名存实亡，普通民众也对区署之观念日渐淡漠，最终使区一级逐渐淡

①　《实施新县制报告》，甘肃省档案馆，档号：15—9—6。
②　《临洮县区政保甲视察报告书》，甘肃省档案馆，档号：4—8—448。
③　《渭源县区政保甲视察报告书》，甘肃省档案馆，档号：4—8—448。
④　《视察区政纲要条答》，甘肃省档案馆，档号：4—8—448。

出乡村社会管理的舞台。而甘肃保甲机构实际上在户、甲、保、联保（有的县份仍沿用"乡镇"）与县之间循环，而区一级已经成为可有可无的了。如果用图表示甘肃农村保甲系统，可大致如下：县—（区）—乡镇/联保—保—甲—户。

第四节　甘肃保甲推行的延滞及其原因

甘肃省政府自 1934 年推行保甲制度以来，即对原有的保甲法规进行了本土化的修正，并成立了一系列与之相关的保甲机构，作为实施保甲之媒介。尽管甘肃省政府对于保甲制度的推行不遗余力，然而其结果不尽如人意。是什么原因造成了甘肃各县对于国令省令敷衍不从，又有哪些因素制约着各县政府对于保甲制度的推行？谭适认为："保甲制度固是法良意美，如能切实办理，未有不收良好效果者。惟是徒法不能以自行，是在负责者之努力如何耳。予以为县长为亲民之官，且负地方重任，关于执行保甲事务，以责任、地位、能力而论，当然由各县县长完全负之。最好由民厅随时察其动怠，稽其成绩，列为考成标准，分别奖惩，庶免视为具文，敷衍散漫，致将数月筹划苦心，付之流水。此点于保甲前途所关甚大，愿当局注意。"① 目前，学术界对于民国保甲制度的研究主要集中于保甲制度本身及其原因的论述，但对这一制度的实际推行状况及其在实施过程中出现的各种问题缺乏实证研究。鉴于此，笔者以甘肃各县保甲推行的实况调查为契点，以甘肃省档案馆馆藏之保甲档案为依托，对 20 世纪 30 年代甘肃保甲制度推行之实况及其滞碍难行之原因进行系统梳理与分析，并在此基础上剖析南京国民政府推行基层政制改革的努力及其限度。

一　甘肃保甲实况之抽样调查

1935 年 6 月至 1937 年 1 月，甘肃省民政厅委任王董正、雷振东等为保甲视察委员，对榆中、景泰、永登、靖远、陇西、会宁、通渭、秦安、武山等十县保甲推行实况进行了抽样调查，结果如下。

（一）榆中县：该县保甲编查工作已大致完成，刻下正在进行编练壮

① 谭适：《我对于保甲的几个意见》，《浙江民政月刊》1931 年第 38 期，第 1—2 页。

丁队及登记民有枪支。楼云镇之壮丁队已经编就，现因县城驻军移防，所有守卫站岗、查夜、放哨等事全由壮丁队及保安队负责。至于民有枪支，什川一乡已经声请登记之土枪土炮共有 27 支外，其余九乡镇现正在逐日声请登记中。据各乡镇长大概调查，全县约有土枪 200 余支，究竟确数若干，俟各乡镇登记完竣后始能明了。此外该县户口调查颇确，所有各乡镇自 4 月起至 6 月止，户口异动除龚谷乡已经填表呈报外，其余九乡镇亦由县府催令于 6 月底一律呈报齐全。此外，该县各乡镇之保甲规约已经议定者有龚谷、什川、新营、泰阶、金崖、广积六乡及楼云一镇，清水、定远、东滩三乡日内即可议定。总而言之，榆中县保甲编查工作，中间因被禁烟事务阻碍，未能依原定限期完成，然而较之其他所查各县，成绩实尚优良。①

（二）景泰县：该县芦阳镇、千佛乡之户口开始调查，数目颇属精确，保甲编制亦尚合法。唯目前各保户口均已略有变动，而门牌增减格内未曾注明，保甲长亦未查报。至各乡镇保甲编查工作刻下尚未办竣者有：（1）保甲规约。（2）编制壮丁队。该县政府现仅将乡队长、镇队长、联队长、分队长、小队长名义委令各乡镇长、联保主任、保甲长分别兼任，而尚未实行编制训练。（3）各乡镇所有民有枪支，县府已派员携带烙印器具及声请书、执照等前赴各处，一面督促人民自动声请登记，另一面就地烙印给照。（4）训练保甲长。该县因编查手续尚未完竣，训练保甲长一事迄未实行。此外，甲长办公处戳记及挂牌，尚有少数未曾制发。②

（三）永登县：据视察结果，错误尚多。如城内住户，每一院中多有杂居数姓之情形，依法各户必须分挂门牌，而因镇长保长不明保甲条例，对于一院而居数户者，仅发一门牌，将房东填为户长，其他租住之户填为附住。甚至乡间住户门牌内，对于省县乡镇名称及保甲户之号数，亦多遗漏未填。其次，保甲长办公处挂牌，有写为保公所或甲公所者，亦嘱县府令饬更正。再联保连坐切结，各乡镇刻下虽已大致填具，唯填写份数及方法，尚多不甚齐备。保甲规约已由县府拟定，呈厅修正完善。此外，户口

---

① 《呈报视察榆中县保甲工作进行情形由》，甘肃省档案馆，档号：15—15—370。

② 《呈报视察景泰县办理保甲情形并请令催县府赶办完成由》，甘肃省档案馆，档号：15—15—370。

异动尚未举办。至于训练壮丁队一事，在城内者已由县长逐日召集讲话，并指定公安局长萧凯负责训练。唯其他各乡镇，形式上虽已编制，尚未着手训练。①

（四）靖远县：该县中和镇编户查口工作不甚精当。该镇镇长云："查口之时，系根据前火、邢二县长任内调查户口底册挨户订对，并非重行开报，故遗漏口数几于每甲皆有。且各种户口调查表尚未填缮齐备，仅有所开之草册。而编户之时，又有将在一院居住而非亲属寄居之户口，亦合编为一户者。再城关一带住户，均属整齐稠密，并无零星不连之情形，而所编之甲保，多在十户或十甲以上，此亦与整齐划一，取求十进位数之主旨不合。"至于各甲住户应出具之联保连坐切结，各保应订制之保甲规约及保图，以及编制壮丁队、查验民有枪支等事，均尚未办理完竣。且各甲长戳记亦未刊发，实属疲缓已极。而该县西丰乡清查户口及编制保甲工作，办理尚属精妥，且保甲长程度均尚优良。据调查，凡任保长者，皆系高等小学毕业，而甲长中识字者亦有三分之一，并皆精神振作，服从命令。户口调查表及联保连坐切结均已填具完竣。唯查西丰乡联保连坐切结中，有未联足五户及遗盖名章或未画押者，已令李县长分别补正。至于保甲规约、保图、编制壮丁队、查验民有枪支等事，亦未办竣，仍属迟缓。②

（五）定西县：关于查户查口、编组保甲、委任保甲长、设置办公处、查报壮丁、出具保结等事，均已办竣。住户门牌正在填发，保甲图戳记，据云不日即可刊成。唯保甲规约及保图尚未着手办理。据董县长面称："此二事如仅责成保甲长办理，因保甲长十分之六七均不识字，绝难期其适当。"职已嘱其"将保甲规约暂由县政府召集各乡镇长助理员、联保主任及比较优秀之保甲长，各按地方实际情形及需要，分别议立，颁发各保公布遵行，并限于五日内完成"。至于保图，"保长中能自行绘制者更不多有，亦嘱设法利用学生或聘用有绘图常识者，刻即一律着手举办"。关于抽查户口结果，"在南安镇第二十保第二甲中，曾发现一户将两男孩遗漏未填，当即代为补正"。并令镇长以后随即呈报户口异动，其

---

① 《呈报视察永登县办理保甲情形由》，甘肃省档案馆，档号：15—15—370。
② 《呈报视察靖远县办理保甲情形由》，甘肃省档案馆，档号：15—15—370。

余所查尚属精确。①

（六）陇西县：该县翠屏乡保甲，刻下办竣者仅为查户、编甲、编保及委任保甲长、刊发保长图记数事。至于各户门牌虽已悬挂，然而其上仅填一户长姓名，其他各格因口数未查，均未填写。云田乡保甲户之号数均已编妥，保甲长均已委任，保长图记均已刊发。26 保中，住户口数调查清楚，表格填妥，及出具联保连坐切结者有 2 保，其余正在赶办中，门牌尚未悬挂。②

（七）会宁县：该县甘泉乡户口保甲早均编查完竣，保结、规约、门牌、保图亦已填制齐全。唯该乡所报壮丁人数，曾与户口调查表内所填适合壮丁年龄之口数详细核对，遗漏甚多。东胜、郭城两乡办理程度亦与以上乡镇相当。至于各乡镇刻下正在进行者，为编制壮丁队、登记民有枪支、勘察碉堡地点、制造保甲办公处挂牌四事。③

（八）通渭县：由于该县保甲历年以来多未按照法规办理，保甲编查混乱，诸政推行阻滞。加之红军过境，县府全部案卷被焚，即各区署底案亦多不全。该县于此次清查时，悉遵照法规改编，以符宪章而期实在。经此番精密之调查，不特保甲遗漏之户及与法规不合之处可以更正，即如清查遗匪、搜索枪械，及赈灾、放足、剪发诸要政，同时兼顾进行，借免隐匿。刻将城关调查完竣，正在缮造编查报告册表，并印制门牌中。各区亦正饬令迅速办理，不日可竣事。至各区训练壮丁，同时督饬区队长等加紧训练，并聘任驻军政训员为军训教官，每日实施训练。该县长按期亲率各公务员、保安队、政警在城外实弹练习，以期养成地方有用之实力，鼓励属下尚武之精神。现第一、第五两区成绩斐然，颇有可观。约计各区保甲及壮丁于最短期间，完有优良之结果。④

（九）秦安县：查秦安在前岁创办保甲时，编查员及保甲长均系地方公正士绅，上下一致，堪称得人，故编查结果比较完善，所有门牌、切结、保甲规约、户口异动等事，均能依次推行。"嗣因该县两次匪扰，不

---

① 《呈报视察定西县保甲工作进行情形由》，甘肃省档案馆，档号：15—15—373。

② 《呈报视察陇西保甲工作进行情形由》，甘肃省档案馆，档号：15—15—370。

③ 《呈报视察会宁县编查保甲工作进行情形由》，甘肃省档案馆，档号：15—15—370。

④ 《呈报调查通渭县办理保甲各缘由请查考由》，甘肃省档案馆，档号：15—15—370。

免稍形懈怠，而共匪对于保甲长尤极端仇视，肆行屠杀，人民视充任保甲长为畏途，以致门牌多半损失，挂牌图记自行隐藏，保甲行政，几同具文矣。"客年三十七军驻县时，该军政训处会同县政府曾将全县保甲长作两次训练完毕，第五区甲长又于月前由该县长派保安队大队附前往训练，其他各区之甲长刻正在继续筹备训练间。唯惜现在充任保甲长者，多系愚昧无识或非公正之人，以致该县保甲或互相攻讦，或鱼肉乡民，种种情形，不一而足。①

（十）武山县："查武山于前岁创办保甲时，各编查员虽均遵章办理，究属未尽妥善。去岁张县长友金有见于此，将保甲长分三期调城训练，完毕后分赴各区仍任保长。所有门牌、切结、保甲规约、户口异动等事正在催令推行，并一洗从前积弊。近数月来，并未见各保长办事不力及被攻讦、苛索、浮摊等情。并查该县遵令改乡镇为区署，计全县共设立五区署，第一区有联保十处，内辖四十五保，四百七十五甲，四千七百五十六户；第二区联保十处，内辖四十四保，四百九十八甲，五千一百一十户；第三区联保六处，内辖三十六保，三百九十二甲，四千一百三十八户；第四区联保十处，内辖四十保，三百七十八甲，四千四百七十六户；第五区联保六处，内辖二十七保，二百八十七甲，三千零八十四户。以上五区，共计四十二联保，一百九十二保，二千零三十甲，二万一千五百六十四户。唯该县户口因匪乱后移动甚多，刻正设法调查，重新整理，张县长拟于整理后编订门牌、训练甲长，冀使今后推行政令如指使臂之运用灵活，则较诸他县办理保甲优胜多矣。并搜集匪遗枪支，派员分赴各区训练壮丁队，以增固民众自卫力量。"②

综上调查可知，榆中县保甲编组虽有不尽如人意之处，但在调查各县中"成绩实尚优良"③。武山县保甲虽因匪乱阻挠，户口异动并未完全查复，但"较诸他县，优胜多矣"④。定西县为甘肃省保甲编组第一期，本应于 1935 年 3 月底完竣，但事实上，填挂门牌、议立保甲规约、绘制保

---

① 《呈报考察过秦安县保甲各情形请鉴核由》，甘肃省档案馆，档号：15—15—370。

② 《呈报调查武山县办理保甲情形请鉴核由》，甘肃省档案馆，档号：15—15—370。

③ 《呈报视察榆中县保甲工作进行情形由》，甘肃省档案馆，档号：15—15—370。

④ 《据报视察景泰县办理保甲情形并请令催县政府赶办完成一案仰遵照指示办理由》，甘肃省档案馆，档号：15—15—370。

图等事，恐六月底仍不能完成，毋庸说编练壮丁队。"现定西县府对于全县壮丁人数虽已查报，惟尚未着手编制。再定西各乡镇户口自调查之后，因办理统计，其间经过一月之久未报异动"。据抽查所得，"刻下发生异动者几于各保皆有，若再延误不报，则前此所查户口即将失其精确之价值"①。

虽然上述各县的保甲工作仅限于表面文章，然而即便如此，有的县份亦懒于应付。如靖远县"为第一期举办保甲县份，所有各乡编查工作本应于本年三月底完成，嗣虽呈准展限二十日，惟刻下逾越展限日期又有三月之久，而各乡镇仍有诸多重要工作未曾举办"②。此外，保甲视察员邵体璋于1937年5月对临洮县调查时发现：该县保甲"从未切实办理，成绩低劣，出乎意外"。"门牌十不存一，保甲长挂牌从未一见，联保主任办事处迄未成立，办事处挂牌尚存区署内，户口调查表只有民二十五年时所制之一份存区署内。民众方面不但不晓保甲之意义，即漏户漏口，更随处发现。至编组次序是否错乱，因无门牌，实无从调查。联保连坐切结、保甲规约、民有枪炮登记烙印，迄未举办。户口异动查报工作，不但未能切实办理，即联保主任尚不知户口异动为何物。据各保甲长云：民二十五年前所制户口调查表，经办人员多在屋内造册，并未挨户详查。去年虽奉令整理保甲，因县府无委员下乡督促，各区皆未办理。"③

二 甘肃保甲推行延滞之原因

对于20世纪30年代保甲制度的推行状况，费孝通在调查江村时亦有如下叙述："保甲制是中国的一种新的行政体制，是为了某种特殊目的而人为地设置的。开弦弓村在1935年才有这种制度，因此很难说得清，这种法律上的保甲单位，究竟到什么时候才能以其不断增长的行政职能取代现存的事实上的群体。但目前，在实施过程中，保甲制仍然大多流于形式。"④ 由此可见，保甲制度的诸多问题，并非甘肃独有，其他各省亦然。是什么因素导致了保甲制度在社会实践中流于形式，又是什么因素滞碍着

① 《呈为定西保甲编查工作尚未完成请严令催办由》，甘肃省档案馆，档号：15—15—370。
② 《呈报视察靖远县办理保甲情形由》，甘肃省档案馆，档号：15—15—370。
③ 《临洮县区政保甲视察报告书》，甘肃省档案馆，档号：4—8—448。
④ 费孝通：《江村经济——中国农民的生活》，商务印书馆2001年版，第25页。

保甲制度的实际执行？甘肃保甲视察员通过对上述各县的实地调查，将其原因概纳如下。

第一，乡镇保甲人员对于保甲编组的懈怠与漠视。保甲视察员王董正调查称："永登县古山乡乡长满水谌推行保甲，毫不努力，虽经县府迭次申警，仍皆置若罔闻，颇有玩世功令情形。李佛镇镇长李如芬能力薄弱，处事无方，且意志优柔，毫无朝气，其才殊不胜任。"①"枝阳镇镇长蒋作宾做事颟顸，精神迨懈，惟学识较可，尚无嗜好，若能严厉督责，犹非无用之才。""枝阳镇助理员陈建国，红城镇助理员魏铭书，镇武乡助理员甘雙荣，平日多安处家中，不至公所工作，徒拥虚名，妄费公款。"②"靖远县南强乡乡长贾有玠系一商人出身，常识极端缺乏，作事毫无毅力，驻城之日多，在乡之日少。"东明乡乡长王国宪"据闻烟瘾甚重，懒怠非常"。"中和镇镇长董衡宰能力虽尚相当，惟精神亦极颓废，事事不肯实做"③。"陇西现任各乡镇长均系旧日之区长或助理员，其做事之锐气已被过去恶劣环境消磨殆尽，敷衍推延所有编查方面之重要工作，尚未做到十分之六，且其本身修养与能力极为缺乏，而声望又不孚人，使之担任一乡镇事务实不胜任。""其中低能怠懈之程度，尤以翠屏乡乡长汪士贤、云田乡乡长殷象贤、昌谷乡乡长朱正南为最甚。"④

第二，甘肃地处西北边陲，教育文化极其落后，乡镇保甲人员多为不识字之人充任。1934年甘肃省政府在编组保甲时就已承认，"本省人才缺乏，民智锢闭，充任甲长者，定多不识字之人，对于填表等事自难胜任，即或请人代填，而一甲之内只有十户，此十户之中亦未必即有读书识字者"⑤。教育文化的落后的确是造成甘肃保甲长知识水平低下的主要原因，但情形并非完全如是。甘肃保甲视察员王董正通过调查后认为，"各县保甲长多不识字之原因，固由于人才缺乏，然亦因各地品行端正及曾受教育

---

① 《呈请撤换永登县办理保甲不力各乡镇长由》，甘肃省档案馆，档号：15—15—370。
② 《呈请撤换永登县办理保甲不力各乡镇长由》，甘肃省档案馆，档号：15—15—370。
③ 《呈请撤换靖远县办事不力之乡镇长由》，甘肃省档案馆，档号：15—15—370。
④ 《呈请转令陇西县府更换能力低弱乡长及速发乡镇公所经费由》，甘肃省档案馆，档号：15—15—370。
⑤ 《呈为拟定甘肃省户口异动登记办法及各种登记报告表式请查核并转报南昌行营查核由》，甘肃省档案馆，档号：15—14—529。

者，鉴于过去村闾长之办理粮款为人诟病，推卸不任，无法驱使之故。以后补救办法，一方面应由各县择其较为优秀者分别训练，另一方面应令县长将所有不识字之保甲长逐渐淘汰，并将各保甲内之公正知识分子调查明确，定为候补人员，于庸劣者取消之后，着令各甲长重行推定保长，各户长重行推定甲长，分别委任，谕以大义，如仍有意志消沉、功德薄弱、故意推避者，应以强制手段令其必须充任，以期公正有才者均能为社会服务而后可"①。对此，时人颇为认同："年来保甲之办理，其所以未能达于至善之境者，原因固多，然而保甲长人选问题实为其主因。良以保甲长居于领导民众之地位，与从前役同皂隶之保正地位绝对不同，乃洁身自好之士，每多囿于旧日之观念，鄙保甲长而不为。而地方官吏亦多误认保甲长为征役承差之头，清剿时期，供应浩繁，征夫藉草均责成于保甲长，稍一不遂，谴辱随之。于是贤者退避之不暇，不肖者甘愿忍辱服劳，藉保甲长之地位以济其私图，此种病象如不根本革除，则保甲永无健全之日，亦永无取得民众信仰之时。"②

为了提高保甲长的责任意识和能力水平，国民政府虽令各省县政府对保甲长进行分批培训，然而这一计划在施行过程中却困难重重。首先表现在各地保甲长对于培训一事有令不从。据报载，"奉厅令各县均须办保长训练所，各保长均需入所受训，若不到，须受相当处罚，县长于是亲到各乡劝导。保长中智识程度相差极远，最高的有大学教授、国学专家，最低者亦有目不识丁、不知天南地北的。因为穷乡僻壤中大多以有财产者即奉为乡绅，因乡绅即推为保长之故，县长说：'这次保长训练，无论如何都要出席，有的人以为我是知识阶级的人，不要受训，其实这是不应该的。本邑×区×保长是大学教授，学问知识就是本县长也及不上，可是他老人家也亲来受训。要知公事应该公办，好在只有十几天工夫，日子并不长，至于住处、饮食、卫生，本县长一定特别注意'"③。不难想见，要想在偏僻贫瘠的乡村社会动员保甲长进城培训并不是一件容易的事。

---

①　《呈报视察定西县保甲工作进行情形由》，甘肃省档案馆，档号：15—15—373。

②　刘庆科：《赣省实施保甲之检讨》，《青年月刊》1936年第1卷第5期，第76页。

③　《农村的公民训练》，《申报》1935年7月7日，第22版。

1935年11月皋兰县呈报保甲长训练情况时称："窃查皋兰县市之保甲编组虽具雏形，终因缺乏干部人才，遂致鲜着成效。钧座有见及此，毅然排除万难，协办保甲训练事宜。原议训练方式分三期完成，意在经济拮据之皋兰收事半功倍之实效，苦心孤诣，意美法良。员等聆训之余，深感层峰之至意，方以团结毕业同学，整齐步伐，戮力同心健全保甲组织，完成地方自治，藉报培植之至意。不料第二期受训将毕之际，竟因奇祸中止训练。""窃念保甲组织之健全，全在干部人员之胜任，事实上皋兰县市之保甲长受训者仅占三分之一，余均未受训练，求其胜任，自属难能。以三分之一之最小力量去整理保甲，收效定属微小，靡庞大之公帑，收微小之效能，窃当局所不取。且保甲长中受训者少，未受训者多，分子既已复杂，步伐自难整齐，工作之进行更难一致，加之世风不古、人心险恶，未受训者对已受训之保甲长不无嫉妒与仇视心理，未来掣肘之事，定属层出不穷，似此皋兰县市之保甲前途，不独无曙光可言，且有渐趋黑暗之危险，是则此次不能彻底之保甲训练，非徒无益而又害之。"[1] 针对皋兰县保甲训练之问题，甘肃省政府训令各县政府，要求各县长将所有保甲训练班之毕业生"悉令充任保长，如无犯罪事实，并不得随意更动，俾专责专成"[2]。虽然各县在进行保甲训练时产生了诸多困难和问题，但为了培养合适的保甲人才，各县政府仍坚持对所辖区域的保甲长进行了程度不同的培训。以临夏县为例，临夏县制订了一套较为完善的保甲训练计划，并对保甲训练班教官进行了严格筛选，具体情况如下表所示：

表2—3　　　　　　临夏县保甲训练班教官暨职员一览表

职别	姓名	年龄（岁）	籍贯	出身	经历
主任	徐兆藩	55	四川邛崃	特保简任职	曾充县长
教育长	阮清源	27	浙江绍兴	中央陆军军官学校	曾充局长视察员、排连营长

---

① 《皋兰保甲训练班第一二期全体学员代表王振声等呈请促成原议继续训练以收实效由》，甘肃省档案馆，档号：15—14—486。

② 《令该县兰州保甲训练班毕业生应悉令充保长如无犯罪事实并不得随意更动俾责专呈由》，甘肃省档案馆，档号：15—14—486。

续表

职别	姓名	年龄（岁）	籍贯	出身	经历
代理政务组组长	欧阳滨	28	江西萍乡	中央陆军军官学校	曾充科员处员秘书区队长
组员	欧阳滨	28	江西萍乡		曾充科员处员秘书区队长
军事教官	阮清源	27	浙江绍兴		
军事教官	严达泗	25	江西万安	中央军校	曾充所长组长排长连长
军事教官	潜星泉	27	江西靖安	中央军校	曾充科员区队长
军事教官	徐敬恩	21	江西安昌	中央军校	曾充区队长训练员
军事教官	魏宝琳	30	甘肃甘谷	陇南军事学校	曾充科长局长
政治教官	李鼎鸿	38	甘肃甘谷	甘肃第一中学	曾充教员县长秘书
政治教官	李远帆	36	甘肃甘谷	甘肃第一中学	曾充教员科长
政治教官	孙德耕	29	山东荣成	国立北平大学	曾充推事检察官
政治教官	王廷之	36	甘肃天水	师范学校	曾充教员科长
政治教官	张衡汝	28	甘肃临夏	中学毕业	曾充营副
政治教官	蒋德泉	40	甘肃临夏	北平警官学校	曾充署员
兼训育组组长	阮清源	27			
组员	张茂柏	23	江西瑞金	中央军校	
总务组组长	李万锺	29	甘肃临夏	中学毕业	曾充科长
组员	徐绍谟	40	甘肃临夏	高小毕业	曾充科员
组员	郭廉泉	42	陕西长安	高小毕业	曾充科员
队长	江佐城	25	浙江杭县	中央陆军军官学校	曾充排连长区队长中队长
第一区队长	严达泗	25		中央军校	
第二区队长	潜星泉	27		中央军校	
第三区队长	徐敬恩	21		中央军校	

资料来源：《临夏县保甲训练班教官暨职员一览表》，甘肃省民政厅档案（档号）：15—14—486。

其实，如果把保甲推行不力之责任全部归咎于保甲长一级，显失公平。事实上，作为比保甲长更高一级的乡镇长，在其行使职权时亦不得不看上级的"脸色"行事，否则将寸步难行。因为他们面对的不仅有来自省县政府的法统权威，更有盘根错节的传统地方势力。沙汀的《在其香居茶馆里》生动地刻画了一位保长在面对乡村各种势力围逼时的尴尬处境，从一个侧面折射出传统地方精英在乡村社会仍拥有不可替代的地位，传统乡绅的中心地位和乡镇保长的边缘角色决定了民国保甲制度的执行力度。① 事实上，乡镇保长的难为在甘肃各县亦不鲜见，正如谢觉哉先生所言：甘肃是一个"封建势力占主要成分"的省域，"从省到乡，土豪劣绅把持着一切，虽然土豪劣绅口里也可以喊出打倒土劣的口号，但一切政治与经济结构不变，内容是无从变的。因为封建是落后的、野蛮的"，所以甘肃社会的黑暗，"比东南任何地方都来得凶"。"这种社会的官，不与绅勾结就站不稳，有心救世的人，想训练一批绅而官者，去制裁绅，结果仍是官绅一气，吃亏的总是那些老粗。"② 王董正在调查保甲时亦称："永登县内绅权极为膨胀，所有各乡镇长及助理员形式上虽系由县长遴荐，而实际仍由平日培有势力之绅士所把持。以后更换乡镇长，应令县长务以品才为标准，并设法避免各乡镇本籍之人，打破此种封建局面。"③

第三，保甲经费的捉襟见肘。对于保甲经费的困窘现状，时人深有感触："甲长管十户之事，耳目易周，且邻居亲属，办事自不棘手。担任甲长，无碍生业，无须支给津贴，惟亦有因公用费，如茶水纸笔，应每月发给办公费一二元。至于保长管百户，地埠常及数里甚至十余里，环境复杂，办事较难。今日之保长，值昼夜奔走，不得喘息，以致不能制生。窃以为除发给办公费一元外，宜支生活费十元至十二元，俾其无忧生活，能洁身自好，努力从公。"④ 上述提议虽合情合理，但甘肃地处边陲，民困财乏，即使省县财政亦捉襟见肘，更毋庸供给乡镇保甲经费。因此，王董正在调查陇西保甲进度时发现，"陇西各乡镇公所之经费，业已呈准每月按五十元开支，然除南安镇仅领到一月之数外，其余各乡均未领到分文，是亦为各乡镇职员办事不力之一大原因"⑤。如何解决上述问题，王造时提议"如省政府财政困难，无法筹措此项银款，则令各保自筹亦可。盖与其令

①　沙汀：《在其香居茶馆里》，花城出版社2011年版。
②　《谢觉哉日记》（上卷），人民出版社1984年版，第185页。
③　《呈请撤换永登县办理保甲不力各乡镇长由》，甘肃省档案馆，档号：15—15—370。
④　王造时：《改善保甲制度》（三），《国魂旬刊》1938年第24期，第6页。
⑤　《呈请转令陇西县府更换能力低弱乡长及速发乡镇公所经费由》，甘肃省档案馆，档号：15—15—370。

保长暗中舞弊取利，毋宁公开公平取之于保，对于民众负担较轻也"①。

事实上，保甲经费的困窘不仅关系着保甲人员的福利，更影响着保甲制度的切实执行。1936年1月，代理临夏县县长徐兆藩在电呈中表示：本县办理保甲训练班"因经费无着，暂行停止训练日期"。去年办理保甲、筹划经费时，"阎前县长权将此项未列预算，是以经费无着，举办异常困难，但功令所在，未敢延误，不能不积极筹办，只得挪款筹备，于二十四年九月十五日开始训练，所有应需各项费洋，县长勉力设法挪移垫支，以资维持。现计自上年九月十五日第一期起至十二月二十三日第五期止，需过印刷符号、油烛、纸张暨购置器具，并夫役工资等项洋八百一十六元五角二分七里，刻下既已停止训练，需过上项经费尚在虚悬，可否援照开办保甲经费之例，由地方公同负担，仰或恳祈钧厅转呈省府作正开报之处，县长未敢擅专，谨特电呈，伏乞训示"②。对于上述电呈，甘肃省政府在省库空虚之余，只能令其"就地筹措，并造具计算表呈赍备案"③。

不难想见，由于甘肃地瘠民贫，加之战祸连年，省库经费已属耗竭，更毋庸说为各县保甲划拨经费。而各县政府亦迫于各项费用之应接不暇，省府催税，军队催粮，各种摊派，名目繁多，即便是县府职员，薪金亦难保障，更毋庸说乡镇保甲人员之办公经费及薪金之发放了。保甲经费的拮据和保甲人员的无薪从公，不仅使保甲的各项工作陷于停顿，而且加深了保甲人员对乡村民众的盘剥，恶化了民众与保甲人员的关系，加剧了保甲人员的腐化行为。

第四，甘肃地处西北边陲，"山脉绵亘，交通极形不便。而乡村的人民，依田为家，村落零星，常有一保之间往返达三十里以上的事实"。且以甘肃各县公路甚少通达，"每区区域广袤，各八九十里，要区长每月周巡一次，事实上不无困难。这种自然限制，不仅传达政令迟滞堪虞，就是编组保甲、办理户口异动登记等事件也很不容易切实做到。因为保甲长是义务职（虽政府发给保长一二元办公费，真正办事者实不敷办公之用），

---

① 王造时：《改善保甲制度》（三），《国魂旬刊》1938年第24期，第6页。

② 《鱼代电报保甲训练班需过各项费洋应如何开报请示遵由》，甘肃省档案馆，档号：15—14—486。

③ 《鱼代电报保甲训练班需过各项费洋应如何开报请示遵由》，甘肃省档案馆，档号：15—14—486。

又保甲长常到人民家里或人民到保甲长办公处请求或报告，也因着生活的关系，事实上确有困难。甲长办公处虽然和人民住家近些，并依法人民有情事时可由甲长转报"，但在事实上甲长多不懂事，因在乡村中人才非常缺乏，就地物色保长已经不是容易的事，何论甲长。① 正因为乡村中人才缺乏，保甲长人选不仅发生了问题，而且达至其极。"就已产生的保甲长因为监督无人，他们便敢营私舞弊。我们可以看到某一地如有派别（乡村中大姓各成一派），如果我们选举甲派的人当保长，该保长有什么不当的行为，乙派的人定会检举他。如果乡村仅有的人才已经选出来当保甲长，他们除了敷衍政府之外，便可为所欲为了。假使县府对于控诉及其他案件多数不能彻底追究，一张公文饬区查复，依样办理了事，无罪被栽诬的人不免灰心丧气，埋怨政府，有罪得免究的人不免贻人口实，怀疑政府，影响所及，均会助长犯罪行为，破坏保甲组织。"②

综上所述，甘肃保甲制度虽自1934年开始推行，但时至1938年时仍形同雏形。其原因虽可归结为乡镇保长责任意识淡薄和能力、知识水平低下，然而，保甲制度在推行过程中保甲经费的困竭和乡镇保甲长枵腹从公的事实，以及恶劣的地理环境和极度缺乏的人才资源，都不能不说是制约甘肃保甲制度顺利推进的重要因素。

三　甘肃地方实力派对保甲编组的阻挠

甘肃保甲制度推行的延滞，除上述因素外，还有一个极为重要的因素，那就是甘肃边域一带的地方实力派对于保甲制度的牵制性影响。这些因素不仅包括甘南藏区之夏河、临潭与卓尼的土司权贵，也包括邻省政治势力对甘肃省内一些县份的干预与控制。如青海马家军③及与甘肃平凉、

---

① 林咏荣：《怎样健全保甲制度》，《闽政月刊》1939年第4卷第3期，第29页。

② 林咏荣：《怎样健全保甲制度》，《闽政月刊》1939年第4卷第3期，第29页。

③ 对于青海"马家军"之称谓，马鹤天对其做了较为客观的评说。当时《青海日报》曾载文谓："青海军队为中央之军队，非马军长马师长之私人军队"，从而对青军"马家军"极力挞伐。马鹤天认为，这种看法实有不当之处。因为"青海军队十之九为回教徒，回民百姓马，故官长与兵士十之九为马姓，人见其军长、师长、旅长、团长、营长，下至连长、排长等，无非马姓。且军长马步芳与骑兵师长马步青，均故护军使马阁臣（马麒）之子，为胞兄弟，而旅长团长，又大半有亲戚关系，可谓父子兄弟军，故以马家军称之，实非亦有恶意。"转引自马鹤天《甘青藏边区考察记》（第2编），商务印书馆1947年版，第265页。

庆阳相邻之陕北革命根据地等。它们的存在，对于保甲制度在甘肃地域的推行，均具有不可忽视的影响。

青海自建省以来，即对邻近甘肃之辖地的骚扰几乎日有所闻。由于民国时期甘肃省政府的权力被局促于有限的范围之内，以至于河西、临夏，甚至甘南等地，无不在青马势力的影响之下。南京国民政府初掌政权后，虽派邵力子、朱绍良先后来甘主政，然其权力仍无法通达全省各县，尤其是在回民聚居之临夏和马家军控制之河西等地。1934年甘肃省政府推行保甲制度，试图以此为契机，将国家权力逐步渗透于全省各个角落，然而，甘肃省政府这一努力一开始便受到了青马势力的阻挠，因为保甲制度的推行不仅威胁到青马在该地的利益，亦将影响到青马集团对这些地方的控制。

1936年11月28日，永靖县民众呈报甘肃省政府称"青海马家军越界进入甘肃辖地永靖县，强行编制民团"，请求甘肃省政府出面制止。呈报称："窃查人民组织国家，县有县界，省有省界，国有国界，不可稍有混淆，以防地方之治安。国家设立机关，县有县府，省有省府，国有国府，亦不可越俎代庖，以乱政府之政治。磋我甘肃临区，名虽属甘，权归青省，青军驻防临区，以青海保安处名义编制民团，调遣各地，以甘肃之人民调卫青海之地盘，则不惟破坏地方之自卫、人民之生计，而且捣乱省县之界限、政府之政治，越礼犯分，莫此为甚。公民等为国家前途计、为地方人民计，难作缄默，恳祈主座鉴民疾苦，挽回主权，不胜待命之至。"[1] 对于永靖县民之呈请，甘肃省政府呈报行政院主持公道。行政院电令"青海马代主席（马步芳）克日停止征拨。"并由甘肃省政府"电令临夏王专员及该县李县长制止"[2]。在行政院及甘肃省政府的制约下，青马试图在永靖县以民团代替保甲的计划宣告破产。然而，甘肃省政府试图在永靖县推行保甲编组的计划，也因青马的阻挠而延滞不前。

甘肃省政府对于青马干涉永靖县保甲推行及强制编组保安队的行径虽一再呈请南京国民政府核办，但均未取得实际效果。虽然南京国民政府和

---

① 《电请制止青军越界编制民团由》，甘肃省档案馆，档号：15—14—328。

② 《批永靖县民众代表等请制止青海驻军越界编制民团由》，甘肃省档案馆，档号：15—14—328。

甘肃省政府都认为，青海在永靖等地编练民团有扩军夺地之嫌，然而，由于青马以防共防匪为由，要求永靖等县停办保甲而组编民团，亦使南京国民政府颇感为难。尽管甘肃省政府多次提请交涉，但青马则我行我素，自行其是，最终使永靖等县名为甘肃辖地，实属青海地盘。

事实上，青马对于甘肃保甲推行的阻挠远不止永靖一县。1939年6月，代理永登县长李刚在呈报中称："本县与青海之互助县，以俄颗族与多不仓族地界之争尚未解决，现青海军队且有强垦番区草地之信，此次整理保甲，若置之不顾，无异放弃，若前往编查，必引起极大纠纷"，究应如何办理？① 对于此种情况，甘肃省政府在经过审慎考虑后认为，"该县与青海互助县边界纠纷在未经内政部派员会勘解决以前，其地保甲暂缓整理"②。

河州（今临夏回族自治州）作为甘宁青回教领袖聚居之地，民国以来有声望者颇多，计有简任官数十人，民国时期曾任主席者亦达六七人，足证人才之盛。"惟河州夙称难治，其东乡民性尤强悍好乱，故俗'有三十年一小乱，六十年一大乱'之谚。实则河州东乡一带，土瘠民贫，以生计问题不免铤而走险耳。故有人主张将东乡之民迁于沃壤之土，俾其生计有着，性情自变，其言似有相当理由。惟余以为生计、教育宜兼筹并顾，一方生活安裕，一方知识增进，方为治本之法。"③ 作为甘肃回族政治军事集团的青海马家，在河州一地自然渊源极深，影响极强。而甘肃省政府试图将保甲制度在此地推行，亦必将受其阻挠。1937年8月，临夏县长张铸荆致电甘肃省政府称：1935年至1936年，红军路经甘肃西南，临夏地处要冲，青海第一百师派队驻防，临夏县"由该师马参谋长德将各区壮丁编为保安团队，县府并未参加，组织亦不受县府指挥，以致保甲推行困难，壮丁更无法编组"。1937年夏河县"奉令整顿保甲，分期裁撤保安团队，县长以此事关系重要，爰于日前召集第一次县政会议时提出讨论，当经决议遣散保安团队，着手整顿保甲，通令各区遵办"。青马心有

---

① 《民政厅案呈该县电呈整理保甲困难各点指令知照由》，甘肃省档案馆，档号：15—14—463。

② 《民政厅案呈该县电呈整理保甲困难各点指令知照由》，甘肃省档案馆，档号：15—14—463。

③ 马鹤天：《甘青藏边区考察记》，甘肃人民出版社2003年版，第21—22页。

不愿，百般阻挠，后经多方协调，青马才勉强同意遣散保安团队，由县办理保甲事宜。① 虽然临夏县称青马同意遣散原有之保安团队，并由县府办理保甲事宜，但事实上，临夏县保甲的真正推行则一直延滞到 1939 年新县制实施之后。

由上可知，虽然青海 1929 年独立成省，但由于其与甘肃拥有的特殊的历史人文地缘关系，即青海军政大权不仅掌握于河州回马之手，而且河西地区仍在马步青的军事统驭之下，河州作为青马老家亦备受关注，这种特殊的人文生态，决定了甘肃与青海之间敏感而复杂的省际关系。而这种特殊关系也成为影响民国时期甘肃保甲制度在其与之相关的特定区域难以推行的一个重要因素。

事实上，对于甘肃保甲制度推行的阻挠因素又何止青海一方。甘南藏区之夏河、卓尼、临潭仍延续着自己独特的政治统治模式，保甲制度在这一地域的推行不仅要受当地统治阶层的抵制，即使当地的民众，由于其原始的生活方式和对新生事物的天然恐惧，促使他们对该地保甲制度的推行莫不惊恐万状。以至于甘南藏区保甲的推行，不仅需要当地统治阶级的有力配合，更需要加强对当地民众的宣传教育，而这一任务任重道远。由于对甘南藏区保甲问题笔者将另行专文，此处不赘。此外，20 世纪三四十年代的甘肃各县大多驻军，而各地驻军粮饷大多由所驻各县供应，这些驻军的职责理论上为维持地方治安，防止共产党侵袭，但实际上与土匪豪绅相互勾结，甚至对所驻县政及乡镇保甲指手画脚。甘肃省保甲视察员黄鹏昌在调查岷县保甲时发现："该县驻军对于县政多加干涉，倘不予已接受，则阻力横生，一切政令无法推动。即马县长前在驻军内任职多年，亦大有不能应付之感。至于各区之政治，虽间有土劣从中作梗，其力量尚不坚强，如有精明强干之区长，自可将其阻力铲除，顺利进行区政矣。"②

除了甘肃地方势力对甘肃保甲制度的推行横加阻挠外，红军长征路经河西之时，亦对该地原有的保甲组织予以重创。1938 年 2 月，甘肃保甲督导员李龙儒在视察山丹县保甲时发现：山丹县近年来不仅"灾歉频仍，

---

① 《临夏县长张铸荆齐代电报遣散保安团队整顿保甲编组壮丁队各情形由》，甘肃省档案馆，档号：15—14—486。

② 《视察岷县临潭卓尼等县局一般行政报告》，甘肃省档案馆，档号：4—8—440。

室家荡然，流离逃亡，为数极多"，而且前年红军长征途经此地，"直据县城，相持几近两月，县府档案悉付一炬，以致保甲法令及户口册籍并有关文件均经损毁，片纸无存"①。然而，红军长征只是路经甘肃西南，因而对于甘肃保甲的影响是极为有限的。随着红军长征的胜利会师，尤其是在抗战爆发、国共两党携手御侮之后，这种事情再未发生。

---

① 《呈报山丹整理保甲困难暨逾期迟延情形兹将编查完竣造赍统计表呈请》，甘肃省档案馆，档号：15—14—248。

第 三 章

20 世纪 40 年代甘肃保甲
制度的重建与扩展

抗战的爆发加剧了国家对乡村社会资源的索取，本欲谋求乡村社会治理的保甲制度亦在战争的行进中发生着质的改变。一方面中日战争阻断了20 世纪 30 年代中国经济发展的步伐，打断了国民政府试图改革中国基层政制的梦想；另一方面国共两党的再次合作，使得国民政府在重植保甲时所主导的"防共剿共"之军事政治目的顿然消失，相反，为抗战服务则成为这一时期保甲制度的主要内容。《申报》评论称："近年来政府举办保甲制度和军事训练，已经收了不少的成效，可是各地办理保甲的人员对于现代战争的性质和这次全国抗战的意义，大都没有充分的认识。在这战争期间，保甲制度的效能似乎还显得不够，而各地党部及教育机关、职业团体似乎也还不能和保甲组织保持密切的合作。怎样使保甲制度在战时发挥充分的效能而成为民众组织的基础？"[1] 这不仅成为当时一部分爱国知识分子关注的焦点，亦成为国民政府开始认真思考的重大课题。中国幅员辽阔，各地区在政治、经济、文化等方面的发展极不平衡，加之民国时期保甲制度在各地渗入程度亦有差异，因此，要想归纳出这一时期不同地域保甲制度的共通性特征似乎很难实现。鉴于此，笔者以抗战时期甘肃保甲制度的重构为中心，以甘肃省档案馆馆藏之保甲档案为依托，系统论述抗战时期甘肃省政府在保甲制度重构中的各种努力，及在此基础上进一步分析战争年代下保甲制度功能的转变及其最终异化的历史情境。

---

[1] 《战时人民应有的努力》，《申报》1937 年 8 月 26 日，第 2 版。

第一节　抗战初期甘肃保甲制度的转型

抗战初期正面战场的迅速溃退及主要城市的瞬间沦丧，促使国人将目光聚焦于广袤的乡村社会，而利用保甲制度来动员民众、征集战略物资则成为这一时期国民政府和民众的普遍认同。时人评论称："自卢沟桥事变以来，为时九月，敌人挟其优越的火力，强占我南北各省，致使我数省人民受尽敌人铁蹄下的蹂躏，过着非人的生活，真华夏有史以来未有的浩劫，当这危急存亡的时间，我们全国的民众，应该怎样的奋发，驱逐倭奴，恢复领土主权的完整，争取中华民族的解放"，成为目前最为迫切之任务。然而，这一目标的完成，首先需要动员民众，而动员民众之前提，"首先应该唤醒民众、组织民众、领导民众，使后方的民众能与政府密切的合作，前方的民众和军队打成一片，只有这样产生出来的民众力量，才能帮助军队和政府，才是真正的生力军，在这样情形之下，能够造成这种事实和负起这样大的责任者，只有保甲"[1]。蒋介石在1939年颁布整理川黔两省各县保甲方案时亦称："保甲制度为团结民众、发挥自卫能力之唯一组织，亦即训练民众、奠定自治基础之唯一途径。"唯"现值军兴时期，持久抗战，尤非团结民众，无以安靖后方，共济国难。而团结民众，端赖保甲组织之健全，允宜积极整理，以宏效能"[2]。

然而，中国地大物博，人口众多，地域发展又极不平衡，加之80%以上的人口聚居于贫瘠的乡村地带。那么，如何将抗战的理念带进偏远闭塞的中国农村？如何将众多的农村人口，尤其是青年壮丁征送至抗日前线？如何将广大乡村社会的财富聚集起来用于抗战？这些艰巨的历史使命似乎顺理成章地落在了保甲制度的肩上。于是，保甲制度开始脱离了传统乡村社会治理的轨道，承载着与其权力、地位严重失衡的繁重工作，并在抗战年代呈现出它多重的历史面相。

---

[1]　《抗战与保甲》，《生力军半月刊》1938年第1卷第3期，第7—8页。
[2]　汪龙：《健全保甲组织之基本问题》，《黄埔》1939年第2卷第14期，第14页。

一 抗战初期保甲制度功能的转变

20世纪30年代初南京国民政府推行保甲制度，其目的是在"严密民众组织，彻底清查户口，增进自卫能力"的同时，"完成剿匪清乡工作"①。而抗战爆发后，面对民族危机的空前严峻，国共两党实现了第二次合作。国共两党的合作抗日，一方面，使保甲制度中以"剿共"为中心的政治命题意义顿失；另一方面，保甲制度对基层社会的控制功能却在严酷的战争年代显示出其独有之价值。因为"保甲的作用，是将社会的每一成员，即人与家编成为户，由户而甲，由甲而保，由保而合一联保，使这基层的机构，发生连锁的相互督责，同时对国家法令上所规定之义务负责执行与服从，尤其对自卫方面更含有重大要义"②。甘肃省政府在《为整理各县保甲告民众书》亦清楚申明："编组保甲，依照天然的形势和风俗习惯，十户编成一甲，十甲编成一保，联合若干保，编成一联保，系统分明，层层节制，如珠在串，厘然不紊。有了严密的组织，我们自卫力量也就增加了，于是一人一家不能除的害，我们拿着十人十家的力量来除它，一人一家不能得的利，我们拿着十人十家的力量来得它，如此就什么利都能得，什么害也能除。"③ 由此可见，保甲制度并没有因国共两党的合作而受到冷落，相反，在艰苦的抗战年代，保甲制度的功能迅速由"防共剿共"的战前保甲向"动员民众"的战时保甲转变。

然而，战时保甲的运用要适应战时的需要，如果以战前保甲之方式应用于战时之环境，不仅缓不济急，也难以发挥战时保甲应有之效用。当然，战时保甲应以平时保甲为基础，有了平时保甲的基础，才能适应战时保甲的要求。时至抗战爆发，各省保甲已推行有年，可以说具备了一定的基础。因此，如何在平时的基础上加以改进，并将平时保甲的运用方式转变为战时保甲，则成为这一时期国民政府改革保甲制度的当务之急。

为了将平时保甲迅速而合理地转变为战时保甲，国民政府试图从五个方面予以调整。第一，目标明确化。运用保甲之目的，在于严密民众组

---

① 《修正剿匪区内各县编查保甲户口条例》，甘肃省档案馆，档号：15—14—525。
② 林斯贤：《兵役与保甲》，《保政通讯》1939年第1卷第7期，第278页。
③ 《为整理各县保甲告民众书》，甘肃省档案馆，档号：15—14—512。

织，增厚自卫力量，这在平时和战时本无分别。然而，战争的严酷，促使战时保甲的目的有进一步发扬光大之必要，使民众组织由严密而强化，使地方保甲由单纯的自卫，进而发展到抵抗敌人、保卫国家、发动全民实施全面抗战之目的。第二，组织严密化。保甲组织在平时为养成民众自治能力起见，曾采用民主之精神，采行会议之制度。然而，在抗战年代，尤其是交战区域，应采取军事部勒及命令的方式，不仅使其组织更为强化，而且使其组织力求单纯，以避免重复迂缓之弊。第三，训练军事化。保甲训练，无论在平时抑或战时，都应以政治军事并重，不可偏废。然而，平时保甲的训练大体上着重于政治上的训练，使民众知四权之运用，以增进其自治之能力。而战时保甲训练不仅要继续进行政治训练，尤要关注军事训练及战时常识，防空、防毒等基本学科，以养成一般民众在战时所需之各种军事基本知识与基本技能，从而发扬民众的武力，增强抗战的力量。第四，设施目的化。保甲之运用，原来并不局限于消极的自卫方面，而是着重于积极的建设方面。然而，抗战年代的保养设施，应以抗战为目标，即一切设施均应为抗战而努力，并专门致力于抗战有关之设施，而与抗战无关之设施则应放弃。第五，步骤迅捷化。平时保甲之运用，不妨逐步地推行，以收循序渐进之效。然而，这种渐进的模式，缓不济急，不能适应战时的需要。因为战时的环境，时有变化，一切设施，如失去时机，则将影响整个局面，所以必须适合时宜，速决速行，以避免平时繁复的手续与步骤。①

不难看出，随着时境之改变，保甲制度的功能与运作方式亦随之发生变化。尽管国民政府希望保甲制度能在其指导下顺利推进，然而，保甲制度能否在实践中如其所愿，理想与现实之间又为何差距相悬？事实上，这不仅与保甲制度本身有关，更与当时特殊的战争环境有着千丝万缕的联系。

抗战的整体环境促使深居内地的甘肃省亦不得不在各个方面做出适度调整，而保甲制度作为战时动员民众、组织民众的最得力的基层社会控制模式，也不得不根据实际需要加以改变。1938 年 2 月，甘肃省政府发布了《为整理各县保甲告民众书》，内称："自战事发生以来，倭寇逞其凶

---

① 毛独时：《战时保甲的实施》，上海大众书局 1938 年 7 月印，第 5—7 页。

残，占据了我们若干城池，残杀了我们若干同胞，这种不共戴天之仇，我们应当要父诏其子，兄勉其弟，人人警惕，个个自励，誓雪这奇耻大辱，才不愧为黄帝的子孙及中华的国民。但是这件事，绝非少数人所能胜任，必须团结众人的力量，才能达到目的。办理保甲，就是团结地方全体民众，在政府领导之下为有系统的组织、充实自卫力量，以保卫乡里，共御外辱。"①

然而，甘肃省政府认识到，甘肃"办理保甲已经有六年的历史，其间也曾整理过几次，但因办事人员和地方民众未能尽到最大的努力，所以未达到完善境地。这样重要的事情，在平时亦难敷衍下去，在这抗战建国的时候，更不能不下最大的决心彻底办理"②。因此，甘肃省政府于1938年10月训令各县政府称："现值抗战紧张时期，稽查汉奸、间谍、肃清匪类，均赖健全之保甲，以资推行。而征兵征工，尤需赖有精确之户口，以凭分配。本省各县保甲，虽经迭次整编，迄未臻于完善，现已决定在最近期内，分区分期，重新整理。"③

如何在很短的时间内将各县保甲户口重新清理，以适应战时征兵、征工、训练壮丁之需要，甘肃省各县进行着不同的尝试。文县代理县长王浴吾于1938年9月代电称：由于本县无中等学校，1934年曾发动小学教员及学生"编查保甲，不但成绩不佳，且因幼稚粗疏，诸多扰累。此次若再仿上次办法，势难减少烦费，产生良果。不如拣选相当人员……调查清册，按区按保，逐一复勘，所得情形较为可靠"④。永登县代理县长李刚在1939年3月的代电中称："按查本县户口登记过于凌乱，城关有相连数十户未登记者，有已登记而实无其户者，各区各保或仅一二十户，或多在五六百户，各户人数、年龄、性别等栏更系随意填写，因此征兵、征夫、禁烟以及一切政务，无一事能按法定手续办理。而幅员辽阔，各族杂居，浑水摸鱼，事事掣肘。窃念钧府对于保甲，可谓煞费苦心，近数月来，委

---

① 《为整理各县保甲告民众书》，甘肃省档案馆，档号：15—14—512。
② 《为整理各县保甲告民众书》，甘肃省档案馆，档号：15—14—512。
③ 《为令饬在最短期内将不合格之联保主任及保长切实调整由》，甘肃省档案馆，档号：15—14—525。
④ 《呈为遵令从新调查户口并赍调查办法一份册式一份请鉴核由》，甘肃省档案馆，档号：15—14—541。

派督察专员分区极力整顿，更集中训练保长，又令各县训练户警，专办户口异动，今本县户口之登记与编制如此混乱，是不独有碍工作推行，且与钧府整理政治之苦心完全违背，为正本清源计，非重行清查，彻底改编不可。惟数年行之而不获者，今断非朝夕之力所能成，且征发浩繁，必须兼顾，工料昂贵，又需巨资，又上年所颁表式过于简单，不独烟民、学童、壮丁年龄，无从考查，尤不足为将来异动之根据，似仍以分列亲属同居姓名者为宜。如此则一户一页，所占工料、时间、人工尤巨，县长思维再三，拟请由地方筹款，先将表册印妥，再由县长率领全县各区保长暨学校教员，预定三个月查编完竣，否则钧府督察专员到县，亦将无法措施，而本县保甲基础，永无就范之日矣。"①

清查户口不仅对于现代国家的建立具有重要意义，亦是保甲制度得以实施的先决条件。对此，时人评论称："清查户口所以为今日必办之要政者，不仅教育或禁烟计，其最大之关系在使他人编订宪法，组织议会，颁布自治制度之际，核全国人民，厘定选举区，划分自治制，具权利者几何人，应负担义务者几何人，服役兵事者因之而定，征收国税、地方税因是而剂其平。"② 虽然甘肃各县几乎一致认为清查户口势在必行，然而，一旦实行，却困难重重。

首先，民众的心理恐惧几乎成为一道难以逾越的鸿沟，因为民众会自然而然地把清查户口与征兵抽丁联系起来。正如甘肃省政府在整理各县保甲时所说："在调查户口期间，不免有人误解了它的意义，以为调查户口就是为的征拔壮丁，往往发生以多报少，或隐匿不报的情事。"③ 对于民众的疑惧，甘肃省政府不得不再三解释称：调查户口并非仅仅征拔壮丁，"因为调查户口，不但要调查壮丁人数，就是学龄儿童、有无职业的人数，以及男女老少统统都要调查。调查清楚了以后，再谋推广教育、改良社会、发展农业、救济农村，所以调查户口，是为推行一切公务，并不是专为调查壮丁"。"现在国难当头，固然免不了抽拔壮丁，但是也不要害

① 《呈报本县户口登记前极凌乱拟由地方筹款先将表册印妥重行改编可否之处伏乞鉴核示遵由》，甘肃省档案馆，档号：15—14—463。

② 《清查户口问题》，《东方杂志》1907年第4卷第4期，第149页。

③ 《为整理各县保甲告民众书》，甘肃省档案馆，档号：15—14—512。

怕，因为当兵是人民应尽的义务，我国自古即行征兵制度，寓兵于农，农即兵，兵即农，所以国家强盛，人民富庶。到后来完全改用招募，兵农遂分，人民习于罢辕，民族意识日趋消沉，政府为补救起见，恢复征兵制度，无论在战事时期，人人固有当兵的义务，就是在国家承平的时候，人民也要服行兵役，这件事各国实行已久，用不着怀疑，也用不着规避，也不是规避就可免掉的。当兵是我们的天职，大家要踊跃应征才对"①。为了进一步消除人们对清查户口的心理恐惧，甘肃省政府承诺，这次省府整理各县保甲，"下有最大的决心，一切准备，都异常周密，所有应用的表册、切结、门牌、经费等项，都由本府制发，不派款，不扰民"。因此希望"大家要一致的协助政府，努力向前推动，期望收到良好的效果。现在困难如此严重，敌寇这样猖獗，大家赶快的猛醒起来，完成整理保甲的任务，巩固自卫的基础，增加抗战的力量，以期达到最后胜利建国成功的目的，才不负本府的期望"②。

事实上，民众对保甲制度的心理排惧，不唯甘肃独有，其他各省亦有不同表现。据《申报》载，某县自保甲实施以来，尚称顺利，"不过眼前到了第三期工作，有一件民间不很明白的事，就是联保切结之联单上，要甲长户长都应该揿着'指模'，因为这一来，就苦了做保长的几位先生们，大费其宣传和劝导的唇舌。见乖识巧的，晓得办理困难，赶先辞职，以省麻烦。什么缘故呢？乡民听的要揿'指模'，大家惊骇起来，说道：吾辈没有犯过，也不曾做着卖妻卖子的勾当，为啥要揿'指模'，受这耻辱呢？从此可以看出，还未到相当的程度，国家的法治政令，要实施到全民众和深入多数的心理一致，实在不容易啊！"③

虽然甘肃省政府下了最大的决心以重整保甲，然而，要想在偏僻闭塞的甘肃农村地域将其落于实处，单就民众的心理认同一项，就是一道不易突破的难关。为了加紧保甲宣传，各地不得不借用所属学校之中小学生。对此，时人编为弹词称："知半解的小儿童，训练多时学识丰，学得能言和善辩，全凭口舌说西东。今年暑假期间内，教育大家想得通，利用莘莘

① 《为整理各县保甲告民众书》，甘肃省档案馆，档号：15—14—512。

② 《为整理各县保甲告民众书》，甘肃省档案馆，档号：15—14—512。

③ 清癯：《指模》，《申报》1935 年 5 月 10 日，第 16 版。

诸学子，派他们去宣传保甲职员充。到城内外和乡镇，力竭声嘶为办公，住都会之中人较智，先行劝导各商工，那乡村之内人愚笨，多数是种田的各小农，说法当然宜浅近，使他明白好依从，不过学生的旅费当筹备，切不可费了精神还两手空，义务多而权利少，东奔西走受薰风，区区作此开篇唱，劝那发起之人待遇公，方能利用小儿童。"① 不难看出，民众的心理认同是保甲制度推行过程中首需解决之难题，而迫于当时中国教育的落后和信息的闭塞，以及乡镇保甲人才的缺乏，保甲制度的宣传工作不得不借用中小学生来完成。但由于当时甘肃省县财政捉襟见肘，即使乡镇保甲人员，亦大多枵腹从公，从事保甲宣传的中小学生更不可能得到必要的报酬。

民众的不认同仅仅是清查户口过程中的一个方面。甘肃地处西北边陲，民族杂处，政局纷乱，民智未开，因此，甘肃省各县在清查户口时所遇之阻力则远远不止于此。例如永登县代理县长李刚在清查户口时，提出疑问三点，电呈甘肃省政府，以求咨询。第一，永登县内汉番杂居，而"番民游牧为生，户口调查殊难正确，编组保甲时有迁移，而番区保长不识汉文，若责其随时登记，万难办到。且草地辽阔，其异动情形保长不易查明，究应如何办理？"第二，"本县与青海之互助县以俄颗族与多不仓族地界之争尚未解决，现青海军队且有强垦番区草地之信，此次整理保甲，若置之不顾，无异放弃，若前往编查，必引起极大纠纷"，应如何办理？第三，"查本县受训保长仅九十人，文字多不通顺，虽拟俟督导员到县加以训练，终恐难以胜任，势必动员教员学生，可否请由省府令教育局遵办？"②

对于永登县呈询之问题，甘肃省政府逐条给予答复："（一）查番区情形特殊，系属实情，整理保甲时，应切实调查户口，尽先派选有一定住所者充任保甲长，户口异动情形，责其随时口头报告，该管联保办公处转报区署县府，并由联保主任按月抽查一次，以期覆实。如选派困难时，可允许自任其保甲长，但须责令妥托其游牧较近之亲友代行职务，自可互通声气。户口异动要能切实呈报，番区情形特殊，该县长应遵照法令，参以

---

① 《开篇"小学生宣传保甲"》，《申报》1935 年 9 月 17 日，第 19 版。
② 《甘肃省永登县政府快邮代电》，甘肃省档案馆，档号：15—14—463。

事实，妥善办理。（二）该县与青海互助县边界纠纷，在未经内政部派员会勘解决以前，其地保甲暂缓整理。（三）编查保甲应动员地方知识分子，或抽派学校教职员协助办理，学生经验欠足，毋庸令其办理。"①

由上可知，甘肃省政府认为欲整顿战时保甲，需先从清查户口开始，然户口之清查不仅耗时费力，加之民众观念保守固执，若要说服，困难异常。且户口异动，延绵反复，如求切实掌握，更是不易。即使寻求短期清查，也是人才难得。更有甚者，甘肃地域，汉、回、蒙、藏等民族交相杂居，而藏民聚居之地域大多经济落后，信息闭塞，封建观念甚浓。要想在这些地域编组保甲，势必困难更甚。因此，甘肃各县欲在短期内达到清查户口之目的，不仅需要借助以前各县户口清查之结果，而且需要各地学校教员的无私帮助和学生的无薪宣传，同时也需要避免各种无谓之纠纷，循序渐进，先易后难。至于清查结果是否客观，此时此境似已再难苛求。

二 抗战初期甘肃保甲制度重心的转移

保甲制度完成后，如何借用保甲制度来动员民众、征集战争物资，并进而强化对基层社会的控制，这才是甘肃省政府关注的焦点。正如甘肃省民政厅厅长施奎龄所说："保甲制度原为组织民众，清理户口，用以安定秩序，政正风俗，推进政治，发展经济之基层机构，关系抗战建国至为重大，而其根绝零匪之效用，尤适本省现时之需要。"② 因为当时甘肃省突现"无极教匪，蚁附乌合，经派队清剿，虽已鸟兽四散，不足为害，但三五游魂，鼠窜附近各县，尚待肃清。所有皋兰、榆中、永登、靖远、洮沙、陇西、景泰七县，以及省会保甲，拟即行整理，藉以根绝匪祸，奠安地方"③。以此观之，抗战时期甘肃省政府积极推行保甲制度，一方面固然是为迎合抗战之需要，另一方面亦有剿灭匪患、安定地方秩序之设想。

对于战时保甲编组方法，甘肃省政府认为"采十进位的方法，无论在战时平时，均无不可。不过最重要的条件，编制要完整，要顺次，井井有

①《民政厅案呈该县电呈整理保甲困难各点指令知照由》，甘肃省档案馆，档号：15—14—463。

②《甘肃省民政厅致第一区胡专员暨一区各县及直辖各县县长》，甘肃省档案馆，档号：15—14—512。

③《甘肃省政府民政厅整理一五区保甲经费签呈》，甘肃省档案馆，档号：15—14—512。

序，以求管理及推行上的便利。现行的保甲编制固然完整了很多，而破碎的紊乱的，甚至于插花的，亦未尝没有。例如就一甲说，某村分河东河西，河东十五户，河西十五户，那不妨将河东河西各编一甲，不必以三十户之数，将河东河西合编三甲。假如河东十六户，不妨编为二甲，使就地势上的完整。保的编组也是这样，假如某村一百三十户，计十三甲，就不妨编为一保，不必以多余的三甲与另外一村合编成保。又必须依规定方向顺次编列，这是非常重要的，尤其是在战时"[1]。然而，甘肃省政府也认识到"乡村风俗习惯各有不同，切不可用直觉判断其是非，必须细细研求风俗习惯的由来，无关紧要的不必过问，如认为有改革必要，亦常与地方当局善为劝导，逐渐更正，断不可操之过急，无补实益，徒伤农村的感情"[2]。

同时，甘肃省政府认为，战前甘肃保甲之编组，基于诸多原因未能切实推行，"故不但内在精神未能充分发扬，即表面之编查户口、取具切结等事，亦未完全做到。长此以往，地方治安、人民生计，终将无所保障，遑论推行一切政令，完成抗战建国之任务"[3]。加之目前战局日趋紧张，"期以渐进方式，达到完善目的"的保甲推行模式显然已经难以满足抗战的需要，相反，面对"兵役之推行，壮丁之训练，日趋紧迫，为适应时机，各县保甲有提前完成之必要"[4]。

为了彻底整顿甘肃保甲，自施奎龄继任甘肃省民政厅厅长以来，"即以整理保甲为第一中心工作，依据经验所得，拟具各种办法，提经省委会议议决通过。自去年月起，先由第一区各县开始办理，完成后，继续整理二三两区各县。因各级人员努力，均能如期竣事，且收显著效果。如宁县保甲整理后，增多丁口二万余，庆阳增多丁口一万五千余，其他各县都有增加。又各保甲人员之调整，连坐切结之实行，均获满意之成绩"。因此，施奎龄认为，"事无难易，惟在行之者何如耳"[5]。这种自信的感觉在

① 毛独时：《战时保甲的实施》，大众书局1938年版，第9页。

② 《蒋委员长发表告农村服务诸生书》，《申报》1937年6月29日，第3版。

③ 《甘肃省民政厅致第一区胡专员暨一区各县及直辖各县县长》，甘肃省档案馆，档号：15—14—512。

④ 《甘肃省政府民政厅整理一五区保甲经费签呈》，甘肃省档案馆，档号：15—14—512。

⑤ 《甘肃省民政厅致第一区胡专员暨一区各县及直辖各县县长》，甘肃省档案馆，档号：15—14—512。

甘肃省政府其他领导人身上亦有体现。朱绍良于 1938 年 10 月谈及甘肃省军政近况时表示:"外间不深悉西北情形者,或有谓兰市,甚至宁青等处情形复杂者,其实甘宁青各省情形非常简单,负责军政当局,均能本国家民族利益高于一切之原则切实作去。本人受中央付托之重,主持军政,一本中央及委座之意旨,以开诚布公、埋头苦干之精神,实事求是作去,或有目光短浅者,因个人不切实际之计划,不能实行,致有不满之处,因而传播谓如何如何者,实则所谓复杂者,实在城而不在乡,在己而不在人,倘能放大眼光,细心考察实际情形,则知西北情形实甚简单,此则可告慰国人者也。"①

事实上,清查户口、编组保甲,仅是甘肃省政府调整战时保甲的第一步,如何在清查户口、编组保甲的基础上进行征兵、征工、抽调壮丁,才是甘肃省政府整顿战时保甲制度的关键。诚如文县县长陈学乾所云:"值此抗战时期,保甲制度亟应切实整理,而征调兵役尤为当务之急,若不从速整理改善,贻误堪虑。"② 然而,如何使训练壮丁、抽调兵役等工作得以顺利推行,甘肃省各县则依据各地情形,拟定妥善办法。文县县长陈学乾认为:调查壮丁与整理保甲应事同一体,"如同时提前一次办理,既省人力经济,又免迁延时日,是诚一举两善"③。然而,甘肃保甲自 1934 年推行以来,虽历经数载,但成效甚微,究其原因,一是甘肃地方情形特殊;二是甘肃各地之保甲长,尤其是联保主任不堪重任。为此,甘肃省政府训令各县"集训保长及联保主任",并要求各县县长应迅即将不合格或不胜任之保长及联保主任,依照保甲补充条例之规定切实调整。④ 至于如何切实调整,甘肃省政府则要求各县政府应依照该县实际情形,审慎办理。甘肃各县"率多地旷人稀,联保编制如照最大限度编成,则区域太大,管辖困难,如照最小限度编成,则经费增多,负担不易。各该县局长

---

① 《甘肃省军政近况》,《申报》1938 年 10 月 31 日,第 6 版。

② 《据文县县长陈学乾呈赍依照规定整理保甲调查壮丁各项册表请鉴核准予先期整理由》,甘肃省档案馆,档号:15—14—541。

③ 《据文县县长陈学乾呈赍依照规定整理保甲调查壮丁各项册表请鉴核准予先期整理由》,甘肃省档案馆,档号:15—14—541。

④ 《为令饬在最短期内将不合格之联保主任及保长切实调整由》,甘肃省档案馆,档号:15—14—525。

务应斟酌地方情形，于法定限度以内，予以适宜之伸缩。尤应注意者，在城镇以及户口稠密之区域，最好保持十进制之原则；而在乡村地方，不妨略为缩小，以免除行政上之障碍"①。同时，甘肃省政府称："此次新编联保，意义重大，一面为辅助区署，推行省县之政令，一面为扶植保甲一级，树立自治基础，同时并欲吸收大量知识青年深入乡村，共负非常时期之任务。故对于联保主任之人选，务应依照保甲补充条例第七条规定之资格，慎重遴委，旧日之联保主任，如无资格确合规定，过去服务成绩确属优良者，自可重新加委，令其继续服务，以资熟悉。倘其资格不合、能力短缺者，即予一律停职，另行遴委，不得稍事瞻徇。"②

与此同时，甘肃省政府再次训令各县县长称："现在抗战局势日趋紧急，各级地方官吏负守土之责，必须策动民众，健全其组织，加紧其训练，灵敏其指挥，所有社训实施纲要，战时国民兵、义勇壮丁常备队编成办法，及有关训练保甲长及壮丁队之法规与命令，均应恪遵，斟酌民情，全力以赴，必使人民灼知敌人之残酷、亡国之痛苦，并深信农村潜伏力量之伟大，足以催灭顽寇而有余，凡足为训练民众之障碍者，应不顾一切设法排除，此项任务如不能完成，即为应变无方，有亏职守，仰切实办理，勿稍怠忽。"③

虽然甘肃省政府三令五申地催办保甲，但甘肃省政府也意识到，甘肃保甲经办有年而效果不佳，最核心的两个问题：一是经费，二是人才。经费的拮据不仅影响到人才的培养，而且也迫使一部分公正廉洁的乡村精英因生计关系而另谋他途。与之相应，人才的流失和地痞流氓的乘隙而入，不仅导致政府的各项政令无法执行，而且进一步加剧了乡村社会的冲突。可以说，这种恶性循环在20世纪三四十年代的中国乡村社会愈演愈烈。

当时《申报》记载了江西一位保学先生到某村应聘的故事，充分折射出当时农村社会对教育的不重视和保长的无知与虚荣。

一位保学先生到江西某村应聘：

"这次是第三次啦，当心！再不成功就难了！"施先生想着心就微微

---

① 《令为妥编联保并慎选联保主任由》，甘肃省档案馆，档号：15—14—525。

② 《令为妥编联保并慎选联保主任由》，甘肃省档案馆，档号：15—14—525。

③ 《省府令专员县长健全民训组织》，《申报》1938年2月10日，第2版。

颤动了，眉毛皱了又皱，他不晓得怎样说才好，以前两个保长不是因为说话太强硬了而被他们拒绝了吗？现在应当说和软一点，不，软话他一定更瞧不起的，结果，软硬并用。他努力镇静，用脚摇动着，装出一副庄重相来，显出自己自然潇洒，只是觉得心里跳动得太快一点，到底还是挺直着腰肢向主人说：

"我……小弟向来是教蒙学、经学的，现在政府创办保甲，取缔私塾，该办保学，想老先生早已晓得了。所以我们本县各保都办了不少。政府这种办法真好啦，对于我们老百姓真有益啦！小弟这次在江西省第五行政区开办的保学人员训练所侥幸毕业了……老先生一定知道，那个学堂，在省城是很了不起那……哈哈……这次小弟坐汽车到县，科长十分夸奖，说小弟顶好，特别选派小弟到贵保来开办保学。科长的意思是要小弟来办一个模范学校哩。所以，小弟，哈哈……"咽了一口痰，从袋里取出公文，端正的双手交给保长，"这是委任令"。

保长戴了眼镜在委任令上瞧了好一会儿，再取眼镜下来，一句话也不说，两眼看看门外的鸡啄食猪粪。

他见保长不回答，他很担心，只怕又弄不成了！他真有些可怜自己，怎么生在这个混乱时代，好好的将私塾改办什么保学。他回味着从前教私塾的时候，来去都是用轿马迎送的，多么威风！现在厚着脸亲自送来还不要，对照起来，真使施先生有些鼻酸。他抓抓头皮，又马上提醒自己"当心"，很神奇的笑容可掬地说："政府办保学真好啦。哈哈，小弟来……哈哈，老先生以为……何如呢？……"

"保学，不办不要紧吧。"保长仰天闭着眼慢慢地说，拿起水烟袋来抽了。

"不办？那，不行！政府的决心，驱除文盲，要普及教育，三令五申真是雷厉风行，违拗一定吃亏。上次，科长还跟我说：'以后再有人违令，定严重处罚！'不办行吗？"他学着科长说话的那股神气。

"要办！"保长胡须翘起，用手捏紧烟袋，声色俱厉了。"老实说，难道我不能办吗？我在前清也会泮水重游，还不能教小孩子什么'猫儿叫，狗儿跳吗？'"

保长要抢生意哩。他低了腰凑近些说：

"这当然，谁说保长老先生还不能办这种保学，只怕大材小用，老先生不肯屈就罢了。不过，哈哈，先生是知道的，科长作弄我们，要受了训练才行哩，所以……不过，小弟准帮忙替老先生呈请委为校长，我想科长一定能够照准，因为哈哈，科长很看得起小弟。"①

从这则故事中不难看出保学先生在民国时期乡村社会中的卑微地位和乡镇保长对乡村教育的漠视。然而，透过乡村教育的落后，我们也看到了民国时期乡村社会农民生活的贫困。因为保长之所以不肯办理保学，一是认为保学无用，二是办学需要经费，这些经费对已经濒临危机的农村社会来说，无异于雪上加霜。然而，保长最终兼任保国民学校校长的事实，说明了在当时中国乡村社会的实际情境下，乡村教育只有选择与乡村政权结合，才是符合当时乡村社会发展的便捷途径。

对于乡镇保长与保甲制度之间的关系，上至国民政府，下至各县政府，均有清楚认识。甚至时人认为："保甲长为推行保甲之主干人员，责任繁重，人民能否实行保甲规约上的一切任务，及实行联保连坐切结，胥视保甲长能否胜任以为断。"② 然而，民国时期乡镇保长待遇之微薄和地位之低下，促使许多乡村精英远离村政。事实上，民国时期的保甲长本来就是义务职，加之其办公经费少得可怜，为了维持保甲工作的运行和本人的生活需要，其间难免浮收摊派。对于当时保甲经费的拮据情景，时人曾讥讽称"保教养卫四件事，衣食住行一块钱"③。

为了改变这种权责之间的严重失衡，20世纪40年代甘肃各县政府在强调乡镇保长重要性的基础上，要求提高其待遇的呼声响遍全省，并成为各县共识。例如会宁县长范德民称："联保一级，至为重要，一县政务之良窳，其赖联保主任人选之优莠者亟大且巨。尤以战时政务纷繁，如所用非人，则诸事无法推行。"④ 西和县长马廷秀称："县为自治单位，联保主任及保甲长为推行县政之基干，其职掌虽经明令列举，但自宣兴以来，县府举办诸事倍殷往昔，另设系统，才财两难，且时间亦有不许者，故一切政务，省责之县，县责之区，区责之乡保。"⑤ "举凡征兵、保甲、禁烟、

---

① 石竹：《保学先生》，《申报》1937年2月15日，第19版。

② 常士恒：《河南办理保甲之经过》，《河南政治》1936年第6卷第6期。

③ 阮毅成：《保甲制度与地方自治（续）》，《浙江自治》1939年第14期，第6页。

④ 《提高联保主任待遇以便委用贤能而利政务案》，甘肃省档案馆，档号：4—4—176。

⑤ 《提高联保主任及保长待遇以资增进效能案》，甘肃省档案馆，档号：4—4—176。

社训、抗教、征发，以及其他有关自治事宜，无不汇集一身，事务又繁，责任又重，若不提其待遇，实不足以策进行而端弃隅。"① 平凉县长程汝继称："我国第二期抗战业经开始，后方各县之军训、兵役、战时教育、思想动员，以及抗战组织并行政各项，较前益关重要，然悉依保甲始能推进，是目前保甲长之任务比任何为严重。以西北边地一切落后，保甲长之知识能力同感薄弱，纵鞭之竟日努力办理，实属不能应付裕如，且县府国民自卫总队师团管区驻军政治部，县党部，每事又无不召集保甲长，使保甲长尽日东奔西驰，同有顾此失彼之虑。况保甲长孰无父母妻子，孰能不衣而暖，不食而饱，而其个人职业，益不可忽。因所事为义务职，逐日奔驰公务，孰不暇谋及生活，是保甲之津贴，若不具予明文规定，恐不久将发生避役之危机。"②

为了顾全事实，增强保甲效用，甘肃省民政厅在综合各县建议的基础上拟定了增加经费、提高待遇之两项办法："第一，提高保长待遇。原定之保长每月办公费五元，应全留于保长办公之用，不再补助联保办公费；第二，增加联保办公处经费，确定员役额数，联保办公处暂分为一二两等，所辖保数在十一保以上者为一等；十保以下者为二等；一等联保经费每月定为三十四元，二等定为三十元；一等联保主任月薪十元，办公费六元，各设联保书记一人，月薪均为八元，工役各一人，月各支工饷六元，联保主任一律兼任所在地之保长。上项经费除以原有之联保主任月薪十五元及兼任之保长办公费五元抵补外，不敷之款统由县在预备费项下开支，如有不足，由县另筹弥补办法。"③

姑不论上述办法能否落于实处，即便能够切实执行，但在物价飞涨的战争年代，原来预算的保甲经费势必会随着时间的推移而迅速失去其原有之购买能力。何况实际的保甲支出并不仅仅局限于保甲工作所需之费用。正如甘肃第七区专员曹启文称："查七区各县民众之担负綦重，详加核计，民众负担之额外摊派超过正供奚至倍蓰，故其痛苦不在正供而在额外摊派之。在县政府方面者，均列入概算统收统支，弊端尚少。而在驻军方

---

① 《拟提高联保主任保长待遇以资养廉案》，甘肃省档案馆，档号：4—4—176。

② 《拟请明令规定保甲长津贴案》，甘肃省档案馆，档号：4—4—176。

③ 《拟提高保甲人员待遇案》，甘肃省档案馆，档号：4—4—176。

面者，如煤炭、柴草之供给，粮秣之补助及其他临时发生之名目不胜枚举，或随时摊派，或直接征发，经手人员因缘为奸，藉端剥削，民众之所以力尽汗干、痛苦万状者，多在此耳。"[1]

既然乡镇保长把全部的精力都用于保甲工作，而国家又难以给予其足够的办公经费和生活补偿，为了维持保甲机构的运行，并保证自己的衣食住行，乡镇保长只有向所辖区域的居民就地摊收，尽管摊收的形式各色各样。正如马叙伦所谓："我们听得一位安徽怀宁县的朋友说，他的家乡一位乡长，半年里家私长了三四十万，乡长家里大小红白事体，保长送礼是向他保里的各户摊派的，所以每一家里除了输纳军米、雇代兵役等每月需预备几万几千块钱外，还得预备千百块钱给保长送份子。"[2] 乡镇保长在征兵过程中亦捞取了不少好处。据调查：乡镇保长如要在一个乡镇征发兵役，如果事前对这一乡镇没有清清楚楚地调查户口，便乘机舞弊。"上面只征十名，他去征三十名，拿这假造的二十名去敲诈勒索，或私许纳赃银的人雇人顶替。应征的人看见这种黑暗情形，早已厌恶愤恨了，焉得不规避逃亡。所以自抗战以来，各省现役适龄的男丁，若是奸究之徒，铤而走险，或聚合成匪；愚懦的逃亡四方，甚而不惜毁坏自己身体，借口残废，以求免役。这样一来，敌人未到，社会秩序早已凌乱，民生凋疲。一方面征召得来的多是体力不健、素质不良，因为多是乱拉来充数。"[3]

乡镇保长的上述行径进一步加剧了乡村社会的冲突，使本来属于弱势群体的乡镇保长摇身一变成为乡村社会的欺压者和剥削者；同时，乡镇保长整体的劣化不断撕裂着普通民众对乡镇保长仅有的一丝同情，使得原为乡村社会治理人的乡镇保长最终沦落为国民党征兵纳赋的代理人和民众泄愤的替罪羊。在抗战的艰难年代，乡镇保长的职责已由单纯的乡村社会治理转变为无节制的资源索取，而战争的持续进行与索取的不断加重，开始将贫瘠的乡村社会推向生存的边缘，乡镇保长的历史使命开始与普通民众的生存之间发生着尖锐的碰撞，无论其间谁是谁非，乡镇保甲长的"恶

---

① 《拟恳请转请中央将七区各县驻军军饷由国库拨发案》，甘肃省档案馆，档号：4—4—176。

② 马叙伦：《从民变说道保甲制度和民主》，《周报》1946年第26期，第4页。

③ 云月：《乡镇村街长怎样办理征兵》，《动员周刊》1939年第13期，第7页。

名"已昭著于世。

综上所述，抗战的全面爆发，打破了甘肃保甲制度原有的运行模式，促使甘肃省政府不得不对原有的保甲制度进行整顿。然而，无论甘肃省政府怎样强调保甲制度对于抗战的重要意义，均无法从根本上改变民众对于保甲制度根深蒂固的质疑，国民政府试图借助保甲制度以加强基层社会控制、聚集抗战能量的政治理想在民众的一片质疑声中失去光泽。相反，抗战时期繁重的征兵、征粮、抽调壮丁几乎占据了保甲工作的全部内容，保甲制度开始成为全国人民痛恨的对象。就连当时掌控四川民政的胡次威亦深感"保甲为庶政之基础，不言改革川政则已，如言改革川政，必自健全保甲组织及人事始"[①]。不过，一种政治制度的产生必有其产生的时代背景与内外环境，而时境的转移则必将引发该制度的内变。正如保甲制度在和平年代不仅可以控制民众，亦可以教化民众，甚至政府也可以借助国家权力对其进行必要的补充、完善，甚至是改革，但前提是保甲制度不能超载其应有的权力和义务。然而，抗战的爆发迫使国民政府不得不寄希望于保甲制度，而保甲制度在实现征兵纳粮的过程中虽然做出了一定的成绩，但也遗患无穷。因为国民政府赋予乡镇保甲人员繁苛任务的同时，亦赋予了其在乡村社会的无限权力，乡镇保长在完成征兵、征粮任务的同时，亦行使着其与本身并不相符的权力。乡镇保长权责关系的异化，既真切地展现出战争年代下保甲制度异化的身份和奇特的功能，亦揭示出保甲制度畸形状态产生的时境源流。

第二节　新县制的推行与甘肃保甲制度的重建

1937 年 7 月，中国抗日战争全面爆发，在日军的疯狂进攻下，中国东南沿海及华北各主要城市虽相继沦陷，但日本企图在 3 个月内灭亡中国的计划并未实现。国民政府组织的各种大型会战、国共两党的第二次合作，以及国民政府迁都重庆，都表明了中国政府及人民抗日的坚定决心。相反，战争的损耗及战线的不断延伸，使得日军在人力、物力、财力等方面的补给日陷困窘，军事进攻开始变得迟滞无力，1938 年 11 月武汉会战

---

① 胡次威：《谈保甲制度》，《新四川月刊》1939 年第 1 卷第 1 期，第 95 页。

之后，中国抗战由战略防御转入战略相持。随着中日战争的持久进行，原本握手言和、共御外侮的国共关系开始出现裂痕。同时，抗战年代的中国国情已"完全改变了国共两党政治斗争的条件。问题变成了哪个党能在这个国家的农业比较重要而现代化程度较差的地区，最充分地动员民众，建立军事力量，战争使这种竞争从官僚政治的现代化转向社会革命"①。对此，《申报》发表社论称："政治制度的进步与政治机构的改善，是保证抗战必胜、建国必成的基本条件，是全面抗战以来举国一致的舆论，是中央政府日夕谋求实现的国策。然而，过去或因地域关系，或因人事关系，使得中央尽善尽美的政策与法令，得到的却是绝对相反之结果。此种现象，平时已足以妨碍中央政令之推行，妨碍政府与人民的互相信赖、精诚合作。而在抗战建国时期，其影响更是不堪设想！"最近军委会政治部部长发表"关于政治部今后工作之讨论与决议"一文，其中即特别指出，"政治重于军事"，并就"如何积极的扶植及发展民意机关，推进战时民主政治，实行必要的民生改善，以至消极的肃清贪汙土劣，改革保甲制度等，都是加紧集中全民力量，推进抗战建国工作到胜利之途的先决条件"②。

　　正是在上述背景下，1939年9月19日，国民政府行政院颁布实行了《县各级组织纲要》，时人称之新县制。它是中国近代基层政权改革的一次尝试，也是国民政府试图完成自治、实现宪政的根本法令。新县制的基本特点是将地方自治与官治的国家行政相结合，将自治与保甲相结合。③在当时国民党人眼里，"新县制纲要不是用一个人或几个人的虚想构成的，也不是割裂旧有法规杂糅而成的"，它是国民党人"多年来根据总理地方自治的精神，以及实际的施政经验"，精心研究的成果，并经多数专家参加论证之后才制定而成的。其间既贯通着三民主义的理想，也贯通着抗战建国的精神。④《中央日报》亦评论称："这纲要的制成，是根据总理

---

①　[美]费正清、费维恺编：《剑桥中华民国史》（下卷），中国社会科学出版社1994年版，第11页。

②　《新形势下的五中全会》，《申报》1939年1月10日，第4版。

③　魏光奇：《官治与自治——20世纪上半期的中国县制》，商务印书馆2004年版，第212页。

④　李宗黄：《新县制的理论与实际》，《现代读物》1940年第5卷第1期，第9页。

的演讲及各方面多年的实际经验和长时间研究讨论的结果。没有偏重理想，也没有迁就事实，所以这纲要可以说是改造地方行政，完成自治，实施宪政的根本法令，为近年政制改革上一个大收获。"① 近年来，学术界对于国民党新县制的研究成果颇丰，但其研究主要集中于对 20 世纪 40 年代新县制推行之实况考察②，而对于新县制本身——"融保甲于自治"的改革性内涵则缺乏必要的研究。鉴于此，本书以民国文献及报刊资料为依托，以国民政府推行新县制之动因为契点，系统论述国民政府"融保甲于自治"的艰难历程及其改革性内涵，并在此基础上，进一步剖析新县制在制度设计上的进步性及其在实践运行中的局限性。

一 新县制推行中保甲与自治的融合

关于国民党推行新县制之原因，学术界众说纷纭，但有一点可以肯定，即国民政府试图"召集国民大会，制定宪法，提早实施宪政"，以确立其合法之正统地位，然宪政与地方自治之间不容分割，以至于地方自治再度成为国民政府不可回避的话题。地方自治不仅是实施宪政之基础，亦是宪法颁布后凸显民主宪政之媒介，更何况正在宪政积极筹备期间，更需"致力于这一项基本工作"③。至于如何实施地方自治，孙中山在《建国大纲》中曾有明确记述："县为自治之单位。""今假定民权以县为单位，吾国今不止二千县，如蒙藏亦能渐进，则至少可为三千县。三千县之民权，犹三千块之石础，础坚则五十层之崇楼，不难建立。"故县之建政，为建设三民主义国家之始基。过去地方行政制度，正因忽视下层基础，以至于头重脚轻，而自治之工作，亦难推行。④

有鉴于此，蒋介石于 1938 年 4 月在第五届第四次中央执行委员会上

---

① 《社论：完成新县制》，《中央日报》1939 年 9 月 30 日，第 2 版。
② 目前学术界较具代表性的研究成果有：曹天忠：《新县制"政教合一"的演进和背景》，《近代史研究》2008 年第 4 期；沈成飞：《抗战时期广东国统区新县制的推行》，《历史教学》2008 年第 7 期；吴雯：《民国时期新县制推行失败原因探究——以江西省为例》，《江西社会科学》2006 年第 10 期；忻知：《各省实施新县制推行地方自治成绩总检讨》，《民国档案》2005 年第 3 期；曹成建：《20 世纪 40 年代四川省新县制下地方自治的施行》，《西南交通大学学报》2002 年第 2 期。
③ 《当前的地方自治问题》，《申报》1940 年 1 月 7 日，第 4 版。
④ 周钟岳：《新县制与地方自治》，《浙江政治》1940 年第 2 期，第 8 页。

提出了"改进党务与调整党务关系"之草案，其目的就是要对以往党政机构之弊病加以根本改造。草案指出：行政各级机构的建制，纯系针对当前地方需要情形和这几年推行县政遭受种种障碍之经验，补其缺陷，救其疲敝，扩张政治下层肌体，激发民众自动精神，尤其乡镇公所一级，尤属特别创制，将官治与民治融为一体，实为民主政权树立之先导、县政机构之重心。在今后抗战建国前途的进程中，乡镇一级无疑是最关要的工作。本草案之主要精神是，将县以下各级组织形成虚实互用之关系。如"县"为实级，县之下的"区"为虚级（即重在辅导，不在执行），区以下之"乡镇"为实级，"保"又为虚级，而"甲"则为一切实际工作之基层，故又为实级。① 这一草案提出后，不仅引起了党政人员和专家学者们的关注，甚至有的地方亦开始尝试推行。

1939 年 4 月，蒋介石在中央训练团党政人员训练班讲演时，又将上年原草案加以拟定补充，在地方组织方面，有了更加具体的规定，如确定乡镇为县以下之基本单位，保为乡镇之构成分子，均应特别加以充实。县与乡镇之间应制定较有弹性之规定，"因地制宜，可分区设署，或乡镇建设联合办事处，以为上下联系之机构，其无此需要之地方，乡镇可直辖于县政府"，乡镇与保之间亦可制定较有弹性之规定，在人口聚集之区域，如一村或一街为自然单位，不易分离时，可以二保或三保为一联合组织，设置首席保长。五甲以下为一自然单位，设置首席甲长，统管事务，以避免生硬割裂。为了有效解决经费与人才问题，所有乡镇保甲之工作人员，均由学校教师分别担任，所有乡镇保学校校长及壮丁队队长，均由乡镇保甲长兼任，以收管、教、养合一之效。并将民众全体组织起来，分别担负各项工作，以应实际之需。国民政府正是在上述草案的基础上，斟酌各方意见与经验，制定了《县各级组织纲要》，其内容虽稍有不同，但精神完全相符。以致时人认为，这一纲要"不独为民国政治史重要之文献，实且可视为促进抗战建国必胜必成之唯一关键"②。

不过，对于如何看待保甲与自治之关系，国民党内部一直以来存有分歧。据局内人士回忆，当时国民党内部存有"办自治不办保甲"与"办

---

① 沈松林：《新县制的特质》，《时事半月刊》1940 年第 3 卷第 7 期，第 33—34 页。

② 沈松林：《新县制的特质》，《时事半月刊》1940 年第 3 卷第 7 期，第 34 页。

保甲不办自治"的不同意见。以杨永泰和张群为首的"新政学系"主张从鄂、豫、皖、闽、赣等"剿匪"省份开始推而广之，各省一律"停办自治，改为保甲"；而以陈果夫为首的 CC 系则强调，"剿匪区"各省"停办自治，改办保甲"，只不过是一时的权宜之计，将来仍需遵循孙中山生前主张，回过头来再办自治。① 众所周知，在清末新政的改革浪潮声中，地方自治悄然潜入，并成为清末"预备立宪"的重要组成部分。"而民国初期的各级政制之中，更是少不了地方自治的雏形"。及至 1929 年以后的三五年中，国民党中央与地方政府亦曾一度以努力推进地方自治为要务，但成效微弱，"只做到了划分自治区域与筹备自治机关两事。正因为地方自治是宪政的初步工作而不是起码工作，是基本工作而不是粗浅工作，完成大不易。何况正在国步维艰，横逆迭乘之中"②，如何理性地处理自治与保甲的关系，一直是困扰着国民政府的一大难题。

自 1932 年始，由南昌行营通令"剿匪"区内各省先行举办保甲，以为治标方策，其他各省即相率效仿，以致原有推行之自治工作，反而逐渐缓驰，以至于自治与保甲对峙而存。不过，保甲制度的核心在于加强地方控制，而根据立法院订正的《县自治法》规定，县警卫治安事项为县自治之要政，以此观之，保甲实为自治之一部分，理应容纳于自治组织之中，而 1939 年国民政府颁行之《县各级组织纲要》中规定保甲附于乡镇编制之内，其意即在于此。虽然当时舆论亦有认为，保甲利于管人，不必利于管事；而自治阶层太多，办事不免滞碍，但实不知"在抗战期间，敌骑所至，往往闾阎为墟，乡村小民势难如承平时代胶着一隅，如将保甲与自治组织打成一片，则不惟国家征兵比较容易，且甲地人民漂泊至于乙地，仍可随时组织，不为地域所限，此系办理战时地方自治的必要条件，不容轻视"③。

对于新县制自身所内涵之"融保甲于自治"之精神实质，古希贤在《本省新县制实施之探讨》一文中更是一针见血："民国十六年，北伐完

①　胡次威：《国民党反动统治时期的"新县制"》，载《文史资料选辑》，第 129 辑。转引自魏光奇《官治与自治——20 世纪上半期的中国县治》，商务印书馆 2004 年版，第 213 页。

②　《当前的地方自治问题》，《申报》1940 年 1 月 7 日，第 4 版。

③　《当前的地方自治问题》，《申报》1940 年 1 月 7 日，第 4 版。

成，国府定都南京，所颁一切自治法令，固为执行政治建设之方案，即二十一年首先推行'剿匪'区域，继而普及全国之保甲条例，亦莫不本此一贯精神。盖自治保甲，均以管、教、养、卫为中心，而保甲尤为严密组织，加强自为之制度，必能经济有以自给，于治安足以自卫，则自治事业，始有确实之保障，民主政治之原则，亦可免流于空泛，故二者互为辅助，共相扶持，并行而不悖，新县制之实施，则配合数者之长，而冶与一炉，并有以加强之。"①

由此可见，"纳保甲于自治之中"是新县制的核心要义之一。新县制颁行前国民政府内部进行的自治与保甲之争，其实质是县区乡到底应实行自治还是官治？而新县制的颁行则明确规定在县乡实行地方自治，从而为这一争论划上了句号。同时，新县制规定，实行乡镇保甲长及民意机关的选举制度，改变了以往保甲制度仅仅以"自卫"为职能的做法，而将广泛的地方建设事项纳入自治事务范围，充分显示出新县制体制的地方自治性质。特别需要指出的是，保甲并非一成不变地被融入新县制的地方自治体系，而是发生了质的变化，在新县制的规约下所进行的保甲编组，已没有了各户联保连坐的规定，保甲的职能已经从单纯的自卫组织演变为自治组织。②

然而，值此抗战之艰难岁月，如何有效地将保甲融入自治，并完成地方自治的目标呢？国民政府组织"地方自治筹划委员会"，制定了详细的自治施行方案，并规定自治施行须经三个阶段：扶植自治、自治开始、自治完成。在第一阶段，县市长依法由政府任命，设县市参议会；乡镇长由各本区人民选举三人，由县长择一委任。第二阶段，县市长仍由政府任命，县市会议议员及乡镇长等皆由人民选举产生。第三阶段，所有上述人员皆为民选。不过，国民政府也认识到因各地情形不同、环境迥异，尤其是在抗战期间，更有所谓之沦陷区、游击区、安全区之分，国民党中央只有设定富有弹性之规定，才能因地因时而制宜。如自治区域的划分问题，对于自治工作的推进，关系尤为密切，在划分之先，必须就地理、历史、

---

① 古希贤：《本省新县制实施之探讨》，甘肃省档案馆，档号：15—9—8。

② 魏光奇：《官治与自治——20 世纪上半期的中国县治》，商务印书馆 2004 年版，第219—220 页。

风土、人情、交通、物产等，作一整体之规划。虽然上述措施在理论上，似非战时所能轻举，但有许多地方，正因战事影响，交通梗阻，人民流离，如若继续保持此种自治区域，将无异于"闭门造车"。"譬如代沦陷区人民谋自治，岂非滑稽？欲图补救，似应由行政专员及县长就近调查，妥为修正，其关于乡镇长等的选举事宜，亦不能不由专员县长等呈准上级机关，派遣曾受训练人员为自治指导员，驰赴各地，分别指导。"①

由上所述，在 20 世纪 30 年代，虽然国民政府内部对于保甲与自治存有争论，尽管国民政府曾试图将两者合二为一，但这一问题直到 1939 年新县制实施之前并未得到实质性的解决。不过，随着新县制的实施，地方自治再次被国民政府提上议事日程。如何将保甲制度与地方自治有机融合，国民政府在《县各级组织纲要》中最终提出了一个较为合理的解决方案。

二 新县制的推行与保甲机构的调整

新县制的实施并非一朝一夕，其成绩的显现更非立竿见影。正如《中央日报》评论称：《县各级组织纲要》的实施，不仅需要相当时日，而且还要遇到许多困难。首先是人才和财政是否能适应《纲要》的需要；其次是全国一千九百多县，地理人情极为复杂，是否能一一照《纲要》的规定去实行。就人才而言，自县政府佐治人员以至区署、乡镇公所、保办公处，各级所需人员为数众多，如依照规定任用，显然还没有足够的受训练或符合资格的人。不过，"如滥竽充数，则不但没有好的结果，且反足以败事，现时地方行政上许多坏现象，都是从推行政令不得其人产生出来的"。说到财政，县以下的各级组织因为没有相当经费，以致诸事无从着手，且给土豪劣绅以摊派剥削之机会，但这又是现时各省的普遍现象。没有钱办不了事，增加捐税又不免增重人民的负担，在平时增税已有不少困难，战时更是多有顾虑。所以人才和财政是实施《纲要》的两大先决问题。那么，这两问题如何解决呢？"事实不许我们等候人才和财政解决了才去实施县政的改革，问题是互相关联的，只有实施县组织纲要之后，才能够逐渐解决人才和财政问题。"②

---

① 《当前的地方自治问题》，《申报》1940 年 1 月 7 日，第 4 版。
② 《社论：完成新县制》，《中央日报》1939 年 9 月 30 日，第 2 版。

由此可见，人才与财政的双重困窘是滞碍国民政府实施基层政制改革的瓶颈，也是国民政府在推行基层政制改革过程中不得不正视的客观事实。尽管如此，国民政府仍然决心推行县政改革，并希望在基层政制改革中逐步解决人才短缺与财政困窘之难题。

1939 年 9 月，国民政府颁行之《县各级组织纲要》共分 10 章、60 条，对于县、区、乡镇、保甲的划分和编组，县乡镇财政收支和各级民意机关的设置，都做了十分详细的规定。就纲要本身而言，有如下特点。

第一，法令统一化。自南京国民政府成立以来，颁布通行的有关县政、自治、保甲之法令，名目繁多。但时至 1939 年，县政府推行之法令仍为 1929 年 6 月 5 日公布之《县组织法》及 1937 年 6 月行政院公布之《县政府裁局改科暂行规程》；而区署之法令，为 1937 年 6 月行政院公布之《各县分区设署暂行规程》；至于区公所、乡镇公所，以及保甲现行之规程，亦为现行《县组织法》及《各级自治单行法规》与 1935 年 7 月行营修正公布之《修正"剿匪"区内各县编查保甲户口条例》。法令名目繁多，且各法令之内容又大都随事增损，补苴罅漏，并无一贯之体系与明确之方针。"自抗战军兴以来，县组织法及依县组织法而制定之法规，事实上已不适用，而县自治法及依县自治法所产生之法规，则并未公布。是吾人虽谓关系重大之县政与自治，目前实无统一之法律可资准绳。"[1] 1939 年 9 月颁行的《县各级组织纲要》则把县政、自治、保甲熔于一炉，并规定"本纲要施行后，各项法令与本纲要抵触之部分，暂行停止使用"[2]。从而统一了以前重复杂繁之法令，使得县和乡镇两级组织，不仅在"事权上、区域划分上、机构设置上、用人标准上得到了统一，而且在财政上、法律观念上也一样的得到了统一"[3]。

第二，规定弹性化。中国县份近逾两千，各县的自然环境、经济情形、文化水准各有不同，要使一种法规适应于全国各县之复杂情形，而不

①　楼桐孙：《县各级组织纲要释要》，《新四川月刊》1939 年第 1 卷第 7 期，第 34 页。
②　《国府公布县各级组织纲要：全文凡十六章六十条》，《清明》1939 年第 1 卷第 6 期，第 24 页。
③　李宗黄：《新县制之特性及其目标》，《地方行政》（广东曲江）1940 年第 4—5 期合刊，第 16 页。

致发生"削足适履"之弊病,唯有采取弹性规定,才能使法令行之有效,而这一点在《县各级组织纲要》中得到充分体现。例如,《纲要》把县的等次从三等制细化为六等制;县政府内科室的多少,亦依据县的等次和实际需要来拟定,从而避免了形式主义的缺点;区的划分和区署的设置,也要看县的面积之大小,或者是有没有特殊之情形;乡镇的划分和保甲的编制,虽然仍采取十进制的原则,但又规定不得少于六个单位,多于十五个单位,从而既能保存了固有组织,又能调动自如。同时,各级组织办事人员之多寡、专任或兼任,都赋予了因时因地以制宜的弹性。《中央日报》评论称:"纲要具有极大的弹性,不仅全国的复杂情形可以适应,不致有削足适履的毛病,即人才和财政的困难,也可因此而得到若干消极方面的解决。例如经济教育发达的区域,乡镇中心学校和保国民学校可实行校长专任制。经费不充裕的地方,乡镇公所的各股得酌量合并或仅设干事,保办公处仅设干事一人。有了这种规定,可以说人才和财政的困难,并不足以妨碍纲要的实施。"①

第三,重心基层化。以往中国行政机关不仅呈现出"头重脚轻、上粗下细"的"倒筑金字塔"形态,而且"在县政府以下,既空洞无物,政府与民众之间,根本脱节,无从连贯"②。这种组织形态既不能动员民众,更无法适应抗战之需要。为此,《县各级组织纲要》明显纠正了此种缺憾,不仅修正了县政府原有之"权轻责重,人少事繁"的现象,而且将县政府与民众直接接触之乡镇保甲组织尽量充实。如《纲要》第三十二条明确规定:"乡镇公所设民政、警政、经济、文化四股,各股设主任一人,干事若干人,须有一人专办户籍,由副乡镇长及乡镇中心学校教员分别担任,并应酌设专有之事务员,经费不充裕地方,各股得酌量合并,或仅设干事;"第五十条规定:"保办公处设干事二人至四人,分掌民政、警政、经济、文化各事务,由副保长及国民学校教员分别担任之,在经费不充裕区域,仅设干事一人。"③ 这样对于管、教、养、卫诸事项,都在

---

① 《社论:完成新县制》,《中央日报》1939年9月30日,第2版。

② 《国府公布县各级组织纲要:全文凡十六章六十条》,《清明》1939年第1卷第6期,第23—24页。

③ 《国府公布县各级组织纲要:全文凡十六章六十条》,《清明》1939年第1卷第6期,第23—24页。

下级组织中配置相应之人员，使一切法令的执行真正责任到人。由此可见，对基层组织的重视与充实是新县制的一大特色。

第四，经费具体化。在新县制实施之前，地方财政制度异常混乱，人民不仅需要交纳无限之税额，更需承负无限之摊派，财政收支"无预算、无审核、无金库、无固定税源，一切混淆不清，以致经手人员，易于层层舞弊"①。虽然国民政府以前也曾制定过许多周密详尽的法律，但很多难以付诸实践，究其原因虽纷繁复杂，不过有一点不容否认，那就是对经费没有明确而详尽的规定。对此，《县各级组织纲要》第十九条明确规定："所有国家事务及省事务之经费，应由国库及省库拨给，不得责令县政府就地筹款。开支经费足以自给之县，其行政费及事业费由县库支给，收入不敷之县，由省库酌量补助，人口稀少、土地尚未开发之县，其所需开发经费，除省库拨付外，不足之数，由国库补助。"② 这样，不但各县不会因经费问题牵涉到整个办法的实行，而且还可以各地平衡发展，使整个社会获得进步。在国民政府看来，"现时地方财力薄弱，并不一定是人民没有负担的能力，最大的症结还是没有预算决算，没有划分省县财政界限，没有会计和审核的制度"。因此，许多地方便任意派捐摊款，舞弊中饱，人民负担日重而财源日竭。所以地方财政如能切实整理，不仅不增加人民负担，还可以增加财政的收入。其实，即使负担有所增加，如确能涓滴归公，取之于地方，用之于地方，人民也不至于有怨言。不过，要整理地方财政，《纲要》关于县财政部分的规定则必须切实执行。因此，时人评论称："财政困难不是实施县组织纲要的困难，反之，县组织纲要的实施才可以解决地方财政的困难。"③

第五，人才甄选与训练的同步化。由于新县制专门化的特点，使得所有县各级人员，如非具备一定的专门知识与技能，实难胜任。但事实上又因人事制度未立，现职人员，每多不克努力进取，一般学成之士，又往往奔赴中央或省之各机关，致使县地方无法延揽适当之人才。人员任用，率

---

① 李宗黄：《新县制之特性及其目标》，《地方行政》（广东曲江）1940 年第 4—5 期合刊，第 15 页。

② 《国府公布县各级组织纲要：全文凡十六章六十条》，《清明》1939 年第 1 卷第 6 期，第 22—23 页。

③ 《社论：完成新县制》，《中央日报》1939 年 9 月 30 日，第 2 版。

多就乡土姻亲或一知半解者东拉西凑而已。如此而欲树立新制，自难获预期之效果。所谓"徒善不足以为政，徒法不能以自行"，有治法尚需有治人，故新制能否早观厥成，须视人事行政之能否改进以为断。① 不过，"人才的养成也不是坐候得来的。一方面应有完备的甄选制度，选拔现在必须任用的人员，另一方面应从事于基本的教育和短期的训练，再加上县参议会和乡镇民代表会、户长会议、居民会议等机构的监督和训练作用，地方行政上人才的困难才可以逐渐解决。财政和人才两大问题解决了，其他的困难自然可以迎刃而解"②。

透过《纲要》本身之特点，不难看出新县制的一个明显特点就是国民政府将保甲与自治最终以制度化的形态融为一体。其主要表现在以下几点。

第一，"区"一级的虚化。区作为县与保甲间之一级，一直以来受到人们的质疑。国民政府成立自治机关"区公所"的时候，还少有问题，但到"分区设署"之区署成立以后，便争论不休。在最早实施区署制度的江西省，由于县境比较广阔，较易推行，但在其他省份的推行中遭到了抵制。例如前湖南省主席何键就曾坚决反对。他认为地方行政机关应绝对维持省、县两级制，以符建国大纲之规定，在省区未缩小、县区未整理以前，其有设置临时机构之必要者，亦应定为辅佐机关，不得于省、县两级之外新增级数。这种争论一直延续到抗战年代。1939 年颁行的《县各级组织纲要》则把县确定为"自治体"，对"区"采取了折中办法，即在面积过大或有特殊情形之县份分区设署；而区署为县政府补助机关，代表县政府督导各乡镇办理各项行政及自治事务。至此，区由单纯一级转变为介于县和乡镇之间而兼任辅导工作之一虚级。区一级的虚化，不仅顺应了自治之要求，而且也为乡镇一级的行政实体化打开了方便之门。

第二，乡镇一级正式成为国家权力科层机构。自秦汉以降，中国国家权力之触角最低到县，县以下的所有组织均为民间私有，与国家权力几无牵连。然而，新县制明确规定了乡镇一级为县以下之国家权力机关，它与

----

① 姚开基：《实施新县制与人事行政之改进问题》，《云南民政月刊》1946 年第 1 卷第 5 期，第 5 页。

② 《社论：完成新县制》，《中央日报》1939 年 9 月 30 日，第 2 版。

区署制度一起，创立了在县以下设置虚区实乡镇的"一级半"行政体系。这是因为中国各县辖境相互差异很大，其统辖的村庄数目，小县或不满百，或二三百，中县、大县则多达数百以至上千。在这种情况下，在县与自然村之间仅设乡镇一级行政，对于小县来说，已经足资治理；但对于中县、大县来说，设乡镇过多必然导致县行政难以统辖乡镇，设乡镇过少则又导致乡镇难以统辖村庄。反之，如果在县与村庄之间都设立区和乡镇两级行政，则往往又有机构臃肿，层次隔阂，政令难畅之虞。① 因此，在县与村庄之间设立虚区实乡镇的"一级半"行政体系，并使乡镇一级行政实体化，不仅解决了"区与乡镇的事务类多重复，叠床架屋，自属无谓"之弊病②，而且也为国民政府将国家权力渗进乡村社会提供了一条理想的便捷途径。

综观20世纪三四十年代国民政府推行之基层政制改革，其事项虽千头万绪，但究其本源则不外乎管、教、养、卫。在国民政府的诠释中，"教"是训政，即训练人民如何使用四权；"养"是民生，即提高人民经济生活水平；"卫"是自卫，即保卫民族的独立自由。以此观之，所谓教、养、卫三者，其实就是三民主义的具体实施。至于"管"，就是实施上述三项政策之最有效的手段和方法。把内容极其复杂广泛之地方自治，用四个字简明扼要地表示出来，可谓对孙中山"保民理生""教养并施"的绝大阐明。③ 孙中山亦曾言："国者，人之积，人者，心之器"，人人有管、教、养、卫之能，地方才有管、教、养、卫之政，国家始成管、教、养、卫之功。面对中国之国情，蒋介石也认为"现在我们的地方自治，对教、养、卫三者以外，尤需注重于管理。换言之，即应注重于纪律与秩序。故教、养、卫三项要目以外，更需加上一'管'字。所谓管、教、养、卫，乃为完全。如徒知教、养、卫，而不知管理，则所有教、养、卫之工作，基础必不能确实，办理必不能一贯，结果所有工作皆不能持久"④。

不过，鉴于过去地方行政分门别户，各自为政，非互相冲突，即彼此

---

① 魏光奇：《官治与自治——20世纪上半期的中国县治》，商务印书馆2004年版，第223页。

② 《当前的地方自治问题》，《申报》1940年1月7日，第4版。

③ 李宗黄：《新县制的理论与实际》，《现代读物》1940年第1期，第10—11页。

④ 古希贤：《本省新县制实施之探讨》，甘肃省档案馆，档号：15—9—8。

摩擦，利未见而弊已丛生。因此，《县各级组织纲要》规定：乡镇长、乡镇中心学校校长，以及乡镇保壮丁队队长，暂以一人兼任。并规定各级组织范围确定以后，所有教育、卫生、合作、警察等区域，均应力求合一，以期管、教、养、卫各项工作，能以统筹兼顾，共同发展。[①] 对此，时人亦有感触：此一制度之设置，即可免除教、养、卫三者分立之摩擦，"更可使其实际推行之机构在实际推行政令中，各部门工作得着密切配合，则备收行政之效率。再则三位一体制，可使三个机关合而为一，无形中节省开支不少，复将三项薪俸相加而以较总数为少的薪俸给予一人，则个人收入增加而公家支出复较前减少，此为唤起一般人到乡村去之最有效办法"[②]。

新县制在强调"管"之同时，亦非常注重于"养"之根本。由于以前地方政府对于基层社会建设极为漠视，以至于"以往除合作及度量衡各有专人负责，较有成绩外，余者建设事务都是奉行故事，鲜有切实推行史实。殊不知，县政实施之中心目的，无非在于发展经济建设，使人民获得相当生产，以解决'养'之问题。反之即不能解决'养'之问题，则管、教、卫三者虽办得完善，亦不能如期地方自治之目的"。蒋介石训示中亦称："要知道地方自治是要以经济为基础，国家政治也要以经济为基础，如果土地没有开拓，经济没有发展，一般民众缺衣缺食，如此怎样可以谈到地方自治。……要晓得编组保甲和调查户口等，不过是办理地方自治的手段，而我们地方自治的目的，还是在开发经济、充裕民生。"[③]

然而，20世纪40年代战争与贫困交织下的中国国情能否给予国民政府以足够的时间和精力去解决"养"之问题，人才和财政问题是否会随着新县制的推行而得到解决，答案显然是否定的。对于新县制推行时之政治生态，时人归纳为六个方面：一是民智未牖，人民对于政治不能发生兴趣；二是经费困难，工作不能推动；三是组织松懈，不能运用灵活，发挥力量；四是党政失调，不能通力合作，相互为用；五是社会秩序不宁，妨碍工作进行；六是时间迫促，不能按程递进。[④] 那么，上述问题在新县制

---

① 周钟岳：《新县制与地方自治》，《浙江政治》1940年第2期，第11页。
② 宰时：《新县制之研究与人事之关系》，甘肃省档案馆，档号：15—9—7。
③ 宰时：《新县制之研究与人事之关系》，甘肃省档案馆，档号：15—9—7。
④ 周钟岳：《新县制与地方自治》，《时事半月刊》1940年第7期，第40页。

推行过程中是否已发生了变化呢？答案亦是否定的。事实上，20 世纪 40 年代的中国乡村社会之危机比之于 30 年代，显得更为严峻。

20 世纪 40 年代前半叶的中国仍处在艰苦卓绝的抗战年代，如何保证抗战之人力、物力、财力之供应，实是考验乡镇保长最为重要之指标，而所谓乡镇保长的民主选举在这一特殊的战争年代也只能停留于案牍文件。抗战胜利后，国民政府迫于舆论压力，开始沿承总理遗教，实施"宪政"统治。为了使其宪政之治初备民主色彩，国民政府决定将乡镇保长的产生模式由委派制转变为选举制①，规定"保设保民大会，选举保长；乡镇设乡镇民代表会，选举乡镇长"。设乡镇为法人，废止联保，成立乡镇公所，保甲为乡镇内部之编制，一方面配合保民大会和乡镇民代表会等各层民意机关，唤起民众，发动民力，建立由下而上的全民参政机关；另一方面健全各种民众组织和民众团体，加速完成地方自治，提高人民自治的主观能动性。② 可以说，直至此时，国民政府在各种因素的影响下，才把一部分精力转移到新县制的实施中来。为了减轻民众负担，在抗战即将胜利之时，国民政府行政院于 1945 年颁布训令称："保甲户口之编查，责在县长，其考核自当以县长为对象，应列为县长工作之考绩，……至战事兵役粮政比率，一律取消，不再予以硬性规定。"③ 这一规定似乎标志着中国人民在经历了艰苦卓绝的十四年抗战后，不再为逃避繁苛的兵役负担而担心了。但这种乐观的心态并未维持太久，战后国内政治环境的剧烈变动和国共内战的一触即发，迫使国民政府不得不将征兵问题再次置于核心地位。1946 年 11 月 23 日，国民政府通令甘肃省政府称："为提高征兵效率，凡征兵区域，本年度之县考绩，应占其总考绩三分之一。"行政院虽认为其他县政中心工作与征兵同等重要，但仍拟定"保甲户口""征兵""征粮"各占县长总考绩分数的 20%，借以兼筹并顾。④

---

① 柳德军：《民主的悖论：20 世纪 40 年代甘肃乡镇保长民选及其异化》，《安徽史学》2016 年第 1 期。

② 高清岳：《新县制下乡镇保甲组织之检讨》，《地方自治》（成都）1940 年第 12—13 合期，第 12、10 页。

③ 《为编查保甲户口列为县长考绩比率及从速制定三十五年度县长考绩工作成绩百分比总标准出请查照办理由》，甘肃省档案馆，档号：15—3—368。

④ 《为三十五年度县长考绩标准征兵征粮各列百分之二十由》，甘肃省档案馆，档号：15—3—368。

从这一时期县长的考绩比例中不难看出，作为基层之乡镇保长为了完成上级任务而必须承受之巨大压力。因为对于县长而言，征兵征粮虽然责任重大，但还不至于过分苛责，但对于乡镇保长来说，上级任务往往急如星火，如不依限完成，将会受到严厉惩处，甚至不依限送清者，将"以妨害兵役罪"论处。对此，时人感叹道："保甲长职，农不暇当，绅士不愿当，而有廉耻的人又不肯当，势必只有地痞流氓、土豪劣绅、无业游民、街头市侩来干，他们还争着愿干，因为他们的观念格外有一种心理，他们的行动格外有一套干法，他们承着中国败治社会传统习性之所渲染和趋尚的，几于大多数在观念上也具有一种升官发财的封建思想，和在行动上也形成一套因循敷衍的幕僚习气，……兼之实际上身为保甲长一年到终，得不着半文薪水，"只有遇事便贪，无钱不要。① 农村社会的贫困、乡镇保长待遇的微薄、严酷的战争环境，在将一批乡村精英推出村政的同时，亦酿造了一大批地痞流氓，而国家公权力却助长着他们的"恶欲"，给予了他们行动的"合法"外衣。时已至此，民国乡镇保长无论是民选还是委派，均已无法摆脱时代的摧折和历史的命运。

不过，造成上述恶果之元凶不能完全归咎于民国乡镇保长个人素质之不良，更应看到 20 世纪 40 年代乡镇保长待遇之微薄及战争年代保甲任务之繁苛。对于民国乡镇保长而言，一方面，微薄的待遇不足以维持其本人的基本生活，更毋庸说维持一个家庭的生活。另一方面，战争年代繁苛的保甲任务迫使乡镇保长不得不将全部的时间和精力投放于保甲事务，而其原有的谋生手段也随着保甲工作的不断加重而日渐放弃。在其基本生活面临危机而又无法从事生产劳动之前提下，乡镇保长除了贪污勒索、随地摊派，再也无法寻到更好的解决路径。对此，甘肃省民政厅曾在 1938 年请求增加乡镇保长待遇提案中即有提及：现有之保甲经费，单就保甲事务已难敷用，更毋说养活乡镇保长等一家老小。相反，目前之保甲工作既繁且巨，乡镇保长如要从事其他工作，势必有所不能。因公胜累，既非人情所愿，但受情势所迫，又不得不在其位而谋其政。其结果必然是"以往功令不能贯彻，民众失却信仰"②。四川省政府亦有类似陈述："保甲长系义务职，但其工

---

① 段麟郊：《中国乡镇与保甲问题的改善》，《地方自治》1940 年第 12—13 期合刊，第 7 页。
② 甘肃省民政厅：《拟提高保甲人员待遇案》，甘肃省档案馆，档号：4—4—176。

作则异常繁重，战事发生后，更有继续增长之势……一切政令均赖保甲推行处理，万一不当，政府之斥责、人民之怨恨，丛集一身，以致公正廉明之士视为畏途，土劣地痞乘机活动，往往借保甲之名行勒索敲诈之事，此其影响实系重大。"① 由此可见，20世纪40年代连绵不绝的战争、乡村社会的持久贫困、乡镇保长的待遇低廉，以及乡村社会人才的紧缺等等一切，都极大地阻碍着国民政府基层政制改革的运行，这些因素亦注定了国民政府新县制在制度设计与社会实践之间必将存在着难以弥合的巨大鸿沟。

综上所述，在新县制推行之初，无论是国民政府，还是文人学者，都对新县制的推行充满了期待，而新县制的制度设计亦确有其可圈可点之处，但新县制的实践之路却阻碍重重。20世纪40年代绵延不绝的战争最终迫使国民政府不得不放弃了颇具民主色彩的"地方自治"，并将"征兵""征粮"列为县政及乡镇保甲考核的主要指标。纵观20世纪40年代新县制推行下中国基层政制之演变，可谓变与不变水中看花，保甲与自治亦是雾中望月。透视国民政府新县制推行之初衷，可称之为近代基层政制改革的一次理想化尝试，亦具有一定的近代化特色；但从新县制的实践结果而言，无论是保甲，还是自治，抑或"融保甲于自治"，其结果都是在战争的蹂躏下扭曲变形，都成为国民政府服务战争之征兵纳粮的代理机构。不过，我们暂且不论新县制在实际推行中的效能如何，单就制度本身而言，它在一定程度上解决了国民政府在保甲与自治问题上的游移，从制度上、法理上将保甲制度与地方自治融为一体。尽管国民政府的这种融合，仅仅是借用地方自治的躯壳来行使保甲制度的内容，但在当时特殊的时代及国情下，这种融合亦算得上一种难得的进步。

三　新县制的推行与甘肃保甲制度的扩展

《县各级组织纲要》于1939年9月19日颁行以来，各省政府即陆续遵照行政院订定的实施办法，拟订各省之实施计划。甘肃省虽然地域偏僻、环境特殊，但亦斟酌地方财力及本省实际情形，依《县各级组织纲要》之规定，将甘肃各县分别厘定为六等，共计全省辖县六十六，设治局三，其中除"合水、环县、卓尼、夏河、肃北，情形特殊，经呈准暂

---

① 《保甲制度推进概况及其问题之商榷》，四川省档案馆，档号：5—77—3。

缓施行外，其余各县局一律于二十九年七月一日开始实施，计分三期进行，预计两年半完成"①。甘肃省政府在新县制推行过程中，对全省各县的县政环境、县财政状况以及存在的问题进行了实地调查，对县及以下各级机构进行了较大幅度的整改和补充。甘肃省政府的这些努力，一方面加强了自治与保甲在甘肃内地的融合，另一方面也使甘肃各县原有的保甲机构与自治机构得以整合，使其在形式上取得统一。可以说，保甲与自治的这种制度性融合以及甘肃省政府对县以下各级机构的整改，为甘肃基层行政体系的建立奠定了基础。

（一）对甘肃县政环境的调查。

那么，新县制在甘肃推行之实际情形如何，取得了哪些成绩，又遇到了哪些困难呢？对上述问题的深入解读，不仅需要对甘肃政局有一系统把握，更需对甘肃县政环境有一个较为深入和理性的认识。

第一，经济条件。因交通不便，甘肃省经济条件除极少数县外，与一般的内地各省相比，亦有不如。农业经营因人口稀少，基本失于粗放，土地生产力甚小，大部地方地力未尽，甚或荒芜而无人使用，若干县尚以牧畜为主要生业。因此，地方经济力量亦至为贫弱。在数年以前，全省年收入约有江苏之一大县。县地方之财力更小，1940年各县之岁入，除天水外，再未达到三十万元者，少者仅有五六万元。以此条件，如依他省之标准完成新县制改革，困难极大。②

第二，文化条件。因经济条件之限制，甘肃省教育事业亦难于发达。据调查，自1938年至1945年，全省大学及专门学校毕业生80余人，中等学校毕业生亦仅6500余人，已受国民教育的儿童7万余人，已受补习教育的成人26万余人，在全省总人口620万余人中，识字者约150万人，仅占全省总人口24%强。以致小学毕业生即可充任小学教员，高中毕业生即予以县政府之科长而不屑为。人才缺乏成为甘省新县制推行之一大滞碍。③

第三，新县制实施之困难。甘肃县政受人力、财力的限制，其组织空

---

① 《实施新县制报告》，甘肃省档案馆，档号：15—9—6。
② 《甘肃省新县制实施概况》，甘肃省档案馆，档号：15—9—5。
③ 《甘肃省新县制实施概况》，甘肃省档案馆，档号：15—9—5。

虚，力量薄弱，间有若干地方，以县境辽阔，交通不便，地方恶势力易于形成，豪强者纠众集械，弁髦政令；奸巧者寅缘官府，鱼肉人民。县府力量不足控制全县，遇事不得不借力于豪绅，下层政治越来越与中央政令相脱离。再者，边地人民以馈赠为风尚，最易启贿赂之端，藏民部落以征发为惯例，亦适于摊派之陋习，均可助长下层政治之弊窦。以此新县制之实施，行政组织之加强，人事之改进，政治风尚之整饬，均为最迫切之要求。然就前述两项，作为新县制实行之条件，却又均极感不足。鉴于此，甘肃省政府认为，就本省而言，"实行新县制，困难远非内地各省所可想象。因而本省为实行新县制，其办法及步骤，往往不能与其他各省尽同。惟有据本省之可能条件，依一定之目标，择经而行，期能贯彻中央，贯彻新县制之主旨"①。

由上可知，面对甘肃省特殊的县政环境及落后的经济、教育状况，甘肃省政府在推行新县制时不得不依据本省之实际情形，因时因地适时调整，不断变通，在荆棘地中探索前行。尽管如此，甘肃省政府仍取得了一定的成绩，其主要体现在对县及以下各级机构的整改上。

（二）甘肃县各级机构之调整。

《县各级组织纲要》规定，新县制之实行，可分为两个时期，1940年度内可称为调整时期，即迁就当时县财政之现状，仅在可能范围将编制与名称加以调整，使其与《县各级组织纲要》之规定相符，此项调整工作于1940年6月底完成。基于此，甘肃省于1940年7月1日起，"为实行新县制之开始，而一切新兴事业，推行一切改进行政机构与人事之办法"，则从1941年度起开始积极办理。② 甘肃省在两个时期内所办事项如下。

第一，县等的调整。甘肃省县等曾于1938年厘定为三等，经1939年编组保甲，1940年复查户口之结果，因人口变动甚大，乃于1940年底，依《县各级组织纲要》之规定，将各县局重新厘定为六等，于1941年6月奉令核定。③

---

① 《甘肃省新县制实施概况》，甘肃省档案馆，档号：15—9—5。
② 《甘肃省新县制实施概况》，甘肃省档案馆，档号：15—9—5。
③ 《甘肃省新县制实施概况》，甘肃省档案馆，档号：15—9—5。

表3—1   甘肃省各县县等一览表

县别	县等	备考
皋兰、天水、平凉、武威、张掖	一等	一等县共5县
临洮、岷县、庆阳、临夏、酒泉、武都	二等	二等县共6县
靖远、永登、定西、榆中、陇西、静宁、固原、海原、泾川、宁县、镇远、秦安、通渭、甘谷、礼县、民勤、永昌、高台、敦煌、文县、成县、徽县	三等	三等县共22县
会宁、临潭、夏河、隆德、西吉、灵台、清水、武山、西河、山丹、民乐、临泽、古浪、安西、玉门、康县、	四等	四等县共16县
洮沙、景泰、康乐、渭源、漳县、华亭、华平、庄浪、崇信、正宁、两当、宁定、永政、和政、金塔、西固	五等	五等县共16县
卓尼设治局、合水、环县、鼎新、肃北设治局	六等	六等县共5县

资料来源:《甘肃省新县制实施概况》,甘肃省民政厅档案:档号:15—9—5。

由上表可知,新县制实施中,甘肃省政府将全省70个县划为六等,一等县共有5县,二等县共有6县,合计共有11县,占全省县数不足16%,而大多数县被划为三、四、五等。三等县高达22县,四、五等亦各占16县,六等县也达到5个。这一数据充分说明了当时甘肃各县经济发展的滞后。无怪乎有数据统计,甘肃一年之全省收入仅相当于江苏一大县之财政收入,可见并非夸大之词。

第二,县政府组织的调整。甘肃省县政府组织规程于1940年依《县各级组织纲要》之规定订定。然而,1940年度的调整仅限于经费,并无其他重大变更。值得一提的是,将原有各科之职掌予以调整,将原有之第一科改为民政科,将原有之第二科改为财政科,将原有之第三科改为教育科。其设有教育局的则一律裁局改科,并入县政府。原设有兵役科的改为军事科,无兵役科的,其职掌仍由民政科办理。建设科在1940年内暂不设立,其事务由原有之技士或技佐办理。此外,裁撤区署,将区指导员改设于县政府之内。①

第三,县以下机构的调整。在实行新县制以前,依原有之法令,县以

----

① 《甘肃省新县制实施概况》,甘肃省档案馆,档号:15—9—5。

下机构为区，区以下为联保。依《县各级组织纲要》之规定，县以下虽有区、乡（镇）两级，但区为处级，仅负指导之任务，不负实际之责任，故乡镇一级较为重要。1940年实行新县制之初，为了节省经费，甘肃省一面将联保废除，就原来联保之规模划分乡镇，设置乡镇公所；另一面将原设之区署一律裁撤，将区长改派为区指导员，并减少其名额，连同区署警察并入县政府。裁并区署所节余之经费，以补助乡镇公所。依此办法，全省69县局共划分为829乡镇，其数目大致与原有之联保数目相当。1940年7月全省各乡镇公所普遍设立，乡镇以内保甲之编组，暂仍旧制。①

由上所述，甘肃省政府在新县制改革中，对县以下机构的调整可谓其一大特色。其中最重要者，一是将原有之联保改设为乡镇，二是将原有之区署一律裁撤，将原来之区长改为区指导员，并入县政府，成为县政府的一个组成部分，从而脱离了对乡村社会的控制权。甘肃省政府的上述措施，为甘肃省基层行政制度的近代化奠定了基础。然而，制度的规定与实际的推行毕竟有所不同。那么，甘肃省政府是如何实践自己的法令制度呢？

事实上，甘肃省政府在新县制实施过程中，除对县一级进行大幅整改的同时，对乡镇保甲机构的充实和乡镇保甲人员的训练等方面，更是不遗余力。其主要表现在以下方面。

第一，乡镇机构的充实。充实乡镇机构为甘肃省政府实施新县制的中心任务。1940年乡镇公所之组织，仅设乡镇长1人，干事1人，工役1人，每乡镇每月经费仅50余元。自1941年起，甘肃省政府着手将各县乡镇机构分期改建与充实，即每乡镇设乡镇长、副乡镇长各1人，干事2—3人，兼任干事1人，由中心学校教员兼任，又设事务员1人，公役2—4人。薪金亦有提高，每月经费，甲等乡镇295元，乙等204元，丙等220元，较1940年增加五六倍。② 然而，人员和薪金的增加，不仅使县财政一时无从筹措，而且人才训练亦需时间。"故全省各县不能同时实行，爰拟就全省各县分期实施。第一期各县所需增加之乡镇经费，由省予以补助，俟乡镇公所按新编制建立后，于短期内协助县政府将县地方财政整理完善，可以自给，然后由省移此项补助费，以补助第二期实施各县充实乡

---

① 《甘肃省新县制实施概况》，甘肃省档案馆，档号：15—9—5。

② 《甘肃省新县制实施概况》，甘肃省档案馆，档号：15—9—5。

镇机构之用。期于二年半以内,将全省各县局之乡镇公所先后按新编制建立完成。"倘未依新编制实施之县份,其乡镇公所之编制暂维持1940年之原状。至1942年又因事实之需要,新编制之乡镇公所,增加事务员1人,"旧编制之乡镇公所员额不变,而酌增其薪给及办公费"①。

不过,徒法不能以自行,即便是良法也需要胜任之人才可发挥其应有之作用。因此,甘肃省政府认为,乡镇工作人员"必须明了全部法令,方能指导各保工作,故应施以相当训练。惟限于人力财力,未能同时举办"②。鉴于需要殷切,决定分四期进行。"第一期皋兰、靖远、临洮、岷县、平凉、海原、固原、庆阳、镇远、泾川、灵台、宁县、天水、秦安、正宁、洮沙、张掖、礼县18县,已于1941年4月至6月调训干部,7月份充实机构;第二期隆德、静宁、化平、庄浪、华亭、崇信、会宁、徽县、甘谷、武威、酒泉11县,已于1941年1月至3月调训干部,4月份充实机构;第三期武都、临夏、永登、定西、陇西、成县、安西、通渭、榆中、清水、康县、武山、民勤、文县、敦煌、山丹、景泰、临泽、高台、古浪、两当、西河、渭源、漳县24县,于1942年4月至6月训练干部,7月份充实机构;第四期康乐、民乐、永昌、临潭、和政、玉门、西固、宁定、永定、金塔、鼎新11县,于1942年9月至11月训练干部,12月充实机构。"③

第二,乡镇人员的训练。乡镇工作人员的训练,实为充实乡镇机构之初步。依甘肃省实施新县制之计划,"凡完成新编制之乡镇公所,其干部一律用新人,即乡镇长副及专任干事,皆系从新训练之人员,由县长就本县中遴选优秀青年保送来省,由省政府委员到西北干部训练团代为训练,而关于行政业务课程,则由省政府各主管人员担任讲授。所有乡镇长副及干事,皆受同一训练,就其成绩,择优以乡镇长任用。故一经委派,其阵容一新,期能表现新的精神与执行政令力量"④。不过,此种做法"一是在县财政上须增加较大之负担,而且人员之训练,亦不能全省同时完成。故原定计划,将全省各县局分为三期,次第完成,由省予以补助"。待

---

① 《甘肃省新县制实施概况》,甘肃省档案馆,档号:15—9—5。
② 《实施新县制报告》,甘肃省档案馆,档号:15—9—6。
③ 《甘肃省县各级组织纲要实施情形月报表》,甘肃省档案馆,档号:15—9—6。
④ 《甘肃省新县制实施概况》,甘肃省档案馆,档号:15—9—5。

1942 年田赋改征实物及自治财政系统建立，各县财政收入较裕，再决定提前于 1942 年将各县乡镇机构一律提早加以充实。"惟因西北干部训练团所能容纳之学员名额有限，乃迁就各团之情况，将全省各县乡镇人员之训练，改定为四期。"① 每甲等乡镇保送 5 人，乙丙等 4 人，自 1941 年起至 1942 年年底，须调训完毕。受训人员按照成绩，在甲等以乡镇长任用，乙等以副乡镇长任用，丙等以干事任用。"第一期皋兰等 18 县乡镇人员，已于 1941 年 4 月至 6 月训练完毕；第二期隆德等 11 县，于 1942 年 1 月至 3 月训练完毕；第三期武都等 24 县，于 1942 年 4 月至 6 月训练完毕；第四期康乐等 11 县，于 1942 年 9 月至 10 月训练完毕。训练期限均为三月，受训人员来往旅费及受训期间衣食住及讲义，均由省府供给。"②

表 3—2　　　　　　　　甘肃省充实乡镇公所编制及经费表

年度	员额／经费	职别	乡镇长	副乡镇长	干事	事务员	公役	办公费	合计
以充实之乡镇公所编制及经费表	1941 年度 甲等	员额	1 人	1 人	4 人	1 人	4 人		
		经费	35 元	35 元	60 元	25 元	45 元	40 元	240 元
	1941 年度 乙等	员额	1 人	1 人	3 人	1 人	3 人		
		经费	35 元	35 元	60 元	25 元	45 元	40 元	240 元
	1941 年度 丙等	员额	1 人	1 人	3 人	1 人	2 人		
		经费	35 元	35 元	60 元	25 元	30 元	35 元	220 元
	1942 年度 甲等	员额	1 人	1 人	4 人	2 人	4 人		
		经费	35 元	35 元	90 元	50 元	60 元	50 元	320 元
	1942 年度 乙等	员额	1 人	1 人	3 人	2 人	3 人		
		经费	35 元	35 元	60 元	50 元	45 元	40 元	265 元
	1942 年度 丙等	员额	1 人	1 人	3 人	2 人	2 人		
		经费	35 元	35 元	60 元	50 元	30 元	35 元	245 元

资料来源：《甘肃省新县制实施概况》，甘肃省民政厅档案：档号：15—9—5。

第三，保办公处的设立。甘肃省因财力关系，保办公处组织一直未能

---

① 《甘肃省新县制实施概况》，甘肃省档案馆，档号：15—9—5。
② 《甘肃省县各级组织纲要实施情形月报表》，甘肃省档案馆，档号：15—9—6。

设立,仅月支办公费5元以资维持,乃于1942年度始充实各县乡镇机构。即各县在已充实之乡镇,"建立保办公处,暂设保长、副保长各1人,事务员1人,连同办公费,月支25元"①。至于保甲人员的训练,"各县乡镇机构充实后,即设立地方保甲训练所,训练保长副、干事、甲长及保国民学校校长等,按充实乡镇机构次第办理"②。

第四,区署的筹设。甘肃省政府推行新县制之初,"将各县区署一律裁撤,原为节省经费,挹注乡镇,惟本省各县一般情况为地广人稀,交通不便,距县辽远之乡镇,有达三四百里者,就地方情形言之,凡属县境辽阔之地方,大都鞭长莫及,政令不易推行,实有设置区署之必要"。1942年县财政力量有所增加,于是省府拟于面积过大之各县,"就其距县遥远之各乡镇,划定区域,设置区署,就近指导所辖乡镇,推行政令,俾收较大效果。其决定设置者为皋兰、天水、岷县、武都、文县等县,其编制及经费,就区署管辖乡镇之多少",分为甲、乙两等。③

表3—3　　　　　　　　　　甘肃省各县区署编制及经费表

职别	甲　等		乙　等	
	员额	经费	员额	经费
区长	1人	100元	1人	90元
指导员	2人	170元	2人	160元
事务员	2人	130元	1人	60元
雇员	1人	35元	1人	35元
公役	3人	73元	2人	48元
办公费		120元		100元
旅费		90元		70元
合计		717元		563元

资料来源:《甘肃省新县制实施概况》,甘肃省民政厅档案:档号:15—9—5。

第五,重新编查户口。户籍行政是推行一切政务的基本,如能办理完

① 《甘肃省县各级组织纲要实施情形月报表》,甘肃省档案馆,档号:15—9—6。
② 《甘肃省县各级组织纲要实施情形月报表》,甘肃省档案馆,档号:15—9—6。
③ 《甘肃省新县制实施概况》,甘肃省档案馆,档号:15—9—5。

善，则各种统计数字都正确可靠。譬如"各县区乡镇保甲之内，各有及龄男女学童若干，失学男女成人若干，甲（乙）级壮丁各若干，出征与在乡军人若干，残废军人若干，游闲赌博及其盗匪汉奸待查者若干，吸食鸦片毒品者若干，都可一查即知。尔后根据普及儿童教育、推广成人教育、训练壮丁、办理征兵、优待出征军人家属、赡养残废军人、征调在乡军人、稽查奸宄、禁吸鸦片毒品等事，无不尽善尽美"①。鉴于此，甘肃省政府于 1941 年订定"户口总编查办法及户口异动查报登记暂行办法，先就已充实乡镇机构之皋兰等 18 县举办，将保甲重新编组，户口重新清查"②。

此项办法与甘肃省以前所实行之户口查报办法有三点不同。其一，以前编查户口以县政府为重心，而新定办法却以乡镇为重心；以前主要由县政府动员学校员生办理，办理人员多不明法令意义，新办法则由各县乡镇干部人员亲赴乡间，按户清查，办理人员皆为受过训练、明悉法令之青年，故其成效远非昔比。其二，以前户口经一度编查后，即无人负责，致使户口异动查报有名无实，新办法则责成乡镇公所干部人员于总编查后，需按月分赴各保各甲调查户口异动，报告县政府登记，如此可经常保持户籍册之正确性。其三，以前关于户口异动之人事登记，要求过于烦琐，从而不易真实办理，新办法则将户口异动登记之项目化繁为简，仅注重生、死、出、入四项，查报简易，无须伪造，正确性较大。③

第六，国民兵团的组训。甘肃国民兵团的组训"着手于 1939 年，县国民兵团副团长及常备队、自卫队各级队长之训练，于 1940 年内先后完成，保队长及甲班长之训练于 1941 年 6 月底以前先后完成，各县国民兵团所属常备队、自卫队，一律于 1940 年 1 月成立，各县后备队及乡镇队部于 1940 年 12 底成立，各县保队、甲班于 1941 年 6 月至 12 月先后成立，各县国民兵之调查，限 1940 年 10 月底以前完竣，统计及编组限于 1941 年 5 月底完竣，国民兵普通训练与集合训练，自 1940 年 9 月开始，

①　宰时：《新县制之研究与人事之关系》，甘肃省档案馆，档号：15—9—7。
②　《甘肃省新县制实施概况》，甘肃省档案馆，档号：15—9—5。
③　《甘肃省新县制实施概况》，甘肃省档案馆，档号：15—9—5。

迄 1941 年年底，本省国民兵受普训及集训者约 10 万人"①。由于甘肃地域辽阔，"人烟疏散，每保面积亦有三四十里之遥，国民兵每日训练 3 小时，返往奔走，耽误农业"。鉴于此，甘肃各县 "常备队于 1941 年 6 月奉令裁撤，自卫队因本省不需要，亦同时裁撤，后备队于 1942 年 1 月奉令裁撤，国民兵团于本年 5 月裁并军事科，设科长 1 员，督练员、科员各 1—3 员"②。

表 3—4　　　　　　　　甘肃省国民兵训练实施概况统计表

区别	已训数	未训数
团长团副	202 人	
常备队各级干部	467 人	
常备队军士	593 人	
后备队各级干部	122 人	
后备队军士	458 人	
乡镇队副	318 人	
保队长	979 人	6610 人
甲班长	13240 人	67085 人
国民兵普训数	142789 人	582486 人
国民兵集训数	51578 人	725276 人

资料来源：《甘肃省新县制实施概况》，甘肃省民政厅档案：档号：15—9—5。

第七，国民教育的推进。甘肃省教育厅调查资料显示，1941 年甘肃"全省 15 岁至 35 岁之失学成人 1163671 人，在学成人 254586 人，已受教成人 660514 人。全省学龄儿童 658304 人，在学儿童 285184 人，已受教儿童 82150 人，失学儿童 423120 人"③。甘肃各县国民教育 "过去限于师资之缺失，不能急骤扩张，不仅数量不足，即原有学校素质亦亟待改进。自新县制实行，亟须增设改进，以配合乡保之组织，乃以训练国民师资为入手之端"。1940 年秋季举办国民教育师资培训班 21 班；1941 年度办理

---

① 《甘肃省新县制实施概况》，甘肃省档案馆，档号：15—9—5。
② 《甘肃省县各级组织纲要实施情形月报表》，甘肃省档案馆，档号：15—9—6。
③ 《甘肃省县各级组织纲要实施情形月报表》，甘肃省档案馆，档号：15—9—6。

50 班，每班 50 人，训练期限为 1 年；1942 年度拟继续办理 50 班，以供地方之需要。关于各县学校的扩充，自 1941 年起，将全省原有的完全小学 447 所一律改办中心学校，并新增设 85 所；将原有的初小简小短小等，改设国民学校 2000 所，增设 490 所。自 1942 年起，按年改设及增设，期于 5 年内达到每乡镇有中心学校，每保有一所国民学校之标准。[1]

此外，根据甘肃各县文盲调查结果，甘肃省政府决定举办民众补习教育，计从本年 2 月开始办理，至 1940 年 8 月为止，共计 9 个月。全省 69 县局，除陇东为中共区域，肃北、卓尼、鼎新等县人口太少，不能办理外，其余各县均有举办。自 1942 年起，"各县民众补习教育由各县中心学校和国民学校设置民教部办理"[2]。

表 3—5　　　　甘肃省各县历年扩充中心学校及国民学校推进表　　　单位：所

年度	改设中心小学校数	增设中心小学校数	改设国民小学校数	增设国民小学校数	合计
1941	447	85	2000	490	3022
1942		100		733	833
1943		103		743	846
1944		97		745	842
1945		97		763	860
总计	447	482	2000	3474	6403

资料来源：《甘肃省新县制实施概况》，甘肃省民政厅档案：档号：15—9—5。

第八，合作事业的推进。甘肃合作事业萌芽于 1935 年，其发展之途程，亦与各省大体相同，系以信用合作为前驱。新县制实施以来，为适应地方经济的特殊需要，创办各种专营合作社，如纱布生产、运销、消费，水利生产、运输、牧畜等专业合作社亦日趋发达。不过，自治编制之乡镇保合作社，则拟于 1941 年以后逐渐推行，并规定乡镇保合作社以信用及造产为主要业务，不得经营与居民利益有关之业务，"凡不宜以乡镇保为

---

[1] 《甘肃省新县制实施概况》，甘肃省档案馆，档号：15—9—5。

[2] 《甘肃省县各级组织纲要实施情形月报表》，甘肃省档案馆，档号：15—9—6。

经营区域之事业，则由各种专业合作社经营"①。

第九，民意机关的筹备。甘肃各县参议会组织规则、县参议员选举条例、乡镇民代表选举条例颁行后，"即着手准备候选人之资格审定事项，以考试院颁行之法规、县参议员及乡镇民代表资格之审定，分为试验或检复两种办法。本省以曾受高级教育之人数甚少，举行试验，事实难行，乃决定一律采用检复之办法，并规定全省分四期办理"。即按乡镇机构充实之先后，第一期皋兰等18县，于1942年1月起举办，至3月底办竣；第二期隆德等11县，于1942年6月起举办，至8月底办竣；第三期武都等24县，于1942年10月起举办，至12月底办竣；第四期宁定等11县局，于1943年4月起举办，至6月底办竣。俟各县候选人资格审定后，即分期办理选举，以此成立各级民意机关。②

第十，县各级干部人员的考核，可分为四项。一是对于县长的考核。主要为"整饬纲纪，澄清吏治，藉增进行政效率起见，除随时明密派员前往查考外，并将全省划为八区，每一区派视察三人，分途考查"③。自甘肃县长考核实施以来，"计记大功者六人，记功者十五人，记大过者十四人，记过者七人，申诉九人，调省七人，撤职九人，及处死刑者一人"④。对于县佐治人员，则"依照非常时期公务员考绩暂行条例，每年考绩两次，分别升黜"⑤。二是对区指导员的考绩，"与县佐治人员合并办理，经考核平时工作，成绩优良者，提升科长，平庸者分别议处"⑥。三是对乡镇人员的考核，"由县局长考核成绩优劣，拟其奖惩办法，呈报省府核准后实施"⑦。自乡镇人员考核实行以来，有如"康县属碾坝乡乡长崔明山，歼灭惯匪，有勇知方；云台镇镇长周学敬，努力役政；徽县属栗亭乡乡长李蕴玉、副乡长何珍，协助剿除惯匪，功在地方；清水县属崃穰乡乡长张鸿度、嘉裕乡乡长汪宴海、枯树镇镇长王克勤、白驼镇镇长邵吕

---

① 《甘肃省新县制实施概况》，甘肃省档案馆，档号：15—9—5。
② 《甘肃省新县制实施概况》，甘肃省档案馆，档号：15—9—5。
③ 《甘肃省县各级组织纲要实施情形月报表》，甘肃省档案馆，档号：15—9—6。
④ 《甘肃省县各级组织纲要实施情形月报表》，甘肃省档案馆，档号：15—9—6。
⑤ 《甘肃省县各级组织纲要实施情形月报表》，甘肃省档案馆，档号：15—9—6。
⑥ 《甘肃省县各级组织纲要实施情形月报表》，甘肃省档案馆，档号：15—9—6。
⑦ 《甘肃省县各级组织纲要实施情形月报表》，甘肃省档案馆，档号：15—9—6。

康、旧城镇镇长赵秉权等，办理役政，极为努力；海原县属复兴镇镇长刘献瑞，办理各项工作努力"，上述人员均由省府分别传令嘉奖。"秦安县属龙山镇镇长王介臣、董湾乡前乡长赵杰，缉捕土匪，异常出力"，亦由省府令行嘉奖，并发给奖金，以昭激励。"通渭县属襄东镇镇长南子轩、常河镇镇长周凯、议岗镇镇长董本齐等，办理民财建教合作各事得力；庄浪县属宁阳乡乡长陈西学、副乡长郭修、干事张绍乾，服务认真，廉洁自爱；皋兰县属阿干镇镇长石国旺，勤政爱民"，省府已令饬该县政府，分别传令嘉奖。① 四是对保甲长的考核，由县长或乡镇长负责。自保甲长考核实施以来，有如"成县保长率领壮丁，毙匪有功"，"利乡保长率团击匪有功"，均经省府令饬，传令嘉奖。②

第十一，县各级区域的调整。甘肃省于 1936 年 8 月制定甘肃省各县畸形区域整理办法 14 条，甘肃省各县插花飞地处理办法 26 条，甘肃省各乡镇插花飞地地界简则 9 条，并附调查报告表式 3 种。复于 1939 年 5 月规定整理保甲与整理畸形地域联系办法 8 项。随后实施之新县制，亦以整理飞嵌插花及畸形地域为重要工作之一。1940 年 7 月甘肃省政府又重申前令，"规定以各县局长办理此项工作之成绩，列为考成，分别奖惩，以资督劝"。自此以后，各县办理调整略见收效。"惟本省各县畸形地域以陇南、陇东为最甚，不仅管辖难周，且各县对于'剿匪'、禁烟诸要政，往往藉以推诿卸责"，甘肃省政府为彻底整理起见，曾拟定组织整理各县畸形地域勘测队，委派队长调派测量人员，于 1941 年 6 月令其"前往第四区各县勘测，给具插花飞地详图，并加具调整意见报核。俟该区整理收有成效，逐渐推行于各区"③。

第十二，县各级警察机构的建立。甘肃在未实行新县制以前，"除省会、天水、平凉、武威设置警察局外，余则尽属政务。政务警察职权既小，力量又微，很难发挥警察效能。故改进警政计划之第一步为充实员额，增加武力"；第二步则在充实乡村机构的县成立警察所，以便配合新县制之推行。至乡镇警卫干事，拟举办乡镇警卫人员补训班，以培养乡镇警卫人才，俾其担任乡镇警卫干事之任务。同时，从三个方面规定了县警

---

① 《甘肃省县各级组织纲要实施情形月报表》，甘肃省档案馆，档号：15—9—6。
② 《甘肃省县各级组织纲要实施情形月报表》，甘肃省档案馆，档号：15—9—6。
③ 《甘肃省县各级组织纲要实施情形月报表》，甘肃省档案馆，档号：15—9—6。

察之业务：（1）肃清奸宄，维护治安。即"切实户口调查，严查来往行旅于奸宄潜伏之区，并多增加武力，慎于选任干才，以维护治安"。（2）协助兵役及保甲。即对"壮丁之调查、抽征及护送事项，保甲之编组、训练事项，则尽量协助"。（3）推进新生活及精神总动员。即"分别性质加以领导或协助"①。

综观甘肃新县制实施之成绩，"虽大体尚能与《县各级组织纲要》之规定相符"，但因"本省财力维艰，人力缺乏，尚待继续设法改进"。"目前区署更经裁撤，而乡镇机构因经费无法筹补，仅赖裁撤区署所节余之极少经费以资挹注，如期其组织健全，充分具备执行政令之力量，实所难能。至各县所需补充乡镇工作人员，如依纲要之规定，须数十人或百余人不等，每县每月所需不下数千元，就惟本省财力，绝难负担。如此大批工作人员一时亦不易寻觅。在此人、财、物缺之情况下，一时青黄不接之现象，实在所难免"②。因此，甘肃省政府认为，本省新县制在实施过程中应注意如下四个方面。

第一，慎选干部。县行政机构之组织健全与否，固为提高行政效率之先决条件，但治人治法，同等重要。昔人有言："有治法必须有治人"，"人存则政举，人亡则政息……得人者昌，失人者亡"，可知事在人为。③"从来地方政制之腐败，皆因制度之不合时宜者半，由于人事之不臧者亦半。……故县行政人员之得人与否，不仅是推行政令问题，而且是政府整肃纲纪、移转风气之先决条件"。因此，健全人事，为治本之办法，而对部下之选用与监督，亦不能忽视。④古希贤认为，"县政府每以政令浩繁，人事遂难调整，有将过去之书吏、班役改用为科员、政警者；乡镇公所则用当地游民为乡丁，凡此等人，对舞弊之方法周详，对地方之情形熟悉，意志薄弱之主管每为所乘，驯至声名狼藉，控案迭出，政治之不能清明，官方之无法整饬，实肇基于此"。欲求治本之法，一是将上述弊病厉行废止；二是对尚可造就者，经详密考核、训练后，拟行录用。⑤

---

① 《甘肃省县各级组织纲要实施情形月报表》，甘肃省档案馆，档号：15—9—6。
② 《实施新县制报告》，甘肃省档案馆，档号：15—9—6。
③ 彭昭贤：《对实行新县制应有之认识》，《陕政旬刊》1941年第52—54合期，第135页。
④ 古希贤：《本省新县制实施之探讨》，甘肃省档案馆，档号：15—9—8。
⑤ 古希贤：《本省新县制实施之探讨》，甘肃省档案馆，档号：15—9—8。

第二，联络党团。国民党政府认为"欲使本党之三民主义普及于民众基层，使各项建设事业有确实基础，必须注重于县以下各基层之党务和政治之推进"。"过去本党仅集中人才于中央与省之两级，而忽略党之基础所在之县和乡镇，以致地方自治停止不行，革命建国无有基础，而本省县党部与县府间常有争做事业或干涉用人行政，县政府或不接受党部之监督，甚或表面敷衍，暗中排挤，党政之间，遂由摩擦而生嫌隙，不但不能协调一致，而且形成彼此分离，互相对立，互相攻击，结果党与政府威信全失，一切革命事业减低效能"。因此，国民政府认为欲在抗战新中国成立之大时代中求胜利，必须对上项现象切实改革，并积极推进。①

第三，清查户口。清查户口为推行政令、确立自治之基础。故县与乡镇之健全与否，悉以保甲组织是否严密、户口清查是否准确为断。甘肃"各县保甲户口年有编查，惟均依据1930年军委会颁行之法令。现在新县制实施，保甲组织已经变质，中央颁有保甲户口编查办法，过去之编查未洽人意之处，当能由此而改善。户籍人员之训练，行将完成，各种表式，亦已制就，重新编查之时，当在不远"②。鉴于甘肃过去情形，甘肃省政府在此次户口清查之时，应需注意如下四点：（1）穷乡僻壤之户口，编查人员均需亲到，不得委托他人代办；（2）壮丁年龄需详细问明，不得含糊；（3）联保连坐切结需认真执行，住民之良莠需随时考察，奸宄之稽查与防范需确实；（4）在乡军人之行动需注意。③

第四，尊重民意。民意机关即县参议会与乡镇民代表大会，甘肃省于1939年"已就充实乡镇县份举办乡镇民代表及县参议员候选人资格检复，预定于1940年将各级民意机关分别筹设，以符规定而立自治之基。惟值此抗战新中国成立工作极度紧张之期，政令浩繁，在民智尚未普遍发达之甘肃，人民对政府之措施，难免不由惑疑而生误会，酿成厉阶者，洮河流域之事件，即其明证。故本省现在情况，亟待将民意机关普遍设立，庶政府措施有所质询，民众意见得以上达，则政府与地方上之隔阂自然免除"。因此，民意机构之权能，除法令自有规定外，针对本省实况应注意

① 古希贤：《本省新县制实施之探讨》，甘肃省档案馆，档号：15—9—8。
② 古希贤：《本省新县制实施之探讨》，甘肃省档案馆，档号：15—9—8。
③ 古希贤：《本省新县制实施之探讨》，甘肃省档案馆，档号：15—9—8。

下列两点：（1）政府方面应随时将施政情况详为报告，俾民众明了法令与政府之措施，免除误会，对民意机关之质询事项宜委婉答复，不宜稍假辞色，并应认为善意而非恶意，对建议事项应悉心体察，明订取舍。（2）民意机构对政府之措施应多方宣传，使人民了解建议事项，需取客观态度，不宜成见过深，质询事项应态度安详，不宜意气用事。①

　　综上所述，对于乡镇保甲组织的健全与重构，是甘肃省政府推行新县制的主要内容之一。在这一过程中，甘肃原有的保甲机构与自治机构完成了融合，从而在形式上解决了保甲与自治长期对立的态势，也使原有的保甲组织在组织自卫的同时，成为地方自治不可或缺的组成部分。尽管甘肃省政府在新县制的推行中也发现了诸多问题，也曾经试图加以补救，但限于当时政治、经济与教育现状的多重制约，这种补救显得虚假而无力。

第三节　保甲制度向甘南地区的渗透：目标、过程及其结果

　　甘南藏区位居甘肃西南，内含夏河、卓尼、临潭三县，西连青海，南接川康，藏民人口占绝对多数。南京国民政府成立后，在中央政府的一再干预下，甘南藏区先后成立了夏河县与卓尼设治局，国家权力逐渐延展至甘南藏区的中心区域。

　　夏河原属藏区，"除所属拉卜楞、黑错两市及其他沿交通线各重要路站，仅有少数汉回两族居住外，其余各角落几尽系藏族居住之所"②。该地于1926年成立设治局，1928年更名为夏河县，因其政令不出拉卜楞街头，故有"政府"犹似"公使馆"之笑语。③鉴于此，1934年甘肃省政府推行保甲制度时，尽量避免涉及此域。1935年红军长征途经甘肃西南，甘肃省政府出于围追堵截等目的，曾一度严令夏河县编组保甲，夏河县政府虽努力配合，但结果只是将县城保甲进行了编查，而对其他藏民区域，

① 古希贤：《本省新县制实施之探讨》，甘肃省档案馆，档号：15—9—8。
② 《为电报复查整理户口保甲困难情形并附赍补充办法及预算书各一份敬祈核示由》，甘肃省档案馆，档号：15—17—138。
③ 马无忌：《甘肃夏河藏民调查记》，文通书局1947年版，第10—11页。

则以"情形特殊，政令尚在萌芽，组织尚难着手"为由而不了了之。①

在卓尼，甘肃省政府则利用"博峪事变"②，实施"改土归流"，成立卓尼设治局（建县过渡），借机推行保甲制度，试图加强控制。然而，保甲制度的推行不仅遭到该地政教势力的反对，亦受到民众质疑。正如时任卓尼设治局局长的吴景敖在1938年的呈文中所述："查卓尼原行土司制度，分有头目、总丞、总管、头人四等，或系世袭，或由藏民推选，尚未编组保甲。其头目、总管等，各为无给职，但对于民刑诉讼及奉洮岷路保安司令部所派差役，以及经收兵马钱粮等，不无渔利削剥情事。敖到任后，曾拟将该部原有名称，依照现行保甲区政予以改组，惟以环境特殊，经费困难，以故尚未实施。"③ 1940年3月7日，甘肃省政府保甲督查委员周又溪会同卓尼设治局局长刘修月及洮岷路保安司令部代表，召开了卓尼设治局禁烟保甲会议。在会议报告中，刘修月和周又溪都强调保甲制度的重要性，认为"'掌哈'、'总管'是旧名词，若仍沿旧，即可证明我们是不进化的，所以这个名词一定要改为新名词，换为'保甲长'"。但承诺，保甲组织名称改变后，负责人并不更动，"一切的差徭习惯，仍照旧例，既不要兵，又不派款，并不加田赋"。而今天所做之事，"不过是换以保甲长的名称以符国家功令"而已。④ 即便如此，他们的设想在当时卓尼藏区也未能实现，禁烟保甲会议只不过是一次冠保甲之名而无实际行动的例行公事罢了。

截至20世纪40年代末，随着保甲制度的逐步推行，国家权力开始进入甘南藏区的诸多领域，国家行政机构也在这一地域生根发芽。学术界对民国保甲制度的研究虽成果颇丰，但主要集中于保甲制度本身及其对汉民区域的论述，对少数民族地区保甲制度的推行实况缺乏实证调查。鉴于此，本书试图以20世纪40年代甘南藏区保甲制度的推行为切入点，以甘肃省档案馆馆藏的相关档案资料为依托，对甘南藏区保甲制度推行之实况

---

① 《呈复编组保甲困难情形仰祈鉴核由》，甘肃省档案馆，档号：15—14—556。

② 1937年7月，甘肃卓尼土司集团内部发生军事政变，土司杨积庆被杀。由于此次事件发生在卓尼博峪村，史称"博峪事变"。事变后，甘肃省政府在稳定西北边疆、安抚杨氏土司家族的原则下，介入卓尼政务，成立卓尼设治局。

③ 《卓尼设治局函复本局因经费困难保甲尚未举办请查照的公函》，甘肃省档案馆，档号：15—15—376。

④ 《卓尼设治局禁烟保甲会议记录》，甘肃省档案馆，档号：15—14—541。

进行考察；在此基础上，进一步分析保甲制度的推进对甘南藏区政治制度变革、社会文化发展、风俗习惯改良所带来的深刻影响。

一 黑错会议：甘南地区保甲推行之先声

20 世纪 40 年代初，在国共合作一致抗日的形势下，"共产党人怀以救国赤诚，积极进行抗日活动，国民党却心存异己，严防'共党'"[①]。"陇东事件"[②] 中，国共两党对庆阳、镇原、宁县、合水等县域的争夺，进一步加深了国民党对控制甘肃边地的紧迫感。"为求肃清藏区，加强控制后方，在'防共反共'的思想主导下。"[③]，国民党政府将甘南藏区保甲制度提上议事日程。1941 年 5 月，甘肃省岷县公署专员胡公冕致电甘肃省政府主席谷正伦："夏河设治十余载，非但政令不能推行，且失政府威信，职此次奉命来夏，一切遵照钧座意旨，根据客观事实，在安定原则上力求政令之推行。现拟于六月有日在黑错三县局适中地点，召集夏河、临潭、卓尼三县局及拉卜楞、洮岷两保安司令部并各部落土官头目开行政保安会议。"[④] 胡的拟议得到了甘肃省政府的赞同。1941 年 6 月 26 日，黑错会议召开。

黑错会议由岷县公署专员胡公冕主持，和以往不同的是，会议从开幕至闭幕，每天早晚都举行升降旗仪式；讲演的时间多于讨论的时间；会议发言人不仅有地方官吏，还有活佛代表和寺院襄佐。[⑤] 会议主要通过了《十大决议案》与《六条藏民公约》。《十大决议案》最核心的内容是"树立保甲制度"，指出："保甲制度在我国内地业已到处实施，惟我藏民驻区，除各县局附近略有试编外，其余各地仍沿旧习。自宜一律实施保甲，以期

① 李宗宪：《也谈国民党的保甲制度在插岗的破产经过》，《甘南文史资料选辑》（第 8 辑），甘肃人民出版社 1991 年版，第 114 页。

② 1939 年 4 月和 12 月，国民党在甘肃陇东地区挑起的两次较具规模的军事摩擦事件。该事件起因于国共两党对陇东共管县域的争夺，而根源于中共寻求发展与国民党必欲遏制之间的碰撞。陇东事件是经蒋介石默许，甘肃省政府主席朱绍良具体策划，国民党陇东当局实际执行的一次试探共产党合作底线的有计划、有预谋的军事摩擦行动，它为此后国民党反动势力发动更大规模的军事摩擦提供了一个试点。参见柳德军《陇东事变与国共关系之演变》，《史学月刊》2019 年第 9 期。

③ 李宗宪：《也谈国民党的保甲制度在插岗的破产经过》，《甘南文史资料选辑》（第 8 辑），第 114 页。

④ 《岷县公署专员胡公冕致甘肃省政府代电》，甘肃省档案馆，档号：15—8—301。

⑤ 马无忌：《甘肃夏河藏民调查记》，文通书局 1947 年版，第 36 页。

边区政治得有长足进展。但边区与内地过去既有不同之治制，应于统一原则下，体察实际环境，量为变通，以期易于实施。"其实施办法如下：（1）关于乡镇的划分，"以不变更各该地域旧有之范围为原则。查边区地域，均依部落划分，历时已久，若欲割此就彼，易启部落间之纠纷。如循原有位置，建立乡镇范围，在行政区划上既适合习惯，于管理上亦便利滋多"。（2）关于乡镇保甲长人选，在各地土官、寺僧、总管、头人中，择优加以委用，"其职务本相当于保甲长"。（3）关于保甲编组，不分汉回蒙藏，以地域为单位混合编组，"但有特殊情形者，于必要时，亦得分别编定"。（4）关于保甲门牌，以汉、藏两种文字进行印制。（5）关于保甲经费，由各县局编制预算，呈报省政府核发。（6）各县保甲从开始编查之日起，限三个月内完成。边远地区如需延长期限，最长不得超过六个月。①

《六条藏民公约》集中体现了地方政府与中央权力之间的关系。其内容为："（1）实行三民主义，拥护中国国民党；（2）拥护国民政府及最高领袖蒋总裁；（3）绝对奉行甘肃省政府专员公署与各该县局政府一切法令；（4）彻底实行保甲制度；（5）绝对禁止械斗仇杀及盗匪抢劫行为；（6）有地方纠纷，均应陈诉各该县局政府依法处理，不得私肇事端。"②

对于此次会议，时人给予颇高评价，称其"为藏民行政会议之新纪元，其对藏民之影响，结果颇好，自会议后，藏民知有'政府'印象，政令亦渐推行"③。

黑错会议后，各地藏民反应不一。"夏河藏民，在嘉木样与黄正清君二人领导之下，绝对拥护政府法令、开发边疆为期望；对保安行政会议，诚恳接受。"临潭藏民也无其他异议。唯有卓尼叠部藏民对于黑错会议的决议反对比较激烈。究其原因，一是卓尼杨土司与岷县公署专员胡公冕之间的误会和矛盾。在卓尼西北有一座石山叫白石山，每三年卓尼土司亲驾参拜顶礼，已成惯例。黑错会议结束后，杨土司备了祭品计划前往奠祭，却因胡公冕的劝阻未能成行。不巧的是，杨土司次日在返回卓尼的途中，

---

①　《甘肃省第一区夏临卓三县局行政保安会议决议案》，甘肃省档案馆，档号：15—15—323。

②　马无忌：《甘肃夏河藏民调查记》，文通书局 1947 年版，第 39 页。

③　马无忌：《甘肃夏河藏民调查记》，文通书局 1947 年版，第 35 页。

其伯母从马上跌落并受伤，于是众言不绝，认为是山神在作祟，同时也埋怨胡公冕。而胡公冕则以众口难遏为由，未做解释就即刻返回岷县，致使双方误会和矛盾日深。二是黑错会议决议编制保甲，加强保安，使得该地藏民"对黑错会议，极为怀疑，亦不愿编制保甲，恐再蹈以往之惨案，或比刺杀杨司令之事变，更加扩大"[1]。

根据洮岷路保安司令部所属的白石崖部头目杨峻密报："该部不肖份子安云托什、才哈、赛奋、杨赛高、宗奇秀、果建功，承杨守贞（杨司令）授意，连日以来，召集口外四旗旗众，仍在沙冒沟秘密开会，血酒盟誓，图谋不轨。其主要企图，借口政府编组保甲，以为煽惑资料，倡谋反抗，俾可保持封建势力。"[2] 以事实而论，卓尼反对黑错会议者，唯有卓尼叠部藏民，并非普遍现象，亦无甚何派系。且该地藏民虽在黑错会议后四五日内集合于卓尼西部小镇万科落，议商反对办法（其反对办法，无法探知），但三日后即行散返，迄今寂无动作。究其原因，系会议后保甲经费尚未核发，编制尚在停滞之中，所以藏民亦无反对情形。[3]

对于卓尼藏民反对编制保甲一事，卓尼设治局认为："如此情形，就独反碍本局政令推行，抑于后方治安妨害尤巨，为防止乱萌计，（一）连请选派精兵一连来卓驻防；（二）电饬胡专员来卓查办，免致事态扩大。"[4] 甘肃省政府高度重视卓尼设治局的报告，指出："政府编制保甲，实行自治，系实现总理遗教之一贯政策，尤其政府威信所关，决不能因此而停止。"但同时也强调，在编制卓尼保甲时，应极力宣传，使其家喻户晓，尽知保甲利益，以消弭反对意见；同时可派军队震慑，以防藏民暴动。[5]

由上可知，随着 1939 年新县制的推行和国家权力的逐步下移，时至20 世纪 40 年代初，甘肃省政府开始将保甲制度延伸至甘南藏区。但鉴于甘南藏区特殊的人文地理环境，甘肃省政府在推行保甲制度之前，仍不得

---

① 马无忌：《甘肃夏河藏民调查记》，文通书局 1947 年版，第 39—40 页。

② 《政情报告：杨守贞召集口外四旗旗众在沙冒沟秘密开会倡谋反抗》，甘肃省档案馆，档号：15—01—159。

③ 马无忌：《甘肃夏河藏民调查记》，文通书局 1947 年版，第 40 页。

④ 《政情报告：杨守贞召集口外四旗旗众在沙冒沟秘密开会倡谋反抗》，甘肃省档案馆，档号：15—01—159。

⑤ 马无忌：《甘肃夏河藏民调查记》，文通书局 1947 年版，第 40 页。

不与该地原有政教势力磋商，而黑错会议正是甘肃省政府与甘南藏区各方势力相互妥协的产物。黑错会议的召开标志着保甲制度将在甘南藏区这一特殊地域开始推行。尽管黑错会议的决议遭到一部分藏区民众质疑，但这种有限的反对之声未能阻止甘肃省政府在该地推行保甲制度，更何况此时的甘肃省政府已经与甘南藏区的政教势力达成一定程度的默契。

二 保甲制度在甘南地区的初步推行

黑错会议后，夏河县政府制定了《夏河县政府编查藏区农村草地保甲实施工作计划进度表》（见表3—6），并于1942年2月26日电呈甘肃省政府："现春天瞬届，气候转暖，拟于三月十日起，分编三组出发编查。"唯夏河全系藏族，情形特殊，"将来工作实施，有无问题，尚非意料所能确断，为防范未然计，拟恳由钧府派保甲督导员一人主持办理，并派国军一连或一营进驻夏河，以资震慑"①。对于夏河县政府的呈电，甘肃省政府认为："编组保甲，清查户口，重在一气呵成，办理迅速，据报六个月完成，期限未免过长，应缩短为三个月竣事。至督导员，应俟令饬第一区专署就近指派。"鉴于该县情形特殊，"编查时应注重宣传，期其无形就范，有无需要武力弹压，可俟令由第一区专署相机办理"②。

表3—6　　　　夏河县政府编查藏区农村草地保甲实施工作计划
进度表（1942年度）

人事组织	编查地点	编查方法	分期进度
编查主任1人，编查员12人，省派保甲督导员1人，翻译3人，警察9人，工役3人	夏河县城及河南并难民庄与塔哇	分三小组，一组河南，一组县城，一组难民庄与塔哇，会同原保甲长挨户清查，按照上颁表册详填并登记民枪，分订门牌，确定保甲位置	3月10—15日完成

---

① 《呈赍保甲实施工作计划进度表祈鉴核示遵由》，甘肃省档案馆，档号：15—17—135。
② 《据夏河县政府请派保甲督导员编组保甲并派军镇慑等情指训令遵照由》，甘肃省档案馆，档号：15—17—135。

续表

人事组织	编查地点	编查方法	分期进度
同上	上栏木拉、甘家、八角城、日安	分三小组，一组上栏木拉，一组甘家，一组八角城、日安，会同各土官头目及寺僧编查	3 月 20 日起至 4 月 10 日完成
同上	下栏木拉、沙沟、隆哇、山塘、哇得	分三组，一组下栏木拉，一组沙沟，一组隆哇、山塘、哇得	4 月 12—20 日完成
同上	观音沟、牙首沟、红墙、麻当、清水桥沟、切隆沟、土门关、华林、青岗滩、太阳沟	分三组，一组观音沟、牙首沟、切隆沟；一组红墙、麻当、清水桥沟；一组土门关、华林、青岗滩、太阳沟	4 月 20 日起至月底完成
同上	上卡加、下卡加	分两组，一组上卡加；一组下卡加	5 月 1—10 日完成
同上	陌务、日多马、执执、执格、郎哇	分四组，陌务一组；日多马、执执一组；执格一组；郎哇一组	5 月 12—25 日完成
同上	黑错镇及黑错一二三四沟	分三组，黑错镇连第一二沟一组；三沟一组；四沟一组	5 月 27 日起至 6 月 10 日完成
同上	阿米去乎	分组出发临时订定	6 月 15 日至月底完成
同上	泼拉、多花、褛由	三组，泼拉一组，多花一组，褛由一组	7 月 2—15 日完成
同上	我五族	分组出发临时订定	7 月 17 日至 7 月底完成
同上	下八沟、麦秀、买加、阿拉	分三组，下八沟一组，麦秀、买加一组，阿拉一组	8 月 3 日起至月底完成

续表

人事组织	编查地点	编查方法	分期进度
因全属草地帐房，除照上组组织外，添土帐房锅碗并犁牛10个，并增加警察10名，以资防御	三果、乎科则、达村	分三组，三果、乎科则、达村各一组	9月4日起至月底完成
同上	欧拉、卓格尼马	分两组，欧拉一组，卓格尼马一组	10月1日起至月底完成

资料来源：《夏河县政府编查藏区农村草地保甲实施工作计划进度表》，甘肃省档案馆，档号：15—17—135。

　　虽然甘肃省政府督责甚严，但甘南各县保甲编组并未按照预定计划顺利推进。时至1942年5月，夏河、临潭、卓尼三县局所属藏区"多未编组保甲，以致当地一切应行兴革事项无法推行"。黑错会议曾"决定限于三月内，边远地方不得超过六月，将是项工作一律完成"，但"因专署及各县局人事之波动，暨该三县局地方情形之特殊，决议案迄未付诸实施。现在逾期已久，原定编查保甲预算因物价迭涨，已属不敷，应用编查步骤亦需按照最近情况，重新拟定"。因此，第一区行政专员贡沛诚决定："拟乘前往卓尼督铲叠部烟苗之机会，在临潭旧城或其他适宜地点，电召该三县局长会商，贯彻编查藏区保甲命令。"①

　　1942年6月14日，夏、临、卓三县局编查藏区保甲会议在临潭旧城召开。参加会议的有第一区行政专员贡沛诚、夏河县长李永瑞、临潭县长徐文英、卓尼保安副司令杨海、卓尼局局长刘修月。夏、临、卓三县局参会官员都表示拥护实施保甲制度，但同时也指出，在实际执行过程中"尚有困难各点"②。

　　（1）"经费：查此项经费曾经上年分别造具预算，核发在案。"夏河

---

① 《电报利用前往卓尼机会电召夏临卓三县局长会拟编查藏区保甲办法请鉴核示遵由》，甘肃省档案馆，档号：15—17—135。

② 《为呈报召开夏临卓三县局编查藏区保甲会议情形连同会议记录及编查经费预算表请鉴核示遵由》，甘肃省档案馆，档号：15—17—135。

核发为 26638 元，临潭核发为 4340 元，卓尼核发为 5420 元。夏河原来是以六个月为期限编制的经费预算，后来甘肃省政府要求三个月完成，虽物价有所波动，还能勉强支付。临潭上一年度编制预算时是以当时的物价为准，而以新一年度的实际情况计算，则需增加一倍，合计 8680 元。卓尼的情况与临潭基本相同，所有用费最小限度也需 15000 余元。至于印刷费一项，三县局境内均因交通阻塞、商业萧条，不但物价高昂，也没有印刷商店，因此，只能由省政府查照各县成规，统筹印发各项表册、门牌，但"须汉藏文字合璧，以便藏胞一目了然"。（2）"起讫时间：编组保甲，诚为当务之急，何可一再延缓，惟各县局因天时、人事、环境之障碍，不得不分别呈明。"譬如，夏河县，主要区域为高原草场，每年九月以后气温急剧下降，雪地冰天。编查保甲制度实施的最好时间是，六月开始，九月完成。但该县县长才到任两月，对各乡镇保长人选不十分熟悉；而且县政府警察仅有 18 名，亟待扩充，编查人员也需要加以训练。因此，编查各项事宜很难立即实施并取得成效。临潭县"在六七两月须完成军粮兵役工作，八月须赴省出席行政会议，九月须训练全县乡镇长，此均需县长亲自办理，而编组藏区保甲，又非县长亲往不可。时间上冲突，县长不能分身"，因此不可能即日推行保甲。卓尼设治局，则因洮岷路司令部人员都前往叠部铲烟，最快也到七月底才能完成；"八月一日，局长又需赴省参加行政会议，训练编查人员与夏、临两县相同，受天时限制又与夏、临两县无异，此卓尼未克即日实行之困难情形"。（3）"环境障碍，急宜排除。"在夏、临、卓三县局，虽然实行了改土归流，但因土司封建势力的操纵或宗教势力的把持，实际权力仍操在这些人手中。"上年黑错会议，明虽赞同，实仍不免暗中煽惑。欲求顺利达到目的，非有相当武力不为功。拟请派骑兵一营进驻黑错，派步兵一营进驻旧城，以资策应。"①

可以看出，夏、临、卓三县局因受经费、环境等客观因素的制约，即日推行保甲制度困难重重。旧城会议后，夏、临、卓三县局根据实际情况，编制了详细的保甲经费预算表（见表 3—7、表 3—8、表 3—9）。第

---

① 《为呈报召开夏临卓三县局编查藏区保甲会议情形连同会议记录及编查经费预算表请鉴核示遵由》，甘肃省档案馆，档号：15—17—135。

一区行政专署根据"夏、临、卓三县局编查藏区保甲会议情形，连同会议记录及编查经费预算表"，一并呈报甘肃省政府。并称："夏、临、卓三县局编查藏区保甲经费，去岁六月黑错会议后，即据该专署造具预算到府，当即核准拨发。照规定应于去岁年底编查竣事，迭经电令交催，如限完成，乃迄未遵办，以致原定经费不敷开支，本应不予照准。惟查编查藏区地域保甲，系属创举，编查之先，须布置队警以资周密，公文往返颇需时日，加以专署县局人事之调动，萧规未能曹随，编查方法亦有见仁见智之不同，请示指正引长日月，遂致迟延至今。详察其延误事实，尚有可原，似可从宽免议。其编查经费除夏河不追加外，临潭县此次预算之数为八千六百八十元，除去岁已领过四千三百四十元外，请再补发四千三百四十元；卓尼设治局此次预算之数为一万二千八百八十元，除去岁领过五千四百二十元外，请再补发九千八百六十元。"①

对于上述呈请，甘肃省财政厅虽颇有微词，但甘肃省政府认为，该三县局情形特殊，延误事实确属正当，理应照准。"惟查三十年及三十一年度库款收支结束，无法拨付，拟由民政厅三十一年度结账后，应行缴库之节余各款内，将去岁追加卓、临保甲经费一万四千二百元如数留用。"②

表3—7　　　　　　　夏河县政府编查草地保甲经费分配表

科目				经费分配数		备考
款	项	目	名称	每月分配数（元）	完成期三个月总数（元）	
一			夏河县编查草地保甲经费	8879.33	26638	
	一		伙食费	3300	9900	

① 《案据第一区专署呈报召开夏临卓三县局编查藏区保甲会议情形》，甘肃省档案馆，档号：15—17—135。

② 《为卓临保甲编查追加经费因上年度库款收支结束无法拨付拟请由民政厅三十一年度结账后节余款内补发由》，甘肃省档案馆，档号：15—17—135。

续表

科目				经费分配数		备考
款	项	目	名称	每月分配数（元）	完成期三个月总数（元）	
		一	麦粉	2700	8100	分三组编查，员警共30人，每组主任1人，编查员2人，翻译1人，警察5人，厨夫1人，每人月支麦粉45斤，照时价每斤2元，每人月需90元，30人需2700元，三个月合支如上数。专署所派之保甲督导员1人，伙食不在此内
		二	盐菜	600	1800	编查员警兵30名，每名月支盐菜洋20元，每月600元，三个月合支如上数
	二		设备费	2112	5778	
		一	马料	1638	4914	骑马及驮马共39匹，每匹月需豆料三拉升，每升市价14元，每匹月支42元，三个月合支如上数
		二	钉掌及缰绳	195	585	骑马及驮马共39匹，每匹月支钉掌及缰绳费5元，三个月合支如上数
		三	毛织褡裢	279	279	购置毛织褡裢9条，以备装运各项食料，每条31元，合支如上数
	三		办公费	300	900	
		一	办公费	300	900	所需笔墨纸张茶水蜡烛等项合支如上数
	四		门牌表册	9700	9700	
		一	门牌表册	9700	9700	夏河全县共97保，每保门牌表册以100元计，合支如上数
	五		工资	120	360	

续表

科目				经费分配数		备考
款	项	目	名称	每月分配数（元）	完成期三个月总数（元）	
		一	工资	120	360	厨夫 3 名，每名月支工资洋 40 元，三个月合支如上数

附注：

1. 夏河编查草地保甲经费 26638 元，经王前县长于上年十一月请准，兹照经费数与事实需要，列此表册。

2. 除表册外，所有适合草地行动之帐篷、炊具、卧具、锅碗、装麦口袋以及马匹枪支等，拟向拉卜楞保安司令部或民间借用，如有损失，概由公家赔偿，合并呈请。

3. 夏河地处边区，全系草地，每部落距离或三四百里不等，人烟绝迹，以致所有编查人员非驮运帐房，携粮带麦与一切设备无法进行，此草地环境与内地之沿村供给有店宿住者不同，也故有伙食栏之编列，合并呈明。

4. 边区草地冬春积雪，夏秋泥淖，无有马匹，不能行动，故有马料一栏之编列，合并呈明。

5. 查编查人员由县长按其素行学识，久居边地，熟悉蒙藏情形者，向各机关抽调。

6. 召集县府予以五日之讲习，7 月 1 日开始出发，9 月 30 日完竣，合并呈明。

资料来源：《夏河县政府编查草地保甲经费分配表》，甘肃省档案馆，档号：15—17—135。

表 3—8　　　　　　临潭县政府造具编查新乡镇保甲费用预算书

科目	预算数（元）	备考
第一款编查费	8680	
第一项编查员兵旅费	6720	
第一目编查组长旅费	720	按照新编六乡镇计，分 6 个编查组长，每员每日支旅费 4 元，以一月计算，合计如上数
第二目编查员旅费	4560	查新编乡镇，因言语隔阂，组员应利用该管土司僧纲温布等充任之，每乡得设组员 6 人计，6 乡共应设 36 人，每人每日支旅费 4 元，以一月计如上数
第三目警兵旅费	1440	每组设警兵 4 名，以供差遣，每人每日支旅费 2 元，以一月计如上数
第二项公杂费	1960	

续表

科目	预算数（元）	备考
第一目杂费	360	查各该乡镇全系藏民，编查保甲，尚属创办，编组保甲若骤予编查，手续昭不明了，必须预先召集各该管头目开讲习会，解释编查意义与编查方法，得需招待费每乡以 60 元预算，计 6 乡，共计如上数
第二目表册费	1600	每乡按照现时市价估计应需表册费洋 200 余元，计 6 乡，共需如上数

附注：

1. 表册费系照现时市价估计预算，唯市价涨落不定，所列数目能否敷用，殊未敢必，拟请由省府统筹印发，以便领用。

2. 本表预算所列各数均为实际需要，万难节省，仰恳体察特殊情形核准，以利工作。

3. 本表所列总数为 8680 元，除前领到 4340 元外，此次应补发 4340 元，特予陈明。

资料来源：《临潭县政府造具编查新乡镇保甲费用预算书》，甘肃省档案馆，档号：15—17—135。

表 3—9　　　　　　　卓尼设治局造具编查保甲及开办费用预算表

科目	预算数（元）	备考
第一款编查费	12880	
第一项员兵旅费	7080	
第一目编查组长旅费	960	按照拟编 8 乡镇计，分 8 个编查组，每组设组长 1 人，由乡镇长兼充之，每日各给旅费 4 元，以一月计算，合计如上数
第二目编查员旅费	5760	本局地方情形特殊，编查员之选充势须利用现有各旅长充任，事实较称便利，按 48 旅计之，应设编查员 48 人，每人每日支 4 元，以一月计算，合计如上数
第三目警兵旅费	360	每组设警兵 4 名，以供差遣，每日各支 3 元，以一月计算，合计如上数
第二项公杂费	5800	
第一目表册费	3150	每乡镇按 450 元支给，计七乡一镇，合计如上数
第二目杂费	2650	笔墨纸张讲习膳食等项支用应支如上数
第二款开办费	2400	

续表

科目	预算数（元）	备考
第一项开办费	2400	每乡各支开办费 300 元，合计 8 乡镇，应支如上数
第一目开办费	2400	
合计	15280	

附注：

1. 本表所列旅费系按一个月估计，将来支用时，则按实报实销，有余则缴，不敷仍请补发。

2. 表册费系照现时市价估计预算，唯市价涨落不一，所列数目能否敷用，殊未敢必，拟诸由省府统筹印发，以便领用。

3. 本预算所列各费均为实际需要，万难节省，仰恳体察特殊情形，核定支用，以利工作。

4. 查本局编组保甲及开办费用于上年八月十六日以卓财未字第 526 号删代电拟具预算表内之数 6220 元，经奉钧署专二成字第 103 号训令已准发 5420 元。

5. 除已发 5420 元外，请按前预算表准予转请补发 9860 元以资需用。

6. 本局境因文化低落，各乡镇长及旅长类皆文字简陋，对于编查手续多不明了，拟于编查之先召集各编查组长编查员讲习一周，需招待茶点，故杂费列为 1200 元。

资料来源：《卓尼设治局造具编查保甲及开办费用预算表》，甘肃省档案馆，档号：15—17—135。

事实上，经费问题只是甘南藏区保甲滞行的一个方面。早在 1942 年 6 月夏、临、卓三县局编查藏区保甲会议上，临潭县长徐文英就对临潭保甲编查的困难进行了说明：第一，季候与时间：本县"只有七八两月气温较为适当，余时即为寒雪天气"；离县城较远的藏区又需县长亲往，时间冲突很难解决。第二，地理方面：现有县界插花地区很多，且很多村镇距城较远，一切需自备。第三，人事方面：主要为人才缺乏。第四，经费方面："过去物价与今日物价相差甚大，应以现时物价酌予增加。"第五，"过去聂县长视察时，大送礼物，今后是否需送，若需要，应如何办理"。第六，"以原有土官为乡镇长，实属化私为公，保障其封建势力与地位，颇值得考虑"①。同年 11 月 10 日，卓尼设治局也将该地所面临的困难进行了呈报：第一，由于本局所有编查员皆由各旅旅长派充，而近期"各

---

① 《夏临卓三县局编查藏区保甲会议记录》，甘肃省档案馆，档号：15—17—135。

旅长均已随从杨司令赴叠铲烟，迄仍未回，暂时无法着手"。第二，"麻杨纠纷案件尚未解决，本局局长奉令亲往主持，拟俟本案终结后从事办理，较为顺利"①。

由此可见，限于甘南藏区特殊的人文地理环境，甘肃省政府虽然努力将保甲制度伸展至这一区域，但付出的成本巨大，推行结果亦令人堪忧。因为"即使政府利用保甲组织操纵民生大计并试图控制社会意识形态"，但甘南藏区民众对它依旧抱着冷漠、无奈甚至是抵触的态度。"这种社会反应除表现为保甲编组过程中的阻碍，还体现在其运作过程中所受到的形形色色的抵制"②。为使甘南藏区保甲制度得以顺利推进，第一区行政专员胡受谦于 1943 年 3 月再次电呈报告：临潭境内藏民多系农耕，"编组保甲似无问题。卓尼境内，可先从洮河流域着手试办，如推行顺利，再逐渐次第推行，但需取谨慎和平态度，相机而行"③。对于胡的建议，甘肃省政府表示认同："卓、临汉化藏区保甲户口之编查，系属创始，拟以渐进方式推进一节，所见甚是。仰仍督饬，因势利导，妥慎办理，期观厥成。"④

三　甘南地区保甲编组之绩效考析

尽管保甲制度在甘南藏区的推行步履艰难，但在省政府督促下，仍取得一定成效。1943 年 4 月，据夏河县县长李永瑞电报称："职县保甲于上年十一月二十五日开始编查……编至本年元月底，计编竣正伦、大夏、清水、卡加、黑错、陌务、博爱七乡镇。当以草地藏蒙习俗，每逢旧历年节，群众集会拜佛诵经之故，经民众再三恳请，编查工作遂致暂停。"全县计划预编十四乡镇，除已编查的乡镇外，"下余平等、和平、共和、信义、甘坪、欧拉、自由七乡，经召开临时县行政会议议决，定于四月十日开始分两组续编，一组由民政科科长陈翼生负责，二组由巡官何宗海负

---

① 《据卓尼设治局呈报编组保甲困难实难如期竣事祈转呈展期等情请鉴核示遵由》，甘肃省档案馆，档号：15—17—135。

② 张济顺：《沦陷时期上海的保甲制度》，《历史研究》1996 年第 1 期。

③ 《呈复编查临潭卓尼保甲情形恭请鉴核示遵由》，甘肃省档案馆，档号：15—17—135。

④ 《为呈复编查临卓保甲户口情形一案电仰知照由》，甘肃省档案馆，档号：15—17—135。

责，拟至本年五月底以前，全县保甲可望完成"①。随后，李永瑞又将第一期编查过程中遇到的问题及今后预计编查的情形，分别向甘肃省政府进行了报告，其内容如下。

第一，第一期编查经过及其问题。夏河县"保甲编查经费系三十年十月由王前县长请准，食用一项每人每月规定白面四十五斤，以当时市价二元计算，合计月支九十元，以目前时价不敷甚巨，若另行呈请追加预算，深恐有误时机，不得已暂照原规定编查，员警每日伙食、住宿等费按三元发给，每到一部落，由民间供给酥油、炒麦、住址后，按人数多寡发给旅费"。至于木质门牌和钉子等费用，预计在保甲经费内开支。但在编查中，黑错一乡尚未编完，门牌和钉子的费用就用去 1000 余元。按此计算，倘若全县十四个乡镇全部编完，门牌和钉子的费用就需款 2 万元左右。在迫不得已的情形下，夏河县政府召集编查人员举行临时会议，决议"木质门牌及钉子由乡镇长或保长暂行筹制，各该保之保甲规约及国民公约所需之石灰等项，亦由乡保自制后归保甲人员书写"。此外，夏河县户口一直没有精确统计，即便以 1941 年印制保甲表册时所估计的全县有 1 万户、6 万人口计算，现在编查的七个乡镇已用去门牌户口册一半有余，如果将来编查过程中户口超出估计，各项表册的印制费用还需追加。②

第二，今后预计编查的情形。"夏河全县计有大小喇嘛寺院七十余处，以拉卜楞寺为最大，其他小寺院之教权，有系自主，有系归青海同仁隆武寺管辖，但大多数统属于拉卜楞寺。"1942 年编查的乡镇寺院，均按照规定编户列口，钉挂门牌。但在 1943 年 3 月 29 日召开的临时县政会议上，拉卜楞保安司令黄正清及各机关绅士一致提议，拉卜楞寺以及尚未编查的小寺院，除户口按照规定编查外，全寺只悬挂一个门牌，门牌内可将全寺喇嘛记载其中，寺院内最大活佛担任寺院的总户长。"职为应付环境与顾全事实计，以草地初编保甲，用强硬态度，恐碍编查顺利，目下暂准俯顺舆情，如请办理，一俟全县保甲编竣后，徐徐改善。"对于已编查的乡镇长副及保长等，在编查时由县政府分别加以委任，乡镇公所也分别于

① 《据夏河县长呈报编查保甲情形转报鉴核示遵由》，甘肃省档案馆，档号：15—17—136。
② 《据夏河县长呈报编查保甲情形转报鉴核示遵由》，甘肃省档案馆，档号：15—17—136。

1943 年 1 月成立（见表 3—10）。现已编查的七个乡镇，"计四十六保，五百零四甲，六千六百零二户，二万一千六百三十六口"①。

表 3—10　　甘肃省夏河县新编乡镇公所成立日期及乡镇副姓名表

乡镇别	乡镇公所成立日期	乡镇长姓名	副乡镇长姓名	备考
大夏镇	三十二年元月一日	侯怀仁	萧秀仁	
清水乡	三十二年元月十日	祁德如	更拭布	
黑错乡	三十二年元月二十五日	相佐	牛梁臣	
卡加乡	三十二年元月一日	江玉龙	胥福梅	
陌务乡	三十二年元月一日	杨占仓	彭居奇	
博爱乡	三十二年元月一日	杨茂林		
正伦乡	三十二年元月一日	香错	三丹坚错	
合计				

资料来源：《甘肃省夏河县新编乡镇公所成立日期及乡镇副姓名表》，甘肃省档案馆，档号：15—17—136。

对于夏河县政府报告的问题，甘肃省政府给予理解与支持，并复电称："（1）该县编查保甲所需用之纸质门牌及表册等，如超过前估计印制数目时，准按实际需要增加印制，专案呈请，追加预算；（2）关于拉卜楞寺以及尚未编查之小寺院悬挂门牌一事，准由该县长斟酌实际情形，相机办理。"②

在省政府支持下，夏河县保甲编组取得新的进展。截至 1943 年 4 月，9 个乡镇完成编组，只剩下和平、信义、平等、欧拉、自由 5 个乡镇。延至 8 月 1 日，夏河县政府派户政技士张朝明偕同编查员前去督查，21 日编查人员复电称："职奉令赴南番编查保甲，先到平等乡，次到信义、和平两乡，当地头人及根差布等，均不让编查，劝说不理。"鉴于此种情形，夏河县政府分别传唤各地头人，讲明实施保甲编查的意义；同时，政府又将编查路线重新订定，拟先从自由乡开始编查，然后依次为平等、信

---

① 《据夏河县长呈报编查保甲情形转报鉴核示遵由》，甘肃省档案馆，档号：15—17—136。
② 《拟转报夏河县长呈报编查保甲情形一案电仰知照由》，甘肃省档案馆，档号：15—17—136。

义、和平。但编查工作在自由乡进展并不顺利，当地头人仍不让编，虽经再三劝谕，仅将户口大概报出，不让按户清查。编查人员只好转赴平等、信义、和平。据9月3日电报称："自由乡未让详细编查，仅开具四保二十四甲，二百八十三户，七百四十六口；至平等、信义、和平等乡，已详细编竣……惟和平一乡，系靠近洮河，毗连临潭，交界有阿拉、麦加二庄，称系临潭百姓，不受夏河编制。"① 在这种情况下，夏河县政府只好一方面要求阿拉、麦加两庄头人遵令接受编查；另一方面指示编查人员前往劝导，设法进行，限十日完成。

1944年1月，夏河县县长李永瑞再次报告称："查本县保甲，三十年夏、临、卓三县局黑错会议时，原决议划全县为十三乡镇……终以甘家部落全系帐房，与十三庄土房合并，诸多不宜，为适应环境起见，乃将十三庄与甘家划开，多编一乡，故全县计共编为一十四乡镇。"夏河县保甲自1942年11月开始编起，1943年8月底结束，完成编查的乡镇有黑错、陌务、卡加、清水、正伦、共和、博爱、甘坪、和平、平等十乡。"下余信义、自由、欧拉三乡，以距县较远，区域辽阔，且以该三处均系帐房，民情蛮悍，编查匪易，若急于进深，恐发生意外。"夏河县政府在反复劝导的同时，商请拉卜楞保安司令黄正清派职员和士兵，会同县政府户政技士张朝明及其编查人员，"持枪骑马，并携罗锅、帐房、马料、伙食等物，依次编起"。信义、自由二乡尚称顺利，但编至欧拉乡时，各庄头人仍不让按户清查，经再三劝导后，最终由头人详述住户姓名、年龄，并分保分甲填造清册。对此，李永瑞认为"初行编查，有此变通亦无不可，拟用渐进办法，俟本年度乡镇机构充实，民众对政府有深切认识后，五六月间再行设法分别整理，以期翔实"②。

对于夏河县保甲编组的成绩，第一区行政专署给予充分肯定："经查夏河县所属各地，大半均属藏区，以往历任县长均借口情形特殊，政令任意搁置，保甲亦从未编组。自李县长到任后，曾于三十一年十一月起，即

---

① 《呈报本县八至九月份保甲编查情形并赍三乡保甲户口简明表一份请核备由》，甘肃省档案馆，档号：15—17—136。

② 《案据夏河县府呈报该县保甲于三十二年底完成情形并附统计表转请鉴核由》，甘肃省档案馆，档号：15—17—136。

筹划编查事宜，至三十二年八月底止，完成大夏、黑错、陌务、卡加、清水、正伦、共和、博爱、甘坪、和平、平等等十乡镇，成绩已著。其余信义、自由、欧拉等三乡镇，全系藏民，不通汉语，该县长一再设法晓谕后，复于上年九月起，商请保安司令黄正清派同员兵，会同县府户籍员、翻译等二次着手编查，于十二月底竣事。""查该县长督率所属，编组保甲，周行各部落，积月累日，卒使十余年历任未办之案，一旦完成，足见实心任事，水到渠成。""拟请传令嘉奖，以励来兹，而兹楷模。"① 甘肃省政府在复电中也表示："夏、临、卓三县藏区保甲户口于三十年黑错会议决议编查，数年以来，类多借口情形特殊，延不举办，以致要政不能完成。此次李县长不避艰难，率先办理，在编查期间周行各部落，躬亲督导，使要政得以完成，户口增多二倍以上，实属督率有为，深堪嘉许。"②

与夏河县的保甲编组工作逐步推进相比，截至 1943 年，"卓尼设治局始终以情形特殊"为由，一直没有户口数字的相关呈报；临潭县也以原有的户籍表册被焚烧殆尽，即使"省发之户口总编查表"也无法寻到，因而保甲编组迄今未有进展。③ 对于卓尼、临潭两县局的故意推脱，甘肃省政府提出严肃批评："一、查该局编查保甲户口，本宜早在三十年六月即由一区专署召开之黑错会议决定，所需编查经费亦早经拨发在案。"但该局"究竟何时开始准备，已否就绪，来电并未提及，显系敷衍塞责，希图延宕，应予申斥。二、夏河与该局所属同为藏区，而夏河之编查工作已于上年十二月完成，保甲亦已建立，该局迄未举办，足徵见地域之有异，实人谋之不臧。仰即动员全局知识分子，积极妥办。三、户籍工作本省列为本年度八大中心工作之核心工作，本在必行，办理之先，应将保甲户口编查完善，以资衔接，如再以情形特殊为词，延不编查，定予严处"④。

---

① 《为夏河县长李永瑞先后督率所属编查保甲建立藏民信仰完成自治基础成绩优异拟请传令嘉奖以励来兹而资楷模由》，甘肃省档案馆，档号：15—17—136。

② 《为拟第一区专署呈转夏河县编查保甲户口经过情形并附统计表新签核等情指令知照由》，甘肃省档案馆，档号：15—17—136。

③ 《为电饬查复夏卓临三县局藏区保甲户口编查情形及临潭县遗失调查表原因由》，甘肃省档案馆，档号：15—17—136。

④ 《据赍三十二年各期季报表经核呈仰将该局编查保甲户口日期速定报查不得再以特殊为词拖延干究由》，甘肃省档案馆，档号：15—17—136。

在甘肃省政府一再催促下，1943 年 7 月，临潭县政府在"严密保甲组织、彻底清查户口，以树立健全行政基础"的原则下，遵照甘肃省政府的指令，拟订了《编查本县户口计划》：第一，"为编查便利及确实起见，拟将全县划为九个监察区，每一保为一调查区，每监察区设行政监察及技术监察各一人，行政监察由乡镇长任之，技术监察由各中心学校校长任之，分别担任监察指导之责。每调查区设调查员二人至三人，由保长及保国民学校校长或教员任之，负调查填写之责"。第二，"编查期限拟定为两个月，自八月一日起至九月底止，以二十日为编查期，以二十日为抽查期，以二十日为统计期"。第三，"编查户口所需各项表册、门牌、户牌、切结"，按所需数目，拟由岷县印制。①

1944 年 1 月，卓尼设治局也在"审酌地方情形"的基础上开始制订保甲编组计划。即"第一步完成洮河流域各旗村庄（北山包括在内）；第二步完成白龙江流域各旗村庄（即上下叠部）"②。对于这一计划，卓尼设治局局长刘修月如此解释："查编组保甲一事，原为本局今年刻不容缓应行举办之工作，兹经默察地方情势，拟计分为两步实施，初步由洮河流域着手。"因为这一区域，1943 年政府已经利用北山事件介入该地事务，着手编查保甲阻力不大。但第二步涉及上叠、下叠二乡，情形比较特殊，倘若"一并进行编组，反应所及，事功难期。与其偾事而无功，曷如羁縻以观感，然后视成效所及，再图第二步之实施，桑榆之收，未足云晚"③。1944 年 4 月 13 日，刘修月报告称：卓尼保甲"已于三月一日分两组出发编查，迄今已将月半，计已编查就绪者有柳林、北山、洮北三乡镇，现正编查录竹、洮南乡间"④。5 月 16 日，卓尼设治局再次报告：本局保甲自实施办理以来，"逾时两月，现于五月五日顺利完成第一步编组工作，兹编就四乡一镇"（见表 3—11）。同时卓尼设治局在已完成编组的乡镇，分别设立乡镇公所和保甲办事处，并将以前旧有的旗组织——总承、总管、

---

① 《临潭县拟具彻底编查本县户口计划》，甘肃省档案馆，档号：15—17—136。

② 《卓尼设治局实施编组保甲编查办法》，甘肃省档案馆，档号：15—17—136。

③ 《据卓尼设治局呈送实施编组保甲编查办法及乡镇分团一案转祈鉴核由》，甘肃省档案馆，档号：15—17—136。

④ 《据卓尼设治局呈报编查保甲户口实施情形转请鉴核备查由》，甘肃省档案馆，档号：15—17—137。

头人等名目，一律明令废止（见表3—12）。对于第二步应编的乡镇，如上叠、下叠、插岗等乡，鉴于情形特殊，为了慎重起见，决定自五月起先行设立乡公所，以便推广宣传然后根据宣传的深入程度，再做第二步推进计划。[①]

表3—11　　　　　　　　　卓尼设治局造赍乡镇一览表

名称	所在地	保数（保）	甲数（甲）	户数（户）	男人（人）	女口（人）	备考
柳林镇	本城	10	122	1654	4073	3795	
洮南乡	达子多	7	79	882	2481	4622	
洮北乡	甘藏	9	93	904	2227	2751	
北山乡	洽盖寺	10	87	994	1994	1835	
录竹乡	牙录寺	11	97	1057	7872	2451	
插岗乡	工坝庄						该乡列入第二步实施，尚未着手编组，所有保甲户口暂从缺
上叠乡	甸哈寺						
下叠乡	旺藏寺						

资料来源：《卓尼设治局造赍乡镇一览表》，甘肃省档案馆，档号：15—17—136。

表3—12　　　　卓尼设治局废除旧有土官等及新更改名称对照表

原有名称	土官总承	总管	大小头人
今更改名称	乡镇长	保长	甲长

资料来源：《卓尼设治局废除旧有土官等及新更改名称对照表》，甘肃省档案馆，档号：15—17—136。

综观夏、临、卓三县局保甲编查之进程，时至1946年，夏、临、卓三县局的保甲编组确实取得一定的成绩，但其编查范围仍局限在较易推行

[①]　《据卓尼设治局呈报完成第一步编组保甲户口实施情形转报鉴核备查由》，甘肃省档案馆，档号：15—17—137。

的"近藏区域"（这一区域居民汉化较深，兼营农牧，且有一定住所），
对于"远藏区域"（这一区域居民离城较远，且专事牧畜，居无定址）的
保甲编组仍少有触及。究其原因，夏、临、卓三县局各有陈述。1946 年
10 月 21 日，卓尼设治局局长丁剑纯报告称：本局所属"上、下叠部编查
保甲户口案，因情形特殊，未能依限开始"，现已加派人员前往编查。①
但保甲户口工作人员人手不够，只能等该地区的保甲编组工作完成后，才
能办理户口查记事务。② 同年 10 月 22 日，临潭代理县长赵文清也报告
称："本县编查双岔、西仓两地藏区保甲户口事宜，曾派员晓谕，讵料杳
无回信。"该地系属游牧藏区，非有武力协助，很难深入其境，"恳祈令
饬本县驻军二团予以协助"③。对于临潭县政府要求派兵协助的请求，甘
肃省政府予以拒绝，并复电称："编查藏区保甲，无派团队协助必要，应
遴派熟悉情形干员前往，剀切晓谕，俾其明瞭意义，乐就范围，顺利编
成。"④ 其实，甘肃省政府不愿派兵协助的一个重要原因是，"远藏区域"
人口多系游牧为生，民风彪悍，迁徙无常，如果派兵协助，势难取得良好
效果。更何况当时甘肃省政府在财力和兵力的多重限制下，也不可能提供
足量的军队前来协助。

　　虽然"远藏区域"的保甲推行甚是不易，但在甘肃省政府的督促下，
卓尼"远藏区域"的保甲编查取得了进展。1946 年 12 月 10 日，卓尼设
治局派户籍主任寇德昌、叠部区长杨景华等人，率警员 8 名，前往上、下
叠部编查。据该员于该月 15 日报告称："奉令编组上、下叠乡保甲，经
职等详加开导，结果计已编就下叠乡为 10 保，112 甲，1000 户，男 2034
人，女 2101 口，共计人口 4135。"⑤

　　夏河县"远藏区域"保甲也取得部分进展。夏河县县长李永瑞于
1947 年 7 月 3 日报告称："职县藏区保甲户口，业将示范、清水、正伦、

　　① 《甘肃省政府无线：令卓尼丁剑纯》，甘肃省档案馆，档号：15—17—138。

　　② 《为呈复缓办户口查记情形请核查由》，甘肃省档案馆，档号：15—17—138。

　　③ 《为请令饬本县驻军保二团协助编查双岔西仓两地户口由》，甘肃省档案馆，档号：15—
17—138。

　　④ 《拟饬令饬该县驻军队二团协助编查双岔西仓保甲户口一案电饬遵照由》，甘肃省档案
馆，档号：15—17—138。

　　⑤ 《电复编组上、下叠部保甲户口情形请核查由》，甘肃省档案馆，档号：15—17—138。

卡加、黑错、共和、陌务、博爱、信义、和平十乡镇先后派员复查完竣，其余平等、自由、甘坪、欧拉四乡保甲户口，现正从事编查中。"① 但是夏河县政府也建议，要使"远藏区域"保甲得以彻底推行，"仅恃现时县政府所有之力量"，势必难以完成，必须得到两个方面的诚心协助，方可成行。第一，"商得拉卜楞大寺当局之同意，指派有声望地位之僧佛，率领随从前往协助"；第二，"商得拉卜楞保安司令部黄司令之同意，指派官兵多人前往协助"②。

与夏河、卓尼比较而言，临潭"远藏区域"的保甲编查则迟迟未能推进。临潭县政府报告称："临潭西南之双岔（土官所属）、西仓（浑布所属）、拉力关（土官所属）、郎木赛持（寺院温布所属）四部，为临潭飞地，与县境版图脱离，本年编组未能实施，虽数度派人联络，亦无效果，应俟临潭、卓尼、夏河三县疆界重新划定后，始能办理。"③ 对于临潭县政府的无所作为，甘肃省政府予以严厉批评："该县西南藏民四部，虽距县城弯远，牧地辽阔，而其中并无飞插瓯脱等情事，且双岔、西仓、郎木赛持等部，早由该县编入西仓、赛持二乡，迄今复称与县境脱离，显系蒙混。现夏河、卓尼二县保甲，业经编齐，仅余该县及岷县尚未办竣，似此藉口疆界不清，意图延缓，洵属非是。拟严饬仍照规定办理，对该地藏民剀切解释，多方抚导，期能内向遵编，完成保甲。"④ 面对省政府的严厉斥责，临潭县政府则深感心力不足。1947 年 7 月 16 日，代理临潭县县长陈守礼再次报告称："查本县藏民区域系双岔、西仓等地，距离县城甚远，其风俗、习惯、言语、宗教均与内地不同，似适宜于藏民区域编查保甲户口办法之规定。惟查各该地与夏河、卓尼等临封边境毗连，一般藏民思想顽固，赋性强悍，政府每有新措施，辄相互惊骇，奔走避易，甚至聚众顽抗，掳杀时有所闻，法令无法实施，进行编查，殊甚困难，是以迄未成编。刻拟遣派谙熟藏情、精通藏语之员，深入该区，徐行诱导，俾能明了保甲意义，然后着手实施编查，庶

---

① 《电报编查藏区保甲户口情形祈核备由》，甘肃省档案馆，档号：15—17—138。
② 《夏河县复查整理欧拉自由等乡保甲户口补充办法》，甘肃省档案馆，档号：15—17—138。
③ 《临潭县长签呈》，甘肃省档案馆，档号：15—17—138。
④ 《甘肃省政府民正厅便函》，甘肃省档案馆，档号：15—17—138。

较顺利。"①

由上所述，虽然"远藏区域"的保甲编组步履艰难，但保甲制度在甘南藏区的推行仍取得一定的效果。一方面，它将该地区土司治下旧有的土官总承、总管、头人等旧名称更名为乡镇保甲长等新名称，将赋有国家权力色彩的乡镇保甲机构设立于甘南藏区的各个村庄，使得原本只知有拉卜楞、杨土司的甘南藏民开始接触到"国家"和"政府"的概念。马鹤天在 1936 年考察夏河时曾"遇二藏民学生，询之，尚知为中国人，但不知何省何县，盖知有拉卜楞，而不知有甘肃省夏河县也"②。这种情形在 20 世纪 40 年代的甘南藏区已发生了改变。另一方面，较为精确的户口清查工作也为当地政府进一步治理甘南藏区提供了可能。因为"仅仅依靠国家机器和政府机构是不可能使社会基层的芸芸众生就范的"，而建筑在户籍管理基础上的保甲制度则可以将基层控制"渗透到人们生活最基本的方面"③。

四 甘南地区保甲编组中的冲突与调适

随着保甲制度的逐步推行，从 1943 年起，原属于缓征区域的甘南藏区开始承担起战争年代政府摊派的兵役任务。虽然出于对甘南藏区特殊情形的考虑，甘肃省政府采取了"以马代丁"的变通办法来缓解藏区民众对征拔兵役的疑惧（见表 3—13），但藏区民众逐草而居的生活方式，仍在很大程度上限制着该地征兵任务的完成，而频繁的临时摊派和大小村庄摊派款额的不公，也引发各种呈讼的频繁出现。1949 年 2 月，黑错家禾藏民呈电甘肃省政府称："窃藏民等十余户，近十年前民等由本寺襄佐管理指挥令下拿款拿粮，近年以来，各项款费甚杂，藏民等同汉回民等共同负担，甚为甘心。我等以为中华民国国民，款费等项甘心负担，因今年以来，各地全体训练壮丁，我藏民等十余户同汉回民等训练甚为困难，汉语不懂，各项工作方面很受困难。况拉卜楞有五六百户藏民，未训练一户，我等家庭困难，田地丝毫无有，我等受苦过生活，今幸主席光临，民等跪

---

① 《电报本县未编查藏区保甲原因祈请鉴核由》，甘肃省档案馆，档号：15—17—138。

② 马鹤天：《甘青藏边区考察记》，甘肃人民出版社 2003 年版，第 49 页。

③ 张济顺：《沦陷时期上海的保甲制度》，《历史研究》1996 年第 1 期。

拜哀告，恩免训练工作，各项款费甘心负担。"①

表3—13　　甘肃省卓尼设治局配征1944年度第一期已缴丁马清册

乡镇别	保别	丁数	姓名		抵交马匹数
柳林镇	第一保	二名	张廷选	文延年	一匹
	第二保	二名	李春荣	马世骏	一匹
洮南乡	第一保	二名	李赛力	李竜卜	一匹
	第二保	二名	虎尼羔	全婆上次力	一匹
	第三保	二名	旦智工步	陈刁知日占	一匹
	第五保	二名	朱拉麻代	张彦锦	一匹
	第六保	二名	蒙班代	王勺麻旦主	一匹
	第七保	二名	安贞吉	耒五十六子	一匹
录竹乡	第一保	二名	班的牙	车俊	一匹
	第二保	二名	卓羊	竜卜牙	一匹
	第三保	二名	竜卜牙	茶化东主	一匹
洮北乡	第四保	二名	德寿荣	德寿山	一匹

　　资料来源：《甘肃省卓尼设治局配征三十三年度第一期已缴丁马清册》，甘肃省档案馆，档号：15—14—50。

　　由此可见，保甲制度在甘南藏区的推行，既受环境制约，亦受经费困扰，其间更夹杂着国家行政体系与土司制度之间的较量，以及挣扎于生存边缘的甘南藏民对生存权利的追求和对公平正义的渴望。这种复杂的利益诉求在夏河县火日藏与甘家部落争夺"尕旦拉哈与小坞"的诉讼案件中表现得尤为突出。

　　1945年12月，夏河县火日藏民众向甘肃省政府呈讼甘家部落"捣乱保甲、混沌疆域"，要求甘肃省政府为其做主，"归清疆域，平均负担，勿坏旧例"②。鉴于夏河县情形特殊，且案件涉及藏区保甲，甘肃省政府即令夏河县政府审慎处理。据夏河县政府调查称：呈讼双方"尕旦拉哈、小坞两庄，原系甘家部落之一部，在三四十年前，因屡被其他部落侵袭，

---

　　① 《甘肃省夏河县家禾藏民等呈报》，甘肃省档案馆，档号：15—17—139。
　　② 《禀捣乱保甲混沌疆域由》，甘肃省档案，档号：15—14—416。

不堪其扰，情愿依附于邻近之火日藏以防卫。多年以来，共同纳粮应差，亲睦无间。迨民三十二年，其地编组保甲，亦共同编制，均无异议。讵三十三年冬，尕旦拉哈庄之草山，被甘家牛马侵食，尕旦拉哈出兵击伤甘家畜牧之人，被甘家按藏例藏规处罚硬币。尕旦拉哈民众求助于火日藏，火日藏拒绝未允，尕旦拉哈遂控告于黄司令，黄按藏例藏规调解，命令火日藏帮助硬币一百八十元结案，而嫌怨自此生焉。尕旦拉哈民众自是而后，于纳粮差徭事项，遂欲脱离火日藏而仍归于原部落之甘家。火日藏以尕旦拉哈、小坞两庄系同一保甲组织中之一部，抗粮抗差理有未协，乃劫之以武力，率领百余人荷枪实弹向尕旦拉哈催收粮款，捕去尕旦拉哈妇女马匹。事为县府所知，乃派员前往处理，勒令将捕去之妇女放还，仇衅日深，遂构成互争庄众之悬案"①。除此而外，甘家教权系拉卜楞寺管辖，拉卜楞寺嘉木样活佛势力极大，声望很高，如果归之，遇事则有势可依；而火日藏教权"则属沙沟寺，势力不大，声望亦低"。加之甘加部落全系帐房，避居一隅，差事较少；而火日藏地踞夏河与临潭县道之中，全系土房，来往差事甚繁。②

火日藏与甘家部落对尕旦拉哈和小坞的争夺，不仅涉及火日藏与甘家部落的利益，也关系拉卜楞寺与沙沟寺双方的宗教感情。加之藏区民众各有枪支，民风彪悍，如果稍有失慎，致酿械斗。鉴于案情特殊，应该如何处理，时任夏河县县长李永瑞认为有征询拉卜楞保安司令黄正清意见的必要。这是因为黄正清在夏河藏区不仅拥有独特的地位和声望，而且具有处理夏河藏区可能发生的暴力冲突的能力。况且此案中拉卜楞寺负责人也有暗中支持甘家部落的说法。但对李永瑞的探询，黄正清表示：由于去年春天调处时，原为息事宁人，结果却事与愿违，"现时伊处境甚难，不便主张，请县府公平处理"。鉴于黄正清的借故推脱，李永瑞请求甘肃省政府主席谷正伦乘黄正清由渝归来，路过兰州时，加以垂询，即知其中底蕴。③ 至于谷、黄二人对于此案究竟如何洽谈，笔者并未发现相关资料可

---

① 《为拟具夏河县火日藏及甘家互争尕旦拉哈小坞两庄处理办法祈核示由》，甘肃省档案馆，档号：15—14—416。

② 《夏河县政府代电》，甘肃省档案馆，档号：15—14—416。

③ 《为拟具夏河县火日藏及甘家互争尕旦拉哈小坞两庄处理办法祈核示由》，甘肃省档案馆，档号：15—14—416。

供借鉴，但根据此案后来的发展以及黄正清对于此案态度的变化可以推知，谷、黄二人应该达成了某种默契。

呈讼发生后，夏河县政府从政治、教权等方面对火日藏与甘家部落的要求进行了综合考虑，最终拟定解决方案，并呈请甘肃省政府颁发：第一，归附的确定。"尕旦拉哈与小坞虽与火日藏之观音沟部落不同，族系有异，但于三四十年前，即因甘家不能保护，无力自卫，甘愿受火日藏之保护，归附于火日藏，三十二年编组保甲时，又与观音保同编一保……于理于势，尕旦拉哈、小坞两处自应仍归火日藏之观音沟，以维旧规，而利编制。至教权方面，仍属于甘家部落，一同信奉拉卜楞大寺。"第二，公允负担。"本府迭次通令人民，田粮应按粮册完纳，差徭丁役依户口册籍征集，不得按保甲摊派。尕旦拉哈自编组保甲后，负担即重，因起反对，想系因粮差按保甲摊派不公允之故。拟令由县府彻查纠正。对于尕旦拉哈粮差之配赋，切实遵照本府规定办理，不得按保甲摊派，以轻负担，而昭公允。"第三，制止藏民保甲长直接行动的恶习。藏区人民各有枪支，"多年来野蛮之痼习，虽不可以一旦革，但既经编组保甲，政府委派之保甲长，自应律之以保甲长之常轨。尕旦拉哈抗纳粮款，固属非是，而火日藏观音沟之保长，不禀明县府，竟敢直接行动，率领人众百余人掳掠人之妇女马匹，尕旦拉哈今日之坚欲脱离其保者，此为其主因……嗣后如有顽抗粮款情事，应禀明县府派人催收，不得采取直接行动"。"此案拟令饬黄司令协助县府，照本府指示原则处理，如有用武情事，派兵弹压，以资防范。"①

上述判决基本上满足了火日藏的要求，但对坚决要求脱离火日藏控制的尕旦拉哈庄民来说，则是无法接受的。虽然迫于各方压力，尕旦拉哈表面上服从判决，但反对意志仍很坚决。十余日后，尕旦拉哈将判决书交还县政府，并表示绝不归附火日藏。为躲避县政府的责惩和火日藏的攻击，尕旦拉哈全庄民众悉数携帐逃至青海同仁县。② 对于尕旦拉哈的行为，甘

---

① 《为拟具夏河县火日藏及甘家互争尕旦拉哈小坞两庄处理办法祈核示由》，甘肃省档案馆，档号：15—14—416。

② 《电报县属清水乡观音沟与尕旦拉哈双方头人年来互控一案解决经过情形并照抄双方合具了事甘结一份请核备由》，甘肃省档案馆，档号：15—14—416。

肃省政府认为，这是故意违抗命令，应对其晓以大义，示以法纪，"以期两造俱能恪守命令，不再反复"①。由于尕旦拉哈庄民迁居青海，致使案件拖至 1947 年。同年六月，尕旦拉哈庄头人高压、高塞、他热三人由同仁县来拉卜楞寺参加百零八寺代表集会。其间，夏河县政府借黄正清保安部队之力，将以上逃避头人管押，并对其晓以大义，示以法纪。尕旦拉哈头人最终答应了结此事，并当面与火日藏头人立下字据，宣誓遵从政府判决，拔幕返乡，决不再行滋事。②

透过上述案例，可以看出：

第一，随着甘南藏区保甲制度的推行，时至 1943 年年底，地属夏河县域、主要系游牧为生的尕旦拉哈庄民已经接受保甲编组（火日藏被编为清水乡；甘家被编为甘坪乡；尕旦拉哈在编组保甲时，与火日藏共同编制），并开始承担起战争年代的兵役任务。

第二，尕旦拉哈庄民在其归附问题上之所以争讼不休，除火日藏观音沟保长携武力勒押该庄妇女马匹，造成双方情感恶化外，更重要的是归附背后所隐藏的利益诉求。20 世纪 40 年代，连年的战争造成人民的持续贫穷和兵役负担的与日俱增，而以村庄为单位的临时摊派又造成大小村庄各种负担的"不公平"，这种不顾村庄实际承负能力的临时摊派甚至将一部分村民逼向生存的边缘。且不说"甘家全系帐房，僻居一隅，差事较少"，火日藏"地处夏临孔道，全系土房，往来差事甚繁"③。即使尕旦拉哈归附甘家、依附拉卜楞寺所带来的利益附加，也不是其归附火日藏、依附沙沟寺所能相提并论的。

第三，甘南藏区内部各种利益集团之间的复杂关系，是制约夏河县政府推行保甲、处理地方事务的重要因素。据统计，在夏河县境内"总计佛教大小寺院为六十八所，其中受拉寺教权指挥者为五十四寺，属沙沟寺教权指挥者为十四寺。拉寺教权直属拉萨，沙沟寺虽同属黄教，夙隶青海同仁县隆务寺指挥"，拉、沙两寺过去因教权问题而

---

① 《据报处理火日藏四头民众与乃旦拉哈庄互控一案执行情形仰遵照由》，甘肃省档案馆，档号：15—14—416。

② 《电报县属清水乡观音沟与尕旦拉哈双方头人年来互控一案解决经过情形并照抄双方合具了事甘结一份请核备由》，甘肃省档案馆，档号：15—14—416。

③ 《夏河县政府代电》，甘肃省档案馆，档号：15—14—416。

"罕通往来"①。而尕旦拉哈的归附问题恰恰涉及拉、沙两寺的利益。倘若夏河县政府在处理这一纠纷时稍有失慎，必将引发械斗，若争斗一起，"初则系观音沟与尕旦拉哈局部之争，继则牵制甘坪全乡与清水全乡之争，终则演变成拉卜楞大寺与沙沟寺两方教派之争"②。这一结果不是夏河县政府可以承受的。因此，夏河县县长李永瑞在呈请处理办法时称："此案情形复杂，有征询黄司令意见之必要"，同时请求省政府主席谷正伦乘黄正清"由渝归来，路过兰州时，垂询经过情形，即知其中底蕴"③。从中隐现出夏河县政府在处理该地区事务中的弱势地位。

第四，火日藏与甘家对尕旦拉哈和小坞的争夺，最终在夏河县政府和黄正清的配合下得以解决，这不仅是对政府威信的宣示，也是加强基层社会控制的一种手段。保甲制度的推行和国家权力的下移，不仅将甘南藏民纳入国家治理的范畴，亦使生活于政教合一体制下的甘南藏民感受到国家法权的约束。正如作为呈讼一方的火日藏部所云："近几年来，民等深知政府威信法令森严，不敢胡作乱为，否则早已出兵保护，一切之牺牲，在所不惜。现实畏惧政府，万恳县长主持公道，仍准照旧例旧规饬尕旦拉哈仍归观音沟保内，以维权利。"④

综上所述，保甲制度在偏远闭塞的甘南藏区具有其独特的韧性。如果说20世纪30年代夏河县治与卓尼设治局的成立对于该地土司制度的冲击仅是表面的和肤浅的，那么20世纪40年代推行的保甲制度则可称为该地土司制度的一次革命。就土司而言，众口一词认为他们社会经济落后，割据一方，抢夺掳掠，为非不法。但针对土司制度的不法与落后，政府将采取何种措施以维护社会秩序，加强中央集权，增加财政收入？国民政府将目光投向了保甲制度。因为推行保甲制度，不仅可以将土司领地纳入政府的控制之下，而且可以按照政府的意愿摊派兵役钱粮。就此而言，无论民国保甲制度是传统的，还是现代的，是封建保守的，还是初具改革色彩

---

① 《夏河县政府政情报告》，甘肃省档案馆，档号：15—01—159。

② 《夏河县政府代电》，甘肃省档案馆，档号：15—14—416。

③ 《为拟具夏河县火日藏及甘家互争尕旦拉哈小坞两庄处理办法祈核示由》，甘肃省档案馆，档号：15—14—416。

④ 《呈报传讯火日藏与甘家互争尕旦拉哈小坞两庄情形请鉴核判处示遵由》，甘肃省档案馆，档号：15—14—416。

的，它与土司制度相比，无疑具有进步意义。虽然甘南藏区保甲制度的推行因时代与环境之局限阻力重重，且"据条文说历史，更多得到的是一种理想的或设计中的状况，与实际总有相当程度的差异"①。但不可否认，在甘肃省政府及各县政府的共同推动下，甘南藏区的保甲编组确实取得一定的成效。截至 20 世纪 40 年代末，夏河、临潭、卓尼三县局除了仍有一些"远藏区域"的保甲未能得到切实编组外，大部分地区的保甲工作均得到较好的实施。姑不论深度，就其广度而言，则是有目共睹。保甲制度推行，不仅使甘南藏区原有的乡村治理模式发生了巨大改变，国家行政机构在这一地域开始生根发芽，藏区民众对于"国家"和"政府"的认同感也日益加深。以游牧为生的甘南藏民开始受到法律制约，游离于国家权力之外的藏区行政体系开始逐步向国家靠拢，落后的土司制度在保甲制度的渗透下开始向近代政体转变。这一切都对甘南藏区基层社会的近代化影响深远。

---

① 罗志田：《俗与制：历史上基层设置与记载的"大率"特性》，《民俗研究》2015 年第 4 期。

第 四 章

保甲制度在甘肃推行中的
困难与问题

保甲制度在甘肃乡村地域的推行，打破了乡村社会原有的治理体系，各种利益相互交融，彼此摩擦，其中国家权力的下移与地方利益群体之间的冲突，亦有不同利益群体为了各自利益而不惜相互攻讦的事实。保甲制度犹如一块巨石投入乡村社会这片平静的水面，泛起的各种涟漪都将成为保甲制度推行过程中不可避免之附加。然而，保甲制度是否健全，能否行之有效，实与其两大支柱——经费与人才紧密相连。国民政府拮据的保甲经费和落后的国民教育，成为保甲制度运行中的两大"瓶颈"，而战争年代民众对保甲制度的疑惧以及对乡镇保甲长的不信任，亦在一定程度上制约着甘肃保甲制度的推行。

第一节　保甲制度推行与地方权力
群体之间的博弈

1905 年科举制度的废除导致乡村士绅阶层迅速衰退，而新式教育的兴起，却造就了一批新的乡村精英。20 世纪 30 年代初南京国民政府保甲制度的推行及国家权力机构的下移，则进一步引发了乡村社会权力结构的变异和传统乡村士绅的分流。不可否认，中国皇权时代的乡村士绅因诸多因素造就了他们拥有着与众不同的身份和地位，亦使他们的权力构建复杂多重，其中既有来自国家权力的默允，亦有来自地方社会的认同，更有他们自身所具备的与众不同的优越性，他们既是"国家权力向下延伸的末梢，也极可能是地方社会权力向上发展的起点"①。然而，国民政府推行的保甲制度，则将国家权力机构下移至乡镇村庄，在传统国家权力机构的下端，又建立起科层行政机构——乡镇公所，并试图以国家行政机构代替传统士绅来管理乡村社会。这种科层行政体系的建立可谓千百年来中国行政制度史上的一次重大变革，在这一变革中，传统的乡村管理体系必将发生天翻地覆的变化，传统乡村社会的治理者亦将被具有国家行政特征的乡镇保长所代替。这是一场新与旧的较量，亦是国家权力开始渗入乡村社会的一个现代化过程。在这一过程中，摩擦和冲突在所难免，但如何消解冲突，并使其在摩擦中实现平稳过渡，则是国民政府在战争年代不得不审慎思考的一个历史命题。

虽然民国保甲制度的推行从制度与法理层面加强了国家对乡村社会的控制，但20世纪三四十年代特殊的战争环境和繁苛的保甲任务，并未使乡镇保长职位成为乡村精英钦慕的对象，一部分传统的公正士绅开始离开村政，部分知识青年填充其中，其中亦夹杂着少量的地痞流氓，具有国家权力特征的乡镇保长与地方利益群体之间在异化的社会形态下开始了一定程度的碰撞与交融。在这一过程中，既有利益的博弈，亦有恩怨的纠纷。不过，他们之间的恩怨纠葛往往是以保甲诉讼的形式呈现出来。因此，民国时期的保甲诉讼，不再单纯体现在民众对乡镇保长的痛诉②，亦表现为乡镇保长与地方势力之间因权力、利益及个人恩怨而引发的诸多纠纷。为了进一步呈现这一特征，笔者以1938年甘肃省镇原县原第二区区长赵清化与代理区长陈棠之间的呈诉案例，系统梳理赵清化、陈棠、驻该县骑兵团团长孟世权以及县政府之间错综复杂的利益关系，并在此基础上深入解读抗战时期保甲制度在深入乡村社会过程中新旧权力群体之间的冲突与调适，以及乡镇保长在乡村社会权力网络中的身份处境与角色扮演。

一　是非难判：保甲诉讼中的"罪名"与"罪行"

1938年2月，甘肃省镇原县第二区区长赵清化呈报甘肃省民政厅称：

---

① 陈世荣：《国家与地方社会的互动：近代社会精英的研究典范与未来的研究趋势》，《中央研究院近代史研究所集刊》2006年第54期。

② 柳德军：《民国保甲诉讼中的"罪名"与"罪行"——以甘肃保甲讼案为中心》，《甘肃社会科学》2017年第4期。

"该县绅士王中颢、张鹏翔等捣乱保甲，阻挠区政，并唆使流氓，横闹区署"①，请求省府督饬查办。但当甘肃省政府令镇原县政府核查此事时，镇原县长邹介民却呈报称："第二区区长赵清化办事不力，且与地方不洽，已予免职，并委陈棠暂行代理。"② 对于这一颇具戏剧性的答复，甘肃省政府并未详加追询，而是"指令应准"。唯有要求者，即令镇原县政府对代理区长陈棠的平日名誉及能否担任区长一职详加考核。

为什么会有如此戏剧性的变化？镇原县政府为什么要在这一时间节点免去赵清化的区长职务？而陈棠又是何许人，他为什么能够接替赵清化的区长职务？赵清化呈诉之人与陈棠又有何关系，与赵清化之间有何恩怨纠葛？上述问题将会随着诉讼案例的展开而得到逐一解答。不过，显而易见，鉴于省、县、区（乡）三级行政机构的权力从属关系，当甘肃省政府在处理区长赵清化与镇原县政府的不同意见时，且不论其事实究竟如何，从原则上和情感上都会偏向于镇原县政府的决定，而作为已被免职的原区长赵清化，则成为省、县政府之间权力融通的牺牲品。

然而，对赵清化个人而言，免职仅仅是其个人命运不幸的开始。因为1938 年 11 月驻扎在该县的陆军第 165 师骑兵团团长孟世权呈电甘肃省政府称：赵清化"侵吞粮价，乘机潜逃，请通缉究办"③。此可谓一波未平，一波又起。据孟称：该团自去年 11 月驻扎萧镇以来，将及一载，所需粮价，每月如数发给地方区署，由区署转发给各花户。不料镇原县第二区新任区长陈棠于 10 月 4 日公函开：本镇运送 165 师骑兵团"粮秣共计应领价洋一千三百七十五元六角五分，除在县府拨洋七百七十余元外，下欠粮秣价洋六百余元，赵区长始终以团部未发为借口。前闻赵区长交卸，经理前来清账领价，该区长日推一日，忽于月之二日晚乘机潜逃"④。依据陈棠的陈述，孟团长认为"原任区长赵清化身为地方区长，不思刷新区政，

_____

① 《令仰查办该县绅士王中颢等被控捣乱保甲阻挠区政一案由》，甘肃省档案馆，档号：15—12—194。

② 《据卸任该县第二区区长赵清化呈报惩治劣绅张鹏翔等并另委区长接充一案令仰遵照先令各令并案彻查具后核办由》，甘肃省档案馆，档号：15—12—194。

③ 《据卸任该县第二区区长赵清化呈报惩治劣绅张鹏翔等并另委区长接充一案令仰遵照先令各令并案彻查具后核办由》，甘肃省档案馆，档号：15—12—194。

④ 《为呈请通缉前任镇原县第二区区长赵清化侵吞粮价乘机潜逃务获究办俾清吏治由》，甘肃省档案馆，档号：15—12—194。

竟敢侵吞粮价，乘机潜逃，殊属有玷军誉"①。

孟团长对赵清化的"贪污"呈讼刚一呈递，第二区代理区长陈棠对赵清化"贪污"事实的补述亦随之呈来：棠于 9 月 27 日奉令接任第二区区长后，即召集各联保主任、保长暨绅士开会审核交代。"据赵区长交代清摺，共欠钧府各款洋二百三十元零八角"，赵称已向县府交纳，但据联保主任、保长等报告，交代清摺与所收粮款数目不符，"大约欠屯字镇短洋一千有奇，萧镇短洋九百余元"。正在审核清算间，赵清化却借机携款潜逃。然赵清化的会计王廷荣在挪移赵清化衣物时，"被刘区员兴国查获，当面清点，内有各种账簿条据，均与交代不符"②。基于赵清化的上述"罪名"，镇原县政府认为"该区长赵清化尚未交代清楚，胆敢携款潜逃，实属目无法纪。……赐予饬属通缉，务获归案法办，以清交代"③。

孟团长与陈棠的联名呈讼，使赵清化身陷浊境。那么，赵清化是否侵吞粮价，又是否携款潜逃呢？对此，赵清化再次呈电甘肃省政府，对上述"罪名"予以坚决否认。呈电称：职奉命到镇原县第二区服务以来，尽职尽责，不意于本年 2 月间，有本区绅士张鹏翔、刘三仁等捏名妄控于镇原县府，职亦将其"捣乱保甲，阻挠区政"等情呈报于镇原县府，望县府详查究办，不料邹县长不仅未予考察，而且还与该绅张鹏翔等相互勾结，委任烟癖甚深之陈棠于 9 月 27 日到区署"接充区长之职"。职因未奉钧厅明令，亦未见县府正式公文，难免心存疑问，请示县长，亦未明示。就在此时，张鹏翔等"暗中唆使无赖之辈陈棠，勒将一切手续交末，职无奈，只得将手续造摺清交。该陈棠召集人民在会场将交代详细考察，同时又将张鹏翔、刘三仁所控各节，亦详细对证，尽皆虚捏"。张鹏翔、刘三仁等恐受误告之罪，又与陈棠密议，私捏上述罪名。为此，赵清化强调称："该绅豪霸地方，挟制官长，横行不法。……职报县数次，至今未

---

① 《为呈请通缉前任镇原县第二区区长赵清化侵吞粮价乘机潜逃务获究办俾清吏治由》，甘肃省档案馆，档号：15—12—194。

② 《呈署理镇原县县长邹介民呈报职县第二区区长赵清化交代未清乘机携款潜逃恳请赐予饬属通缉务获归案以清交代由》，甘肃省档案馆，档号：15—12—194。

③ 《呈署理镇原县县长邹介民呈报职县第二区区长赵清化交代未清乘机携款潜逃恳请赐予饬属通缉务获归案以清交代由》，甘肃省档案馆，档号：15—12—194。

究，该绅愈加横行，排弃外来官长，串通县长，将职及区员一律改换。县长名为办理，亦听绅士之命，委陈棠为区长，刘兴国为区员，又使无赖之辈将职行李物件，一律夺取，劫掠一空。恳祈钧座电鉴，令饬镇原县长将该绅张鹏翔、刘三仁等解省法办，并追出行李物件，另委区长前来接充。"①

由上可知，原区长赵清化与该区绅士张鹏翔、刘三仁等确有恩怨纠葛。一是讼案起因于该区绅士张鹏翔、刘三仁等不满于区长赵清化，将其呈诉于镇原县政府。而作为回击，赵清化亦以"捣乱保甲，阻挠区政"之"罪名"将张鹏翔控诉于镇原县府。二是镇原县政府在面对双方不同意见时，其偏向性则是显而易见，不仅以"赵清化办事不力，且与地方不洽"为由，将其免职，而且还起用了由该地豪绅举荐之陈棠暂代区长职务。三是赵清化坚称自己已将手续造摺，当众清交，所谓"侵吞粮价，乘机潜逃"之"罪名"，实为陈棠等人之阴谋，但其本人又无法提供有力之证据。四是赵清化之所以备受排挤，无疑与其省派区长之身份有着莫大关系，而陈棠等人之所以与县政府关系密切，第一是与县长本人私交甚密，第二是其本人亦得到了该区豪绅阶层的认同。

不过，赵清化亦非孤立无援。就在案件扑朔迷离之时，镇原县第二区民众代表李春茂、刘新弟等呈讼甘肃省民政厅称："缘有劣绅陈棠，素行狂妄，弁髦法令，前在民国十七年经县长查明不法行为，褫夺公权，呈报有案。"不料近年来又多方活动，揣摩长官旨意，夤缘阶进，复委为第一区区长，劣声载道。自去年11月在省受训后，更加横行逆施，毫无忌惮。其不法行为，略举如下：（1）沟通污吏，假公济私。"竟敢动用农贷一万三千元，在秦安贩卖违禁毒品之大烟，经农贷视察员王世恒查明实在，申明县长，有案可查。"（2）逢迎县长，把持地方。陈棠在省受训后，即被委为武威区区长，不料其有意回县，违令不肯到差，后经通官舞弊，县长又委其为第二区区长，但不幸又被省府委派之赵清化更换，以致积愿未果。（3）吸食洋烟，嗜好甚多。（4）在筹买军粮、征收壮丁时，勾结地方土劣，借端磕诈。鉴于"区长位置，部令规定回避本籍，何能违法委

---

① 《呈为呈报惩治劣绅张鹏翔刘三仁等并另委区长接充由》，甘肃省档案馆，档号：15—12—194。

任，只得叩请钧座电鉴，另委贤员"①。

民众代表的上述呈讼，从一个侧面呈现出代理区长陈棠本人确非善良之辈，其以前之行为，已为乡民所不容。不过，从上述呈文中也可看到，陈棠本人的身份地位，确实属于 20 世纪三四十年代甘肃省、县政府心目中乡镇保长的理想人选。因为就陈棠本身而言，一是曾身为地方公务人员；二是曾受过省机构专业培训；三是属于地方绅士阶层；四是与地方政府关系密切。那么，陈棠本人是否有勾结官吏、奉迎县长、吸食洋烟、借端需索之事实呢？以当时乡镇保长的工作性质而言，应非虚言。因为 20 世纪三四十年代的乡镇保长已失却其乡村社会治理者的角色，相反成为国民政府征兵纳赋的勤务兵。对于乡镇保长而言，上级的各项任务往往急如星火，如不按限完成，轻则鞭抽，重则致死。因此，各地乡镇保长为了完成上级摊派之任务，都不得不用尽办法，而民众为了躲避无尽的兵役田赋，亦不得不绞尽脑汁。乡镇保长与普通民众之间已势同水火。虽然民众在控诉乡镇保长的同时，都希望公正廉洁之士来充任保甲，"有的还例举某保甲人员如何之廉洁为民，吁请以他们来取代那些贪赃枉法之徒"。但他们对于那些乡镇保长"因负其治安之责而受伤甚至被杀"的案例却并不关心。②

既然上述双方的陈述均有瑕疵，那么，甘肃省政府就不得不令镇原县政府再详加考察。然而，镇原县政府在 1938 年 12 月 2 日的复电中却对陈棠、张鹏翔等极尽维护。内称：第一，赵清化所控张鹏翔等捣乱保甲各节，纯属子虚乌有。经派员调查，前区长赵清化任事以来，对于保甲各要政，甚为凌乱，张鹏翔等从未过问。唯 165 师部属蒋、刘两旅，经过该区，对于粮秣，系商会主席张鹏翔等经手购办，但赵清化由县府领回之粮价却拒不发给，经张鹏翔等一再面催，并呈讼于县政府，赵清化因此挟嫌诬控。第二，赵清化交代未清，携款潜逃，业经呈准钧府，通缉有案，迄今尚未缉获。第三，代理职县第二区区长陈棠，并未与人构讼，亦未判处褫夺公权，职府无案可稽。且陈棠前任第一区区长，历经三年，办理区

① 《镇原县第二区民众呈报镇远县第二区民众代表李春茂刘新弟等为污吏劣绅勾结枉法阴图中饱妨害国民事由》，甘肃省档案馆，档号：15—12—194。

② 张济顺：《沦陷时期上海的保甲制度》，《历史研究》1996 年第 1 期。

务，勤劳夙著，并经由省区长训练班毕业返县，担任县禁烟委员会副主任，素孚众望，依照各县分区设署暂行规程及区长任用条例第九条第一项"回避本区之规定"，该员系第一区人，现请加委为第二区区长，与法定亦无不合。①

不难想象，作为与该区士绅及陈棠关系密切的镇原县政府，其处理意见无疑是带有偏向性的。从上述电文中可以看出，镇原县政府对于赵清化与第二区民众的呈诉意见，均未予采纳。且坚持认为赵清化之所以再三呈诉，是因其与商会主席张鹏翔等系有恩怨纠葛，以致挟嫌诬控；至于陈棠本人，绝非无赖之辈，因其既有行政经历，又经省区培训，由其担任第二区区长职务，不仅素孚众望，且与法定亦无不合。

然而，对于镇原县政府的复查报告，甘肃省政府并不满意，因为据密报陈棠"确系地方土劣，邹县长有勾结嫌疑"，于是令镇原县第二区巡官王少堂再行调查。② 接到省府命令后，王少堂即对事件进行了详细调查，其结果却与镇原县政府的报告完全不同。报告称："查镇原县第二区区长陈棠，品行卑劣，居心叵测，惯作违法犯科、丧失名节等事，虽屡经排斥，伊尤怙恶不悛。"伏乞省府"依法严办，以肃纪纲而维国政"③。

显然，王少堂的调查报告更加倾向于民众意见。因其受省府委派，与镇原县府及该区士绅的关系较为疏远，因而包庇偏袒的可能性相对较小。从王少堂的报告及第二区民众代表的呈述中可以确定，陈棠本人确系地方土劣，且品行卑劣。不过，鉴于当时战争与贫穷交织下的甘肃乡村社会，兵役田赋异常沉重，各种摊派层出不穷，乡镇保长一职，已为世人所不齿，公正人士不愿当，外人之人不易当，唯有地方土劣适合当。而战争年代的甘肃省、县政府为了完成特殊需要，亦不得不依靠具有土劣特质的乡镇保长来完成其指派的各项任务。其结果是，无论乡镇保长在执行过程中

---

① 《呈署理镇原县县长邹介民奉令查覆职县前第二区区长赵清化呈控劣绅张鹏翔等捣乱保甲及赵清化潜逃未获暨暂代第二区区长陈棠素孚众望并无褫夺公权各情形请鉴核准予加委以专责成由》，甘肃省档案馆，档号：15—12—194。

② 《呈署理镇原县县长邹介民奉令查覆职县前第二区区长赵清化呈控劣绅张鹏翔等捣乱保甲及赵清化潜逃未获暨暂代第二区区长陈棠素孚众望并无褫夺公权各情形请鉴核准予加委以专责成由》，甘肃省档案馆，档号：15—12—194。

③ 《镇原县第二区巡官王少堂呈为弁髦法令危害国计伏乞由》，甘肃省档案馆，档号：15—12—194。

采用何种手段，只要能完成上级任务，甘肃省县政府只能听之任之，甚至纵容包庇。

二　保甲诉讼与乡村社会的权力结构

不可否认，国民政府保甲制度的推行，打破了乡村社会既有的权力平衡，国家行政体系与乡村势力之间开始发生着一系列的碰撞与交融，而20世纪三四十年代甘肃省、县政府与乡镇保长之间畸形的权力依附关系，为国家权力渗入乡村社会，以及乡村势力参与国家权力机构打开了方便之门。诚如费孝通所言，中国传统政治结构有着中央集权和地方自治两个层面，而中央所做的事是极为有限的，地方上的公益事业，中央不予干涉。"表面上，我们只看见自上而下的政治轨道执行政府命令，但是事实上，一到政令和人民接触时，在差人和乡约的特殊机构中，转入了自下而上的政治轨道，这种轨道并不在政府之内，但是其效力却很大的，就是中国政治中极重要的人物——绅士。绅士可以从一切社会关系，亲戚、同乡、同年等等，把压力透到上层。"① 虽然20世纪三四十年代传统的乡村士绅阶层已趋于没落，但乡村社会既有的权力结构与人际网络仍然在乡村社会的运行中发挥着决定性的作用。据调查，当时甘肃会宁县的村政事务"完全操纵在地主豪绅的手中，一切政治的措施，若不得地主豪绅的同意，是一点也行不通的"②。永登县的"绅权极为膨胀，所有各乡镇长及助理员，形式上虽系由县长遴荐，而实际仍由平日培有势力之绅士所把持"③。永昌县的联保主任更是有名无实，区长亦日居城内，"土豪劣绅为实际之区长"④。不难发现，这一时期甘肃各县基层政权中"任区村长者，非无所顾惜之土豪，即不齿张口之劣绅。……有事则鱼肉良善，平居则武断乡曲，种种不法，无县无之！"⑤ 鉴于当时甘肃乡村社会特殊的权力结构，细品赵清化与陈棠在镇原县的人脉关系，回想他们之间的恩怨纠葛，将不

---

① 费孝通：《乡土重建》，岳麓书社2012年版，第40—41页。

② 李化方：《甘肃农村调查》，西北新华书店1950年版，第8页。

③ 《呈请撤换永登县办理保甲不力各乡镇长由》，甘肃省档案馆，档号：15—15—370。

④ 《禁烟督导委员贾正华督导永昌县禁烟总报告》，甘肃省档案馆，档号：15—8—73。

⑤ 次房：《甘肃县政之一般》，《广武》1934年创刊号。转引自尚季芳《控制与消解：从保长的难局看国民政府时期的地方基层社会》，《历史教学》2010年第6期。

难发现如下问题。

第一，赵清化属于省派区长，而陈棠系属县委区长，二人在镇原县的人脉关系差异较大。在 20 世纪三四十年代的中国乡村社会，保甲制度的运作及其功能，很大程度上仍依赖于传统乡村士绅阶层的支持，并在乡村社会形成官、绅、民利益的适度平衡。不过，乡村权力阶层也意识到，随着国家行政机构的日渐渗入，如何借用保甲制度来保持自身的权力与地位，开始成为这一部分乡村既得利益者不得不审慎思考的时代命题。费孝通曾言：权力本身之所以诱人，最重要的是人们能够从权力中获得利益。"如果握在手上的权力并不能得到利益，或是利益可以不必握有权力也能得到的话，权力引诱也就不会太强烈。"[1] 在上述案例中，陈棠作为乡村既得利益阶层之代表，在面对省派区长的竞争时，之所以会极力反扑且成功上位，除心存妒忌外，更重要的是来自一部分乡村豪绅阶层的支持。而县长对其的维护，一方面出于个人关系，另一方面也迫于现实需要。因为县政府各种政令的顺利推行，上级指派的各项任务的完成，仅靠乡镇区长群体，显然不够，在当时的甘肃乡村社会中，乡村社会的权力仍大多掌握在拥有特殊地位的乡村豪绅手中，即如上文中提及的张鹏翔、刘三仁等，而这些乡村豪绅背后大多也拥有一个地方化的宗族势力，而一些地方化的宗族势力往往支配着某些乡村社会的主导权力，另一些"在复合宗族中占统治地位的地方化宗族也可以僭取对市场社区的控制"[2]。上述乡村势力在乡土社会中拥有特殊的政治、经济地位，亦使得县长在诸多方面不得不对他们多方拉拢。

由此可见，这一时期中国的乡村社会，战争与贫困相伴而行，繁苛的兵役田赋不断压榨着民众的生存资本，触动着普通乡民的敏感神经。乡镇保长作为国家行政体系的最基层，在征粮纳赋中首当其冲，民众与乡镇保长的关系已势难缓冲，呈讼案件迭出不穷。而甘肃省、县政府在迫切需要乡镇保长完成上级任务的情境下，亦不得不对具有地方人脉资源的乡镇保长多加拉拢。由此可见，省派区长赵清化被免职，不过是保甲制度推行过程中国家权力机构下移与地方权力群体之间相互融通与利益交换的一个缩

---

[1]　费孝通：《乡土中国》，生活·读书·新知三联书店 1985 年版，第 62 页。

[2]　施坚雅：《中国农村的市场和社会结构》，中国社会科学出版社 1998 年版，第 47 页。

影。诚如时人所谓："区长人选，外籍不易来，来亦不易做，此时存在者，均系本县人。"①

　　第二，赵清化是否携款潜逃，亦有待考证。当时甘肃各县大多驻军，驻军粮饷，名为中央供给，实为地方摊派。对于这一时期甘肃各县驻军粮饷问题，各县政府均有呈报。如高台县县长陈世憎曾对河西各县驻军粮饷问题进行了如是呈说：近年来河西各县驻军军饷，均为驻军一到，即行开仓。"惟历年以来从无确实统一之办法，因各县驻军人数多寡不同，单位自难划一，而驻军动用仓粮，特向禾持具最高长官之印据，先仅由驻防之团营连制给临时收条，然后再由县政府向驻军最高长官持条揆据，以致县长交卸尚无法换得正式印据，更以逾时过久，粮食价格几经涨落，症结所在，纠纷迭兴，甚至影响行政，徒增民累。"② 会宁县亦对驻军短欠粮草价问题有过如下呈述："凡驻防各县之军队，在防时均由各县为之征集粮草，以极廉之价卖给，而驻军总以无款为词，坚不给款，一旦开拨，则不顾而去，虽一再请求偿还，始终不付，甚至有积欠至千余元，置之而去，经数度公文索价，竟不复一字者，结果款悬无着，只得由地方人民负担。"③ 对于各县驻军粮饷问题，第七区专员曹启文曾呈请将第七区驻军军饷由国库拨发称："查七区各县民众之担负，綦重详加核计，民众负担之额外摊派超过正供奚至倍蓰，故其痛苦不在正供而在额外摊派之。在县政府方面者，均列入概算统收统支，弊端尚少，而在驻军方面者，如煤炭柴草之供给、粮秣之补助，及其他临时发生之名目不胜枚举，或随时摊派或直接征发，经手人员因缘为奸，藉端剥削，民众之所以力尽汗干，痛苦万状者，多在此耳。然在驻军既无充足军饷，自不能不赖防地之供应以维持，明知重苦人民，亦属无可如何，是在民众则属增加负担，在驻军又属待遇不平，绝非维持久远之计，亦失中央整理边事之德意。"故而拟请"省政府转请中央，将七区各县驻军军饷，照陆军饷宪章，全

　　① 《1940 年湖北均县情况》，湖北省民政厅档案，档号：LS3—1—642. 转引自王先明《从自治到保甲：乡制重构中的历史回归问题——以 20 世纪三四十年代两湖乡村社会为范围》，《史学月刊》2008 年第 2 期。

　　② 《规定河西各县驻军动用仓粮办法案》，甘肃省档案馆，档号：4—4—176。

　　③ 《防军短欠粮草价宜如何加以整饬案》，甘肃省档案馆，档号：4—4—176。

由国库拨发"①。

由此可见，在上述案例中，孟团长虽明言所需粮价，每月如数发给地方区署，即使此言并非虚谎，但所发粮价，是否按照原定粮价足额供给？或是否按当时粮价及时拨付？中国抗战历经数年，中国东南沿海及华北主要城市几近沦陷，中央财政捉襟见肘，在此情形下，国民党中央还能否为驻守甘肃之地方部队提供足够的粮饷费用，不言自明。况且战时物价与日腾飞，时隔一久，所给粮价无疑与当时物价无法相提并论。时任甘肃省武威田赋粮食管理处副处长张适南称：1941 年甘肃实行全省田赋征实，同时撤销自 1938 年成立的军粮采购委员会，成立军粮局。军粮局所需军粮，由田粮处从随田赋增购的 50%（后改为 100%）的军粮拨给，即所谓"征一购一"。在 1943 年征购时，每石军粮规定发价为 30 法币，及至征借结束，实际价格已涨至每石 1500 法币，故所规定价格仅及实际价格的2%，各县多不愿具领。何况这批价款于征购开始时汇给各县 300 万元，其余 700 万元存入甘肃省银行等待征购完毕结汇，事实上一直无人过问，最后贬值到形同废纸。② 在上述案例中，赵清化既然矢口否认 165 师提供粮款，因而也不能排除 165 师应发粮价共计为 1375.65 元，但事实上只拨给县府 770 余元，下欠粮秣价洋 600 余元并未拨付，并非没有可能。在战争连绵的 20 世纪三四十年代，军队在地方社会具有决定性的地位，而军队征派任务又往往急如星火，下级人员如稍有拖延，轻则鞭笞，重则致死。勿说是区长、乡镇保长，即使是县长，亦是难以幸免。如 1941 年甘肃省静宁县有一县长因有悖于地方驻军的任意摊派而被残忍杀害。因此，即使是各县县长，对于地方军队长官之命令亦不得不唯命是从，何况于区长。因此，对于孟团长所说粮款之事，并不能作为案例的核心证据。

第三，科举制度的废除使得乡村士绅阶层趋于没落，而国民政府保甲制度的推行则加速了传统乡村社会权力结构的转型。在传统乡村社会，士绅阶层只是在各种临时性地方公共事务中起主导作用，但不主持和参与州县的税收、诉讼、治安、农工商、教育等经常性、主体性的政治、经济、

---

① 《拟恳请转请中央将七区各县驻军军饷由国库拨发案》，甘肃省档案馆，档号：4—4—176。
② 张适南：《国民党统治时期甘肃田赋粮的征运与积弊》，《甘肃文史资料选辑》第 8 辑，甘肃人民出版社 1980 年版，第 200—201 页。

文化活动，亦没有常设性的机构来实现各种事务的组织化。不过，这一切在 20 世纪初的近代中国乡村社会悄然地发生着变化。无论是清末新政，还是辛亥鼎革，地方自治开始受到了保守派和革命派的一致关注，地方士绅亦在此时开始涉足于地方社会的经济与文化领域，并进而涉足于政治领域，公然在"官治"之旁形成了另一种公共权力。地方士绅以组织化、制度化的形式参与地方政治，主导地方教育、实业、财物和其他公共事务之活动①，成为近代中国乡村社会权力结构新陈代谢中的一个典型特征。然而，随着科举停废和新式学堂教育的发展，传统的士绅阶层趋于没落，新式精英开始在乡土社会中崭露头角，20 世纪三四十年代国民政府推行保甲制度并将国家权力机构下移至乡镇村庄，从而为乡村社会的新式精英参与乡村事务提供了平台。虽然国家权力机构的下移必将威胁到原有之乡村势力的利益，但其间并非不可融通，即原有之乡村势力完全可以借助自身的优势以合法的途径进入国家行政机构，并为自己管理乡村社会披上国家权力的"合法"外衣。更何况近代中国乡村社会中的"政治制度和社会势力之间是没有明确分界线的，许多社会集团会兼有这两者的重要特征"②。

尽管如此，20 世纪三四十年代特殊的中国国情也促使一部分乡村精英对管理乡村事务兴趣索然，甚至避之不及。一方面，连年的战争使中国的经济几近崩溃，而各地人民为了支持抗战，亦是竭尽所能。尤其是地处西北边陲的甘肃农村更是民生萧条，饿殍遍野。加之各地征兵、征粮等工作不仅未见消停，甚至有所加重，以致"保甲长一职，演成专为供应此项差役而设，稍有资望或有资产者，皆以此视为畏途，相率引退"。而"现任保甲长，多为地痞流氓或无知无识之徒，对政令则漠视，藉职务以渔利者"。另一方面，由于经费的短缺和保甲人员的枵腹从公，致使各种"员役下乡，亦多藉端需索"③。即使是联保主任（1939 年新县制实施后更名为乡镇长），亦多才学薄弱，且无推行政令之能力。而作为区长，又往往迫于上级压力而督责甚严，每有任务，必令其限期完成。同时又一再

① 王先明：《历史记忆与社会重构——以清末明初"绅权"变异为中心的考察》，《历史研究》2010 年第 3 期。

② ［美］塞缪尔·P. 亨廷顿：《变化社会中的政治秩序》，王冠华等译，上海世纪出版社2008 年版，第 8 页。

③ 《渭源县区政保甲视察报告书》，甘肃省档案馆，档号：4—8—448。

严令禁止乡镇保甲人员"私摊款项",以致乡镇保甲人员因无利可图而"不肯诚心接受区长之指挥监督,遇事只图敷衍塞责而已,未有存做事之理想者,故区务推进,殊欠灵活"①。

基于上述原因,赵清化作为省派区长,在地方上缺少必要的人脉关系,也就很难得到地方士绅的有力支持,即便是镇原县县长,从心理上亦对省派区长多有疏远。相反,陈棠等人虽为地方劣绅,但在地方社会中拥有一定的人脉关系与活动能力,更重要的是,县长可以在陈棠等人的帮助下完成一次又一次的紧急任务和临时摊派,而这是省派区长赵清化不易做到的。因此,镇原县长以"能力薄弱"且与地方"关系不洽"为借口,将赵清化免职,亦在情理之中,而这一决定在事实上也得到了省政府的肯定。事实上,在甘肃省政府心目中,乡镇保长的人选"顶好选用民众中心信仰的人来充任,如各地庙会会长,他的产生是很民主的,他的权力则很是集权,如果把这种方法运用在选用保甲长方面,则保甲长一定能得其人"②。

至于孟团长与陈棠等人对赵清化携款潜逃的指责,在笔者看来,并非证据确凿。鉴于当时甘肃各县驻军粮饷的实际情形,驻守镇原县的165师并非兵精粮足,这就意味着驻军所需粮饷有一大部分需向当地民众摊派。然而,中央又明文规定中央军必须自理粮饷,即驻军粮饷虽向民众摊收,但必须给予相应的粮价,但事实上,这一做法又不易做到,因为中央给予大后方驻军的经费并不充裕,而不够者亦有借助地方财力给予相应补充的规定。因此,孟团长呈说所有费用均转拨区署,与当时实际情形并不相符。因此可见,上述控诉应为孟团长、镇原县长和陈棠三者推卸责任的一个借口,而被免职的赵清化无疑成为这一罪责的牺牲品。

陈棠等之所以受到镇原县长的支持,不仅是因为他们之间有着特殊关系,而且是因为陈棠在当地拥有的一定的地位。陈棠作为旧时代的土豪劣绅,"平日或假借功名,或恃其财势,勾结官府,包庇盗匪,盘踞团局,把持乡政,侵吞公款,鱼肉良民,凡诸所为,俨同封殖"③。即使到了民

---

① 《渭源县区政保甲视察报告书》,甘肃省档案馆,档号:4—8—448。

② 《主席对直辖各县保甲会议人员训词》,甘肃省档案馆,档号:15—14—520。

③ 中国第二历史档案馆编:《中华民国史档案资料汇编》第4辑,第1册,江苏古籍出版社1991年版,第578页。

国时期，亦不失为乡治代理人的角色。鉴于 20 世纪 40 年代特殊的战争环境，也只有这种人出任区乡镇长，才能在严峻的战争环境中完成上级指派的各种任务。相反，如果仅凭自身的才能和国家权威的象征性支持，而缺乏与地方社会深厚的人脉关系，势必难以与地方社会相洽，更难在乡村社会中推行各种具体性的工作。事实上，自科举制废除后，中国传统的乡村士绅阶层已趋于衰退，继之而起的则是并无科举功名的乡村士绅，这些乡村士绅在财富、知识及精神层面仍然占据着垄断地位，但他们并不抵触国家权力的行政化，相反，他们作为国家权力向乡村社会逐步渗透的代理人，承担了乡村权力行政化的中介和桥梁。从这一点来看，他们既是乡村社会既有权力的维护者，也是国家权力的代理者。事实上，无论作为何种代理，他们的根本目的仍然是维护他们自身在乡村社会权力网络中的特殊地位。当然，当他们的这种特殊地位遭遇挑战时，无论是这种挑战来自乡村社会内部还是国家权力上部，他们均会给予一定程度的反击。

三　国家权力机构下移与乡村精英群体的出路选择

抗战时期严峻的社会环境，捉襟见肘的乡镇保甲经费，繁苛的征派任务，以及民众对乡镇保长强烈的怨恨，促使一部分乡村公正人士，对充任乡镇保长，视之畏途，而土劣地痞，乘隙而入，借此剥削民众膏血，"腰缠万贯，检举他贪污，又查无实据，民众虽不满，也不敢惹他"，而这些土豪劣绅又千方百计地讨好有权势的人，使他们的地位更加巩固，实行民选，也总是他当选。纵使公正廉洁之士当选，"如不引退，必遭排挤，或受暗算"。因此，一部分意志软弱之士，迫于形势，亦与其同流合污。①上述案情中的赵清化，之所以受到排挤，一方面是因其系属省派区长，难以融入当地权力网络；另一方面是因张鹏翔等地方豪绅认为陈棠更能代表他们的利益。事实上，20 世纪三四十年代甘肃乡村社会复杂多样，其间不仅有新旧权力群体之间的较量，亦有置身于国家权力与地方势力之外的第三方势力——土匪，他们亦是民国时期甘肃乡村社会权力网络的重要组成部分。那么，他们与民国乡镇保长之间又是何种关系，在乡村社会的权力网络中又充当着什么样的角色，发挥着什么样的

---

① 沈松年：《一个乡镇长的呼声》，《地方自治》（上海）1947 年第 10 期，第 17 页。

作用呢?

1936 年 4 月,甘肃礼县第三区区长张守一呈诉联保主任王俊杰"捣乱区务、破坏保甲"称:"去年詹前县长因办理保甲,编查户口,需人孔急之际",将职委任为第三区区长。到任以来,兢兢业业,毫不妄为。第三区向系匪薮,所有大南区"一般在首人士,多半俱私通郭、马二匪,借此抵抗公家正杂款赋,尤其罪大恶极者,是该区鲛龙桥王俊杰,本系无赖,宵匪滋扰闾阎后",公然充当了马匪的伪团长,并向当地剥夺粮款,绑票拷人,1934 年秋又以金钱贿买的方式充当了该区的联保主任,但对一切公宜事项漠不关心,"惟每天在该村假坐公堂,草菅人命,私理民刑,奸淫掳掠,无所不为……枪刀明负,催办粮款,人民谁不咬牙酸鼻"。然而,即使其已充任联保主任,仍不满足,时时鼓动不良分子,扬言今日换区长,明日伊定充之。似此宣传破坏,导致一切公务停阻不前,无法办理。最可恶者,他还暗中贿赂鼓动他处民众,呈举其替充区长,"孰知连呈数纸,未获一准"。职畏其匪性素恶,诚恐欲图未遂,终罢不能,只得"再三向县府呈辞,奈终未准,致伊充当区长之心,冰热不停"。现在他又扬言称"借某在职,公务人员于伊以三百元包办,决定能成"。此语一出,不仅该处公事影响不前,即使三区一带风闻此语,亦有效尤成风之情。"似此刁匪无故捣乱,不惟使职欲辞不能,欲办不前,而且破坏治安。职现为三区之领袖,责无旁贷,休戚相关,于其坐视伊怙恶不悛,尾大不掉,何若及早据实在情形,不得不历陈。"①

对于区长张守一的呈诉,甘肃省政府令礼县县长贾慕夷从严究办,同时指出:"张守一恐亦非善类,应令秉公彻查。"② 据礼县县政府派员调查称:王俊杰自去年充当联保主任以来,办事平庸,尚无大坏,惟其与马尚志(马匪)有朋友关系,"人多恶之,但亦无不法行为"。至于张守一所控各款,事虽有因,但均查无实据。不过,"王俊杰充当联保主任,做事未免骄傲,且南区素来野蛮,距城又远,区务推进,自多困难,该区长所

---

① 《礼县第三区长张守一呈为王俊杰捣乱区务破坏保甲乞查办由》,甘肃省档案馆,档号:15—13—70。

② 《礼县第三区长张守一呈为王俊杰捣乱区务破坏保甲乞查办由》,甘肃省档案馆,档号:15—13—70。

谓尾大不掉一节，按之实情，当非虚语"①。据此，礼县县政府认为"职县南区人民，本即赋性粗野，兼之郭、马等匪久经盘踞，该区区长办事平庸，人望未孚，以致区务不能推进，察其所陈各节，或则年久事湮，莫可究诘，或则空洞为词，无从佐证，究其归结，亦不过恐区长地位不固而已"。现在该区事务，因地方不靖，日益停顿，一俟股匪肃清，亟须根本整理。关于区长的适当人选，亦在物色考虑之中。②

由上可知，第一，甘肃礼县地形复杂，匪患频仍，而当地乡村士绅为了维护自身利益，难免与当地土匪有所来往。王俊杰作为联保主任，不仅有土匪背景，而且拥有地方人脉，更重要的是其借用金钱贿买联保主任一职，从而使其一身兼具官、匪、绅三重身份，在一定程度上呈现出民国时期乡镇保长的特有形象。

第二，作为介于县府与乡村势力之间的区一级，事实上并无实在权力，因为乡村社会中任何一项具体事务的最终决定权均被县政府所垄断，而真正的执行者则是由区以下的乡镇保甲来完成。而甘肃省在新县制推行之前，乡镇的主要权力集中于联保主任（1939 年新县制以后，联保主任更名为乡镇长）。在这种名不副实的困境下，区一级在甘肃基层社会治理中实际上已成为名存实亡的行政机构，以至于在新县制推行后，甘肃基层政治机构中直接将原有之联保改设为乡镇，将区设立为县政府的参议机构。也正是由于区一级的虚化状态，决定了区长在乡村社会权力斗争中举步艰难。

第三，既然区长职位已趋虚化，那么，作为乡村社会最具权力的联保主任，当其职权遭遇挑战时，其地方性的多重身份必将在应对挑战时发挥重要作用。如上文陈述，当联保主任王俊杰随意苛派款项遭到区长批驳后，他的反应并不是就此屈服，而是欲取而代之。这种行为充分印证了民国时期乡镇保长不仅是国家权力向下延伸的末梢，同时也是基层社会意愿向上拓展的基点。

---

① 《呈覆奉令调查职县第三区区长张守一呈控联保主任王俊杰一案请核夺由》，甘肃省档案馆，档号：15—13—70。

② 《呈覆奉令调查职县第三区区长张守一呈控联保主任王俊杰一案请核夺由》，甘肃省档案馆，档号：15—13—70。

事实上，对于民国时期乡镇保长的品质及能力的质疑之声不仅在保甲诉讼案件中随处可见，甚至亦伴随于民国保甲制度推行的点点滴滴。究其原因，一是当时民众智识水准普通低浅，知识青年竞向城市活动，乡村社会的文化和经济多操纵在土豪劣绅的手中，人民自身对自治漠不关心，一切旧势力的活跃足以窒息这萌芽的自治运动而有余。所以过去推行自治，其结果不唯二途：或是成立了机关，但无实际活动，所谓自治，名存实亡；或是自治机关由土豪劣绅支持，使得土豪劣绅的统治合法化、衙门化。在老百姓看来，"根据自治条则产生的乡长、区长，仍不过是昔日之保正、团总等等的化身而已"①。二是上级委派的乡保长"常以政府一员的姿态出现，一切政令设施，都是自上而下，一味以命令为主，而不问民情的是否适合，只求功令的敷衍，而不顾民众的要求如何，因是要想动员而不能彻底，即令努力推行，亦无法获得置效"②。三是"近年以来，差徭繁兴，乡务特忙，支应军差，尤为难事。稍有不周，便遭凌辱，因之对乡长一职，率多裹足不前，视为畏途"③。"稍有资产或稍有知识者，皆逃避一空，不肯承乏。而夤缘得此者，又擅作威福，以土皇帝自居，一保或一甲之人，皆不得聊生。"④

鉴于此，抗战结束后，国民政府决心借用民选模式以改良已处劣化边缘的乡镇保长群体，希冀民选之乡镇保长"充分代表民意，深知民间疾苦，为民众所拥护，受民众的爱戴，动员工作固能顺利进行，民力也易于发挥"⑤。然而，事实证明，民选的乡镇保长并未能得到乡民的认同，亦无法达到国民政府规定的民选标准。相反，保甲诉讼之风更加盛行。1946年8月陇西县云田乡民选乡长后，即有该乡中心国民学校校长及地方士绅联名控告已当选之乡长雷虎卿在选举中与地方劣绅李黻、赵凤翔勾结，"大花金钱，设摆酒宴，邀本保乡民代表活动"，"不以民众意见而以狼狈为奸渔利自肥，失了民意主旨，误了选举规则"。同时指责该乡长所犯之

① 陈柏心：《完成地方自治的途径》，《现代读物》1939 年第 4 期，第 40—41 页。
② 秦柳方：《乡村长实行民选问题》，《国民公论》1940 年第 8 期，第 271 页。
③ 郭昌龄：《关于乡镇长》，《乡村工作》1937 年第 6 期，第 18—19 页。
④ 成骏：《湖北农村杂写》，《申报》1936 年 4 月 8 日，第 8 版。
⑤ 秦柳方：《乡村长实行民选问题》，《国民公论》1940 年第 8 期，第 271 页。

"贪污案件"不胜枚举。① 他们认为"雷虎卿人地不宜，上恐误公，下怕累民，依照地方实际情形与民众意念"，推荐"李栋为正乡长，李馥为副乡长，方可上不误公，下不累民"②。由此可见，民选之乡镇保长事实上也只有与当地乡村权力结构相适应，才能够得到乡民的认同，才能够获得地方豪绅支持。否则，其结果必然是以"人地不宜"而被迫离职。因此，上述呈讼所呈现的不仅仅是雷虎卿本人品质及其能否胜任的问题，其中更隐含着乡村社会权力结构中不同利益群体之间的争斗和博弈。

　　然而，不论乡村社会权力结构如何复杂多样，其内部权力争斗如何激烈，但在甘肃省、县政府眼里，其主要目标是得到德才兼备的保甲人才。那么，哪些是"德才兼备"且适合担任乡镇保长职位的人才呢？1938 年 6 月，甘肃省政府主席朱绍良对直辖各县保甲人员的训词中有如下表示："保甲长人选问题，为现时人人所注意，归纳的说来，对于保甲长鄙视厌弃的多，赞扬说好的少。"但不可否认，乡镇保长为当今地方组织中最基层的干部，在此抗战建国的大时代中，凡征兵政工，以及组织训练民众，无一不依赖于保甲。虽然世人对其非难颇多，但他们的价值无疑是存在的。"惟对于保甲长的人选，嗣后要特别的注意，顶好选用民众心中信仰的人来充任，如各地庙会会长，他的产生是很民主的，他的权力则很是集权，如果把这种方法运用在选用保甲长方面，则保甲长一定能得其人"③。由此可见，在甘肃省政府看来，无论当选的乡镇保长来自何种群体，他们必须是在乡村社会中具有一定的社会地位和经济实力，并且能够得到一定程度的民众认同。这一乡村社会的精英群体无疑是甘肃省政府心目中合格的乡镇保长储备人才。

　　综上所述，民国保甲制度的推行打破了乡村社会原有的权力平衡，而国家行政机构的下移，则进一步侵蚀着乡村社会原有的统治秩序，剥夺了一部分地方士绅固有的权力。面对乡镇机构的设立和国家权力的侵蚀，乡村社会既得利益群体不得不在两种选择中徘徊：要么退出乡村社会的管理

---

① 《为呈报陇西县云田乡选举乡长雷虎卿悬案未结依法不宜充任由》，甘肃省档案馆，档号：15—15—651。

② 《为恳请陇西云田乡选举乡长实情伏乞核准由》，甘肃省档案馆，档号：15—15—651。

③ 《主席对直辖各县保甲会议人员训词》，甘肃省档案馆，档号：15—14—520。

体系，要么回归国家权力的制度约束。就在一部分旧式士绅执念于传统乡村管理，仍不屑与国家科层行政机构融为一体的徘徊中，一部分新的乡村精英却在乡村社会的治理中脱颖而出，他们借助国家权力机构开始在乡村社会的管理中崭露头角。不过，这些新的乡村精英无论在资历、声望、地位、人脉以及经济基础等方面，仍无法与拥有强固经济基础与广泛人脉关系的地方士绅相提并论，因此，他们的出任仍需在一定程度上依附于乡村豪绅阶层的认同。如果出任者是省派之外地人，无论是乡村士绅，抑或普通民众，都会认为"不若当地人当区长好"①。事实上，即便是当地人，如其不能代表本地权力阶层的利益，其乡镇保甲工作亦步履难行。因为抗战年代征兵、征粮及组训民众等诸多任务，无一不依赖于保甲，而上级临时摊派，又往往急如星火，这一切都加剧着乡镇保长工作的难度。面对严苛的保甲任务，一部分公正士绅不愿祸害乡里，开始远离村政，而土劣地痞却在一部分乡村豪绅的支持下，活跃于乡镇保甲机构。他们代表着乡村社会地方豪绅地主的利益，在完成一次次上级征派任务的同时，亦开始了对乡民无情的磕诈与盘剥。民国保甲制度在 20 世纪三四十年代之所以声名狼藉，在一定程度上与乡村公正士绅不愿主政，新的乡村精英难获人望，土劣地痞在豪绅地主支持下实现完美变身，活跃于乡镇保甲机构，独霸乡村事务、横行乡里，有着莫大的关系。

第二节　甘肃乡镇保甲经费来源、用途及其收支状况的历史考察

　　国民政府推行的保甲制度不再是中国传统保甲的翻版，而是试图将西方基层民主模式之自治与中国传统基层控制模式之保甲熔为一炉。然而，国民政府的这种政治理想在实践中却步履艰难，甚至半途而废。是什么因素导致国民政府基层政制改革无果而终？究其原因虽纷繁复杂，但乡镇保甲经费问题无疑据其重要一环。诚如时人所云："保甲制度本为安民保民之善政，因保甲经费无适当征收方法，仅成害民扰民之恶举，此固无关保

甲制度之本身，但于保甲制度之推行不无巨大影响。"① 事实上，乡镇经费"自光绪三十四年颁布地方自治章程明确规定后，历次自治法规均列有专条，详为规定。考其内容，除收支保管及预决算之编审各节大同小异外，收入项目之规定在民国十八年之区乡镇自治施行法、二十三年县自治法及二十八年县各级组织纲要中亦大致相同。惟乡镇自治实施法及县自治法均未实行，故乡镇财政自县各级组织纲要实施以后始为一般人所注意。七八年来又以时间不靖，推行困难，迄仍徒具形式，无法形成一健全制度"。抗战以来，田赋兵役不断加重，"各项业务多推集乡镇，乡镇财政负担增加，纷乱益甚，而一般人视乡镇财政为摊派之偏见亦与日俱增"，其实，许多摊派虽假手于乡镇，但"决不能列入乡镇财政范围之内。故今日乡镇财政亟须解决之问题，莫如财源不实，界限不清"②。不过，以往学术界对于乡镇保甲经费问题的实证研究则鲜有论及。鉴于此，本节试图以甘肃省乡镇保甲经费问题为契点，以甘肃省档案馆馆藏之相关档案资料为依托，对 20 世纪三四十年代甘肃乡镇保甲经费的制度设计、来源、用途、收支状况以及乡镇保长权责待遇等问题进行系统梳理，并在此基础上进一步阐释国民政府基层政制改革的客观制约性与主观局限性。

一　《甘肃各县保甲经费收支暂行办法》的颁行

"财政为庶政之母，地方自治事业虽经计划周详，倘无确定经费，仍属徒托空言，无法推行。目前自县以下财政，无固定之财源，一切支出惟摊派是赖，管理出纳更多为一二人把持，既不公开，更无预算，征收不扯收据，支出全无报销，会计制度从未建立，上级政府与当地民众纵欲加以监督稽核，亦无从着手。于是负担不平，苛杂繁兴，摊派奇重，贪污横流，种种弊端，层出不穷。"③ 有鉴于此，甘肃省政府自 1934 年推行保甲以来，即对乡镇保甲经费问题给予关注。为了使甘肃乡镇保甲经费有规可循，1935 年 3 月甘肃省政府在《修正剿匪区内各县保甲经费收支规程》的基础上制定了《甘肃各县保甲经费收支暂行办法》。对于制定上述办法

---

① 震东：《论征收保甲经费方法》，《每周评论》1935 年第 177 期，第 6 页。
② 孙殿柏：《当前乡镇财政问题之症结》，《苏财通讯》1946 年第 12 期，第 11 页。
③ 吴镇铺：《如何建立乡镇财政制度》，《苏财通讯》1946 年第 13 期，第 3 页。

之目的，甘肃省政府称：保甲经费在编查保甲户口条例第二十三条中虽有规定，然而本省"文化落后，各县保甲长多不识字，一般民众又无考核之能力，苟不厘定详细及限制办法，势必浮派滥支，滋生流弊"，使得本为便民之政，转以扰民。因此"遵照前三省总部所定保甲经费收支暂行规程，并参酌本省实际状况，拟定甘肃各县保甲经费收支暂行办法十一条"①。如表4—1 所示。

表4—1　《修正"剿匪"区内各县保甲经费收支规程》与《甘肃各县保甲经费收支暂行办法》

修正"剿匪"区内各县保甲经费收支规程	甘肃各县保甲经费收支暂行办法
第一条：本规程依据修正"剿匪"区内各县编查保甲户口条例第三十三条订定之	一本办法依据前鄂豫皖三省剿匪总司令部颁布保甲经费收支暂行规程订定之
第二条：保甲经费，每保每月以五元为限，其用途如左：（1）保长办公处纸张笔墨灯火及其他必要之费用。（2）保甲会议与壮丁集合训练时之茶水。（3）保长甲长及派人因公出外之费用。（4）应分摊之联保办公费。 第三条：联保办公费，各保应摊之数，由各保长会议决定，呈区署特呈县政府核定	二保长办公处经常费，每月以3元为限（纸张笔墨灯火等费在内）。 三保长办公处缮写事务，由保长自行办理，如保长不识字，得联合其他不识字之保长，共用书记1人，每月给津贴洋2元。联保办公处之缮写事务，亦由联保主任自行办理，如联保主任不识字时，得调用各保书记缮写，每月给津贴洋2元。 四联保办公处经费，由所联合各保原有经费（每保3元）内公平分摊，其每保应摊数目不得超过本身经费二分之一
第四条：保甲经费，以下列各项收入充之：（1）原有地方公款或公产公收益。（2）如无前款收入，或收入不足定额时，得由保甲会议议决，就住户中有力担负者，分别征收，以收足定额为限，但每户每月至多不得超过2角，各项征收之款，均应发给收据为证	五保甲经费以左列各项收入充之：（1）原有地方公款或公产收益。（2）保内殷实（商绅）特别捐助。（3）如上项收入不足额定数时，得就住户中有力负担者分别征收，以收足额定数为限。但每户至多不得超过1角，征收之款均应发给收据为证

---

① 《呈为拟定甘肃各县保甲经费收支暂行办法十一条请鉴核示遵由》，甘肃省档案馆，档号：15—14—527。

修正"剿匪"区内各县保甲经费收支规程	甘肃各县保甲经费收支暂行办法
第五条：前条各项经费征收办法，应由各保据实在情形，经保甲会议决定，呈区署转呈县政府核准施行。 第六条：每月收支款项，应由保长按月造报区署，由区署按月列表呈报县政府查核，并由保长办公处及保长联合办公处，依照造报账目按月公布周知	六每月收支款项，应由保长按月造报乡镇公所，由乡镇公所列表汇报县政府查核，并于保长办公处及联保办公处门前，依照造报账目，按月公布
第七条：保甲经费，以甲长负经收之责，保长负汇收及初查之责，区长负复查及审核之责，县政府负抽查之责	九保甲经费以保长负经收之责，乡镇长负后查及审核之责，县长负抽查之责
第八条：修正剿匪区内各县编查保甲户口条例第三十四条第二款规定，壮丁队协助军警或抵御土匪时，必要之给养，得先就保甲经费余款挪用不足时，得经保甲会议决定，向本保内殷实住户及商家募捐支用，事后一并据实造报，呈请区署转呈县政府查核	七保甲会议应周日之上午八时，或下午二时举行，非遇有延长至饭时之必要时，不得开支饭费，每人每餐不得超过银元8分。 八壮丁队协助军警抵御土匪时，必要之给养及会操时之茶水，须先就保甲经费之余款移用，如无余款，得先行呈报筹集支用，事后据实造报乡镇公所转报县政府核销
第九条：保甲经费经手收支人员，如有浮收滥支侵吞等情弊，一经查明或被举发，由县政府依照修正剿匪区内惩治土豪劣绅条例，严行惩处	十保甲经费收支人员，如有浮收滥支侵吞等情弊，一经查明或被举发，由县政府依法严惩

资料来源：《修正"剿匪"区内各县保甲经费收支规程》与《甘肃各县保甲经费收支暂行办法》，甘肃省档案馆，档号：15—14—527。

比较上述两项办法，不难发现如下不同：第一，经费收支限额不同。前者以每保每月5元为限，后者以每保每月3元为限。第二，用途稍异。后者在规划预算时不仅非常具体，而且结合甘肃保长大多不识字之情形，将联合聘用书记的费用亦计划在内。第三，经费经收的责任人不同。前者以甲长负责征收，保长负责汇收及初查，区长负责复查及审核，县政府负责抽查；后者则以保长负责征收，乡镇长负责后查及审核，县长负责抽查。这一细微变化表明，在甘肃保甲制度推行过程中，甲长的地位无足轻重，保长在事实上成为甘肃保甲制度推行的最低执行者。第四，壮丁队协助军警抵御土匪时，必要给养之来源不同。前者给养来源除了保甲经费余款外，不足之数主要从本保内殷实住户及商家募捐；而后者给养来源除了保甲经费余款外，不足之数得先行呈报筹集支用，事后据实造报乡镇公所转报县政府核销。这一事实说明甘肃凋敝的经济和稀有的富户以及商品经济的不发达，使得甘肃省政府并未将商家募捐作为保甲经费的重要来源。第五，对于浮收滥支、侵吞保甲经费人员的惩处办法不同。前者以"修正剿匪区内惩治土豪劣绅条例"严行惩处，后者则交县政府依法严惩。

尽管甘肃省政府在结合本省实际情形的基础上对保甲经费收支办法进行了详细的规定，然而，单纯法律文本的制定既没有从制度上克服各县对于保甲经费问题的困惑，更没有从根本上解决因保甲经费问题而引发的浮收滥支现象。就以保甲经费"每保每月究竟以三元还是五元为限"为例，由于甘肃省政府、甘肃省民政厅以及南京国民政府之间缺乏统一协调，规定不一，朝令夕改，以至于各县在执行过程中因不知遵循何种规定而深感迷茫。诚如第一区行政专员范樸斋代电称：

查本省保甲经费，原奉明文规定，每保每月三元，本区各县均系如斯办理。嗣于二十四年十二月二十日，奉钧府转发委员长行营《修正剿匪区内各县保甲经费收支规程》令饬遵办，等因，当于二十五日分令区属各县，将每月保甲经费遵依规程，改为每保五元，并于二十六日呈报钧府鉴核在案。旋于本年元月二十七日，奉钧府民字第935号指令，以事关本省通案，饬照本省规定办理，并令通饬所属各县一体遵办，等因，祗奉之余，因急通饬所属，将前令变更，仍饬照本省通案，每月每保经费不得超过三元，以符上令，此均本年元月以前事也。比至三月五日，续奉民政厅刘厅长保字第29号训令，谓保甲经费不得超过五元，并附发布告五十张，令在通衢张贴，亦已遵办在案。惟本署综合先后文令，似不无抵触之处，究竟各县保甲经费标准如何规定，尤易发生疑误。按法令遵守通例，原以最上级机关为有效，或以后法优于前法，而本署历奉规定保甲经费令文，若按机关系统言，则应遵钧府民字第935号指令，以三元为有效；若按公文时效言，则民政厅通令在后，又似应改为五元为合法。溯查钧府原定三元之通案及民政厅规定不得超过五元之文告，均已分行全省，窃恐各县瞻前顾后，无所适从，似应明文划一办法，通饬各县遵办，较为周妥。①

面对上述质疑，甘肃省政府称："本省之规定与行营微有不同"，但"按照本省情形，自以三元为宜"②。然而不幸的是，甘肃省政府对保甲经费的"紧缩"并未维持多久，各县因保甲经费所引发的各种问题便纷至沓来。因为各县自办理保甲以来，关于经费征收一项，"其中遵章办理、认真收支者固多，而任意摊派、浮收中饱者尤属不少。以致民困日增，地方滋扰尤甚，殊失办理保甲之本旨"③。为了解决这一问题，甘肃省政府不得不对保甲经费限额做出些微调整。1936 年 2 月，甘肃省民政厅申令："每保经费务须遵照保甲经费收支暂行办法，每月每户五分至一角，以资划一，而轻人民负担。全保计算不得超过五元，额外不得以招待差吏及任何其他名义摊收，一经查觉，或被告发，即予从严惩办，绝不姑宽"④。

然而，甘肃省政府对于保甲经费的上调并未杜绝摊收现象的频繁发生，而摊收禁令的颁行在实际操作中更像一纸空文。就事实而言，对于保甲经费究竟以"每保每月三元"还是"每保每月五元"为限，对于乡镇保长在实际操作中并无太大影响。因为无论是三元还是五元，均难以满足日益浩繁的保甲开支，因此在事实需要之情形下，各地乡镇保长都采取了自行摊派的办法，其数量则远远超过五元之数。正如甘肃省政府在《关于整理保甲的管见》中所说：有人认为"联保主任⑤及保长之待遇提高，则所需经费过多，必须加重人民负担，但此不过表面上的话。实际上哪个保长每月仅领五元办公费就算了事？恐怕每月地方上的供给最低都要超过五个五元"⑥。事实上，这种额外摊收的现象并非甘肃省独有。1936 年

---

① 《代电请示保甲经费究应按三元抑按五元收支由》，甘肃省档案馆，档号：15—14—527。

② 《奉令饬属遵照行营令发修正剿匪区内各县保甲经费收支暂行规程办理等因呈请核示由》，甘肃省档案馆，档号：15—14—527。

③ 《为规定保甲经费每保准收五元不得藉词浮收由》，甘肃省档案馆，档号：15—14—527。

④ 《为规定保甲经费每保准收五元不得藉词浮收由》，甘肃省档案馆，档号：15—14—527。

⑤ 在国民政府保甲制度的设计中，联保本是一个横的组织，没有自治法人的资格，联保主任当然没有多大的职权可言。但甘肃省却在其保甲补充条例第八条明文规定，其职权相当于东南各省之乡镇长。他能指挥、监督所属保甲长执行职务，抽查户口，搜捕匪犯，教诫居民毋为非法，执行保甲规约所订的奖惩，计划并办理公共事务，有些小县还得列席县政会议。此外，联保主任还有摊款派款征收种种捐税和拘押居民等的权力。因此有人说，甘肃的政治中心在联保主任，诚非虚语（华寿崧：《甘肃省保甲概况》，《服务月刊》1939 年第 2 期，第 54 页）。

⑥ 《关于整理保甲的管见》，甘肃省档案馆，档号：15—14—520。

《申报》记者成骏在考察湖北农村时发现："保甲经费，官厅规定每保至多五元，而实际则常常超过，凡有常备义勇队者，更需另行派款。"① 为此，湖北省政府在推行保甲制度时，亦因乡镇保甲经费"率皆任意自筹，漫无标准，遂至苛派勒索，弊窦百出"等问题而展开过激烈的讨论。②

但反过来讲，民国时期的乡镇保长也并不好干。"军队要他供应粮秣，县政府要他征兵征工，虽然昕夕从公，也不会完全尽了他的职责。何况县政府下乡的委员还要他筹措车马费以及其他供应哩！不说是几块钱津贴不够开销，就是再有几倍的收入，也是杯水车薪无济于事。"③ 何况 20世纪三四十年代的甘肃各县大多驻军，而各地驻军粮饷大多由所驻各县供应，这些驻军在职责理论上为维持地方治安，防止共党侵袭，但实际上与土匪豪绅相互勾结，甚至对所驻县政及乡镇保甲指手画脚。甘肃省保甲视察员黄鹏昌在调查岷县保甲时发现："该县驻军对于县政多加干涉，倘不予以接受，则阻力横生，一切政令无法推动。即马县长前在驻军内任职多年，亦大有不能应付之感。"④ 不难想见，甘肃省政府规定的数额有限的保甲经费根本不够维持日趋浩繁的保甲开支，在省县政府均无力提供足够经费保障的前提下，为了维持保甲行政的正常运转，保甲经费之征收只能"大皆由联保主任向所辖联保内居民直接摊派，自收自支，漫无限制，或一月一摊，或预摊一季，事先既不造报预算，事后亦不报核计算，浮收勒收，惟意所欲，人民莫不俯首帖耳，典质借贷以纳"⑤。

由上所述，保甲经费的征收限额并未能束缚住乡镇保长就地摊派的手脚，而漫无边际的浮收滥支则进一步加重了民众负担，加深了民众怨恨，全国各地出现了类似的乡镇保长贪污受控案件。1936 年 5 月，嘉兴王店镇镇长朱纪盘被镇民指控有多报支出情事，要求呈请查究，以重公款，并将案件移送至法院办理。经检察处开庭侦查，"认为确有罪嫌，依照侵占罪提起公诉"。后经法院开庭审讯，判"朱纪盘侵占公共所有物，处有期

---

① 成骏：《湖北农村杂写》，《申报》1936 年 5 月 24 日，第 7 版。
② 袁前漳、张明福：《会员论文丛录》，《湖北地方政务研究周刊》1933 年第 1 卷第 9 期，第 43 页。
③ 华寿崧：《甘肃省保甲概况》，《服务月刊》1939 年第 2 期，第 55 页。
④ 《视察岷县临潭卓尼等县局一般行政报告》，甘肃省档案馆，档号：4—8—440。
⑤ 震东：《论征收保甲经费方法》，《每周评论》1935 年第 177 期，第 5 页。

徒刑一年，缓刑两年"①。上述诉讼行为之所以得到法院受理，从一个侧面反映出当时基层社会官民之间的尖锐矛盾。为了遏制此类现象的恶性发展，国民政府不得不发布公令，诫谕各县政府称：保甲经费收支规程本属详密，"各该保甲长苟能切实奉行，各该上级官署苟能严加稽查，自不致发生流弊。乃查近来各地保甲长多有浮收、滥支、侵吞等情弊，而上级官署疏于监督，以致闾里骚然，深堪痛恨，亟应由各该省市行政长官逐层诫谕，严密侦查，如发现有上项情弊，应即尽法惩治，不稍宽假，以儆效尤。尤其非剿匪省区保甲经费收支办法虽非一致，而法外需索情弊谅难尽免，亦应一体澈查严禁"②。

面对国民政府之诫谕，甘肃省政府于 1936 年 10 月再次训诫各县局称："本省保甲经费前经规定每保不得超过五元在案，合行令仰该县局务需遵照本省定额征收，如有浮收滥支情弊，定予严惩不贷。"③ 然而正所谓"徒善不足以为政，徒法不能以自行"，为了从根本上杜绝浮收摊派现象的频繁发生，时人建议称："保甲经费依修正剿匪区内各县保甲经费收支规程之规定，以原有地方公款公产收益充之，不足时则就住户中有力担负者分别征收。但原有公款或公款公产收益，各保甲大抵均无此项收入，即有亦为数有限，势不得不出于征派之一途。而征派方法，就过去情形言，流弊滋多，勒索敲诈、骚扰乡里之事时有所闻，若干省份因规程随粮带征，由县统筹之办法，但不免违背增加苛杂之禁例。今日保甲经费问题之不得适当解决"，不特保甲长待遇办法无从实施，"且将影响保甲工作之推进。而保甲数目甚多，所需经费极巨，最好以由省统筹支配为原则，其不能由省统筹者，由县政府统筹开支"④。这一建议得到了国民政府的认同。1936 年 9 月，立法院自治法委员会在起草的保甲条例中规定，"保甲经费应列入地方预算，由县市政府拨给"⑤。2 月 2 日，内政部亦因

① 《王店镇长被控》，《申报》1936 年 5 月 30 日，第 10 版。
② 《查近来各地保甲长对于保甲经费有浮收滥支侵吞情弊应由行政长官逐层诫谕严密侦查如发现上项情弊应尽法惩治仰遵照由》，甘肃省档案馆，档号：15—14—527。
③ 《甘肃省政府训令各县局、各专署、省会公安局：令保甲经费按照定额征收由》，甘肃省档案馆，档号：15—14—527。
④ 倪渭卿：《保甲制度之推进及其问题》，《黄埔》1939 年第 2 卷第 6 期，第 8 页。
⑤ 《立法院：本周审议保甲条例》，《申报》1936 年 9 月 16 日，第 8 版。

"各地征收保甲经费,弊窦丛生,特修编查保甲户口条例中之经费部分,于二日咨财部,征询意见"①。经过各方征询商榷,国民政府最终决定对乡镇保甲经费实行统收统支。

二 甘肃保甲经费"统收统支"办法的实施

1937年8月,甘肃省政府开始对保甲经费实行统收统支,并颁布了《甘肃各县保甲经费统筹统支暂行办法》十五条。对于保甲经费实施统收统支之缘由,甘肃省政府做了如下说明:"本省各县保甲经费收支方法,前为减省手续、便利支用起见,曾颁发《甘肃省各县保甲经费收支暂行办法》于第二条内规定,保长办公处经费每月不得超过三元。""嗣因地方多事,县政府推行各项政令及驻军派伕征差,在在需保甲长之协助,以致支出增溢,工作繁重,本府民政厅为体念保甲长义务从公,劳怨备尝",特将"保长办公处经费每月增定为五元"。"惟施行以来,弊窦丛生,一般不知自爱之保长,或不遵依限额擅自浮派,或另定名目藉端需索,或因私人恩怨妄为增减,且收款不给据,月终不公布,种种疵弊,不一而足。本主席到甘以来,各县民众因保甲经费收支不当而呈诉保长者,不知凡几,如不设法改善,影响保甲前途,殊非浅鲜。兹以统收统支、公平负担为原则,规定各县保甲经费之筹集,先由县政府查明全县保之数目,每保以五元计算,将全县保甲经费总数明白公布,而后由区长、联保主任、保甲长按照境内住户财产及生活能力(除赤贫者外),农民以所纳粮赋为标准,商民以营业孳息为标准,工人以物品产销数量为标准,共同酌量分为甲、乙、丙三等,公平比例负担,由区长造具捐户清册(赤贫之户虽不摊捐款,亦应列入清册注明)呈报,县政府核定后,即由县政府按季统收,区长按月领取,分发各保长应用。本府前颁《甘肃省各县保甲经费收支暂行办法》即予废止"②。

对于保甲经费统收统支的实施,时人曾寄予了太多期望。他们甚至认为实行统收统支可以"矫正自收自支之流弊,避免征收过程之黑暗,剔除贪污中饱之积习,打破豪劣欺民网利之恶俗,树立绅富出纳捐费之风

---

① 《修正保甲条例征财部意见》,《申报》1937年2月3日,第4版。
② 《为规定保甲经费统收统支办法由》,甘肃省档案馆,档号:15—14—527。

声，增进人民对保甲制度之信仰，筹足保甲经费之的款，发挥保甲制度之效率，准此以行，不仅可怜小民有复生之望，而凋残农村或有复兴之希望"①。然而，理想与现实之间总是难以契合。国民政府实行保甲经费由县统收统支之初衷，"原为平均负担，核实收支"。因为按照统收统支之规定，乡镇一切收入均应解缴县库，一切支出均由县库支给，国民政府就可借此加强监督，调剂盈虚。但在实际执行中县政府却因财政紧缺反将统收的乡镇保甲经费移作他用，乡镇保长为了筹措保甲经费而不得不另行摊派。这一矛盾现象表明，当乡镇财政充裕时，统收统支才有调剂盈虚之功效，而民国年代，兵锋不断，社会动荡，乡镇财政普遍困窘，统收统支不仅难达调剂之目的，反增许多无谓之手续。况且在抗战之艰难年代，乡镇财政由县统收统支必将造成下列情形："第一，乡镇收入解缴县库，在县财政时感拮据之今日，甚易借统收统支之名，挪移维持县级经费而置乡镇于不顾，使乡镇财政更多一层恐慌。第二，乡镇经费不可一日或缺，收入解缴县库后，一切经费必须静待县府拨放，本身即无处置权限，且时时有被县级挪移可能。为维持乡镇事务之推行，多数乡镇均在自收自用，转而无法管理。"②

上述问题不仅引发时人对于由县统收统支乡镇保甲经费的质疑，同时以乡镇为主体独立经理其财政的思想亦得到迅速发展。他们认为"乡镇组织之能否充实，胥视乡镇财政制度之能否建立，乡镇财政制度如何方能建立，首在确定乡镇财政收支，欲确定乡镇财政收支，乡镇财政是否由县统收统支抑由乡镇自给自足之一问题，必须先求得解答"。《纲要》第二十一条虽有"县之财政，均由县统收统支"之规定，但乡镇财政是否应由县统收统支，《纲要》中并未做硬性规定。根据"县为法人，乡镇为法人"之规定，以及乡镇自治经费实施办法和自治性能各方面综合观之，"乡镇在自治上已具有独立的地位，与县各自成为法律上、权利义务上之主体，乡镇财政自应自筹自用，并无由县政府统收统支之意"③。然而，时人也意识到，在县财政还没有完全整理好，乡镇下层基础没有健全，国

① 震东：《论征收保甲经费方法》，《每周评论》1935 年第 177 期，第 8 页。

② 孙殿柏：《当前乡镇财政问题之症结》，《苏财通讯》1946 年第 12 期，第 11—12 页。

③ 吴镇镛：《如何建立乡镇财政制度》，《苏财通讯》1946 年第 13 期，第 4 页。

民教育没有普及，自治人员没有严格训练以前，要让乡镇财政独立、自收自用，过去土豪劣绅操纵把持的各种弊端会立即重演。因此，大多数人仍主张"目前乡镇财政上的措施只能由县政府代为办理，同时逐渐授权，养成乡镇理财的道德和习惯，走上财政独立的理想境地"①。

面对县政府随意挪用乡镇保甲经费之现象，甘肃省政府不得不再次训诫各县政府称："目前各县保长事务繁冗，每月规定之五元办公费，无论如何应如数发给，否则义务从公，常人已有所难，若因公而赔累，尤与情理不合。近查各县保甲经费有积欠数月未发者，查原因由于尚未征齐者固多之，而征齐之后由县移作他用者亦属不少。遂使保长因无力赔垫又迳向居民摊派。双重负担，县府区署虽已明知，仍坐视不理，而县府区署保甲相率自蹈于非法累民不能自拔，不便严加查究，是为减轻民负而适得其反，殊非本府整顿保甲经费之本意。嗣后各县保甲经费如发现仍是故意扣发，或保甲长自行重摊情形，一经查明，定惟该县长是问，决不宽贷。"② 为了杜绝类似问题的再次发生，甘肃省政府布告各县民众，进一步晓谕统收统支之内涵："保甲办公经费每保每月定为五元，无收支手续，由县政府按照全县全年总数并农工商各户贫富状况，分为甲乙丙及赤贫四等摊派。甲乙丙户负担比例为四、二、一之差，赤贫之户即予免除。县政府布告征收之时，距离县城近的地方即可直接赴县缴纳，距离县城远的地方可向区署缴纳，但缴款时务必取回盖有县印之二联收据。收款的人倘若不给收据，即不能给他缴款，这就叫统收。至款收齐之后，由区长按月向县政府具领，分发各保长应用，这就叫统支。以后保甲经费，保甲长绝对不能迳向人民摊收，如果保甲长仍有沿照旧例，不携带盖有县印之二联收据，私向人民强收保甲经费情事，准向县府或本府密报查办。"③

甘肃省政府的这一训令并未对各县乡镇保长就地摊派起到有效的约束，由于"保甲经费不能按期领到，而每月开支仍不得不维持，摊既不

---

① 沈伯琴：《乡镇保甲财政问题》，《决胜周刊》1941年第6卷第1期，第11页。
② 《甘肃省政府训令各县局饬令按月发给保甲经费不得由保长自行摊收由》，甘肃省档案馆，档号：15—14—527。
③ 《甘肃省政府训令各县局饬令按月发给保甲经费不得由保长自行摊收由》，甘肃省档案馆，档号：15—14—527。

可，领又领不着，于是只有借。这种借是有去无来的，还不如摊，而且政府无从考核，民众无从统计"①。对于这一结果，时人评论称："保甲经费，依法令规定，虽应由各保按地方实在情形，将征收办法，提经保甲会议决定，呈区署转呈县政府核准施行，在表面上似乎由县府负统筹之责，然实际则由甲长经收，保长汇收，收款之重心，仍在保甲长而不在县府，于是'统收统支'成为公文书上流行之口头禅，有其名而无其实。"② 虽然统收统支已有名无实，然而就地摊派也并不是没有限度。因为这种摊派多半是在县政府的授意下实施的，虽然摊收的实际数额可能会远远超过所列之预算（见表4—2）。何况这种摊派亦需与当地豪强相勾结，当"乡镇长与乡镇民代表会协调时，可以任意摊派，甚至彼此揩油，心照不宣，豪势叨光，穷人倒霉。而忠厚老实的乡镇长平时不能拍拍乡民代表的马屁，在县里既领不着，到乡里吧，乡民代表会便说：'县预算内列有经费，为什么又在地方摊派呢？'只要这样一句话，把乡镇长抵挡得无话可说，坐令贤者趋避而不肖者钻营"③。

表4—2　　　　　民乐县各局及各保长办公处经费数目一览表

区别	月支经费	全年合计	来源	保数	每保月支经费	全年合计	来源	备考
第一区	60元	720元	按粮附收	41保	每保月支3元，合支洋123元	1476元	按保甲花户摊收	
第二区	60元	720元		27保	每保月支3元，合支洋81元	972元		
第三区	60元	720元		23保	每保月支3元，合支洋69元	828元		
第四区	60元	720元		21保	每保月支3元，合支洋63元	756元		

① 操云岑：《建立乡镇财政制度——在含山实现我五年来的理想》，《辅导通讯》1948年第17期，第35—36页。

② 吴德馨：《谈保甲经费》，《行政研究月刊》1937年第2卷第8期，第819页。

③ 操云岑：《建立乡镇财政制度——在含山实现我五年来的理想》，《辅导通讯》1948年第17期，第35—36页。

续表

区别	月支经费	全年合计	来源	保数	每保月支经费	全年合计	来源	备考
第五区	60元	720元	均同前	17保	每保月支3元,合支洋51元	612元	均同前	
合计	300元	3600元		129保	387元	4644元		
说明	查职县连年灾旱频仍,经济困难,所有各区保甲经费无法维持,暂由保甲内户民担负每保每月摊收洋三元,以维现状,俟人民稍裕,再行设法弥补,以利进行,理合声明。							

资料来源:《民乐县各局及各保长办公处经费数目一览表》,甘肃省档案馆,档号:15—16—198。

不难想见,保甲经费统收统支办法的实施,不仅没有杜绝乡镇保长浮收、滥支、侵吞等情弊,相反,进一步加重了普通民众的负担。追根溯源,一则"穷",二则"乱"。"穷在财源不实,乱在界限不清。财源不实,经费来源必至摊派;界限不清,则秩序无法维持。"[1] 加之甘肃各县在"县财政收入向地方摊派的大前提之下,保甲长免不了要直接向居民摊款派款,同时居民为缴纳少许的保甲经费,特地跑到县政府去一次,那也是不划算的事。结果一定要演进到保甲长就地代收、就地扣领的地步"[2]。在无法从根本上改变现状的情境下,为了进一步掌握各县乡镇保甲经费的实际收支状况,1938年5月,甘肃省政府决定派员"调查各县保甲人员实际摊收经费情形,以便参考而作规定保长薪给之张本"[3]。为了阐明此次调查之意义,解除各县对此次调查之顾虑,甘肃省民政厅函告各县政府称:

保甲经费目前虽以由县统收统支为原则,但保甲为自治之一部分,其经费之筹集、征收、保管、支用及办理报销等程序,毕竟与地方之其他各项行政费、事业费有别。换言之,其他各项行政事业费由主管机关编造预算、决算,呈报上级机关核定后即生效力。至保甲经费,其预决算虽需由

---

① 孙殿柏:《当前乡镇财政问题之症结》,《苏财通讯》1946年第12期,第12页。
② 华寿崧:《甘肃省保甲概况》,《服务月刊》1939年第2期,第56页。
③ 《甘肃省政府民政厅公用笺》,甘肃省档案馆,档号:15—14—527。

县核定，但以自治之精神言，先应经过人民之认可，故修正编查保甲户口条例第十九条规定，保甲会议商订保甲规约时，应将保甲经费之筹集、征收、保管、支用及办理报销等事项规定于保甲规约之中。目前各地之所以实行统收统支，盖因鉴于过去保甲人员之居间舞弊，浮收滥支，欲以统制方法整理之，此为提檀自治时所应有之阶段，并非永久之原则也。将来保甲长人选优良，民众训练进步，一般公民均有监督考核保甲经费收支之能力时，自应采取区乡镇自治施行法第五章之法意，授权于民众。且际此抗战建国之时，保甲应办之事务至为烦琐，关于保甲之行政费由县统收统支尚无不可。至于保甲事业费及各项临时急需，则因时地不同，情势多殊，倘概由县府统收统支，未免受拘束，滞碍难行，自应根据自治精神，如其所需经费系举办某种事业必不可少者，或为维持保甲人员最低之生活者，应以会议方式，予保甲人员以就地筹措之机会，否则，保甲长既无法定薪金，又不许其筹支必需之经费，动用一文，亦必由县统收统支，反以严苛命令责其功效，岂属事理之平。根据以上理由及事实，则所谓保甲经费之统收统支，实际只系暂时性质，或仅能做到一事而难彻底成功。故最近据各方报告，各县联保主任及保长，其办公费除由县按照规定统一筹发外，仍多自动另向地方摊收经费及员役薪金，此种情形，一方面固因保甲人员囿于旧习，以摊收经费为正当；另一方面亦有限于事实，迫于需要，无法撙节者。①

同时，甘肃省政府再次强调此次调查之目的主要是了解各县"由保甲人员自摊之经费每联保每月若干，每保每月若干，全年共若干，用途是否正当？相应函请查明，于接函一个月内据实函复，以作参考而资政进"②。

由此可见，面对乡镇保甲经费问题的陋习痼疾，甘肃省政府在承认既有事实的基础上，试图通过对各县乡镇保甲人员实际摊收状况的调查，从而对保甲经费做出适当调整。然而，甘肃省政府的这种努力随着抗战的深入而不了了之，因为战争不仅打断了中国经济建设的步伐，同时也使国民政府改革基层政制的理想在特殊的战争年代发生变异。保甲制度的功能从基层社会治理向社会动员、社会控制迅速转化，浩繁的田赋兵役与民众的

---

① 《甘肃省民政厅笺函307号》，甘肃省档案馆，档号：15—14—527。
② 《甘肃省民政厅笺函307号》，甘肃省档案馆，档号：15—14—527。

基本生存之间发生激烈碰撞，曾经在国家权力与普通民众之间充作中介之乡镇保长开始在双方的挤压下步履艰难。

三 乡镇保长待遇与权责的失衡

为了坚持抗战，国民政府在迁都重庆的同时亦加强了对内地农村的索取。作为沟通国家与乡村媒介之乡镇保长，从农村社区征发战争所需之人力、物力、财力，成为这一时期历史赋予他们义不容辞的责任。然而，乡镇保长责任的加重并未引起其地位和待遇的改变，而繁苛的田赋兵役却不断诱发着乡镇保长与民众的冲突，乡镇保长一职逐渐成为烫手山芋，各地士绅及有为青年纷纷避让，土豪劣绅蜂拥而至，乡镇保长一职不再成为乡村精英竞逐的对象，相反却成为这群异化了的"国家代理"牟取暴利、苛榨民财的"保护伞"，贫瘠的乡村社会再一次陷入混乱失序的恶性循环之中。事实上，毋庸说偏僻贫瘠的乡村社会，即使地处上海的保甲人员，其生活境遇亦不乐观。据调查：抗战时期上海保长办事处"雇用办事员一人至二人，办事费中除去墨水、文具、纸张等必需品一二千元外，已只余三四千元，何况上级还要七零八碎的扣除，办事员只能在这扣除的残屑中，得到一二千元作为每月的生活费，作为勤劳一月之代价。联保方面，因为印刷物的增加，除余下来，每个办事员也只能得到这一点儿"。"在生活程度飞涨之今日，良善者另谋他就，或兼就副业；奸恶者利用职权，敲诈良民，使民众对保甲畏惧或厌烦。保甲工作今日之不积极，即在这种情形下产生"①。如何改善上述困境，时人建议称："保甲长系义务职，但其工作则异常繁重，战事发生后更有继续增长之势，致其本职业往往无从兼顾。而现在乡镇组织未臻健全，一切政令均赖保甲推行，处理万一不当，政府之斥责、人民之怨恨汇集一身，以致公正廉明之士视为畏途，土劣地痞乘机活动，往往借保甲之名行勒索敲诈之事，此其影响，实甚重大，欲谋补救，自非提高待遇、酌给津贴、优予奖励、以资激励不可。"②也正是基于上述事实，甘肃各县政府要求提高乡镇保长待遇之呈函纷至沓来。综观各县呈述之缘由，可概纳为如下几点：

---

① 《保甲人员之待遇》，《申报》1945 年 3 月 4 日，第 3 版。

② 倪渭卿：《保甲制度之推进及其问题》，《黄埔》1939 年第 2 卷第 6 期，第 8 页。

　　第一，物价飞腾而经费紧缩，乡镇保甲机构运转艰难。以甘肃省海原县战前和战时办公用品比价而言（见表4—3），战时需求较多的蜡纸、墨油、煤油等办公用品价格比战前增加了5倍有余，而需求量较少的白山纸、官堆纸、洋蜡等价格，也比战前增高了3倍多。办公用品价格飞涨，使得本就拮据的保甲经费更加入不敷出。困窘的经费和繁重的工作促使一部分乡村精英远离村政。诚如武山县县长颜延康所称，就本县而论，"联保办公处每月经费约为三十元，实感不敷；保长经费每月三元五角，不够一人伙食，而职责则日无拟咎。待遇既薄，地方财政联保主任及保长复绝无经手之机会，遂多推诿不愿充任"①。岷县县长蒲葆阳称："联保主任过去规定每月办公费十五元，保长五元，本年度八折，为十二与四元。若保甲人员均系家境殷实、热心公益之士绅，经费多寡或可不成问题，但就岷县实际情形而言：第一，公正士绅甚少且年龄多不相当；第二，公正者不必均有能力与家资。然在此抗战时期，征丁、征骡、修路、保卫、烟禁等等，无一不赖保甲组织以推进，联保主任、保长以全力赴之尚感不逮。

表4—3　　　　　　　　　　战时海原县物价腾卖比较表

货名	蜡纸	墨油	煤油	白山纸	官堆纸	洋烛	合计	说明
数量	1筒	1盒	1斤	1刀	1刀	1包		一、其他笔墨文具印油零星添购，开支等项，至少月约需洋40元。 二、并上表合计月需办公费319元，除规定办公费月支208元，内除电报费30元外，不敷洋约140元
平时价目	每筒至多5元	每盒至多1元3角	每斤5角	7角	6元	5角		
现时价目	27元	7元5角	3元	1元4角	20元	1元6角		
月需数	2筒54元	6合45元	20斤60元	60刀84元	1刀20元	10包16元	279元	
备考								

　　资料来源：《战时海原县物价腾卖比较表》，甘肃省档案馆，档号：4—4—176。

---

①　《增加联保及保长办公处经费俾能安心服务案》，甘肃省档案馆，档号：4—4—176。

再就岷县民质地面而言，全县识字甚少，保甲下级差驰，联保主任推动极难。面积两万余方公里，计二十五联保，平均每联面积在八百方公里以上，均在万山中间，路崎村零，若按十二元经济力量以组织之联保主任办公处，其权力绝难达于末梢。费廉责重，无人充就，于其自行弥补，违法误事，若莫收支，以一事权。"①

第二，乡镇保长待遇微薄却事繁责重，使得曾为乡村社区"保护型经纪"纷纷隐退，地痞流氓趁机潜入。对于保甲经费的拮据情景，时人曾讥讽称"保教养卫四件事，衣食住行一块钱"②。为了改变这种权责之间的严重失衡，甘肃各县政府在强调乡镇保长重要性的基础上，要求提高其待遇的呼声响遍全省，并成为各县共识。例如会宁县长范德民称："联保一级，至为重要，一县政务之良窳，其赖联保主任人选之优秀者亟大且巨。尤以战时政务纷繁，如所用非人，则诸事无法推行。"③ 西和县长马廷秀称："县为自治单位，联保主任及保甲长为推行县政之基干，其职掌虽经明令列举，但自宣兴以来，县府举办诸事倍殷往昔，另设系统，才财两难，且时间亦有不许者，故一切政务，省责之县，县责之区，区责之乡保。"④ "举凡征兵、保甲、禁烟、社训、抗教、征发，以及其他有关自治事宜，无不汇集一身，事务又繁，责任又重，若不提其待遇，实不足以策进行而端弃隅。"⑤ 平凉县长程汝继称："我国第二期抗战业经开始，后方各县之军训、兵役、战时教育、思想动员，以及抗战组织并行政各项，较前益关重要，然悉依保甲始能推进，是目前保甲长之任务比任何为严重。以西北边地一切落后，保甲长之知识能力同感薄弱，纵鞭之竟日努力办理，实属不能应付裕如，且县府国民自卫总队师团管区驻军政治部，县党部，每事又无不召集保甲长，使保甲长尽日东奔西驰，同有顾此失彼之虑。况保甲长孰无父母妻子，孰能不衣而暖，不食而饱，而其个人职业，益不可忽。因所事为义务职，逐日奔驰公务，孰不暇谋及生活，是保甲之

---

① 《提高保甲人员待遇案》，甘肃省档案馆，档号：4—4—176。
② 阮毅成：《保甲制度与地方自治（续）》，《浙江自治》1939 年第 14 期，第 6 页。
③ 《提高联保主任待遇以便委用贤能而利政务案》，甘肃省档案馆，档号：4—4—176。
④ 《提高联保主任及保长待遇以资增进效能案》，甘肃省档案馆，档号：4—4—176。
⑤ 《拟提高联保主任保长待遇以资养廉案》，甘肃省档案馆，档号：4—4—176。

津贴，若不具予明文规定，恐不久将发生避役之危机。"①

既然乡镇保长地位重要且任务繁苛，那么，提高他们的待遇便成为顺理成章的事。会宁县长范德民称："现值米珠薪桂，生活程度过高，联保主任过去月薪仅十五元，聊可维系生活，现奉令折减为九元，委实过嫌低微。"② 西和县长马廷秀认为"联保主任月支十五元，保长月支公费五元，因责重俸薄，贤能者高蹈远引，鄙劣者钻营奔竞，藉端渔利，贪污横陈，政务愈繁，所造机会愈多。原保甲长义务职，说在富庶之省，人民殷实，由多丁中举一人而尽义务，因身家关系不敢妄为。如瘠贫之区人民，一为保甲长，全家即依此为生活，贪污之事亦由势逼而来，依法严惩，情有难合，如待遇足以代耕养廉，仍有贪污不法，然后施之以严刑峻法，夫有何怨？"③ 泾川县长王任民称："以本县而论，联保主任原规定薪金为十五元，保长办公费五元（提二元作联保办公处书记之用），值此百物昂贵，已不足以维持生活。自二十八年地方财政紧缩后，联保主任薪金减为十元，且以收入濡滞又难按月发薪，生活困难势所必然。既欲策其事功，复令枵腹从公，似觉矛盾。以后清廉有为之士率多另谋他业，贪污无能之辈不免滋扰纷乱，地方诸政不能完全上轨，实为绝大原因。"④

面对战争年代乡镇保长群体的日渐异化，甘肃各县政府一致认为，如果要想让乡镇保长在极其艰苦的战争年代胜任如此繁苛的保甲工作，加强培训、提高待遇、健全品质无疑是改良其素质的理想途径。正如陇西县长孙振邦称："保长为推行地方基层政治之中坚，直接组训民众之骨干，地位重要，职务艰苦，非有健全之人选，难以达成其使命。尤非有相当之待遇，不足以维持其生活，鼓励其精神。年来本省于干部训练及服务待遇已有相当改进，惟以拔选之干部因教育尚未发达关系，其资质已较低下，而训练之时期甚短，故精神之改造、能力之补益未能充分，一旦担任繁重艰苦之工作，仍有力不能胜之遗憾。加之待遇未能增高，仅有每月薪公费五元，如果其家境殷实且在本保服务，尚可勉强敷衍，如若家境不济，即难

① 《拟请明令规定保甲长津贴案》，甘肃省档案馆，档号：4—4—176。
② 《提高联保主任待遇以便委用贤能而利政务案》，甘肃省档案馆，档号：4—4—176。
③ 《提高联保主任及保长待遇以资增进效能案》，甘肃省档案馆，档号：4—4—176。
④ 《拟提高联保主任保长待遇以资养廉案》，甘肃省档案馆，档号：4—4—176。

以枵腹而从公。或本保无人，借材他保，又难以由家中裹粮而去服务，诸如此类，困难横生。"事实上，即使已经接受训练的乡镇干部，因无法改善其待遇而难以收到预期之效果。①

虽然提高乡镇保长待遇已成各县共识，但应如何提高、提高到何种程度，各县政府则依据自身情况给出了不同的答案。会宁县"拟请按照过去原案，每月仍以十五元支给，以维生活而利工作"②。西和县建议"就县有能服众望之人，择意志纯正、品端行洁、办事敏捷、刻苦耐劳者，由县府分别委任为联保主任及保长。联保主任月薪除原规定十五元外，再加一倍；保长除原规定每月办公费洋五元外，再加十元，以安定生活，俾其勇于任事。"③ 泾川县认为"联保主任薪金，斟酌地方情形，规定二十元至三十元，保长办公费定为十元。在地方预算已确定各县，由县政府拟具摊款办法，按亩均摊，统收统支；地方预算未确定各县，应加以预算，随粮代征"。联保主任、保长待遇增加后，"非关于奉令抗战要务，不得再向民间私摊分文，违则以贪污论罪"④。武山县建议"联保办公处设主任一人，月支十五元，录事一人，月支十二元，警士三名，共支二十四元，办公费九元，共月支六十元。保长月支经费十元。联保及保长经费均由县府统收统支，废除以前联保办公处及由各保抽取一元五角之办法"⑤。岷县建议"甲等联保每月四十七元内，联保主任薪金十五元，办公费八元，雇员三名，月各支洋八元。乙等联保每月三十九元，系较甲等联保少用雇员一人，余均相同。丙保长每月薪公各费共十二元"⑥。陇西县建议"将训练保训合一，干部之期间延长，多至六个月，少亦需四个月，以便彻底改造其精神，充分补益其智能。将保长办公费增加为每月十二元，以资维持其生活，使用其全力。规定联保主任、保长奖惩及升级办法，以资策励而便指挥"⑦。综合上述各县建议，第一区公署专员胡公冕作了总结性的呈述：

---

① 《健全保长品质并提高其待遇以资服务而利选用案》，甘肃省档案馆，档号：4—4—176。
② 《提高联保主任待遇以便委用贤能而利政务案》，甘肃省档案馆，档号：4—4—176。
③ 《提高联保主任及保长待遇以资增进效能案》，甘肃省档案馆，档号：4—4—176。
④ 《拟提高联保主任保长待遇以资养廉案》，甘肃省档案馆，档号：4—4—176。
⑤ 《增加联保及保长办公处经费俾能安心服务案》，甘肃省档案馆，档号：4—4—176。
⑥ 《提高保甲人员待遇案》，甘肃省档案馆，档号：4—4—176。
⑦ 《健全保长品质并提高其待遇以资服务而利选用案》，甘肃省档案馆，档号：4—4—176。

保甲组织为自治之基础，联保主任及保甲长如各以其单位办理本务，则业余为之，极可游刃有余。然而因目前县区组织未臻健全，往往百务唯保甲是赖，县区纸上行文，保甲日充奔走，于是为保甲者苦矣。自抗战以还，所责于保甲者尤多，举凡役政、养路、救济，以及征发、集会，无一不依保甲，于是业余可为者转而昕夕从公，犹虞不给，势不得不抛弃其固有之业务，而以办理保甲之公事为专业。外如县府委员、政警、队兵下乡办案，即使清白，乃躬而茶水也、陪领也、代购食品也或代雇工役也，已有举室骚然之象，何况在人情上又不能不招待一普通便餐。在县区下乡人员亦未能明悉自身系公务员，严饬本身不受些微供应乎？查联保主任经费每月规定为十五元，其中除笔墨纸张及规定书记一人而外，实际上尚需雇用员役至少一人，临时有紧急公务应添雇者尚不在内。保长经费每月五元，而保长大都识字不多，往往需另请私人书记，如遇抽征壮丁或征路工，亦不得不抛弃其业务，终日从事奔走，以此区区经费将责其养廉乎？则虽中人以上明大义者，枵腹从公或亦仅能偶一为之耳。愿说者谓："十室之邑，必有忠信"，县长整理保甲，应号召士绅，动以大义，其症结不在经费之多寡，而在慎选保甲人员，斯则正当之论，以之为鹄的努力以赴则可。但事实应循空间时间，在目前尚非一蹴可就。例如岷县过去保甲摊款，每年不下五十万（并非全由保甲收入），专署迁岷以还已一律禁绝，如若经费不增，则办理保甲人员势将无一养廉，法令本于事实，王道不外人情，基此理由，拟请提高联保主任及保长经费，联保主任、书记、工役及杂费每月增为四十五元，保长每月增为十二元。[①]

对于各县要求增加保甲经费、提高乡镇保长待遇之吁求，甘肃省民政厅表示认同，并在随后的呈文中表示：

查保甲长对于法令上赋予之任务既繁且重，在平时已觉非干练分子不能胜任，际此抗战时期，凡人力、物力之征集，汉奸、间谍之稽查，无一不以保甲长为核心，人员尤应特别注意。但为保甲长者既无相当报酬，而服务地方复易招致尤怨，故忠信之士往往视为畏途，避之若虎。而不肖之徒又思寻间渔利，求之惟恐不得，以致发生苛派滥收、误公虐民种种流弊。且保办公处公费每月仅有五元，尚需以二元补助联保办公处经费，余

---

①　《拟请提高联保主任及保长经费案》，甘肃省档案馆，档号：4—4—176。

下三元，所有笔墨纸张及一切杂支均在此款内匀支，而事务繁冗又复日增一日，不独事实不能敷用，且与其本身职业抑或感受影响。因公胜累既非人情所愿，情势所迫不得不出之以将收取。狡黠者且更因用人为奸，以往功令不能贯彻，民众失却信仰，皆由保甲长待遇微薄，良善者不肯出来负责所致。至联保办公处经费每月只规定联保主任薪金十五元，其应需之员役薪饷以及薪公等费之规定，须由所联各保经费内提支。其所辖之保数多者尚足以应付，如所辖之保数少者，月仅提补十元之谱，员役薪饷尚不敷用，办公等费更无所出，以致联保办公处组织不能健全，有名无实，形同虚设，如不设法改善，均足以影响抗战前途。[1]

为了顾全事实，增强保甲效用，甘肃省民政厅在综合各县建议的基础上拟定了增加经费、提高待遇之两项办法："第一，提高保长待遇。原定之保长每月办公费五元，应全留于保长办公之用，不再补助联保办公费；第二，增加联保办公处经费，确定员役额数，联保办公处暂分为一二两等，所辖保数在十一保以上者为一等；十保以下者为二等；一等联保经费每月定为三十四元，二等定为三十；一等联保主任月薪十元，办公费六元，各设联保书记一人，月薪均为八元，工役各一人，月各支工饷六元，联保主任一律兼任所在地之保长。上项经费除以原有之联保主任月薪十五元及兼任之保长办公费五元抵补外，不敷之款统由县在预备费项下开支，如有不足，由县另筹弥补办法。"[2] 1939 年新县制实施后，甘肃省政府将省内的联保公所一律改为乡镇公所，其费用仍在原有联保经费的基础上作出相应的调整，如表 4—4 所示。

表 4—4　　　　　1940 年靖远县乡镇公所及保办公处经费改进意见

（一）

等级 \ 项别	甲　等		乙　等		丙　等		
	员额(人)	薪俸(元)	员额(人)	薪俸(元)	员额(人)	薪俸(元)	
乡镇长	1	30	1	30	1	30	
副乡镇长	1	10	1	10	1	10	

---

① 《拟提高保甲人员待遇案》，甘肃省档案馆，档号：4—4—176。

② 《拟提高保甲人员待遇案》，甘肃省档案馆，档号：4—4—176。

续表

等级＼项别	甲　等		乙　等		丙　等		
	员额（人）	薪俸（元）	员额（人）	薪俸（元）	员额（人）	薪俸（元）	
股主任	4	无	3	无	2	无	
干事	4	无	3	无	2	无	
事务员	1	16	1	16	1	16	
户籍员	1	15	1	15	1	15	
户籍警	1	12	1	12	1	12	
书记	1	15	1	15	1	15	
乡镇丁	2	20	2	20	2	20	乡镇丁2名，每人月支10元，合计如上数
办公费		20		20		20	
总计		138		138		138	

（二）

等级＼项别	甲　等		乙　等		丙　等		
	员额（人）	薪俸（元）	员额（人）	薪俸（元）	员额（人）	薪俸（元）	
保长	1	15	1	15	1	15	
干事	4	无	3	无	2	无	
书记	1	15	1	15	1	15	
保丁	1	10	1	10	1	10	
办公费		8		8		8	
合计		48		48		48	
附记	查乡镇保虽各分有等级，然其所负任务暨事务之繁简均属一律，其各职员之待遇自不能分歧，合并声明						

资料来源：《靖远县政府对实施新县制之意见》，甘肃省档案馆，档号：4—4—164。

　　在各县政府的共同努力下，喧嚣一时的乡镇保甲经费案在法理程序上得到了解决，但这一办法能否落到实处呢？就事实而言，乡镇保甲财源的枯竭首先影响着这一办法的落实。虽然依照《县各级组织纲要》之规定，

"乡镇财政收入计有：（1）依法赋予之收入；（2）乡镇公有财产之收入；（3）乡镇公营事业之收入；（4）补助金；（5）乡镇民代表会决议征收之临时收入（但须经县政府之核准）等五项。但就实际情形而言，所谓依法赋予之收入，在县与乡镇财政并未划分的收支系统下迄无明文规定，从各项有关法令参考，亦仅契纸监证费一项，然此系不动产，有买卖行为时始有收入，为数之微不难想见；公有财产之收入虽可靠但为数亦微；公有营业收入前途较有希望，但营业之创始已感不易，经营之盈余需时亦久；补助金在县财政不充裕之时，能有多少拨补，实成问题；至临时收入须经乡镇代表会议通过，县政府之核准，手续既繁，而结果又不免流于摊派。因此，纲要之规定虽着着可数，而实际之收入为数极微，以如此有限之财源，应付各项自治事业之发展，不能胜任自属意料中事"①。事实上，即使上述预算之经费能够得到切实执行，但在物价飞腾的战争年代，原来预算的保甲经费势必会随着时间的推移而迅速失去其原有之购买能力。因此，最终解决之途径不外乎两种：一是甘肃省政府随着物价飞涨而对保甲经费作出即时调整，并拨付足够经费；二是乡镇保长在保甲经费不能到位的情形下就地摊派、自筹自支。

　　然而，由表4—4可知，在物价腾升的战争年代，甘肃乡镇保长的待遇并没有得到相应的提高，甚至一些乡镇保甲机构中的干事更是分文不支，而他们的花费也只能从有限的保甲经费中扣除。事实上，保甲经费的开支远不止于乡镇保甲人员的开支，上级派员视察时的招待费及其"陋规"仍占据保甲经费花销中的绝大部分。此外，每年各县要求对保甲长及壮丁进行训练，其费用亦需从保甲经费中扣除。不难想见，这些额外费用也只能靠就地摊收。然而问题在于：甘肃省政府一方面希望通过训练保甲长以加强对基层社会的控制能力，训练壮丁以加强对基层社会的自卫能力；另一方面又不希望因摊收过多而引发民怨，从而严令禁止就地摊派，致使保甲工作进退两难。

　　就保甲经费支出而言，乡镇以办理自治为主要业务，乡镇财政的范围自应以各项自治事业所需之经费为限。但事实上，当时乡镇财政所负担之支出并没有明确界限，国家事务、省县事务交由乡镇代办者，经费即由乡

---

① 孙殿柏：《当前乡镇财政问题之症结》，《苏财通讯》1946年第12期，第11页。

镇筹措。抗战期间各种军事供应更成为乡镇财政的一大负担，举凡国防、工事、建筑材料之摊派，过境军队及驻军给养之供应，为数甚巨。以有限之收入供应各项无限制的临时费用，自非陷于无限制的摊派不可。① 当然，乡镇保长如想随意摊派，亦需与当地豪劣打成一片，否则，诸事则不易进行。"如摊派捐费，不与朋比为奸，则虽实报实销、涓滴不浮，正当应派之款亦不易收得，因之滞碍公务之推行。作为回报，乡镇保长们将敬奉豪劣的鸦片礼节之费用算入保甲经费。此外，每当摊派保甲经费开会时，招待地绅之酒席费、茶烟费、鸦片费，为数更十倍于正额，此亦不得不在保甲经费以内开支。"②

据调查，江苏省江宁等十八县中三十六乡镇复员后经费负担情形，计每乡镇平均每月 1286458 元，其中用于乡镇经费者，占总数的 28%；区乡镇自卫费占总数的 14%；地方教育补助费为 106357 元，占总数的 8%；其他 50% 均系临时军事供应而非乡镇财政范围内所应有之负担。③ 与江苏省相比，对于过境军队及驻军给养的供应则是甘肃各县乡镇财政的主要负担。据甘肃第七区专员曹启文称："查七区各县民众之担负綦重，详加核计，民众负担之额外摊派超过正供奚至倍蓰，故其痛苦不在正供而在额外摊派之。在县政府方面者，均列入概算统收统支，弊端尚少。而在驻军方面者，如煤炭、柴草之供给，粮秣之补助及其他临时发生之名目不胜枚举，或随时摊派，或直接征发，经手人员因缘为奸，藉端剥削，民众之所以力尽汗干，痛苦万状者，多在此耳。"④

繁重的经费支出加重了乡镇保甲机构的负荷，也为其就地摊派提供了"合法"的理由。甘肃省政府虽一再严令禁止乡镇保长浮收、滥支，但事实上并未能阻止各种摊派的频繁发生。华寿崧在调查甘肃各县财政时发现，在县预算中常见到一项"财政整理收入"的科目，这其实就是指明要充作保甲长费用的。然而，各县既无整理财政之计划，收入又从何而来？事实上，这笔"财政整理收入"就是保甲长自筹自摊的代名词。由

　　① 孙殿柏：《当前乡镇财政问题之症结》，《苏财通讯》1946 年第 12 期，第 11 页。

　　② 震东：《论征收保甲经费方法》，《每周评论》1935 年第 177 期，第 5—6 页。

　　③ 孙殿柏：《当前乡镇财政问题之症结》，《苏财通讯》1946 年第 12 期，第 11 页。

　　④ 《拟恳请转请中央将七区各县驻军军饷由国库拨发案》，甘肃省档案馆，档号：4—4—176。

于保甲长自筹自用，所以征收的名义和征收的额数与方法也就千奇百怪，莫可究诘了。① 事实上，在省县财政捉襟见肘而无力提供足够保甲经费时，乡镇保长的就地摊收行为在一定程度上亦得到了省县政府的默认。例如 1936 年 1 月代理临夏县长徐兆藩在呈请摊派保甲经费时称：本县办理保甲训练班因经费无着而暂行停止，究其原因，乃因去年办理保甲、筹划经费时，前县长阎权未将此项列入预算，"是以经费无着，举办异常困难，但功令所在，未敢延误，只得挪款筹备，于二十四年九月十五日开始训练，所有应需各项费洋，县长勉力设法挪移垫支，以资维持。现计自上年九月十五日第一期起至十二月二十三日第五期止，需过印刷费、油烛、纸张暨购置器具并夫役工资等项洋八百一十六元五角二分七厘，刻下既已停止训练，需过上项经费尚在虚悬，可否援照开办保甲经费之例，由地方公同负担？"② 对于临夏县的呈请，甘肃省政府也只能让其"就地筹措"，并造具计算表呈赍备案。③

综上所述，甘肃省政府自 1934 年推行保甲制度以来，即对保甲经费的来源、用途及其收支状况做了详细的规定。然而，单纯的法律文本既未能解决保甲经费的困竭，亦未能规约乡镇保长的就地摊派，为了从制度上彻底根除保甲经费浮收滥支之情形，甘肃省政府决定从 1937 年 8 月开始实行统收统支。诚然，统收统支不失为保甲经费管理的有效方式，时人亦曾寄予太多的期望，但理想与现实之间总是难以契合。抗战爆发后物价的飞涨和乡镇保长待遇的低廉，使得良者纷退而劣者钻营，本欲改善保甲经费问题的统收统支在实践中却举步难行。在省县政府均无力提供足够经费保障的前提下，甘肃省政府不得不授予无薪之保甲长"以摊派之权"，以满足乡镇保甲日益浩繁的经费开支。这种毫无制度约束的"摊派之权"，虽然在一定程度上缓解了保甲经费的困竭，保证了保甲制度的正常运行，但在其执行过程中所造成的"勒索敲诈，溢额浮收，在所难免"④。不难

---

① 华寿崧：《甘肃省保甲概况》，《服务月刊》1939 年第 2 期，第 54 页。

② 《鱼代电报保甲训练班需过各项费洋应如何开报请示遵由》，甘肃省档案馆，档号：15—14—486。

③ 《鱼代电报保甲训练班需过各项费洋应如何开报请示遵由》，甘肃省档案馆，档号：15—14—486。

④ 《保甲经费增加》，《今日评论》1939 年第 2 卷第 7 期，第 99 页。

想见，在战争年代诸事多推集于乡镇保甲的特殊情境下，无论甘肃省政府如何严禁保甲经费的滥收滥支，然就地摊派仍成为不争的历史事实。不过，上述事实的发生，基本上属于"时弊"而非"法弊"，因为它的产生主要是由当时特殊的战争环境造成的，而不是保甲经费本身制度的不良。相反，就"法"而言，即使在今天，当我们探索既要避免政府包办一切，又要使社会有序发展的基层政制改革道路时，民国时期的保甲经费问题仍可以为我们提供有益的启示。①

第三节　甘肃保甲推行中的行政诉讼与利益纠缠

传统的中国社会从本质上来说是一个非竞争的社会，即政府对基层社会的控制是求助于低成本的"人与人之间的连带责任"和礼法教化，并通过法律的激励和低流动人口下的基于社会规范维持的信任和信用制度，维持着社会的稳定。正如费孝通所言，在乡土社会的礼治秩序中做人，如果不知道"礼"，就成了撒野，没有规矩，简直是个道德问题，不是个好人。一个负责地方秩序的父母官，维持礼治秩序的理想手段是教化，而不是折狱。如果有非打官司不可，那必然是有人破坏了传统的规矩。在乡土社会里，人和人的关系、人生活的各个方面，都有着一定的规则。行为者对于这些规则从小就熟习，不问理由而认为是当然的。每个人知礼是责任，社会假定每个人是知礼的，至少社会有责任使每个人知礼。儿子做了坏事情，父亲要受刑罚，甚至教师也不能辞其咎。打官司成了一种可羞之事，表示教化不够。②

鸦片战争以来，在欧风美雨的浸润下，中国的各种规则不断变换，但政府控制和获得信息的能力并没有得到真正的发展，以致在面临具体困境时不得不回到了原来的老路。当个人的信息不能完全地被检测、监督之

---

① 魏光奇：《直隶地方自治中的县财政》，《近代史研究》1998 年第 1 期。
② 费孝通：《乡土中国》，生活·读书·新知三联书店 1985 年版，第 55—56 页。

时，集体性惩罚和秘密的控诉似乎成了理想的选择。① 20 世纪 30 年代国民政府重植保甲似乎在诸多方面印证了这一点。国民政府推行保甲制度，原是希望借助保甲制度来加强对基层社会的有效控制，并借其联保连坐的激励功能来加强国家的动员能力。然而不幸的是，保甲制度的效果还未得到显示，问题却层出不穷，同时有关保甲的控诉案件更是应接不暇。以致民国时人一旦提及保甲制度及其乡镇保长，一种模糊而难以抹去的"劣迹"便跃然心头。这种特殊的历史记忆的形成，无疑有其复杂的时代、环境和人文背景。

一　甘肃保甲诉讼案件的类型、特点及其纠纷缘起

中国乡土社会是一种追求"无讼"的社会，因此官方的表达给我们的印象是民事诉讼不多，善良的百姓总是惧讼，他们远离法庭，如果诉讼，多半是受了不道德的讼师讼棍的唆使，官员多用调处教化的方法来处理争执。然而，民国大量诉讼档案显示的是另一番图景——大多数涉讼者都是普通民众，他们求助于法庭是为了保护自己的合法权益和解决难以调解的争端。普通乡民进入法庭的数量足以使法律诉讼成为大多数村庄集体记忆的一个组成部分。② 20 世纪 40 年代甘肃乡村社会因保甲问题而引发的各类行政诉讼，可在一定程度上展示这一时期保甲制度在甘肃乡村社会的"集体记忆"。尽管这一时期的保甲诉讼案件为数甚多，但依其特点归纳，大体可分为两类：保甲公诉案和保甲私讼案。

所谓保甲公诉案，即这类案例之诉讼目的，总体上是着眼于整个村庄的集体性利益。对于这类纠纷之案卷，甘肃省档案馆保存了大量的完整的档案记录。由于类似案卷颇多，笔者仅选择较为典型的案卷进行分析，并简要叙述这些诉讼的起因、经过及其结果。

案例一：1946 年 3 月会川县中寨乡马崖保乡民代表赵飞雄、米明珍、赵柳珍等具文呈诉该县保甲编组员李正华、何永明，称其"违背政府法令，

---

① 张维迎、邓峰：《信息、激励与连带责任——对中国古代连坐、保甲制度的法和经济学解释》，《中国社会科学》2003 年第 3 期。

② 黄宗智：《清代的法律、社会和文化：民法的表达与实践》，上海书店 2007 年版，重版代序第 4、9、10 页，导论第 11 页，导论第 10 页。

撤散民保原则，声请依法核究"①。原文如下："窃查去年四月间，有会川县政府派来编查户口编组员李正华到达我乡，妄自尊大，毫无顾忌，既没照整理户口法令汇编，亦未开会商讨，又未照保甲订定头尾所办，该编组员由心自为，第一保未编，由二保下手工作，二至三保即照旧保原则照数编理完竣，未出异见。以至四保编查中间，即起贪婪之心，受贿者违法乱编。而我半保地方有坏徒高登明，心想世系保长，先将编组员杀鸡酬之，暗给票资，从此李正华心即大变，每日见鸡烹而食之，即把编组保甲规定办法、天然地势，自己打倒，受贿偏编，因此将民半保下住等庄撤散，而民保尽丢马崖一庄，共计九十七户，有出公款者四十余户，其余尽是孤苦伶仃之家。""民全乡各保照旧编查，未撤一户，但将民保撤散者，实属违法，具文公诉，仰祈电鉴核查，体恤民众全保或附追补充，民等得见天日矣。"②

对于中寨乡村民之呈诉，保甲编组员李正华、何永明则以该保刁民曲解法令、阻挠工作为由，将中寨乡村民拒编保甲情形呈报到甘肃省政府。由于双方各执一词。为寻事实真相，甘肃省政府决定派户籍主任刘恕、指导员赵建忠亲履该地彻查。调查称："中寨乡户口并未逆编，且因调整保之区域致起纠纷。至李正华等受贿一节，确无其事，且有乡镇民代表高登明、甲长王登科、贺福元等切结可证。"同时，对于纠纷之起因，调查人员认为，"中寨区域前属岷县，窎远之地，户口尚欠精确，此次重新整编，人民仍执旧习，故控辞滋事，希图阻止编查"③。

据上述调查，此次诉讼案似乎已水落石出。第一，保甲编查员并未收取贿赂，更未受贿逆编；第二，中寨乡村民之所以呈讼不断，是因为切身利益受到损害，因而据理力争，甚至不惜嫁祸于人；第三，由于中寨乡地居偏僻，民气闭塞，故对于保甲编组阻挠尤多。然而，省府派员之调查报告是否尽属事实真相？虽无其他有力资料可供证明，但有一点值得商榷，即户籍主任刘恕等人认为，保甲编查员并未受贿逆编，证据却是乡镇民代表高登明、甲长王登科、贺福元等人的切结，而中寨乡村民的陈述中却指

---

① 《编组保甲违背规则由》，甘肃省档案馆，档号：15—14—422。

② 《会川县中寨乡公民呈甘肃省政府归还原保由》，甘肃省档案馆，档号：15—14—422。

③ 《电复李正华等编查中寨乡保甲户口一案祈核查由》，甘肃省档案馆，档号：15—14—422。

出：保甲编查员正是受到了高登明等人的贿赂，因而偏编。

保内户数的多寡对于保内居民生活有多大程度的影响，马崖保乡民为何不惜与保甲人员对簿公堂呢？事实上，在国民政府的财政体系中，临时摊款成为农民一项最为繁重的负担，且得不到有效的监督和限制。从国家的角度看，摊款的唯一便捷之处在于，摊派时不必考虑村庄的实际土地占有量，故也不必顾虑偷漏问题。国家政权机构在其感觉"手紧"时便可随时摊款，至于如何派款到户和是否公允，则由村庄自行处理。但这种款项的摊派往往忽视村庄的承受能力，亦使不同村庄因户数和贫富的差异而产生利益的失衡。20世纪40年代的中国恰逢多事之秋，摊派赋役层出不穷，上述诉讼案正是这种不堪重负与利益失衡的双重哀鸣。事实上，临时摊派在甘肃各地的频繁，使得甘肃各县在保甲编组过程中不得不因民众承受能力的改变而随时调整保的大小，而在这一调整过程中却因各种利益的失衡而再起纠纷。

案例二：1945年12月榆中县青城乡第三保民众呈请甘肃省政府称："去岁春二月间，县府曾经饬令属乡公所，将一二三四保平均划分为三保，政府认为此四保者，较之他保为小，且有大小不均之处，故饬令混一，均划为三保，是乃政府之体念民艰，既周且至，民等戴德之下，只有遵令实行。讵料第一二两保依藉势力，不遵法令，勾串前乡长白映东（系第一保人），蒙上蔽下，暗行编理户口，强自合为一保，对上则笼统具报，对下竟不公开会议，抛置三四两保于不顾，而四保之人口、粮石足占一二三四四保总数三分之一尚强，故以能保持原状为幸，惟我三保地瘠民贫，与一二两保个别相比实有愧色，况该一二两保今竟借势强合，富饶相并，则是毗邻而天渊也。意当此青天白日旗帜之下，宪政颁布实行之际，揆诸公理国法，岂容此畸大畸小之两保毗连而存在也。且有我三保所属苇茨湾三甲，以鉴于今后三保之狭小不称，故藉其位在一二两保之西，谓为天然界限（由三保赴苇茨湾必经过一二两保之地界始达），亦将脱离三保，要与一二两保合并，如此我三保微而又微，行将何以称保哉？用特具文呈请钧府，早日饬令派员莅临监视，依据粮石人口，公开平均划分保界地方，减少纠纷，政令亦称公允，则民等感恩戴德于无既矣。"①

---

① 《呈为划分保界免起纠纷由》，甘肃省档案馆，档号：15—14—422。

对于第三保之呈诉，榆中县青城乡乡长寿保亦深表认同："本乡第一二保原属皋兰县籍，曾于民国二十八年省府调整插花地带，乃随拨榆中，隶属归本乡管辖。在昔皋兰原划三保，嗣经整编合为二保，较之我青城乡其他各保，人口多而地盘大，并巨商大户群集于此，该保豪绅尤复私心自用，贪得无厌，呈请合编并为一保，当经县府指定，准将一二三四保调编合并三保，该等竟然蔑视功令，擅将一二两保合为一保，期轻负担，此种违背法令，胆大妄为，不惟不足以折服人心，并公事不公，莫此为甚。谨特恳请钧府仍以一二三四保合为三保成案饬乡遵办，以昭大公而利公务，不胜迫切之至。"①

为什么榆中县青城乡前任乡长与现任乡长对于同一问题会有截然不同的态度？具上呈述，不难看出，前任乡长系第一保人，而现任乡长为第三保人，作为基层公务人员，身陷地缘与血亲之羁绊，难免会因人任事，而乡长易人使这一纠纷再起波澜。

对于第三保民众之呈诉，第一二两保立即予以回应，并呈电甘肃省政府称："民等籍隶榆中县青城乡第六保（即最初第一第二两保整编后之崇兰保），过去原为皋兰辖地，自马前县长元凤任内，将两保以河为界，划归榆中，因就地势、人口、习惯等条件划为一保，历经县府派员会同历任乡长查明编竣，呈报省府，有案可查。迺近闻第五保（即前第三保整编后之长寿保）民王莜斋、关耀三、宣春亭等，以张乡长编查不公，请另行改编等情呈报钧府，蒙饬榆中县府查报在案。查第五保原名长寿保，亦即前第三保，改编时仅系数目字及地名之更换而已，前后辗转数次，而辖境及人口、田赋等，均未变更，自保甲编查以来，历任皆如斯办理，亦未闻有异议，今忽以编查不公，要求改编，其意义之所在，诚令人难以推测。"至于民两保之合一，原因有二：第一，因为甲数太少。第一保原只辖五甲，第二保亦仅五甲，两保相合尚不及其他保之大。况原属皋兰，因历史关系，双方情谊较浓，办事亦能一致，意见不止分歧。第二，以负担而论，本乡负担，除田赋外，其他一切负担，均以商定成分为标准，即东滩一二三三保占百分之五十一，条街四五六三保，占百分之四十九，而条街应担负之四十九分，计第四保占十七分一，第五保仅十分零七，第六保

①　《呈明合保原委祈鉴核由》，甘肃省档案馆，档号：15—14—422。

多至二十一分二，过去均无异议，孰多孰少，谁轻谁重，不卜可知。何能以负担不均，为改编保甲之口实，多年来编就之保，如一旦另编，势必惹起无谓纠纷。"至于控告乡长不法一节，查张乡长系东滩人，与民等并无恩怨，去岁编查保甲，系照旧日成案办理，且会同学校教职员等共同编查，亦非该乡长私人单独办理，何能认为违法？职是之故，足见该第五保内少数人之故意捣乱。再苇茨湾原属榆中，与第五保原为一保，亦是历来如此，过去均无异议，办事亦均方便，在整编第三保为长寿保时，即照成案如此办理。去岁张乡长奉令编查，不过萧规曹随，毫无变动，尽人皆知，何能颠倒是非，任意捣乱，该民等今忽以鸾远为词，显系故捏事实，耸动听闻，伏乞钧座明烛幽微，查明旧案，令行榆中将青城乡仍照六保编列，维持定案，毋庸另行重编，以免惹起纠纷。"①

面对第三保与第一二两保的不同呈诉，甘肃省政府训令榆中县政府："兹核第五（即前第三保）、第六（即最初第一、第二两保整编后之新保）两保先后所称各节，颇有出入，自应慎重办理，以免更张而滋纠纷。"②不难看出，甘肃省政府对于乡镇内部因划保不均而导致的诉讼纠纷，一般采取调解双方感情，维持原有划界之原则。透过这一案例本身，我们并不否认第三保之呈诉有"将数户合编为一户，数甲合编为一甲，世居者列为流动户，富康者列无业民"③的不公之现象，然而，无论政府如何派员实地勘察，无论坚持何种原则进行"公平"划界，事实上都无法满足双方要求绝对平均之愿望，更何况他们所争者并非表面的划界不公，而是战争年代沉重的田赋与繁苛的劳役。这一点，无论是甘肃省政府还是榆中县政府，均心知肚明。

其实，保甲编组引发的诉讼并非仅限于保界的不公和利益的失衡。在20世纪40年代，面对临时摊派的频繁发生，缩减保的数量，增加保的户数，事实上成为甘肃民众缓解生存压力的一种手段。抗战胜利后，中国民

---

① 《据该县居民刘治安等呈请维持编组保甲原案仰遵照由》，甘肃省档案馆，档号：15—14—422。

② 《据该县居民刘治安等呈请维持编组保甲原案仰遵照由》，甘肃省档案馆，档号：15—14—422。

③ 《为违反法令非法编保营私舞弊乖背宪政恳予鉴核究办秉公处理以照公允而维政令由》，甘肃省档案馆，档号：15—14—422。

众的各种负担并未随着抗战的胜利和中国大国地位的确立而得到缓解，相反，内战的爆发再一次折磨着挣扎于生存边缘的中国农民。新县制实施后，甘肃各县依据规定编组保甲，时至1946年再行整编时，鉴于甘肃农村社会的贫瘠状况，各县呈请缩编保甲的呼声也日渐频繁。

案例三：1947年9月，永登县红城镇镇长许安仁称："红城镇原先按依户口多寡，天然形势，编列十二保，行政管理均属允当。今岁重编保甲，我红户籍人员泥于增保法令，竟将原日之凤山、古城二保编为三保，龙泉一保编为二保，全镇合计为一十四保，唯此新编四保，地段插花飞嵌，犬牙交错，旋于催办田赋粮秣暨亩差各项，均纠缠不清，无法着手整理。最近报载，保甲户籍须按三十进制，即每保十五甲，每甲三十户，保应编四百五十户，而上述新编四保户口较诸三十进制，则又不足之甚，理合具呈，恳祈钧府准将本镇保数仍按原旧十二保立案，取消新增二保，用期行政管理便利，勿误各项要公。"[①]事实上，永登县红城镇镇长所称之"每保十五甲，每甲三十户，保应编四百五十户"之说，并非法律规定，国民政府和甘肃省政府也从未颁发如此规定，永登县红城镇镇长的呈请只是依据报载，但这一请求却得到了永登县县长的认同。这从一个侧面反映出甘肃各县政府对于频繁临时摊派的规避，同时亦隐现出地方政府对于所属民众的本能性的保护。

尽管各县政府主张"缩编乡镇，调整保甲，原为充实保甲机构，减轻人民负担"，但在实际执行中却因利益失衡而纠纷重重。1948年1月，定西县大小山湾民众呈诉甘肃省政府称："唐家乡翠环保所属贺纪家岔一甲份与高峰保所属之大小山湾二甲份，同在石羊岭以西，居住壤地相接，比邻同里，如要调整，则贺纪家岔即可编于南安镇，也可编于香泉镇，也可对贺纪家岔一仍其旧，随保划编通安乡。因为该甲人民不服南安镇之编制，愿去通安乡，政府则不加主张，谓曰：尊重民意也。端对大小湾二甲份强编于香泉镇。经民等一再呈请参会，县府置之不理，因为公务成分之纠葛，今日香泉镇来编保甲，强派壮丁，明日通安乡来传开会，讨论公务，事齐事楚，左右为难。岂其大小山湾二甲份，民不是民？即如是民，

①　《为转呈本县红城镇呈以取消新增保数一案祈鉴核示遵由》，甘肃省档案馆，档号：15—15—667。

而独无有意乎？贺纪家岔之民意可尊重，而大小山湾之民意不可尊重乎？不但如此，如将大小山湾编于香泉镇之清静保及老人沟、水岔口，则以后不白之冤，无为负担，层出不穷。是政府为民众者，实在陷民众于水深火热之途。呈请主席体念下情，采纳民意，转会定西县政府参议会，准予收回成议，俾以与邻人贺纪家岔人民一屏随保划归通安乡。"①

由此可见，缩减保的数目，增加保的户口，虽然是对保民整体利益的一种保护，但并不意味着该地民众能够平均负担。由于受诸多因素的影响，各保之间因所属之不同，有可能出现某一甲一保的无政府状态，要么将无人管束，规避各种田赋劳役，要么将承担双重负担而申诉无门，而这种案例在甘肃省档案馆收藏的民国保甲案卷中比比皆是。

总而言之，20 世纪 40 年代的中国，连年的战争使得中国乡村经济更加萧瑟，农民挣扎在生存的边缘线上。但沉重的田赋劳役和频繁的临时摊派不断挤压着精疲力竭的中国农村，折磨着挣扎在生存边缘的中国农民。尽管如此，中国广大的农村和众多的农民仍然承载着战争机器的运行。虽然经济的贫困和战争的蹂躏并未摧垮中国人民抗战必胜、建国必成的信念，但国民政府试图在基层社会推行的保甲制度以及各种利益失衡的现象，严重地侵蚀着中国人民的忍耐度。为了求得利益与情感的双重平衡，他们呈诉连连。民国时期乡村民众作为群体频繁参与诉讼的史实，成为民国时期乡村社会独特的历史记忆，而这种记忆的背后则承载着无数乡民的痛苦与辛酸泪。

上述各类诉讼，主要集中于乡镇与乡镇、保与保、甲与甲之间。而下面的诉讼案例，则主要集中在村民与乡镇保长之间。由于这类诉讼之对象均指向乡镇保长，且与上述诉讼之目的全然不同，本书将其称为"保甲私讼案"。笔者在翻阅甘肃省档案馆相关案卷时发现，这类诉讼案件在 20 世纪三四十年代的甘肃省频繁发生，究其原因，一方面，是因连年的战争进一步加剧了甘肃乡村社会的贫困，而国民政府田赋劳役的持续加重和临时摊派的更加频繁，不断刺激着乡村民众对保甲制度的怨恨。另一方面，乡镇保长待遇的低廉和繁苛的工作亦使良者隐退而劣者钻营，乡镇保长一

---

① 《呈定西县唐家大小山湾民张步汉等呈为请令定西县政府准将大小山湾二甲份一并划编通安乡以顺舆情而便行公由》，甘肃省档案馆，档号：15—14—422。

职不再成为乡村精英竞逐的对象。本欲加强乡村社会治理的保甲制度最终沦落为国民党政府征兵纳粮的代理机构。

20世纪40年代中后期，甘肃省开始实行乡镇保长之民主选举。而这一时期民众与乡镇保甲长之间的诉讼亦在选举问题上拉开了序幕。1947年6月，靖远县大庙乡民众匿名禀诉大庙乡乡长杨永泰，认为其"为人狡诈，武断乡曲，吸食鸦片，蔑视法纪，种种劣迹，笔难尽述。前于民选乡长时，曾以磕索人民血汗之资——前为本乡副乡长，贿买各保之乡民代表，大肆活动，选伊为乡长，强奸民意，把持乡政，殊失'民主'之至意。所可痛者，该乡长身为公务人员，而竟吸食鸦片，诛求人民之血汗，供一己之享乐，每至各保巡查，各保长深以大烟之无法供应为苦。查政府禁绝烟毒，肃清贪污，何止三令五申，该乡长为公务人员，似此吸食鸦片，鱼肉人民，于法有无应得之罪，为此略陈"①。上述呈诉，姑不论其事实如何，但有一点不可否认，即大庙乡民众对杨永泰当选乡长并不认同。

可以说，对于选举产生之乡镇长的不认同，在当时甘肃社会极为普遍，但诉讼之理由各具特色。1946年12月3日，永登县窑街镇第一二四五六保民众代表呈诉称："窃查宪政肇始，实行选举，正是实现三民主义。对于选举之事，竞选人才应如何尊重，如何谨慎，方可达到竞选之本旨。本镇此次竞选镇长，双方得票六张，以拈阄方式决定，由县政府委派监选员杨子华主持阄务。惟该员不知如何情形，施非法之伎俩，不令铿别阄书字样，又不混合阄丸，且以左右手分掷，无形令甲拈阄人铿别当选之阄，令乙拈阄人绕道乱其主意，而乙拈阄人当场提出抗议，乃监选员公然拒绝，不纳民意，详情已有镇民代表王子芳等六人呈报，县府有案可查。孰知神妙莫测，而监选员逍遥法外，而非法产生之镇长居然任事，民众当即开保民大会，再呈县府并县参议会，已蒙县参议会极力主持，伸张民权，准予另行复选，并专函县府推行。不料县府仍然置之度外，视同具文，名为推行民权，实则抑压民意，以维非法，其居心不知何在也。继文令非法之镇长暗中活泼，对抗有力镇民代表王子芳，变其主持率领。其余代表饱其非法镇长之羔羊，醉其非法镇长之旨酒，置民意于化外，当此实

---

① 《为吸食鸦片贿选乡长把持乡政鱼肉人民祈鉴核澈查究办以肃法纪而维宪政由》，甘肃省档案馆，档号：15—15—666。

行民权之时，如此摧残民权，束缚民意，民等决不甘心，是以联名除呈甘肃省省参议会外，理宜公恳呈祈。"①

由上所述，民众对乡镇保长的不认同不仅体现在对乡镇保长的个人素质上，也体现在选举制度本身上。事实上，乡镇保长个人素质一直制约着国民政府对基层社会的改良，但这一问题并不会因短期的制度革新而得到改善。同时，乡镇保长选举的不规范，使得许多无才无德之人滥竽其间，他们把持乡政，鱼肉乡民，从而使国民政府实施选举乡镇保长的初衷尽失，甚至选举产生的乡镇保长的个人素质，还远远不及原来委任之乡镇保长。这无疑成为乡民对于乡镇保长信任危机产生的重要原因之一。

事实上，无论乡镇保长产生模式如何变化，乡镇保长在普通民众心目中的"群体劣像"在20世纪40年代的中国人心中已成为一种"历史记忆"具有了时代特征。其形成不仅具有人为的因素，更具有时代的色彩和社会环境的积淀。同时，乡村民众与乡镇保长之间的诉讼与冲突自1934年甘肃保甲制度推行以来就没有停歇过。

1936年11月，甘谷县云里乡乡民王俊德呈称："民嫂夫王英泰于民国十八年年荒过大，斗米昂贵，致将民嫂夫饿毙身死。当时有富豪商长寿，向在民嫂之手愚哄与伊当地四埫，言明即时交价，以顾性命，不料该富豪商长寿生起不良，将约据愚哄立过后，将价挺抗不交，立逼民嫂受饿不过，遂即逃外，落于乞讨，迄今未复元气。至去年古九月间，民向商长寿交价抽约，孰料该恶商长寿伪造四张假约，与民抽回，民视此约据，其中必有伪造情事，民遂即呈报本处乡长公所。该乡长陈司才令其三叔陈六十二，将此四张约据愚弄拿去，持存不给，有陈清宣、陈有子在场为证。民无法呈诉甘谷县长案下，该县长令行乡公所查明具复，再行核办，不料该乡长陈司才不查真相，与该富豪商长寿串通一气，诬报县长，赖民弟系匪人及赌博、不务正业等情，以致蒙蔽县长，将民屈迨不堪。窃查该乡长陈司才所管四十八个保长，每保应管一百家，每一个门牌每月捐洋一角，改为名义经费捐，此等重情，实属不法之极，迫民无奈，是以匍匐来省，具状上诉，泣恳主席电鉴作主，俯准提案严办，追还约据，以儆股串陷

_____

① 《呈采纳民意以伸民权由》，甘肃省档案馆，档号：15—15—667。

害，而救蚁命，则民永感鸿恩不朽矣。"①

上述呈诉中展现出一幅官商勾结、欺压良民之画面。姑不论其事实如何，诉讼人王俊德无疑是三方斗争的失败者。而作为报复，王俊德对乡长陈司才滥派捐额之行为呈案揭发。正是这种基层社会的权力斗争，使得普通民众在乡镇保甲人员与乡村豪绅地痞之间难以分清谁是谁非，以致误认为此即彼，彼即此，将乡镇保甲人员与乡村地痞豪绅纳入一列。土豪劣绅罪该打倒，但对乡镇保甲长之劣行不闻不问，势必民心难服。也正是官、绅、商的纠合及对民众的欺压，使得民国时期乡镇保长开始成为革命的对象，而中华人民共和国成立初期文学作品中的乡镇保长更是成为民国"时代劣迹"的典型代表。

可以说，民众与乡镇保长的冲突与诉讼只是民国保甲纠纷的一个方面，而乡镇保甲长内部因权力或个人恩怨而引发的各种利益纠葛更是民国保甲诉讼的一个源泉。

1936 年 4 月，武山县广武乡第十四保保长李其后、第十五保保长晋希信呈讼现任乡长王瑰称："民国二十年，公民弟李其杰充任村长，有现任乡长王瑰，彼时充当委员，藉端诈财，未遂其意，暗篡回军队伍，将李其杰设哄鸳鸯镇，名为商议要公，实为掉拷磕诈，要洋一千元，痛苦难支，允洋四百元。夜半乡人私放逃回，磕去善马一匹，被褥等物，并大洋六元。此次与公民有嫌，屡经吹毛未获，乘便报复。昨年改编保甲，全乡公推赵殿选为广武乡乡长一职，公推李其后为十四保保长，晋希信为十五保保长，嗣经赵殿选辞职，有王瑰从中鬼蜮，贪缘充当，公民等亦不知何人公举"，因与公民前有宿嫌，"诚恐暗中加害，碍难办公，恳辞再三"，孰料王瑰声言，送洋土三百两便可准辞。"公民等家道素贫，无力行贿"，王瑰便传言"将公民家中先祖遗留古铜香炉并数件零星家物送到伊家，方能辞退。似此行为，有碍保甲法规，未遂其意"②。

自王瑰充当乡长后，"各保派款无条，收款无据，言出若干数目，按

---

① 《呈诉商长寿串通乡长陈司才愚哄媚妇霸业抗赎乞提讯追还由》，甘肃省档案馆，档号：15—13—70。

② 《武山广武乡保长李其后等呈为乡长王槐鱼肉未遂寻衅陷害乞查办由》，甘肃省档案馆，档号：15—13—70。

期送到，稍拂其意，或捏情禀案，或带队自办，公民畏若猛虎，闻风逃命。十四保共管四庄人民，王瑰暗派乡丁，将秦家湾、白石头两庄住户四十余家所派款项尽数收取，全保派款仍向公民催取"。"十五保所管三庄，亦将高家窑一庄住户四十余家暗中挑唆，款仍收取，全保派款尽数催收。又五甲长派款各二十元，派粮各二石，甲长畏惧逃避，复抵晋家庙保长家中着传甲长，该甲长李致元野蛮打闹，王瑰将李致元之父拿去公所，而李致元央人送马一匹，赎回父命。"今年"古三月二十八日夜半，快枪声响不绝，全庄人民误为土匪，各户妇女越墙逃命，公民潜避山坡，访及庄民，始悉王乡长带领十余人，一则逞威，再则捉拿公民等，打坏大门，搜去大洋四十二元，眼镜一副，其余衣物未获查清"①。

　　该乡长"每到一保，非宰羊即杀鸡，烟膏非十余两不能认可，各保长畏其支应甚于正款，而且前于各保摊派军丐，每保四百二十余斤。查广武乡共计二十四保，派丐将近一万有奇，各保承送军队开拔，全计王瑰家中，此后丐借，乡民不知丐款归于何处，各保住户纷纷催款，分文未付"。且该乡长"每保派碉堡费洋五十元，共计一千二百元，各处碉堡仍向各保修理，木料、木工、泥工、土工，各保全数支修，派收碉堡费款项分文未经开支，亦不知划归何地，各保住户蜂拥质问，既然派款不应派工，即是派工应从碉堡费内开支，工价如何，款归无有，工支实地住户等，狐疑难释，呈请保长声明，公民等无言对付，而乡长默无一言"。"又查采买粮秣，各保送交每斗，县府发洋四元半，王瑰按半数二元发给。乡民周知，过军粮秣送交乡长，风闻队伍按时发价，王瑰胆敢分文未发。况市上每斗粮台祗按八升，其中盈余亦数不少，藉共侵吞，数难撮发，似此情形，该乡长鱼肉无厌，磕诈频仍，公民等不揣冒昧，是否有当，伏乞主席电鉴作主，饬委干员调查各款，依法惩办。"②

　　通过上述案例，可得四点思考。第一，保甲长的难为。保甲长作为基层社会权力群体的最低层，其所遇之困难不仅来自民众的质疑，

---

① 《武山广武乡保长李其后等呈为乡长王槐鱼肉未遂寻衅陷害乞查办由》，甘肃省档案馆，档号：15—13—70。

② 《武山广武乡保长李其后等呈为乡长王槐鱼肉未遂寻衅陷害乞查办由》，甘肃省档案馆，档号：15—13—70。

更有上级的催迫和欺压，甚至由于个人恩怨而进退两难。"官高一级压死人"的俗语在民国基层行政体系中仍然通行无阻。正如上述案例中第十四保保长李其后，因与乡长王瑰前有宿怨而急欲退缩时，王瑰则以其不准辞职为名而加以要挟，致使双方在后来的工作中摩擦不断，最终对簿公堂。

第二，基层社会的权力所有者并非基层之保甲长，而是作为国家权力末梢的乡镇长。保甲长事实上是乡镇长罪恶的替罪羊，因为保甲长直接与民众接触，因而民众稍有不满，所能找到的发泄点无疑就是保甲长，但事实上很多事情并非保甲长所能左右，他们仅仅是为乡镇长，甚至是县政府完成上级任务的工具。例如上述案例中涉及经费开支问题及军队粮秣发价时，所有经费实由乡长王瑰掌握，而作为保长的李其后并不知情。然而，当民众质问时，保长则站在被质问的最前沿。

第三，在 20 世纪三四十年代，甘肃各县大多驻军，这些驻军之粮饷大多由当地民众负担，虽然名义上划拨粮价，实际上却几乎尽属空头支票。而驻军粮饷的收集，又必须借助于当地乡镇保甲长来完成。因而民国时期的甘肃地方基层社会中出现了一种独特的现象，即军政结合。而他们所针对的对象，却恰恰是沉负他们各种粮秣劳役的普通民众。

第四，官匪之辨，犹如雾里看花。民国时期的甘肃，土匪纵横，军匪如一，即军队解散后便成土匪，土匪收编后即成军队。然而，无论是军队还是土匪，在事实上又与地方乡镇保甲长交往甚密，因为他们均可借助于乡镇保甲长得到大量的生活补给。因此，可以说是官、军、匪自成一家。上述案例中乡长王瑰率人进村鸣枪，其行为实与土匪无异，而村民误认为是土匪，实在情理之中。因为王瑰所领之人并非保村安民，而是对不听其令且前有宿怨的第十四保保长李其后家进行夜袭掠夺，甚至欲将李其后本人缉拿问罪，虽然李本人侥幸脱逃，但其家资产亦不免劫掠大半。姑不论李其后本人品质如何，但王瑰作为乡长，此种行为不仅使民众离心，也使作为基层之保甲长寒心。

那么，是什么因素导致乡镇保长与民众的关系越走越僵？在 20 世纪三四十年代的中国，长期的战乱和持续的贫困给中国农村带来的不仅是政府、军队、土匪的连年盘剥和民众的流离失所，亦有教育的缺失和人才的缺乏。1949 年在甘肃试行的一次富户调查中，能达到一般富户标准者，"夏河县有四五户，肃北和卓尼两设治局只有两三户，会川偌大一个县，连够得上戊等标准（有动产或不动产一万银币）的富户都没有"①，尽管这种调查并不准确，但在一定程度上仍能看出当时甘肃经济的基本状况。因此，要在一乡镇中选举家境殷实且受过较好教育的乡镇保长，并不是一件容易的事。况且在那个戎马倥偬的时代，各种丁役田赋应接不暇，而"对于任何一件政令的推行，由县而乡而保，限期办完的期限是愈限愈短，逾期处罚的法则又是愈定愈重"②。加之身居关键地位之乡镇保甲长，还面临着"事务繁杂，待遇菲薄"和"差役烦扰，怨尤汇聚"之困境，以致乡镇保甲长之人选，"贤能者往往视为畏途，裹足不前"，而地方不肖分子则乘机把持乡镇。③ 乡镇保长不再是基层社会的主事者，相反成为军阀官吏纳款追丁的"勤务兵"。

正是在上述情境下，以乡村精英为主体的基层社会治理者，开始加入城市化的行列，而留在乡村的多为一些年老力衰的绅士，他们在这种混乱局面下几乎不能发挥作用。于是，那些以暴力为后盾的社会势力乘机以强权的方式进入乡村社会，一些暴发的、缺少文化的"土豪劣绅"亦乘隙而入，乡村社会逐渐成为一个被文化精英遗弃的地区。④ 乡村社会治理结构的异化加剧了乡镇保长与民众的冲突，乡镇保长的群体劣化撕裂着民众对其仅有的一丝同情，而征兵纳粮过程中的诸多不公正，更进一步促使乡民把仇恨的目光聚焦在乡镇保长的身上，以至于民国时期民众对乡镇保长的控诉已经成为平常的事。

二 壮丁与兵役：保甲制度推行中的矛盾因子

抗战的爆发及其持续进行，使得没有健全征兵制度的国民政府不得不借助于保甲制度来征拔日益缺损的战争兵员。诚如冉绵惠所言："不管当时乡镇保甲长愿不愿意，以及他们采用何种不正当的手段，但他们毕竟在

① 《甘调查富户阻碍特别多》，《申报》1949 年 3 月 26 日，第 5 版。
② 社论：《论保甲制度与行政效率》，甘肃省档案馆，档号：32—1—375。
③ 《致各县市局长函》，甘肃省档案馆，档号：4—8—621.
④ 于建嵘：《岳村政治——转型期中国乡村政治结构的变迁》，商务印书馆 2001 年版，第 140 页。

艰难的情景下完成了这项工作，基本上保证了抗战的征兵需要。"① 但抗战的正义性并不能消除国民政府因滥拉强征给普通民众造成的心理恐惧，而乡镇保长在征兵过程中的种种不公平现象，则进一步加剧了乡镇保甲长与普通民众的关系，撕裂着老百姓对其仅有的一丝同情。民国时期乡镇保长群体形象的劣化，不能不说与战争年代频繁的兵役负担紧密相连。

（一）甘肃各县壮丁与兵役之实况调查

民国保甲制度兴起于 20 世纪 30 年代，重构于 20 世纪 40 年代，延绵不绝的战争始终伴随着国民政府保甲制度推行的点点滴滴。特殊的战争环境使得保甲制度与征兵抽丁紧密地联系在一起。甚至可以说，这一时期的保甲制度是与壮丁、兵役制度相辅而行的。对于保甲与征兵之间的关系，时人从四个方面进行过论述：第一，户口调查。户口调查是编查保甲的初步工作，假使全县有多少人口、若干壮丁，均有详细的调查和统计，那么在征兵方面，兵额的配赋、身家的确定，就能够根据上项调查数目来作标准。因此，户口调查必须求其精确，然后人民服兵役义务才能达到平均平允。第二，划分保甲。户口调查完毕，接着就是划分保甲区域，这在征兵方面，对于壮丁一切的呈报、调查、检查、征集等，都是根据这个保甲番号来施行，按图索骥，无从逃避和隐匿。第三，户口异动。户口异动登记是记载户口出生死亡和迁入迁出的一种动态，在保甲方面是非常必要的，而在征兵方面也有很大的关系。自从实施征兵以来，一般壮丁意图避免兵役，常常谎报年龄和随便迁移，有了出生和移动的登记，那么某一个壮丁是某年某月出生，现在多少岁，某一个壮丁是何处迁来，或是迁往何处，都可了如指掌，使他们无从隐瞒和规避。第四，保甲长人选。保甲长是办理征兵的最下级人员，人选的良好与否关系非常重大，如果人选得当，征兵就容易推行，否则往往发生舞弊，引起许多的纠纷和障碍。②

正是鉴于保甲制度与征兵之间的关系密切，甘肃省政府自 1934 年推行保甲制度以来，即把清查户口、编组保甲、训练壮丁同时并举。但是甘

---

① 冉绵惠：《民国时期四川保甲制度与基层政治》，社会科学文献出版社 2010 年版，第 154 页。

② 张斯鏖：《保甲与征兵》，《闽政月刊》1938 年第 3 卷第 2 期，第 30 页。

肃省政府亦意识到，本省自冯玉祥系强制征兵以来，"人民之怕征兵心理，几较任何人祸为尤甚"。如"临夏区人民对保甲之疑惧，即为此种心理所形成，或因组织壮丁队，且认为大祸之朝夕将临，而起恐慌避匿壮丁者！"① 因此，甘肃省政府在保甲制度推行之初，即"密令各区，凡有特殊情形之县份，对此种组织，表面上从缓从密，俟第三期查口毕事，登记年龄以后，由保长按年龄造册组存之，既可免目前之惊扰，致妨害要政之推行，必要时按图索骥，亦无碍于壮丁队之组织也！"②

　　正是在甘肃省政府的精心策划与积极努力下，时至抗战前夕，壮丁登记与训练工作在甘肃各县均取得了一定成绩，即使对编练壮丁异常敏感的临夏县，亦在壮丁队问题上开始有所松动。1936 年 11 月 27 日，临夏县长王玉科称："钧府令保送壮丁干部训练班学员十名，酌给旅费，赴省训练"，"当经分令各区保送，并布告招考在案。兹据各区保送及报名投考者共十四名，当于本月九日由兼县长考试录取十名，备取二名。该员等多系初中毕业及退伍军官，惟证书均已遗失，无从查验。临夏文化未启，即有退伍军官，亦多不识字，完全合格学员不易选拔，此次考取之学员，文理军事尚均粗通，兹经每人发给旅费二十元，派员持文送省报到"③。在训练壮丁干部的同时，临夏县在编组壮丁队问题上亦取得进展。临夏县长张铸荆于 1937 年 8 月 14 日呈报称："职县保甲组织业经依法组织完成。惟壮丁队因于二十四五两年共匪窜扰各处，青海第一百师派队驻防，本县由该师马参谋长德将各区壮丁编为保安团队，县府并未参加，组织亦不受县府指挥，以致保甲推行困难，壮丁更无法编组。刻值奉令整顿保甲，分期裁撤保安团队，县长以此事关系重要，爰于日前召集第一次县政会议时提出讨论，当经决议，遣散保安团队，着手整顿保甲，通令各区遵办。""复经商同驻防本县五九八团马团长电请马师长明命取消，以便整理保甲，旋接复电，保安团队即日遣散，由县办理保甲事宜，当经通令各区遵办，并布告周知在案。至照章应编壮丁队，已令各区长着手组织，一俟编

---

① 《委员王序宾呈拟保甲实行意见数点乞钧裁由》，甘肃省档案馆，档号：15—14—529。
② 《委员王序宾呈拟保甲实行意见数点乞钧裁由》，甘肃省档案馆，档号：15—14—529。
③ 《为呈送考试壮丁干部训练班学员十名请鉴核饬收训练由》，甘肃省档案馆，档号：15—14—486。

组完竣，即行电呈。"①

由上可知，推行保甲、编练壮丁是国民政府的既定战略，亦是国家权力渗入地方社会、控制基层民众的主要凭借。因此，当地方壮丁组织受到地方军事集团控制时，国民政府便会尽力将其纳入国家权力的范畴体系，以便正本清源。这一点不仅在临夏县有所体现，在夏河县壮丁队组建问题上尤为凸显。1935 年 6 月，代理夏河县长邓隆称："职县全系番民，情形特殊，办事困难，有猝难办到者，有应变通者，谨先亲缕陈之。原电第一第二两项编组保甲及铲共义勇队或壮丁队，查藏民多系游牧生活，迁徙无常，编查户口，难免惊扰，去岁县长会议面陈实情，邀准缓办保甲，而保卫之事，番民自足担任，盖番俗强悍，向多枪马，黄司令择番民有枪马者，组织骑兵三团，计共三千五百人，是虽无壮丁队之名，已有壮丁队之实，应请免再编组，致滋惊扰。"② 然而，甘肃省政府认为，"该县情形固属特殊，但办理保甲，编组壮丁队，为本省现时刻不容缓之举，来电所述黄司令已有组织，请免再编一节，不惟与壮丁队性质不同，且与县府不生关系，自应相机妥为办理，务使国家政令渐次实及民间，地方政府与民众日渐亲密，并使民众防匪自为之组织日趋严密，而不背现行法令为准。此种运用，端赖该县长因势利导，相应得宜，合亟令仰该县长遵即查案，遵照本府洽秘民电办理，并参酌该县实际需要切实负责办理，但不得操之过急"③。

然而，抗日战争爆发后，随着中国东南沿海大片领土的失陷及大量人力物力之损耗，使得国民政府不得不借助于保甲制度来补充日益缺损的兵员钱粮。正如万金裕所说："我国抗战转入最艰苦的阶段，这时战争烽火，从黄河北岸发展至长江两岸，又延及珠江流域，全国增加至十一个战区，参战的国民党部队已达两百个师，经过多次重大战役，伤亡官兵愈来愈多，而沦陷的省区愈来愈广，可以正常征兵的范围愈来愈小。"④ 原为

----

① 《临夏县长张铸荆齐代电报遣散保安团队整顿保甲编组壮丁队各情形由》，甘肃省档案馆，档号：15—14—486。

② 《抄送别动大队密饬派往夏河工作人员斟酌办理》，甘肃省档案馆，档号：15—14—556。

③ 《甘肃省政府密令新任夏河县县长杨良民字第四八六一号》，甘肃省档案馆，档号：15—14—556。

④ 万金裕：《抗战八年四川人民在征兵服役上之贡献》，《成都文史资料选辑》第 11 辑，第 84 页。

改良中国基层社会治理模式的保甲制度在严酷的战争环境中开始沦落为国民政府加强基层社会控制、征集战争物资、补充战争兵源的主要依托。对此，重庆《新华日报》曾有评论：保甲制度"为下层政治机构，由于它和民众接近，中央政府一切政令都要经它去执行，所以如果这一级的政治机构不能发挥推动抗战的作用，必然要大大减弱抗战的力量"①。既然"保甲工作关系到每一角落里居民的福利，关系到地方行政的向前进步，关系准备反攻力量的生长。所以，每一个居民不应该轻视保甲工作，而应该有帮助政府改善保甲工作的决心，克尽自己对保甲工作应尽的义务"②。

　　这种思想在抗战初期甘肃各县亦得到一定程度的认同。如 1938 年 9 月文县县长陈学乾呈称："查本县界连川陕，民情复杂，值此抗战时期，保甲制度亟应切实整理，而征调兵役，尤为当务之急，若不从速整理改善，贻误堪虑。县长前曾召集动员委员会开会，共同讨论，参照当地情形，拟具改善征兵办法。""县长以为调查壮丁与整理保甲事同一体，如同时提前一次办理，既省人力经济，又免迁延时日，是诚一举两善，理合将拟具调查壮丁各表，一并检赍，具文呈请钧署鉴核，准予提前列在第四区整理保甲期限内，与调查壮丁同时依法举办。"③ 这一想法在其他各省亦有体现。1938 年 2 月 1 日，兼任湖北司令何成睿在与记者谈话时表示："自抗战以来，关于战斗兵员持续的补充至关重要"，"本人就职以后，拟将全省壮丁，按照规定，分别编组为壮丁队、军训总队、义壮常备队，使组织训练征调合为一体，凡适龄壮丁皆编入壮丁队，仍在本乡负担生产事业。已受训之壮丁队，一面受训练，一面维护地方治安，一面供征调，各级负责人员，办理兵役民调，务须遵照法令，公忠从事，力求避免一切纷扰与流弊。"④

　　正是在甘肃省政府及各县的共同努力下，在抗战防御阶段，除夏河、卓尼、临潭等藏民聚居区域外，甘肃各县在训练壮丁与征集兵员问题上较为顺利。保甲委员邵体璋于 1938 年 5 月调查称：渭源县"一二三月份短

　　① 《社论：改革保甲制度》，《新华日报》1938 年 7 月 3 日，第 1 版。

　　② 《社论：改革保甲制度》，《新华日报》1939 年 11 月 9 日，第 1 版。

　　③ 《据文县县长陈学乾呈赍依照规定整理保甲调查壮丁各项册表请鉴核准予先期整理由》，甘肃省档案馆，档号：15—14—541。

　　④ 《组织训练征调合为一体何成睿对记者谈》，《申报》1938 年 2 月 1 日，第 2 版。

少兵额共七十名，已于本月十五日遵令拨送四十三师验收五十一名，尚欠十九名，俟与四月份应征兵额一并送省。至该县义壮常备队，规定应设二分队，于五月十一日成立，业经县府呈报在案，但至今壮丁只到十余名，已经商请县长严令各区督送，期于最近成立，积极训练"①。康乐设治局"短少兵额共一百四十名，已于上月送省一百三十六名，除中途逃跑八名及检验未及格者二十余名外，共计验收一百零一名，仍欠三十九名，约于最近期间即可补送来省。查该局此次办理征兵事宜，以第二区较为认真，尚能依照规定办理，应用抽签方法避免顶雇情事，复施行初步检验办法，故此次送省之征兵，未闻该区有一逃避及检验不及格者，较之一二两区成绩为佳"②。临洮县"一二三月份短少兵额共二百十五名，职到县后，除积极督送外，并与党政及教育各机构商订宣传征兵办法，除职与党政人员召集联保主任及保甲长训话时详细解释征兵意义、严行督责补送外，各学校皆已组织宣传队分赴各区宣传，经职视察数处，工作尚属认真，民众听讲亦尚兴奋，至十日止，各区已送到新兵一百十余人，日内当可送足一百五十名，县府即派专人送省。至该县义壮常备队，虽于四月一日成立，但训练实自四月十五日开始，预算书业经呈府备案。该队官兵伕人数现只九十九名，已经职点验确实，尚缺壮丁二十余名，已由该队派员赴区督促，不日即可到齐"③。

为了鼓励壮丁入伍，解除应征壮丁的后顾之忧，甘肃省政府在1938年4月通令各办理征兵师管区："近以各应征士兵，多数为少壮年龄，须负担家庭生活，一旦应征入伍，家庭生活即失保障，必须设法抚养其家庭，特拟由各师管区司令部，于新兵入伍后，发给期票，由征兵家属持票赴乡镇公所领取粮食或金钱，领用办法详细规定，使应征壮丁无后顾之忧。"④ 同时，甘肃省政府从五个方面对壮丁应征事宜进行了规定：

第一，壮丁调查应征办法：（1）凡年满十八岁至四十岁之男子，均应切实调查，不得隐瞒，致妨役政。（2）凡十八岁至三十岁之男子，别

---

① 《渭源县区政保甲视察报告书》，甘肃省档案馆，档号：4—8—448。
② 《康乐设治局区政保甲视察报告书》，甘肃省档案馆，档号：4—8—448。
③ 《临洮县区政保甲视察报告书》，甘肃省档案馆，档号：4—8—448。
④ 《改善各县征兵制度》，《申报》1938年4月21日，第3版。

为甲级；三十岁至四十岁之男子，别为乙级。全保调查清楚后，即依年龄分别填入壮丁统计表内。（3）调查清楚后，更应按年龄大小，依次填入壮丁名册，如先填十八岁者，填完后再填十九岁，再次填二十岁，余类推。（4）调查时务须公平真确，不得舞弊徇私、冒名顶替，或借端勒索规费，妨害役政，致干重处。（5）调查时遇有填入免役、禁役、缓役、停役者，务须切实考核，究竟是否实在，经查实后，须由其家长出具声请书报由保长、联保主任加盖名章，呈由县府查核。倘本人为家长时，即由该管保甲长、联保主任会同呈报之。

第二，应征壮丁的身家调查：（1）调查时须按户将各个壮丁父母、妻子、女倛等精密考察，考察后即分别填入壮丁名册，倘含糊隐匿，致将来发生雇用顶替等弊时，即唯该管保甲长、联保主任是问。（2）调查时须按户将各个壮丁财产部分（动产、不动产、牲畜在内）用数字切实估计，详注于壮丁名册，以便将来按照应征入营士兵家庭救济暂行办法施以救济，不得舞弊徇私，致妨役政。

第三，应征壮丁的身体检查：（1）调查时须按户将各个壮丁身长（约市尺若干）、视力、听力（强或弱）、言语（方便或口吃）、口鼻（端正或歪斜）、咽颈（平正或有病及隐赘）详细测定，以调查者自己之判断，为体格之等差，然后按实填入壮丁名册，体格栏内倘遇有应填入免役、禁役、缓役、停役者，须依甲项壮丁调查应征办法第五条之规定办理。（2）身体检查是否合格，应由调查人员及该管保长、联保主任负完全责任，切实检查，不得隐饰虚填，或舞弊徇私，致干惩处。

第四，应征壮丁的抽签实施办法：（1）应征壮丁调查清楚后，应由联保主任按壮丁人数，制足抽签之签号票，盖以联保图记，依壮丁册次序，填写号数。（2）抽签之前，应由联保主任制签筒一个，置于抽签场所，俟壮丁到齐时，由县府委员对众将预制之签号票检查后，投入瓯内搅乱。（3）抽签时，由唱名员按壮丁名册，依次唱名，壮丁本人向签筒抽签，交于开签员当众朗诵，再交登记员登记，俟登记毕，再及次人。（4）各保抽签完毕后，依签顺序整理，另编壮丁签号名册，以备将来按次征集之用，其原抽签登记签号名册，呈县府备案，另抄副本存联保处备查。（5）抽签时日与地点经各保长或联保主任规定后，呈由县府布告周知，通饬施行。（6）各保长须按抽签之时日与地点，率领各保壮丁依时到达抽签场所亲行抽签。

第五，应征壮丁的解送办法：（1）解送壮丁时，应按抽签号数，将应征壮丁依照县府配赋额数解送外，并格外增送十分之三，由保长切实督促，依限送到县城，听候遴选，不得有违，致干惩处。（2）解送壮丁应以签号次序额次征送，不得徇私凌乱，或拦掳强拉，致妨役政。（3）凡希图规避或全家远徙者，应由该管保甲长切实查核，究竟迁于何处，据实呈报县府核办，不得挟同隐饰，舞弊徇私，致干惩处。（4）抽签壮丁违抗不到时，经查明后，应由该管保甲长迅速呈报，以便依照违反兵役法治罪条例及兵役惩罚条例惩治。（5）办理兵役人员应本公平真确、清廉勤慎之旨，努力工作，倘敢借端需索，营私舞弊时，经查实后，定以妨害役政，加倍处罚。[1]

虽然甘肃省政府对于壮丁应征事宜进行了详密的规定，但随着战争的持续进行和兵员的过度损耗，各地要求应征壮丁的人数与日俱增，繁苛的兵役负担不仅使乡镇保甲长的社会管理功能开始异化，也使他们的任务与普通民众的利益发生激烈碰撞，代表国家权力机构的乡镇保甲长不再是基层社会的代表，相反成为国民政府控制基层社会、征集战争物资、补充战争兵员的凭借，乡镇保甲长与民众之间的冲突各地相继出现。据《申报》载："高邮县第七区郭集鹤来等乡镇乡民，前因陈报适龄壮丁，受不法分子鼓惑，鸣锣聚众暴动，经保安队开枪击毙三人，溺毙一人，并当场拿获唐恩庆等七人。"[2]

人们也许会问，既然抗日战争是神圣的民族解放战争，作为中华儿女应当义不容辞地承担起战争的义务，并踊跃加入抗战的前列。那么，兵役义务为什么还会遭到当时民众的普遍规避甚至是抵制呢？曹恭结合当时甘肃的实际情形，归纳出四个方面原因：第一，甘肃省内民运工作太差。抗战到现在农民很少和我们的宣传队接触过，人民不深切了解个人与国家之关系、与国民当兵之义务；第二，富家出钱雇人代替自己当兵，引起社会上一般人对当兵的不良印象；第三，人民以家属生活为顾虑，不愿当兵；

---

[1]　《调查应征壮丁注意事项》，甘肃省档案馆，档号：15—14—541。

[2]　《省令严办暴民》，《申报》1937年7月25日，第10版。

第四，保甲长对兵额配赋之不平均及抽调之不公平。① 不幸的是，上述几点"差不多没有一点不与保甲长发生直接或间接的关系，因为保甲长是执行政府实际命令的人，同时和民众接触的机会最多，所以征兵的成绩如何，完全要看保甲长的努力如何"②。非常时期的乡镇保甲长在完成国家赋予其历史使命的同时，亦与普通民众之间的冲突与日俱增，无论他们的行为如何界定，但乡镇保甲长的群体形象在这一战争年代已渐趋形成，并成为这一时代独特的"历史记忆"③。

对于征兵过程中出现的各类问题，甘肃各县均有呈述。甘肃省保甲委员黄鹏昌于1938年7月调查岷县后称："该县办理兵役弊端颇大，其办法系由县府将应征兵额平均支配各区，各区再行支配各联保，各联保以应征壮丁多有规避并互相推诿，无法征调，遂改用钱买（该款摊派各户）游民抵数，每名约在百余元，征兵变作买兵，殊属违法已极。而县府当局以迫于功令，只求有人缴数，亦遂置而不问。"④ 事实上，上述问题在其他各省亦相当普遍。何应钦曾在1938年4月18日的谈话中称："征募兵役乃当今要务，各地办理役政人员及应役民众，均应依照法令，认真奉行，迭经通令遵照，近查仍有不肖官吏、一般奸民，竟敢利用征兵为敛财之工具，更有雇人顶替种种情事，影响兵役制度推行至巨，为严厉饬革除积弊起见，电令各省军管区，对于所属征兵事务，须随时加以考察，尤应考核所征之兵，是否为其本人？倘有敛财顶冒情弊，应即重惩，以儆刁顽。"⑤征兵方式的变异和兵员质量的流变，不仅使抗战后期国民政府的军队素质日益腐败，也使民众开始把规避兵役义务视作必然。抗战初期民众踊跃参军的热烈场景在20世纪40年代的乡村社会已不复重现。

虽然繁苛的兵役田赋已使各县民众精疲力竭，但严酷的战争仍然不断催逼着各县乡镇保甲机构需索于饥寒交迫的老百姓。在这种非常的战争年代，这种索取不再有公正与同情，而成为精神和义务，承担战争机器的运行成为普通民众义不容辞的义务，而向普通民众征收战争所需的人力、物

---

① 曹恭：《抗战中的甘肃保甲长与征兵》，《陇铎月刊》1940年第10期，第10页。
② 曹恭：《抗战中的甘肃保甲长与征兵》，《陇铎月刊》1940年第10期，第10页。
③ 对于民国时期乡镇保甲长的群体构成及其独特的历史记忆，笔者另将进行专文讨论。
④ 《视察岷县临潭卓尼等县局一般行政报告》，甘肃省档案馆，档号：4—8—440。
⑤ 《军政部整饬兵役严禁敛财顶替》，《申报》1938年4月18日，第2版。

力与财力，也成为这一时期乡镇保甲机构的核心内容。事实上，"战乱既成为必要，老百姓当然愿意被征兵粮"。但问题是粮政与役政是否办理得公正而健全？"假如小粮户被征，大粮户征不到，就欠公平。还有，有钱财的可以买壮丁、避兵役，有权势的，粮丁都可以不出，这样所造成的现象，就是有钱的可以避免征兵征粮，逃避一切责任，无钱势的负起一切战乱建国的重担，结果是贫者愈贫，弱者愈弱，财富及权势愈来愈集中于少数人"①。这种利益的失衡无疑是 20 世纪三四十年代征兵纠纷频繁发生的重要原因。曾任云南省将领和政府官员的朱长官，在整个对日作战时期从未缴纳过任何赋税。当一个地方官员在一次会议上提及这一事实时，他得到了他的同事的警告："朱长官将会给他找麻烦的。"朱长官的儿子解释说："我父亲在政府服务了这么多年，不应要求他缴纳任何赋税。"当像朱长官这样的有钱有势的人不缴纳任何赋税时，保甲长和其他的征税者就必须相应地增加其他村民的赋税，以完成他们这个地区的定额。②

　　可以想见，上述"不公"行为并不是仅靠乡镇保长的力量就能改变，同时，造成这种"不公"现象也不能尽数归咎于乡镇保甲长的责任。对此，国民政府亦心知肚明。1942 年内政部调查称："查县各级组织纲要及地方自治实施方案，本为实施训政、推行三民主义、建立地方自治暨适应战时需要，以便利于征兵、征工、征粮与增产、管制物资、分配食盐、食粮等而设，惟因接近战区地方受敌人破坏威胁，后方各地亦受敌机轰炸扰乱，复因县政府以及区署乡镇保甲人员忙于征兵、征工、征粮，协助军事，并因物价高涨，生活不能安定"，且"自规定县长考绩以征兵成绩占百分之三十五、征粮占成绩百分之三十五以来，所有县长以及其所属人员不无有放弃基本工作，不择手段而求征兵、征粮以得到成绩之趋势"。然而，"清查户口、办理户籍、人事异动登记、普及国民兵训练、普及国民教育、举行国民月会、禁鸦片、垦荒地、增生产以及整饬警卫等，乃为征兵、征粮之基本工作及其先具条件。若放弃此等基本工作于不顾，则征兵、征粮势惟有出于捕捉搜取之一途，恐捕捉搜取之结果亦将无得，而影

---

① 编者小言：《征兵征粮》，《廓清月刊》1948 年第 1 卷第 8 期，第 7 页。

② 易劳逸：《毁灭的种子：战争与革命中的国民党中国（1937—1949）》，江苏人民出版社 2009 年版，第 50—51 页。

响及于社会之秩序"①。

为了减轻民众的兵役负担,在抗战即将胜利之时,国民政府行政院在1945 年的训令中表示:"保甲户口之编查,责在县长,其考核自当以县长为对象,应列为县长工作之考绩,并规定自三十五年度起,该项目列为县长考绩总标准百分之二十至二十五,其余由省政府依县长考级条例之规定,统筹拟定百分比总标准报核。至战事兵役粮政比率,一律取消,不再予以硬性规定。"② 这一规定似乎意味着中国人民在经历了沉痛的十四年抗战后不再为逃避苛责的兵役负担而担心了。

然而,这种乐观的心理并未维持太久,战后国内政治环境的剧烈变动和国共内战的一触即发,使得国民政府不得不将征兵问题再次置于核心地位。1946 年 11 月 23 日,国民政府要求甘肃省政府:陇海线及其以北地区"为提高征兵效率,凡征兵区域,本年度之县考绩,应占其总考绩三分之一"。而行政院认为其他县政中心工作与征兵同等重要,拟以"保甲户口""征兵""征粮"各占县长总考绩分数的百分之二十,借以兼筹并顾。③

表 4—5　　甘肃省 1946 年度各县市局长考绩工作成绩百分比总标准

考绩事项	百分比	主管机关	备考
保甲户口	20%	民政厅户政科	奉行政院训令规定
兵役事项	20%	军管区司令部	同前
粮政事项	20%	田赋粮食管理处	同前
民政事项	9%	秘书处民政厅地政局卫生处高等法院	人事及吏治占1%,禁政占3%,地政占2%,卫生占1%,诉愿及司法占1%,地方自治占1%
财政事项	5%	财政厅	

① 中国第二历史档案馆:《各省实施新县制推行地方自治成绩总检讨》,《民国档案》2005年第 3 期。

② 《为编查保甲户口列为县长考绩比率及从速制定三十五年度县长考绩工作成绩百分比总标准出请查照办理由》,甘肃省档案馆,档号:15—3—368。

③ 《为三十五年度县长考绩标准征兵征粮各列百分之二十由》,甘肃省档案馆,档号:15—3—368。

续表

考绩事项	百分比	主管机关	备考
建设事项	5%	建设厅	
教育事项	6%	教育厅	
警保事项	5%	民政厅警务科保安司令部	警政占2%，保安占3%
计政事项	5%	会计处统计室	会计占4%，统计占1%
社政事项	5%	社会处，合作事业管理处	社会占3%，合作占2%
合计	100%		

附注：1. 县长考绩第五条规定每项分数最高不得超过20%，最低不得少于5%。

2. 本省各县情形多不相同，所列考绩工作事项如有因故不能办理时，应依照本省县长考绩实施办法第九条规定，将停办项目应占分数比例加于其他项目内记分不再分组。

资料来源：《甘肃省三十五年度各县市局长考绩工作成绩百分比总标准》，甘肃省档案馆，档号：15—3—368。

虽然征兵成绩对于县长考绩而言非常重要，但还不至于过分苛责。然其对于乡镇保长来说，则远远没有县长那样轻松。因为征兵任务往往急如星火、层层催逼，如不依限完成，乡镇保甲长将会受到严厉的申诉和惩处，甚至不依限送清者，将"以妨害兵役罪"论处。然而，乡镇保甲长的两难之处在于，如果严格按照上级命令执行征兵计划，势必会与所在之乡民发生冲突，甚至成为众矢之的。据1946年《文汇报》载："1月17日崇德、吴兴、德兴、桐乡等县接境之处，一片烽火，人声鼎沸，乡民将伪乡保长多人绑架而出，于众怒之下，当场殴毙，死状至惨。尚有某区署将一伪乡长拘捕后，正拟解县，民众则要求即刻处以极刑，经区署方面拒绝，乡民怒不可遏，致推倒区署墙壁，蜂拥而入，将伪乡长劫持出外，当场处死。此次事变延长达五日之久，计死伤十余人，被烧房屋达七八百间。"[①] 从上述报道中，不难看出普通民众对战争年代下乡镇保甲长的极端仇恨心理。

————————

① 马叙伦：《从民变说到保甲制度和民主》，《周报》1946年第26期，第3页。

（二）不公与无奈：征兵过程中的利益失衡

综上所述，严酷的战争环境已使得乡镇保甲长成为维系战争机器运行的细胞和纽带，而战争也为乡镇保甲长的征兵征粮等行为赋予了合法的理由和无限的权力。与之相反，沉重的战争机器使得普通民众挣扎于生存的边缘，乡镇保甲长的使命已与普通民众的生存权利发生了尖锐碰撞。于是乎，基于诸多理由，民众控诉乡镇保甲长的案件纷呈迭至。当然，这种保甲诉讼并非抗战以后新自发生之产物，而是自保甲制度推行以来就从未停歇过。笔者以甘肃一则保甲征兵诉讼为例，系统分析乡镇保甲长与民众之间的恩怨情仇，以及普通民众对于乡镇保长不信任的时代根源。

1936 年 3 月至 4 月间，寄居平凉县安国乡二十六保五甲的渭源县民马克俊向甘肃省政府接连呈讼该乡保长罗有德、甲长李德堂称："该保甲长曾屡次阻断民之水源，经民诉于平凉县，以致挟恨于心，时思报复。乃于去岁古二月，民县各乡拔壮丁受训练，民乡乡公所见民子马万合年十三岁，不能充当壮丁，与马黑毛派壮丁一名。讵料保长罗有德、甲长李德堂受马黑毛之贿赂，暗中将民子马万合顶替壮丁。至本年古元月初六日，李德堂、李宗德二人强迫令民子身穿军衣，而民年近六旬，身有旧疾，自靠子一人照料家务，况此壮丁系马黑毛所供支，迫民无法，亲往保长处哀求，罗有德非向民要大洋十元，若果有洋，可以不令民子当壮丁，而民贫寒无力，未遂其欲，该保甲长又率领八人，各持刀枪前来民家，派拿民子，乃民子年幼，被其威吓无踪，又将民殴打门外，至今民子渺无踪影，生死未卜，民赴原籍及各地访查，毫无音信。似此受贿，冒名顶替，逼子无踪，实属可恶，违法已极。""迨至二月三日，民出外寻子，未在家中，突有土匪数人，各持枪械猛扑民家，抢去大洋二十一元，烟土一百六十五两，衣服三身，驴两头。该匪抢后，行至苏家沟王家堡，距民庄五里之遥，闻听枪响，即有该地民九人追击，将民驴夺回。讵料李宗德、李德堂反然将追土匪六人喝回，下余三人寡不敌众，故而未追。""又查十八年二月，李德堂充民团连长，是时土匪抢去民，该李并不喝庄人救民，故意延压；二十二年，匪首曹连长领匪攻打民堡，该李德堂、李宗德竟不救护，屡次容匪抢掠，明系挟恨；二十三年，该李招留匪首曹连长在家，经庄人亲见事败，明系勾串土匪，抢害乡民，实系地方祸患，该等恐民告诉，各地埋伏杀民，有冤无门申诉，情迫具禀上诉，叩求主席恩准俯赐，令委详查，依法严办。"①

对于马克俊的接连呈讼，甘肃省政府批示曰："查此案迭据该民呈诉前来，曾经先后令县查办，饬该民回籍候讯在案。兹据该民诉称各节是否属实，未据该县呈复，仰即令该县县长将此案原委查明具报，再行核办。"② 同时又令平凉县县长范樸齐曰："案据该县民马克俊呈诉保长李德堂等藉公诈财，县府不理，乞提省法办，等情，据此，查此案迭据该民呈诉前来，业经先后令饬该县长查办，具复在案，迄今多日，尚未据呈复，殊属延缓，兹据前情，除批示外，合再抄发原呈，令仰遵照。限文到五日内，迅将此案原委从速查明呈复，毋再延宕，致干未便。此令。"③

接到甘肃省政府训令后，平凉县政府遵即遴委该县第四区区长冯治遵照所控各节，据实彻查。1936 年 6 月 30 日，冯治调查称："马克俊系通渭县人，于民十二年迁居区辖二十六保东庄黄狗湾，去岁编组保甲，编在该保五甲十三户。自居住庄内以来，藉贩烟土，积有余资，遇事阻抗，横霸庄中，具有讼痞之民首，人莫敢如何。伊有二子，长名万合，次名锁合，清查户口之际，编万合为壮丁。自编以后，屡由其父阻抗，从未应名训练，前奉调城检阅，马克俊竟扬言城中备有汽车装运壮丁，人心皆为其摇动，几至无法收拾。嗣见壮丁阅毕回乡，思伊子壮丁终不能免脱，即暗使其子避往通渭，不料行至静宁界，被军队拉去，后多方设法，费洋百余元将事了妥，仍使其子避匿，此为马克俊图诬控保甲长逼子无踪详情。""再马黑毛系五甲七户，马海山之弟，亦编为壮丁，因避训练，逃外未回。查编组壮丁，由清查户口时即编册呈报保甲长，何能有受贿卖法，以名假替地步。""所控二月三日伊家被匪一节，是为马克俊在检阅壮丁时所捏造，当经保长罗有德闻知，详查上下各甲人等，并无知其事者，惟有马克俊之党数人言有其事，又无实证。后又诬言抢其家者系保内壮丁，因之该保保甲长及队附等，见此在庄事事捣乱，造谣阻抗，情实可恶，祇得

---

① 《平凉民马克俊禀控甲长李德堂等受贿卖法逼子无踪乞饬详查严办由》，甘肃省档案馆，档号：15—12—205。

② 《据平凉县民马克俊呈诉保长李德堂等藉公诈财县府不理乞提省法办一案》，甘肃省档案馆，档号：15—12—205。

③ 《据平凉县民马克俊呈诉保长李德堂等藉公诈财县府不理乞提省法办一案》，甘肃省档案馆，档号：15—12—205。

联名禀呈钧府究办，以维保甲，不意蒙准传讯时，该马克俊竟闻风逃跑，案悬至今，现又在省政府多端捏控甲长李德堂及保长罗有德、壮丁李宗德等，全系狡诈诬控，以逞刁性。""再李德堂并未充过民团连长，查曹连长实有其人，因民国二十年时在固原民团王思举部下供职，扎住蒿店，因与二十六保连界，常来庄内催草，民众招待茶饭，乃地主之情，控其招留匪首，实为挟嫌虚诬。""查马克俊霸占李德堂私地水泉，呈控汪县长案下，后饬职详查，具结了妥，备查在案。""再李宗德亦系户民，前充该庄庄头时，因催讨粮银，结怨于彼，故呈控案内，以为牵及。此奉令详查马克俊禀控甲长李德堂、李宗德等确情，职并未敢稍涉循隐，理合具文呈复，恭请患鉴查考。"①

呈讼双方各执一词，仅从表面判断，实难确定谁是谁非。但从马克俊的呈讼中可以看到明显的矛盾之处。例如：当马万合被抽征壮丁后，马克俊称亲往保长处哀求，罗有德让其付大洋十元，则可以不令其子充当壮丁。而马克俊称"民贫寒无力，未遂其欲"。但在同年二月三日，马克俊称有土匪在其家"抢去大洋二十一元，烟土一百六十五两，衣服三身，驴两头"，这表明马克俊并非所称之贫寒之家。此外，马克俊坚称自己只有一子，且未达壮丁年龄。但第四区区长冯治调查称马克俊有二子，长名万合，次名锁合，清查户口时将万合编为壮丁，却受到其父的百般阻扰。由此可见，第一，马克俊并非贫寒之家，而应为当地颇有资财的乡村土豪；第二，结合当时情景，甘肃乡镇保甲长在抽征壮丁时，应该可以用钱顶替，于是有"付大洋十元，不令其子充丁"之说；第三，出于对壮丁兵役负担的恐惧，马克俊作为颇有资财之乡民，亦尽力躲避兵役义务，尽量减少因兵役负担而支出超额之费用；第四，从马克俊的呈诉中也可以看到，乡民们把他们所受的苦难尽数归咎在当地乡镇保甲长的身上，以至于对他们的各种行为进行丑化，甚至不惜公堂呈讼。

马克俊的呈讼虽有很多不实之处，但也不能依此判断马克俊的呈讼就是无枉之讼。因为中国官场历来是官官相护，民国时期亦不例外，因此冯治所言也并非尽属事实。例如上述案例中马克俊控告甲长李德堂、保长罗

---

① 《呈复奉令澈查马克俊控故禀控李德堂等受贿卖法等情请鉴核指示由》，甘肃省档案馆，档号：15—12—205。

有德与匪首勾结。然而冯治在其调查报告中称："曹连长实有其人，因民国二十年时在固原民团王思举部下供职，扎住蒿店，因与二十六保连界，常来庄内催草，民众招待茶饭，乃地主之情，控其招留匪首，实为挟嫌虚诬。"那么，曹连长是否为匪首呢？结合当时甘肃实际情形，曹连长极有可能就是马克俊等民众心目中的匪首。因为民国时期战乱连年，很多乡民因生活所迫而落草为寇，他们招之为兵，散之为匪，兵与匪实是雾里看花。事实上，曹连长是兵是匪并不重要，重要的是，他们与当地乡镇保长确实有着密切的联系。因为他们只有与乡镇保甲长密切合作，才能顺利获取财物，而获取财物的分配，乡镇保长必能利益均沾。在这种情形下，"被劫者报告联保处，许久无音讯，报告县府，县府命令联保主任严查！像这样的联保，匪患从那里严查？只能在'等因奉此'后面加一句'力查无获'！"①

在抗战年代，国民政府在征兵过程中买民贩丁、冒名顶替的现象十分普遍，而且这种现象不唯甘肃独有，全国各地均有发生。在乡镇保甲长待遇极其微薄的情形下，兵役、烟毒、匪患，几乎都成为乡镇保长弄钱的源头。据《申报》载，广西举行第二次征兵时规定："凡预征兵，如果因事不能立即服役，准其雇用合格壮丁某乙代替，惟某乙经已抽签，将来轮至某乙为预征兵时，即由某甲顶补为预征兵，并决于乡镇村长。"② 因此，在征发兵役时，乡镇保甲长往往"不按兵役法办理，拉独子、拉长子，这是他们的常课"③。如1947年江苏常熟征兵时，曾公开规定了瞒丁价格为"城区一万至十万的免役费，乡区是五斗一石，被卖者每名是一百万至一百五十万。虽然有了这样的规定，半夜被抽的还是很多很多"④。1938年2月，谢觉哉在谈及甘肃征兵问题时称：甘肃地域的"征兵全是买兵，壮丁愿去的不要，要钱。富人因和区乡长接近，可以不出或少出，贫人则非出不可。收了钱雇丁应征，区乡长当中可大发其财。陇南方面已

---

① 蕞尔村夫：《我们的：联保主任、保长、甲长》，《现代农民》1940年第3卷第1期，第13页。

② 《桂征兵成绩优良》，《申报》1939年3月22日，第3版。

③ 蕞尔村夫：《我们的：联保主任、保长、甲长》，《现代农民》1940年第3卷第1期，第13页。

④ 《常熟征兵无恶不作，千余民众跪地请愿》，《评论报》1947年第9期，第11页。

发现人贩子。天水六十元可雇一丁，秦安则要一百二十元。从天水贩人到秦安出售，可得一倍利息。被卖的人中途逃回，可再度出卖。人逃了须补雇，又要摊钱，区乡长可再度发财"①。依此推断，上述案例中马克俊禀控甲长李德堂、李宗德等受贿卖法、冒名抽丁，并非子虚乌有。

对于征兵过程中出现的各类问题，国民政府亦心知肚明。1938 年 12月，军政部为切实纠正征兵办法，特通令各地军政机关转饬所属县乡保甲长云："查实施征兵，应遵部令办理，迭经通令在案，近据报各省新兵来源，多不正当，影响抗战补充甚巨，特规定各县市对区乡（镇）（联保）保甲长等违法征兵，应彻底惩办，切实纠正。吾则严惩县（市）长，特令饬所属，嗣后各县乡镇保甲畏，如再有违法抽征，定予严惩。"② 1939年，蒋介石也指示各省谓："征兵不可勉强，应使全社会都明了当兵是每个国民应尽的义务，能够自动应征，踊跃入伍。过去各省办理征兵，虽有些省份会成绩比较好点，但仍未达我们的理想要求，因为所谓好的成绩，不过是凑足派额数目而已。"③ 由此可见，国民政府一方面希望在广袤的乡村地域获取大量的兵员供给，另一方面又希望这些兵员的获取是靠正当的途径和合法的手续，征运的兵员是能为抗战奉献的合格青年。这种鱼和熊掌均想兼得的想法，在当时的中国国情下显然是海市蜃楼。

那么，是什么因素促成各类征兵问题的出现呢？时人认为，"一是被征者往往为一家生活所寄托，如出应兵役，则父母妻子失去赡养。二是国家是四万万五千万人的国家，应该大家出力保卫，如以一部分的民众出应兵役，为国牺牲，国家对于这些尽了特殊义务的人们，未必有优厚的报酬和特殊的表彰。有了上述的错误观念横在每个应征兵役人的心中，所以逃避兵役之事，层出不穷。即已在兵役者，亦很难激起其杀身报国的热心"④。他们认为，"欲求补救，在消极方面，故应当严其惩罚，以防止取巧舞弊之风气。但如只在惩罚方面想办法，仅能使人不敢逃避兵役，而不

---

① 谢觉哉：《谢觉哉同志手稿选载（四篇）》，《甘肃文史资料选辑》第 7 辑，甘肃人民出版社 1980 年版，第 174—175 页。
② 《军政部纠正征兵办法保甲长如违法抽征定予严惩》，《申报》1938 年 12 月 23 日，第 9版。
③ 《黄主席对征兵问题的训示》，《越王魂半月刊》1939 年第 3 期，第 23 页。
④ 玉山：《如何推行征兵制度》，《经世》（战时特刊）1938 年第 25 期，第 9 页。

能使人乐于为国牺牲，仍不是彻底的办法。最好的办法，还是多多奖励，现在政府既规定有优待出征军人家属的办法，倘能将此办法优厚实施，使一般人内心存在的困难和疑虑根本解除，则人人必以从兵为荣，而以战死为荣了"①。

上述办法虽不失为一种理想的选择，但自辛亥革命以来的中国大地到处弥漫着战争的硝烟，贫瘠而辽阔的中国乡村在战火的不断蹂躏下发出了声嘶力竭的呼号，坚强的中国人民坚定地承担了抗战的义务，国民政府在坚持抗战的同时已陷于政治、经济的双重困境，国家是否还能为战死疆场的中国士兵家属给予更多优厚的待遇？答案显然是否定的。既然政府不能为出征将士家属给予必要的补偿，那么，征兵工作无疑变得任重而道远。谁来承担这一棘手之工作，义务从公的乡镇保甲长则成为这一重任的主要承载者。由于征兵工作牵掣甚巨，因而上级对于征兵事宜不仅催迫甚急，而且惩处甚严，如果各地乡镇保甲长稍有怠慢，轻则罚洋鞭笞，重有性命之忧。正是在如此催逼下，即使所属乡镇应抽之丁已全部抽遍，但为了完成上级的征兵任务，乡镇保甲长仍不得不为凑足应征人数而绞尽脑汁。1938年，新津县第三区太平联保第三十保多位保甲长呈文指出："职等任责以来，无不竭尽愚诚，效其绵力，未敢稍负公托。以本保征丁论，早已违犯征章，政府明令三丁抽一，五丁抽二，今单丁业申送五名，很难可想，职保户口六十五家，除曾为军人正抗日前方或贸易远方工业流落于外者，其余均是佃农雇农，照章应征壮丁并无一人。尚有单丁数人，全家生活均以是赖，且职保迭受天灾，保民均表饥寒困饿之惨，每次抽送单丁，哭号四野，惨不忍睹。"② 而乡镇保甲长"亦因迫于上峰之督责綦严，强迫征送，以符政令，以致人心惶惶、舆情鼎沸，咸视服役为畏途。有避而夜宿荒野者，有逃征而跌伤者，有迁移黔省者，甚有持械拒征者，又有被征丁之父母扭殴保甲索子拼命者，或于送丁时妻儿牵衣拦道哭阻，种种险

---

① 玉山：《如何推行征兵制度》，《经世》（战时特刊）1938 年第 25 期，第 10 页。

② 《三区太平联保第三十保呈文》，新津县档案馆藏新津县政府兵役科档案，档号：1938—218。转引自冉绵惠《民国时期四川保甲制度与基层政治》，社会科学文献出版社 2010 年版，第 153—154 页。

象，惨状实难枚举"①。不难看出，在征兵过程中，无论乡镇保甲长充作何种角色，均难以在如此的窘境中获得民众的谅解。

时人曾生动地描述县、乡镇保甲与普通民众在征兵过程中的关系，以及民众对于乡镇保甲长因征兵的不公平而产生的怨恨。"这次征兵的对象是从二十岁到二十五岁六个年次的壮丁，征兵的消息一传到乡村里，适龄的壮丁都躲藏起来，征到的壮丁不够二百名，何况有钱的壮丁又验不上放回去了，看看限期一满，接兵的人又催得雷霆火发，县长没有办法，在电话上痛骂乡长，叫保甲不要死板板的依年次征集，只要看他够得上是一个男丁，就捉去当兵，这样一来，许多人都不敢露面了，连有胡须的人捉去把胡须剃了，也送去当兵。保长、副保长、干事、保丁连同武装乡警，马不停蹄的半夜三更围屋捉兵，常常发生流血事件。"此外，"本县的乡长保长以及乡民代表这一类的人，大多数是有弟兄或子侄是应该当兵的，但是他们都有方法不当兵，他们反借政治力量，不公平的去捉别人当兵，间或也有一二老百姓不怕豪强，向县府和征兵的人检举他们，但是他们官官相卫，手腕灵活，十分之十是没有效验的，反得罪了乡保长，那检举的人以后的事情就更糟了，要兵、要粮、要夫、要款、要一切，都加紧格外给你找麻烦，非逼得你知道乡保长的厉害，向他们低头服罪，绝不放手"。当时有一个壮丁曾说过这样的话："当兵有啥子关系，只要某乡长的儿子（自然不是独子）、某保长的兄弟同我一路去当兵，我就马上死在前线，也心甘意愿。"②

事实上，对于乡镇保甲长与民众之间的纠纷与冲突，国民政府亦心知肚明。尽管国民政府对于民众呈讼即行办理，但事实上这种办理仅为表面上的应付，其根本目的则是对久存怨愤的乡村民众给予一丝心理慰藉。相反，由于保甲制度在战争年代特殊的功能与作用，以及乡镇保甲长在保甲制度推行中的核心地位，使得国民政府不可能彻底废弃保甲制度而自挖墙脚，即使国民政府真有如此的决心和勇气，也不可能在一时之间制定出一项更加合理的基层社会控制模式来取而代之。因此，当民众如马克俊等试

---

① 《江津县政府训令1939年役字100号》，江津市档案局馆藏江津县政府档案，档号318—1。转引同上，第154页。

② 冷眼：《如此征兵》，《现代农民》1947年第10卷第9期，第6页。

图因征兵问题而呈讼乡镇保甲长时，其结果必然是官官相护。平凉县第四区区长的调查报告中对马克俊所诉之事一一驳斥，在一定程度上反映了各级基层政权机构在战争年代急如星火的征兵征粮情境下，所表现出的一种自我保护的应变心理。与此相应，省、县两级政府亦迫于各种需要，在推行保甲与征兵征粮的使命面前而不得不对乡镇保甲长的各种"劣行"有所让步。

第 五 章

保甲制度在甘肃基层社会
治理中的作用与缺失

　　自清末新政以来，舶来的地方自治在政治的剧烈变动中逐渐受到国人的青睐，传统的保甲制度则被定性为封建社会之遗留而被世人所厌弃。然而，身兼西方文明的地方自治在中国乡土社会未能生根发芽，欧风美雨的浸润并未从根本上改变中国乡村社会古老的生存模式。唯有变化者，则是1905年科举制的废除使得乡村士绅阶层日渐衰落，而保甲制度的缺位进一步加剧了乡村社会的失序，国家行政体系在乡村社会沦于权力的边缘。不难想象，20世纪30年代初南京国民政府之所以重整保甲，一方面固然是出于追击红军的军事需要，另一方面则更希望借助于保甲制度来巩固对业已分崩离析的乡村社会的控制。虽然20世纪三四十年代的中国已深深地卷入了国际化的巨潮，坚船利炮冲击下的中国城市亦初具了近代城市的各种面相，受西方文明影响的一部分先进的中国人也看到了保甲制度落后、单一和封闭的特性，因而强烈地要求以地方自治取而代之，但中国不发达的农业经济形态和几乎未曾发生变化的乡村社会，仍然为保甲制度的生存提供了丰润的土壤。在保甲与自治的更替交融中，不仅有思想的争鸣和权力的竟争，更有新与旧、传统与现代的相克与相容。那么，传统的保甲制度与舶来的地方自治之间究竟有何异同，他们在20世纪三四十年代的中国社会究竟扮演着什么样的角色，在传统与现代之间，南京国民政府将如何抉择？对于这些问题的讨论，将更加有利于突破意识形态的局限，进而透视中国基层政制由传统走向现代的艰难历程。

第一节　保甲与自治：民国基层
政制的近代化转型

保甲与自治是 20 世纪三四十年代共同存留于中国基层社会的一对孪生兄弟，对于这对兄弟，人们进行着各种不同的评说，尽管这对兄弟生长于两个截然不同的环境。保甲制度土生土长于中国土地，毋庸说其源于周，兴于隋唐，即使从王安石推行保甲算起，也有近一千年的历史了，何况"保甲精神的采用，尚远在北宋之前"①。既然保甲制度生长于中国大地，源自中国文明，那么地方自治又从何处而来？虽然我国古代即有对自治精神的各种阐述，但民国时期人们所谓之地方自治，却是西学东渐之舶来品，它与中国传统的保甲制度同为东西方两种不同文明、不同地域下生长起来的两种不同的基层社会治理模式。

一　保甲与自治之界定

保甲制度在中国乡村社会的实行源远流长。商鞅变法时推行的"什伍"制度，将人们分为法定之群体，五家为伍，十家为什，并采用收司制度，"令民为什伍，而相收司连坐。不告奸者腰斩，告奸者与斩敌首同赏，匿奸者与降敌同罚"，保甲制度之要义已隐约闪现。后经历代发展，时至北宋，终定其型。王安石办理保甲，"一为修编人民户籍，以防隐匿奸徒，而使人民自卫自治为意义；二为编义勇兵，藉以捍卫地方，改革兵制，扩充实力为主旨"②。保甲制度这一颇具自卫性质的乡村社会控制模式在历经元、明、清各代经久不衰。即使在民国初期二十年，当地方自治已悄然潜入，而北京政府力推自治之际，传统的保甲制度在中国乡土社会中仍然占据着主导地位。

事实上，当保甲制度在中国乡村社会经历了漫长的岁月之后，它已不仅仅是封建皇权时代政府催征田赋兵役的主要凭借，它的一系列制度规约已成无形之准绳，约束着乡民的日常行为，规范着乡民的日常生活，甚至

---

① 松亭：《保甲制度与地方自治》，《半月评论》1935 年第 1 卷第 19 期，第 11 页。

② 章楚：《保甲运动与地方自治》，《警高月刊》1935 年第 3 卷第 6 期，第 47 页。

慢慢成为乡村文化的一个重要组成部分。费孝通认为，保甲制度的产生与我们民族的生活紧密相连，而我们的民族的确是和泥土分不开的，因为我们的民族"从土地里长出过光荣的历史，自然也会受到土的束缚"，"乡村里的人口似乎是附着在土上的，一代一代的下去，不太有变动"①。传统的保甲制度正是在结合中国乡村社会经济特点、家族血亲关系和生活习惯的基础上，将乡村社会的人口以"保"和"甲"的形式加以量化，在避免国家权力机构延伸至乡村社会的同时，实现了对乡村地域人口户籍的粗略统计，在减少管理成本的基础上将乡村社会纳入国家运行的范畴体系，并使其为国家的建设和发展承担必要的钱粮赋税和兵役义务。

虽然说保甲制度生长于中国乡土社会，附着于世代定居、以农为生的中国农民。然而，自清末新政以来，科举制的废除阻断了乡土士绅的权力繁衍，新式学堂的建立和新一代知识青年的回归，使得千年未变之中国乡村"长出一层比较上和乡土基层不完全相同的社会，而且在近百年来更在东西方接触边缘上发生了一种很特殊的社会"②，它是一种在欧风美雨浸润下产生的社会形态，这种社会形态的出现为舶来的地方自治的推行提供了机遇。对于上述之变动，施坚雅认为："为什么在某些情况下，相邻的地方化的宗族之间的联系会永久存在并形成有组织的统一体，而另一些具有同样久远的祖先的宗族却各自独立？"这是因为"由于农民家庭的社交活动只要在他们的基层市场社区内进行而很少在其外进行，同一个市场体系内的宗族间的联系可能会永久存在，而在不同基层市场区域中地方化的宗族之间的联合常常受到时间的侵蚀"③。近代以来，随着外来冲击的不断加剧，基层市场社区的不断变化日益侵蚀着原有村庄宗族势力的权力，一部分受新学熏陶的知识青年回归农村，更使这种宗族势力在市场与观念的变迁中日渐衰微。而乡村社会既有权力群体的衰微，在一定程度上为中国基层政制的变革提供了可能。

自清末新政以来，国人对于地方自治的赞誉之声不绝于耳，甚至有人称"地方自治是人类政治性能的精神表现，也是国家下层基础的建筑工

① 费孝通：《乡土中国》，生活·读书·新知三联书店 1985 年版，第 2—3 页。
② 费孝通：《乡土中国》，生活·读书·新知三联书店 1985 年版，第 1 页。
③ 施坚雅：《中国农村的市场和社会结构》，中国社会科学出版社 1998 年版，第 46 页。

程，无论何种国家，他的政治能够日臻进步，文明能够日益发达，不外是从自治途径迈进得来的结果"①。孙中山更是极力主张自治，他在全国青年联合会上曾言：如果中国"一千六百多县，县县都可以自治，中华民国便自然成立，如果全国的人民不能自治，总是要靠官治，中华民国，便永远不能成立"。所以，"要建立民国，还是要从下层做起"②。

　　既然地方自治备受民国时人之青睐，那么，何为地方自治？由于出发点不同，对于地方自治的诠释亦有所不同。德国公法大家格莱斯脱定义为"遵照国家的法律，以地方税支付费用，而以名誉职员办理的地方行政"。日本学者清水澄著述称："自治云者，公共团体以自己的机关处理属于团体以内之行政事务是也。"日本城镇乡制上认为，"定地方之制度者，在使地方分任政府之事务，使人民参与之，一以省政府之烦冗，二以便人民各尽本务，政府惟握政治之大纲，授以方针，而举国家统驭之实，人民当分自治之责任，以起专谋地方公益之心"。"故欲以分权主义，以行政事分任于地方，使国民负担公共事务，以全自治之实，则除技术专门之职或常职之职务而外，概当使地方人民各为名誉，不求薪俸以担任之，是为国民者应尽之义务，与役兵之原则同，而更进一步者也。"国民政府内务部所编之地方自治讲义中称："自治云者，非国家之直接行政，乃于国家监督之下，由地方团体依其一己之独立意志而处理其一己之事务之谓也。"③赵如珩认为：地方自治并非简单的个人自治，而是"在国家主权之下，由各地方区域内的人民组织各地方区域内的团体，依共同的意思，管理共同的事务，不受政府非法的干涉，而为造成一个民有、民治、民享之国家基本的方式"④。无论基于何种理由、何种解释，都不可否认，地方自治在西方社会源远流长，它经历了古希腊城邦、中世纪自由城市、欧美自治村镇，最终成为西方近现代民主宪政国家的政治法律基础。因此，有学者认为"地方自治是宪政制度的最重要的成分，没有地方自治，宪政制度

---

　　①　邵镜人：《从欧美地方自治说到中国地方自治问题》，《线路半月刊》1932年第12期，第29页。

　　②　邵镜人：《从欧美地方自治说到中国地方自治问题》，《线路半月刊》1932年第12期，第29页。

　　③　志耘：《地方自治泛论》，《县政研究月刊》1941年第3卷第4期，第42页。

　　④　赵如珩：《论保甲自卫与自治》，《苏声月刊》1934年第1卷第5期，第155页。

只是徒具其表的形式"①。

由上所述,保甲制度与地方自治均为基层社会之治理模式,虽然它们生长于两个不同的历史环境,适应于各自的经济基础、社会需求和文化空间,但它们都有辅助国家行政机构治理基层社会的功能。而且无论是中国传统的保甲长,还是西方的地方自治人员,它们都非国家行政人员,也不享受国家行政人员之待遇,他们从事的各种工作均属于义务性质。由此可见,保甲与自治虽然源流不同,但功能相近,它们之间既存共性,又各具特色。

二 保甲与自治关系考

如何认识保甲与自治的关系,学术界见仁见智。综观民国时期的相关论述,虽然观点有异,但实质趋同,可谓相容之说居多,相克之说居少。曾迺敦从学理、内容与特质三个方面论证了保甲与自治的相容性:以学理而言,保甲制度既是地方自治的一种编制,亦是地方自治的一种方法。从内容而言,以户为单位的保甲制度与以人为单位的地方自治均具有民主政治的特点,其不同之处仅在于以户为单位的编制更加适合中国国情。从特质来讲,保甲制度侧重于自卫,因而是一种官督民办性质的基层政治组织,它不仅与地方自治的政治组织特性相一致,亦与自治是经济组织不矛盾,因为有了地方组织,可以辅助经济组织的开展,有了经济组织,亦可以充实地方组织的内容。何况在国民党训政时期,民众的一切组织必须由政府辅导,方可发扬光大,不致陷于错误或误入迷途。因此,保甲与自治的关系,应为包含与被包含之关系。② 这种观点亦得到了当时政学两界的普遍认同,并一度成为 20 世纪三四十年代国民政府改革基层政制的理论基础。甚至很多省份在推行保甲制度时一再强调"保甲为自治之一部,中央现在最注重的是地方自治,但自治的推行要以保甲为基础,保甲办理不好,更难谈到推行自治"③。

---

① Min Tu-ki, *National Polity and Local Power: The Transformation of Late Imperial China*, Cambridge, Mass, 1989, p. 159.

② 曾迺敦:《论地方自治与保甲制度的关系》,《南潮月刊》1945 年第 1 卷第 4 期,第 28—29 页。

③ 《主席对直辖各县保甲会议人员训词》,甘肃省档案馆藏,档号:15—14—520。

然而，与上述观点相反，陈柏心则认为保甲与自治不容有二：一是保甲制度致力于社会控制，而地方自治倾向于人民参政和体制变革；二是保甲长虽然由户长甲长推选，但最后选委大权仍操于政府之手，而一切自治人员则均由人民公选。因此，他认为"保甲是消极的，为暂时的救急之策；自治是积极的，是长久的百年大计。而其含义的广狭万不能相提并论"①。对此，国民政府内政部亦承认"保甲制度之本身与现行自治制度不无抵触"②。

尽管时人对于保甲与自治的认知并不相同，但透过喧嚣的争论，静思其背后隐藏之内质，不难发现如下特征。

第一，保甲制度与地方自治均为基层社会管理手段，它们都具有辅助国家行政机构治理乡村社会的功能。同时，无论是乡镇保甲长还是自治人员，他们都非国家权力机构之委派，也不享受国家行政人员之待遇，即他们从事的各种工作均属于义务性质。唯有不同者，虽然乡镇保甲长的产生模式在 20 世纪 40 年代由委派制转变为选举制，但民选之乡镇保甲长须由上级政府部门圈定并给予委任的事实，仍然摆脱不了官治的特征。

第二，保甲制度与地方自治都具有程度不同的民主特性。保甲制度以户为单位，是适合中国传统习惯和学缘亲属关系的一种选择，也是对中国儒家思想和传统思维模式的一种妥协。中国自古以来，"家庭是自成一体的小天地，是个微型的邦国。从前社会单元是家庭而不是个人，家庭才是当地政治生活中负责的成分。在家庭生活中灌输的孝道和顺从，是培养一个人以后忠于统治者并顺从国家现政权的训练基地"③。因此，熟悉而又习惯于家族制度的中国人，将会"自动认识到他在他的家庭或社会中所处的地位，他有一种安全感，因为他知道，如果他履行了指定给他的那份职责，他亦可指望这体系内的其他成员反过来也对他履行应尽的职责"④。中国家庭成员自成一体的特点，不仅是保甲制度以户为单位进行编组的根本，也是封建王朝利用保甲制度控制高度分散的乡村居民、达到"制一

---

① 陈柏心：《地方自治推行问题》，《地方自治》1936 年第 1 卷第 1 期，第 165 页。

② 中国国民党中央委员会党史委员会：《革命文献》，第 71 辑，台北中华印刷厂 1981 年版，第 263 页。

③ ［美］费正清：《美国与中国》，张理京译，世界知识出版社 2003 年版，第 22 页。

④ ［美］费正清：《美国与中国》，张理京译，世界知识出版社 2003 年版，第 24 页。

人足以制一家，制一家亦足以制一家一邑"①的内涵所存。不过，也应该看到，国民政府推行之保甲制度已初具现代民主之面相，它不会随着个人境遇的不同而发生变化，亦与传统的人际结构并不相人。在传统的人际结构中，"每一家以自己的地位作中心，周围划出一个圈子"，但这个圈子的大小则要"依着中心的势力厚薄而定。有势力的人家的街坊可以遍及全村，穷苦人家的街坊只是比邻的两三家"。以至于很多中国人对世态炎凉深有感触，"因为这富于伸缩的社会圈子会因中心势力的变化而大小"②。而保甲制度则在一定程度上破坏着这种传统的人际网络。

第三，保甲制度与地方自治是东西方两种不同文明体系、不同社会环境中生长的两种不同的基层社会管理模式，他们之间不仅存有文化的差异，而且具有不同发展阶段的裂痕。保甲制度生长于中国封建王权时代，这一时代虽历经变动，但其延承的儒家文化绵绵流长，同时，自给自足的农业经济形态亦始终伴随着保甲制度的生命轨迹。在儒家思想的熏陶和农业经济形态的规约下，以户为单位的保甲制度无疑成为封建王朝控制基层社会和索取兵役钱粮的最佳选择。相反，地方自治则兴盛于资本主义经济时代及民主与自由理念畅行下的西方社会，它的发展已经超越了农业经济形态的桎梏而向具有资本主义经济形态的近代乡村社会迈进，因此，它对基层社会的管理提出了更高的要求，同时也对行使自治的民众的素质附加了更高的标准。在半殖民地半封建的近代中国乡村社会，选择保甲，抑或自治，不仅需要考量时代的发展，更需考虑中国的国情。因此，在笔者看来，无论是传统的保甲制度，还是舶来的地方自治，虽其渊源不同，但其间并无优劣之别，唯有时境差异。更重要的是：如何使保甲制度"与时俱进"、地方自治"入乡随俗"，这才是 20 世纪三四十年代国民政府改革基层政治制度的根本内容。

三　保甲与自治：谁是谁非？

20 世纪三四十年代保甲与自治的更替与交融，以及时人对其关系进行的激烈辩论，不断加深着人们对保甲与自治关系的疑惑。人们在迷茫中

① 闻钧天：《中国保甲制度》，商务印书馆 1936 年版，第 14 页。

② 费孝通：《乡土中国》，生活·读书·新知三联书店 1985 年版，第 24 页。

不断追寻着问题的答案，保甲与自治，究竟谁是谁非？

保甲制度自北宋确立以来，无论国家政权如何变更，保甲制度"作为国家政权控制基层社会的一项基本制度，在相当长的时期内得到平稳发展，不仅元明清各代相沿不替，而且在清代中期规模大备，兴盛一时"①。清末新政以来，保甲制度虽一度为世人冷落，但时至 20 世纪 30 年代初，南京国民政府旧制重提，保甲制度再度进入人们视野，甚至一度繁荣。如何重植保甲与沿承自治之间进行选择，不仅引发时人争论，而且成为国民政府"政治改革上的一个重要论题"②。对此，南京国民政府内部亦意见不一，其间不仅涉及对孙中山遗教的认识以及"法律与政治、理论与现实等多方面因素的影响"，而且夹杂着国民党内部派系的争斗。③

人们也许会问，自民国以来，地方自治不仅深受历届民国北京政府所青睐，孙中山亦将其列为立国之根本，那么，南京国民政府为什么会突然舍弃自治而重植保甲？究其原因，乃因"我国实施地方自治迄今有年，而按其实际，成效殊少。以言社会，则一盘散沙，毫无团结；以言农村，则经济崩溃，濒于破产；以言文化，则失学男女，年有增加。举凡地方自治应推进之事业，均有退无进，良可慨也！"④ 至于地方自治为什么会推行数年而成果微渺？时人将其原因概纳为四点。第一，社会秩序不安定与农村经济破产。我国农民占全国总人口 80% 以上，地方自治虽以县为单位，但其基础实在乡村，而散处乡村者，大部分皆为农民。"年来国内因天灾人祸交迫而来，外有帝国主义之经济侵略，内有土匪之蹂躏烧杀，以致农民生计匮乏，朝不保暮，人民救死不遑，对于自治事业，自属难感兴趣"。第二，法令缺乏弹性。"现行各种自治法令过于划一，以吾国幅员之广大，各地风俗之互异，人民程度之不齐，经济力量之厚薄，人口分散之疏密，职业种类之繁杂，不独此县与彼县不一致，即甲乡与乙乡亦有殊。故法令强为一致，缺乏弹性，施行时即有格格不入，削足适履之苦，而所收之效果，盖亦渺乎其微矣"。第三，监督与指导人员的不尽责。自

①　王先明、常书红：《晚清保甲制度的历史演变与乡村权力结构》，《史学月刊》2000 年第5 期。

②　陈柏心：《中国县治改造》，国民图书出版社 1942 年版，第 279 页。

③　内政部：《地方自治修正方案》，中国第二历史档案馆藏，内政部档案：12—6—9484。

④　叶震东：《办理地方自治之先决条件》，《苏声月刊》1934 年第 1 卷第 5 期，第 108 页。

治之推进，端赖办理自治人员的指导与扶助，"但近年以来，办理自治人员不明此旨，为县长者，不谋自治事业之发展，惟责自治机关以募公债、征捐税、办兵差、查人口等事务。至为区长者，则非敷衍塞责，即少不更事，难得地方人民之真正信仰，故大多数之区长，只能尽承转公文之责任，不能尽协助人民筹备自治之功能也"。第四，经费无着或不能确定。各县自治经费，其状况较好者，每月每区公所能得百数十元，然亦多半用于行政费，事业费则毫无着落。其瘠苦之地，甚至经费无着，百事停顿，地方自治，有名无实。"以故推行自治，不免为之大受影响"①。

除上述客观因素外，时人亦从地方自治的"舶来"特性论证其实践基础的缺失。邵镜人称："我国自辛亥革命建立民国后，曾有地方自治的实施，如省议会、县议会、市乡议会等组织，但完全成为官僚及土豪劣绅所包办的自治，也没有自治的价值。近年以来，完成地方自治的声浪甚嚣尘上，各省先后分派曾经训练合格的人员到各县办理自治，但亦徒拥虚名，自治事业毫无成效，而事实告诉我们，只有自乱而已。所以二十多年来干戈扰攘，混乱无已，其根本原因，即在无自治的基础。"② 当时颇具影响的中华报派成员米迪刚、王鸿一等人也认为，中国以西方模式为趋向的政治革新，总是"橘变为枳，迁地弗良"，其根本原因在于中国没有其生存的社会土壤。③

对于上述问题，南京国民政府亦是直言不讳。1932 年 8 月，南昌行营总部在饬办保甲训令中列举了七项理由，痛斥自治自卫同时并举的失策，并认为推行保甲，完成自卫，最为适合时代之需要。蒋介石亦鉴于现行自治法令的滞碍难行，于第二次全国内政会议召开之时，提议区或镇以下实行保甲制度："地方制度必须适应实际之需要，尤需适合现代之民情，而后尽可推行，不虞扞格。查政府颁布之自治法及其附属条规，繁密复杂，不但行使主权之民众无法明了，即承办自治之人员，恐亦对之茫然。故颁行以来，毫无成效，各省各县，非视为具文，置之不理，即虚伪

---

① 宋玉风：《办理地方自治之过去与将来》，《苏声月刊》1934 年第 1 卷第 5 期，第 102—103 页。

② 邵镜人：《从欧美地方自治说到中国地方自治问题》，《线路半月刊》1932 年第 12 期，第 34 页。

③ 米迪刚、尹仲材：《翟城村》，北京中华报社 1925 年版，第 180 页。

呈报，以肆欺蒙，法令本身之不合事实，实使之然。……回顾现时人民之教育程度，识字者不及十分之一二，其能实施政治训练者，百无一焉，任间邻长者，求其人人识字，尚不可得，而以自治应办事务之全责付托其人，是眇者强之视，跛者强之行，其不顾踬者几希。就目前而论，莫如将区公所改为县政府之佐治机关，区以下施行保甲制度，以收自卫之实效，所有以前颁布之自治法及其有关之附属条规，在剿匪区内及未经办有成效之省份，暂缓进行，以免耗资。……俟保甲办有成效，再依一定之步骤，谋自治之进行。"① 当然，蒋介石之所以力推保甲而暂缓自治，亦出于对当时特殊政治环境和现实需要的考虑，他认为："现当大举剿匪之时，被剿区域，悉属水深火热，非先充实民众自卫力量，不能收肃清之功，非极严密民众之组织，不能充实自卫之力。"而中国"家族制度本极发达，今犹劳守，若谋地方安定，只有沿用家族制度中之家长，以为严密民众组织之基础，乃可执简而驭繁。"②

由此可见，20 世纪 30 年代初南京国民政府力推保甲，固然是出于"围剿"红军的军事需要，但相对于地方自治而言，土生土长于中国土地、适应于中国乡村社会网络和农业经济形态的保甲制度，似乎更能显示出其特有的社会控制效能与自卫特性。更何况"国民党继承的关于地方自治方面的'总理遗教'，并不是一个完整的实行纲领，而只是一个充满矛盾、内容空泛、脱离了中国基层社会实际现状的政治理想"③。

虽然保甲制度在 20 世纪 30 年代的中国基层政制竞选中脱颖而出，但面对当时中国严峻的内外形势和贫瘠的乡村社会，保甲制度的推行能否实现国民政府控制乡村社会的愿望，并在其扶植下顺利发展呢？答案显然是否定的。1937 年抗日战争全面爆发，打破了南京国民政府试图改革中国基层政制的梦想，战争的持续进行和乡村社会负担的日趋加重，不断侵蚀着保甲制度自身的特性，也扭曲着保甲制度本身的功能，而战争年代保甲制度所呈现的各种面相，更是成为时人攻击的主要对象。当时人们将保甲

---

① 张远谋：《新县制下的自治与保甲》，《浙江青年》1940 年第 1 卷第 11 期，第 14 页。
② 转引自赵小平《国民党保甲制述论》，《许昌师专学报》1990 年第 3 期。
③ 贺跃夫：《孙中山的地方自治观与南京政府之实践》，《中山大学学报论丛》1995 年第 5 期。

制度的"罪名"概纳为四：一是保甲制度系属封建社会之残余；二是保甲长已尽系土豪劣绅；三是保甲长的产生缺乏民主选举；四是保甲长的行为实为扰民害民、妨碍抗战。

面对时人的激烈谴责，亦有一部分人为之辩护，其中以《民意周刊》为典型。该刊设立专栏，对上述四大"罪名"进行逐一辩护。一是保甲制度是否为封建社会之残余？该刊认为，所谓自治，系对他治、被治、官治而言，"一个以宪政而民主的国家，从中央行政以包于下层保甲，固无一不是自治。说保甲不是自治，未知有何根据？他国所谓自治，系以个人为单位，保甲系以家庭为单位，更适合于国情，更能将政治组织与社会组织相配合"。二是保甲长是否尽系土豪劣绅？该刊认为，下层保甲长人选未能尽善尽美，自属实在情形。"但我国目前整个人才不足，亦系实情。保甲长是义务职，办公费少至于一元，故民间有'管教养卫四件事，衣食住行一块钱'的歌谣。批评保甲长者请自己就地思考一下，对自己现在所任的职务是否已经胜任愉快，居之不愧？"三是保甲长选举是否必要？该刊认为，"在民众政治素养不深厚的国家办理选举，土豪劣绅更容易操纵，我国办理选举也不止一次了，那一次不是劳民伤财，选非其人。故与其用选举，不如用训练，集中知识分子，大量训练后派到各内地去做民众的最下层领导者，反有功效"。四是保甲长的行为是否扰民害民、妨碍抗战？该刊认为，即使保甲长的行为真的涉及扰民害民、妨碍抗战，但也"只是人的问题，不必牵涉到制度"。何况"募债征兵的舞弊，是否只为保甲长责任，保甲长未与主管机关勾结，恐未见得有违法的胆量，苟无人加以纵容、包庇、分赃，也未必就可以逍遥法外"。即使民选的保甲长，亦未必就能免俗。所以问题的中心不在保甲，而在募债征兵的办法，不在保甲长，而在命令保甲长的机关与人员。若说保甲长所求于民者太多，那是因为在抗战期间，国家民族的利益高于个人的利益，所谓自治也好，民选保甲长也好，还是一样地要求民众贡献其人力、物力、财力。"假如保甲长不奉行命令，姑息懈怠，那才叫妨碍抗战了！"①

正是基于上述辩护，他们认为：目前正处抗战的关键时期，社会控

---

① 《保甲与自治》，《民意周刊》1938 年第 33 期。

制、战争动员及人力、物力、财力之供应，均系保甲是赖，如果骤然将之废除，必将引起"社会秩序的松弛，机构系统的紊乱"。"因此在一面保持保甲的原有组织，另一面于原有组织之内加以充实、健全，则于旧秩序不必破坏，抗战的需要能够适应，'地方自治的基础'能够树立，这无疑是比较合理，适合现实的办法"①。

由上所述，20世纪三四十年代的中国，无论是保甲制度还是地方自治，均受到不同程度的责难。追根溯源，战争加剧了国家动荡，亦加剧了社会贫穷，而贫穷的梦魇则进一步冲击着社会的稳定。这是一种恶性循环。在这一特殊国情下，国民政府推行的各种改革，既缺乏安定的社会环境，更缺乏足够的经费支撑。以至于无论是保甲长，还是自治人员，都不得不成为政府催粮纳赋的勤务兵。对此，时人感叹：地方自治本为复杂而艰巨之工作，义务重而权利轻，"以故上智之流，非鄙视不屑为，即规避而不为"，结果自治之下级干部，人才缺乏，以致为地方土劣所操纵，借地方自治之美名，为鱼肉乡民之工具，自治之利未见，而自治之害先行。何况"经济为办事之母，无相当之经济，则虽有完美之计划，不克实行"。我国各省自治经费，即便"维持下级区乡镇公所之办公费，已感不足，尚可事业之可言哉？"毋言甘肃等边陲地域，就论中国首富江苏一地，"各县之自治机关，仅到区公所为止，区以下之乡镇公所，多未设立完备，即呈报设立，亦不过纸上之空文，既就专论大概，只有行政费而无事业费者居多。惟因事业费无着，故区公所之一切事业不能举办，而区长唯一职务，仅在传达县政"②。

四　关于国民政府基层政制改革的反思

不可否认，在保甲与自治的取舍之间，国民政府最终选择了保甲制度。但国民政府在选取保甲的同时，亦未放弃对自治的追逐。这一方面是因为国民政府推行地方自治已有多年，虽然成效甚微，但已初具规模，如就此停歇，未免可惜；另一方面则因地方自治根系宪政之基，总理遗

---

① 东陵：《充实乡镇健全保甲》，《大风（金华）》1939年第96期，第2页。

② 叶震东：《办理地方自治之先决条件》，《苏声月刊》1934年第1卷第5期，第109—110页。

教，即使提倡不能，但也不能遽予废止。更何况地方自治与保甲制度同为基层社会管理模式，二者不无调整融通之处。因此，自 1932 年保甲制度推行以来，如何"融保甲于自治之中"亦成为国民政府不断努力的一个方向。

　　早在 20 世纪 30 年代初，国民政府内政部就开始筹划如何将传统的保甲制度与舶来的地方自治熔为一炉，使其既能适应于中国乡村社会，又能顺应基层政制近代化的发展需要。但这一意见在南京国民政府内部却引发诸多争论，"立法院之意，于自治法外，另订保甲法"，而军政部和内政部"以为应先将保甲意义容纳于自治法之中"①。由于南京国民政府内部意见不统一，导致了纳保甲于自治之中的政治理想虽荏苒经年而未能确定。1936 年 5 月，蒋介石主持召开全国地方高级行政人员会议，通过了关于"融保甲于自治之中"的地方自治议案。同年 8 月，国民党中央政治会议据此通过厘定法规原则，正式决定容纳保甲于自治之中，乡镇的编制为保甲。1937 年，国民政府决定成立地方自治委员会，对此问题再度缜密研讨，结果认为内政部的意见较为妥适，便将此项意见容纳在所拟的地方自治法规原则之内，并经中央政治会议通过，移送立法院。② 1939 年 9 月 19 日，国民政府颁布的《县各级组织纲要》及 1941 年 8 月公布的《乡（镇）组织条例》，最终以立法的形式确立了保甲在自治组织中的地位。

　　1939 年新县制的实施，标志着保甲与自治在法理上的融合。然而，这种融合既未从根本上解决战争年代基层社会所面临的根本问题，亦未能给予乡镇保甲长以明确的身份认同。如依据新县制之规定，乡镇保长应产生于民意，但需由政府核委。这种规定既使乡镇保长拥有了国家行政干部的身份，亦充当着民众代表的角色。但事实上，20 世纪三四十年代的中国乡民几乎没有人会对乡镇保甲长有好感，诽谤、诬陷、冤屈乡镇保长之事层出不穷，因公受累者亦不少见。③

---

　　① 《蒋作宾致中央自治计划委员会》，中国第二历史档案馆藏，内政部档案：12—2—1427。

　　② 曾迺敦：《论地方自治与保甲制度的关系》，《南潮月刊》1945 年第 1 卷第 4 期，第 29 页。

　　③ 葛文渊：《对于乡镇保甲长应有的认识》，《浙江省地方行政干部训练团团刊》1943 年第 34 期，第 12—13 页。

纵观 20 世纪三四十年代保甲与自治的演变轨迹，可以说，保甲与自治的融合，既未从根本上改变"躬亲做事""惟保甲是赖"① 的政治现实，亦未缓解乡镇保长因征兵征粮而与乡村民众之间的紧张关系。相反，战争的持续进行和田赋兵役负担的不断加重，进一步激化着乡镇保长与民众的关系，压迫乡镇保甲长敏感的神经。在战争的催逼下，保甲制度已经蜕变为单一的国家钱粮兵役的催征机构，乡镇保甲长——无论其产生于委派还是民选，都逃脱不了充当国家催粮纳赋之勤务兵的角色。

20 世纪三四十年代保甲制度功能的异化，扭曲了乡镇保长角色认同，而乡镇保长尴尬地位和微薄待遇，亦促使乡镇保甲长的群体结构悄然发生变化。甘肃省民政厅在《拟提高保甲人员待遇案》中称：现有的保甲经费，单就保甲事务，已难敷用，更毋庸说养活乡镇保甲长等一家老小。然而，保甲工作既繁且巨，乡镇保甲长如要从事其他工作，势必有所不能。"因公胜累，既非人情所愿，情势所迫，不得不出之以将收取。狡黠者且更因用人为奸，以往功令不能贯彻，民众失却信仰，皆由保甲长待遇微薄，良善者不肯出来负责所致"②。四川省政府也有类似的呈述："保甲长系义务职，但其工作则异常繁重，战事发生后，更有继续增长之势，致其本职业往往无从兼顾，而现在乡镇组织未臻健全，一切政令均赖保甲推行处理，万一不当，政府之斥责，人民之怨恨，丛集一身，以致公正廉明之士视为畏途，土劣地痞乘机活动，往往借保甲之名行勒索敲诈之事，此其影响实系重大。"③ 国民政府特派员张锐在呈文亦称："今乃责保、甲长以一切推行新政之责，县、区、联保，依此推诿，事事物物，责之于保甲，不仅县府之员役胥吏得鞭笞奴使之，即区署之员役胥吏亦得凌砾呵叱之。驯至洁身自好者，均视任保甲为畏途。""且风闻各地保联主任之人选，甚有以金钱购致者，苛扰民众，又待何言。盖驱市井无赖，责以枵腹从公，予以摊派之权，锱铢而取，月月而敛，户籍之等第，由其上下，收额之多寡，由其增损，其中流弊，不问可知。"④ 由此可见，随着对保甲制

———————————

① 汪建尧：《改革县政意见书》，中国第二历史档案馆藏，内政部档案：12—6—7279。

② 甘肃省民政厅：《拟提高保甲人员待遇案》，甘肃省档案馆，档号：4—4—176。

③ 《保甲制度推进概况及其问题之商榷》，四川省档案馆，档号：5—77—3。

④ 张锐：《湖北湖南江西视察报告（密件）》（上编），中国第二历史档案馆，内政部档案：12—2—1328。

度谴责之声的与日俱增，民国乡镇保甲长群体结构随之发生改变，"坏保长"的形象在人们心目中日渐形成。

如果说严峻的战争环境是国民政府改革基层政制的梦想最终归于失败的外在因素，那么，保甲与自治融合的表面性和有限性则是国民政府基层政制改革的内质原因。近代中国是一个半殖民地半封建国家，如何在较短时间内将各种近代化的因素植入基层社会，最佳的选择无疑是依靠政党或政府的力量。孙中山虽然将中国基层政制近代化的希望寄托于中国国民党，但国民党始终未能建立起严密的基层组织，它的组织的末端也最多延伸至乡镇一级，而对乡镇以下的农村地域也只能是望洋兴叹。加之"作为民主制度的地方自治非中国内生性制度，它的移植，不是不可能，更不是无价值，但必须建立在相应的政治经济基础之上，若仅限于政府设计，并借助于国家的力量强行推动，变形变质均在所难免"[1]。

尽管如此，国民政府试图将保甲制度融于地方自治之中的尝试仍然是值得肯定的。虽然发源于自给自足农业经济形态下的保甲制度，由于其固有的封闭性和单一性，使其不足以适应近代中国社会的剧烈变动和政治、经济、文化的瞬息变迁。但由于其土生土长于中国土地，几千年儒家思想的熏陶和自给自足的生活模式已经有形无形地潜入其中，并且成为中国人生活的一部分，保甲制度不再是单一的地方管理制度，而是与中国人生活紧密相关，与儒家思想、宗族观念融为一体的政治思想和组织模式。何况中国乡土社会本是一个小农经济为主体的社会经济形态，"在经济上每个农家，除了盐铁之外，必要时很可关门自给"。因而"乡土社会里的权力结构，虽则名义上可以说是'专制''独裁'，但是除了自己不想持续的末代皇帝之外，在人民实际生活上看，是松弛和微弱的"[2]。相对而言，地方自治确实能够弥补保甲制度的缺陷与不足，然而，地方自治毕竟源自西方社会，东

①　徐秀丽：《20世纪30年代的乡村公务人员——见之于农村复兴委员会的调查》，李长莉、左玉河主编《近代中国的城市与乡村》，社会科学文献出版社2006年版，第306页。

②　费孝通：《乡土中国》，生活·读书·新知三联书店1985年版，第64页。对于上述观点，施坚雅认为，"研究中国社会的人类学著作，由于几乎把注意力完全集中于村庄，除了很少的例外，都歪曲了农村社会结构的实际。如果可以说农民是生活在一个自给自足的社会中，那么这个社会不是村庄而是基层市场社区。""农民的实际社会区域的边界不是由他所住村庄的狭窄的范围决定，而是由他的基层市场区域的边界决定。"(施坚雅：《中国农村的市场和社会结构》，史建云等译，中国社会科学出版社1998年版，第40页。)

西方文化的巨大差异，使得地方自治在中国乡土社会中一时难以找到适宜的生存土壤。因此，如何将保甲制度中的中国特色与地方自治中的近代文明有机地结合起来，无疑是近代中国基层政制走向科学管理的必由之路。诚如何会源所说："保甲制度为其本质所限，其组织不得不简陋，其运用亦不得不大受限制。吾人今后如欲保甲制度之健全发展，首须明了其特点所在，而于运用之时，行其所当行，止其所不得不止，以期无悖于保甲之本质。然就吾国地方事务日益繁多之当前局而观之，保甲制度对于此等事务，实难胜任愉快，自系必然之论；而现代地方自治制度，在今日之中国有无立即树立之必要，殆亦整调地方政制声中亟应考虑之一问题也。"①

综上所述，对于保甲制度与地方自治的评判，不能简单地用"好"和"坏"来界定。因为保甲制度与地方自治产生于两个不同的时代，两种不同的文明体系，其间并无优劣之分，如果有所区别，更多的应该是时代的差异和观念的迁徙。因此，一味地否定保甲制度，而不对其延承千年之久的历史文化及其所隐含的中国特色加以提炼，无疑有"丢掉西瓜"之感。相反，如果对地方自治不能去粗取精、去伪存真，而一味地推崇赞誉，难免有"崇洋媚外"之嫌。况且再好的东西也要适合中国国情，才能发挥其应有之效用。正如 2012 年 12 月 19 日《人民日报》发表评论员文章称："一个社会如果没有接受作为生活方式的民主，民主就很难实现。基层民主的重大意义就在于，它在社会的最基层，在实践中建立一系列民主规则，并通过一系列民主形式，培养群众的民主习惯，为民主创造内在条件，让民主成为一种生活方式，这样的民主才是不可逆转的。"②

然而，民主对于 20 世纪三四十年代的中国农村社会而言，几近于天方夜谭。革命战争年代"那些朝不保夕，吃了上顿没下顿的中国乡村老百姓是没有闲心去关切什么社会变革的宏图大计的。他们是观潮派和渐进主义者，仅希望在现实生活中能做到与自己切身利益绝对有关的小修

---

① 何会源：《中国保甲制度之新探讨》，《民族杂志》1937 年第 5 卷第 5 期，第 876 页。

② 张洋：《基层民主：从政治形态到生活方式》，《人民日报》2012 年 12 月 19 日，第 17 版。

小补"①。何况在近代中国社会，由于高度发展的精耕细作的农业始终未能突破家庭经营的规模，他们的生活始终徘徊于"糊口水平的家庭农作"，而"小农意识"成为中国乡民们最具特色的社会心理。在这种经济形态与小农意识的双重制约下，对于那一时代中国乡村社会的普通老百姓来说，地方政制是民主还是专制，乡村社会的保甲长们是选举还是委派，都不是最重要的，他们期待的是能够切实为老百姓办实事、办好事的基层政制和基层官吏。

不可否认，国民政府推行的保甲制度深入中国腹地，延展至偏僻闭塞的中国农村，将代表国家权力符号的乡镇公所设立于大大小小的乡镇集市，使得千百年来乡村社会绅权自治的状态发生了根本性的改变，国家权力开始由传统的县一级下移至乡镇村庄。在新与旧的交替交融中，人们既可以看到国家权力的下移与地方原有权力群体的冲突，也可以看到不同利益群体为了自身利益而不惜相互攻讦的事实。保甲制度犹如一块巨石投入乡村社会这片宁静的水面，从而泛起的各种涟漪均将成为保甲制度推行过程中难以回避的附加物。

第二节　抗战时期保甲制度对甘肃
基层社会的整合及其异化

皇权时代的中国乡村社会是一个高度独立且具有一定灵活性的自治系统。"乡土面积的辽阔，封建王朝行政力量的单薄和管理效率的低下，交通及信息手段的落后，使乡村社会拥有了相当大的自主空间；自主的乡村社会又借助和依托官方承认或支持的价值资源，构建了一个游离于国家政权之外、但保持与其对话的相当强大、相当稳定的权力生成系统。"② 而这种乡村特有的权力文化网络虽然容纳了半官半民的保甲制度，但也为其权力空间划设了界限。如果不具备摧毁乡村文化网络和权力网络的力量，

---

① ［美］塞缪尔·P. 亨廷顿：《变化社会中的政治秩序》，王冠华等译，上海世纪出版社2008 年版，第41 页。

② 王先明、常书红：《晚清保甲制的历史演变与乡村权力结构》，《史学月刊》2000 年第5期。

保甲组织就只能接受乡村为其预留的空间。这种平衡的乡村权力结构自宋开始，无论国家政权如何变更，保甲制度均能在这种权力平衡中得到延承。然而，这种乡村权力结构在 20 世纪 30 年代的社会剧烈变动和国家权力的强制下移中失去平衡，乡村社会不再是独立于中央权力之外的"世外桃源"，而成为国家权力浸入基层社会的试验田。这种改变一方面源于国民政府试图加强乡村社会控制、改革基层政治制度的理想，另一方面也来自"西学东渐"的影响和世界近代化历史潮流的冲击。1932 年 8 月《"剿匪"区内各县编查保甲户口条例》的颁布，标志着国民政府再次起用已经冷落多时的保甲制度来加强对基层社会的控制，然而，此时的保甲制度已经与封建时代的保甲制度大不相同，其间既有权力的相异，亦有制度的融通。如国民政府试图将保甲制度纳于地方自治之中，就是一个明显的例证。那么，20 世纪三四十年代国民政府倡行的保甲制度对于基层社会究竟起到了什么样的作用呢？

一　保甲制度实现社会控制的基本要件

保甲制度作为中国传统的地方政制、保卫行政的基本组织、人民互助互保的优良工具，其机能可使地方行政体系趋于整肃。因此，在半殖民地半封建的近代中国社会，"欲充实民族力量，巩固民族团结，增进行政效率"，保甲制度无疑成为身陷内忧外患之南京国民政府的理想选择。然而，保甲制度的实施，须先从编组保甲入手，而清查户口实为保甲编组之第一步，如一味强调保甲编组，而忽于户口清查，则奸宄无从清除，户籍不能正确，保甲组织难期健全，保甲效用亦无从发挥。[①] 由此可见，保甲制度机能的发挥，不仅需要编组保甲，也需要户口清查，更需要在此基础上对户口异动的持续性查报。可以说，这三个要素的完美结合，成为民国保甲制度控制中国乡村社会的动力源泉。

（一）保甲编组

保甲编组是保甲制度推行的第一步，也是保甲制度显示其社会控制功能的前提和基础。所谓保甲编组，就是将所有人口以户为单位，以保甲为

---

① 赵益谦：《编组保甲与清查户口》，《闽政月刊》第 1 卷第 1 期，1937 年 3 月 31 日，第 16—17 页。

范围，挨户编定其户数，使之各有所属，井然成序。那么，南京国民政府是如何编组保甲的呢？《修正"剿匪"区内各县编查保甲户口条例》中规定：第一，保甲之编组，以户为单位，户设户长，十户为甲，甲设甲长，十甲为保，保设保长。第二，保甲须按照户口习惯、地势及其他特殊情形依下列方法编组：（1）各保应就该管区域内原有乡镇界址编定。（2）各户由各甲之一方起，顺序比邻之家屋，挨户编组。（3）编余之户不满一甲者，六户以上得另立一甲，五户以下并入邻近之甲，编余之甲不满一保者，六甲以上得另立一保，五甲以下并入邻近之保。（4）保甲内之住户有因避匪全户逃亡者，应暂时保留其甲户之顺序，俟归来时编组。第三，寺庙船户及公共处所，应以保为单位，另列字号，分别编查，寺庙列为庙字号，船户列为船字号，公共处所列为公字号，按照所定表格填写。①

　　上述条例之规定，基本适合于农村社会，而欲将其在省会城市推行，势必有所不能。正如甘肃省政府所呈："保甲组织历代各不相同，而都市与农村情形亦各有异，在农村因居民散漫，地方辽阔，组织愈小，则愈严密，现行保甲条例之采取十进制，实为适合于农村民众组织，至当不易之法，至于都市地方，既较农村为狭，而人烟之稠密，较农村不啻千百倍，莅即就本市而论，有一门牌而附户至数十户之多者，有一街各里卷而门牌编至三百余号者，如按十进之法，则将使一门牌之住户，编至二甲以上，一街各者为数保，加以本市各街，各关于公益事项，原有一种组织，居民习惯安之已久，今一旦因保甲之编组，强为分割，事实上难免不发生纠纷，进行愈感困难，兹就实地观察，为免除将来纠纷计，对于保甲组织，似应加以扩大，而含有弹性者，庶几因地制宜，泛应曲当。"②

　　正是鉴于城乡之间的差别，江西行营又编定了《江西省会编组保甲实施办法》四十八条。由于兰州情形与南昌未尽相同，尚有不能完全采用者，故于1935年初甘肃省政府在参酌《江西省会编组保甲实施办法》的基础上，结合甘肃实际情形，拟定了《修正甘肃省会保甲编组办法》。其中对于保甲编组的规定如下：一是省会保甲之编组，按二十进制，以户

---

　　① 《修正剿匪区内各县编查保甲户口条例》，甘肃省档案馆，档号：15—14—525。
　　② 《准江西省政府函开准号电以省会保甲究由省会公安局抑或首县之政府办理等因请查照一案令仰查核办理由》，甘肃省档案馆，档号：15—14—516。

为单位，户立户长，十户至二十户为一甲，甲立甲长，十甲至二十甲为一保，保立保长。二是省会保甲须参酌省会原有之习惯及各该地段形势之关系，依下列各原则编组：（1）各保应就所辖区域内原有街设立界址而编组。（2）各户由各甲之一方起，依警区门牌之顺序，挨户编组，不得颠倒错乱。（3）编余之户不满一甲者，六户以上得成立一甲，五户以下附入他甲，编余之甲不满一保者，六甲以上得成立一保，五甲以下附入他保。（4）保甲内之住户，有户已经迁徙或只有房屋而无人居住者，应保留其甲户之顺序，俟其迁入时编组。①

由上可知，无论是国民政府还是甘肃省政府，为了能使保甲制度得到切实推行，不仅力求保甲法规的不断完善，而且在保甲编组方法上也采取了迁就地方实际之态度。尽管如此，至抗战前夕，甘肃保甲制度的推行虽取得了一定的成绩，但并不令人满意。随着抗战全面爆发和国家对基层民众动员需求的日益增加，原有的保甲条例越来越不能满足形势发展的需要。1938年，甘肃省政府为了适应战时需要及加强保甲效用起见，又制定了《甘肃省保甲补充条例草案》，其中对保甲编组规定如下：一是各县保甲之编组，除仍照行营颁发《修正"剿匪"区内各县编查保甲户口条例》办理外，依照本条例之规定，另行编组联保，并将其定为区以下、保以上之一级。二是各县编组联保，依照下列各款之标准及地方自然形势为之：（1）每一联保由十保编成，但遇有特殊情形或天然地形之限制时，六保以上、十五保以下，亦得编一联保。（2）户数不满三千之县份，暂缓编组联保。三是联保之番号以数字表示（如某某县第几区第几联保）。四是联保编定后，由县政府绘具联保略图二份，分呈省政府及该管专员公署备查。②

对于上述条例，时人评论称：保甲制度以户为组织单位，户有户长，十户为甲，设甲长，十甲为保，设保长，城区以二十五甲为保，保之上有乡镇或联保，设乡镇长或联保主任。户隶属于甲，甲隶属于保，保隶属于乡镇或联保，乡镇或联保隶属于区，区隶属于县，系统井然，有条不紊，由下而上，组织严密，可有如身使臂、臂使指，收相维相系之效。组织之

① 《修正甘肃省会保甲编组办法》，甘肃省档案馆，档号：15—14—516。
② 《甘肃省保甲补充条例草案》，甘肃省档案馆，档号：15—14—525。

单位为户，户长即家长，负有管束教诫家人子弟之责。保甲长受乡镇区长之监督指挥，办理清查户口，编定门牌，户口统计，执行保甲规约，抽训壮丁，分配服务，盘查甲内宄奸，辅助军警搜查匪犯，办理互保连坐切结及地方建设事业，如征工、浚河、筑路、造林、舆夫一切教养等事，兵工合作，协谋共进。训练壮丁即训练公民，使人人有自卫自保之力。上述各款，能使人民安宁，国家充实，其法制可谓美备。不过，编组保甲事先得办理清查户口，如户口不经清查，则匪类易于匿迹，奸宄无从肃除，地方不得安宁，则一切建设事业，所有政令均无由顺利推进。保甲既经编组正确，还需要续办户口异动查报，则户口可永远确实，组织可永远严密。①由此可见，保甲制度就像一部庞杂的机器，而保甲编组、户口清查、户口异动查报等，就像各个关键的构件，如果任何一个构件出现问题，这部机器的运作都将因局部故障而陷于停顿。

（二）清查户口

清查户口，即一般意义上的户口调查。户口调查是国家基于一般统治，为维持社会安宁，防止一切危害，对国民行使的一种稽查行为。即以国家统治之权力，将全国各地户籍状况及人事之动态，分别详查。如户口经详细调查后，既可得悉各地情形、社会状况、人口多寡，暨住民之异动、性质、素行、来历、思想、状态，也可作为国家举办选举、征兵、征工、课税、教育、养老、育幼、济贫、救灾，以及改良农村组织、调剂粮食产销、职业分配、移民奖励等之根据。故户口调查为实施保甲制度之基本工作，其对国家行政上之影响，至为重大。可见，欲求保甲效能之显著，应注重于户口精密之调查。不过，户有普通户与特别户之别，凡居住而别无目的之住户，谓之普通户；商铺、船户、庵庙寺院、学校、会馆、工厂、监狱及与外人之店铺住户等，均属于特别户。凡人必有一所属之户，所属之一户至少有一人或一人以上寄存，不论其为普通户，还是特别户，其所寄存之口，可以有户主、家属、佣工等之分，调查时须分门别类，详确填报。如此一来，则编组保甲可有根据，调查确实，组织严密，

① 赵益谦：《编组保甲与清查户口》，《闽政月刊》第1卷第1期，1937年3月31日，第18页。

则保甲成效自然立彰。① 不难想见，清查户口不仅与编组保甲互益共进，而且关系保甲制度之推进至为重要。

那么，南京国民政府是如何推进户口清查的呢？《修正"剿匪"区内各县编查保甲户口条例》规定：一是户口之编查由县长监督。其程序如下：（1）编定及清查门牌由甲长执行。（2）覆查由保甲执行，按月至少一次。（3）抽查由区长执行，按季至少一次。除前项编查外，甲长、保长对于各该保甲内之寺庙、祠堂、教堂、教会、会馆、宿舍、船户及其他公共场所，应随时考察。二是清查户口应按编定各户挨次发给门牌，令其照填，张贴于户外易见之处，不得遗失毁损。各住户应填之户口调查表，亦须据实照填，不得隐瞒捏报，如受清查户口之居民，遇有不明填写方法或不能写字者，清查人员应详为指导或代书后，令其亲自捺印。三是户口调查完竣后，由县政府调制统计表，详细填载，分呈省政府及该管行政督察专员公署存查。前项户口统计表分为第一表、第二表两种，第一表填写普通户口及寄居中国之外国人，第二表填写船户、寺庙及公共处所。四是户口清查完竣后，保长应将保内壮丁人数呈报区长转呈县政府存查，寺院之僧道亦同。②

虽然南京国民政府对清查户口制定了详密的规定，但清查户口之工作艰巨而繁难，加之甘肃地处边陲，清查户口之工作人员极为缺乏，因而保甲编查尤为艰难。虽然甘肃省政府自 1934 年已推行保甲，但时至 1938 年，甘肃省政府在清查户口这一基本工作上仍成绩索然。正如甘肃省政府于 1938 年 9 月训令各县政府称："查本省户口虽经二十三、二十六两年之总调查，但经本府视察人员抽调之结果，数目仍不精确，目前征兵征工日益繁剧，而户口数字之需要精确亦日益迫切，为免除以后种种困难，允宜乘此时机，彻底调查。"③

为了进一步推进保甲制度，确查各县户口，甘肃省庆阳县政府制定了《动员全县知识分子彻底调查户口办法》，其中规定：一是本办法根据省

① 赵益谦：《编组保甲与清查户口》，《闽政月刊》第 1 卷第 1 期，1937 年 3 月 31 日，第 18—19 页。

② 《修正剿匪区内各县编查保甲户口条例》，甘肃省档案馆，档号：15—14—525。

③ 《遵令拟具动员全县知识分子彻底清查户口办法祈鉴核指示祗遵由》，甘肃省档案馆，档号：15—14—410。

颁命令及地方实际情形，动员全县教职员、学生并操守清廉、服务勤苦之知识分子，彻底调查全县户口。二是划全县为四大清查团，共十八队，九七组，区长兼团长，每联保为一队，设队长一人，每二保设一组，每组设调查员三名，由县长指定一人为组长。三是团队各负责人的职务如下：(1) 团长，指挥监督各队组工作，并处理全团调查人员的住址、饮食、疾病、更调，以及解除工作上一切困难等事宜。(2) 队长，承团长之指挥，辅助团长处理一切工作进行事宜，并实际监督各组工作。(3) 组长，协同保甲长挨户调查，务使各甲户人数及壮丁数目确实，不得有隐报漏报情事。四是调查人员的分配，籍隶第一区者，派往第三、第四两区，籍隶第二区者，派往第一区，籍隶第三区者，派往第二区。不过，因实际情形可免除因人地关系而发生隐报之情形下，可相应变通。五是调查团队编定分配后，由县府召集施以短期训练，以增进调查技术及填表方法。六是调查期间各级保甲长应协助调查人员切实办理，并将携带之各项表册填缮确实，不得草率。七是调查人员发现现有户口与以前户口清册有变动时，应依照《"剿匪"区内各县编查保甲户口条例》第九条规定，应速另缮门牌，以资与实际人口数目相符合。八是调查人员到各乡村工作时，言辞要委婉，态度要和蔼，务使民众相信并服从调查人员的指导垂询，以期工作顺利。九是调查人员如发现联保主任、保甲长有舞弊情事，应检同证据（或证人）密报县府，依法惩办。十是调查人员住址、饮食应由区长及联保主任指定各保甲较殷实之户轮流供给，以"家常便饭"为标准，不得稍涉奢侈，调查人员亦得束身自爱，不得有需索情事，违者定查明惩办。十一是调查人员特别努力者，予以荣誉奖励。十二是户口调查应在二十日内调查完竣。十三是调查完毕后二十日内，由区长偕同联保主任、保甲长认真抽查，结报县府。十四是本办法所未规定者，依各区实际情形，仍使用《"剿匪"区内各县编查保甲户口条例》之规定办理。[1] 此外，甘肃省政府还拟定了附带清查之事项有：(1) 漏未纳赋之田亩。(2) 学龄儿童及失学壮丁。(3) 烟民确实数目是否登记领照。(4) 民有枪支是否登记各若干。[2]

---

[1] 《动员全县知识分子彻底调查户口办法》，甘肃省档案馆，档号：15—14—410。
[2] 《动员全县知识分子彻底调查户口办法》，甘肃省档案馆，档号：15—14—410。

由上所述，为了能够顺利推进甘肃各县户口清查工作，甘肃省政府结合本省实际情形，要求各县拟定出适合本地需要的户口清查办法。虽然甘肃各县的户口调查工作受到了各县政治环境及交通、信息、经费、人员的诸多限制，但在甘肃省政府及各县政府的共同努力下，仍然取得了一定的成绩。1938 年 11 月 17 日，庆阳县政府的呈文中，对该县户口调查的进展情形及所遇之问题作了较为客观的说明。

本县接到省府"动员全县知识分子彻底清查户口"的代电后，县长亲自主持，派员分赴各区，偕同区长召集当地学校教职员和知识分子，以及年龄稍长之学生、优良之学生，依照所拟办法及保甲法规中应行注意各项，施以短期训练，并委托其工作时，对于各级保甲人员是否胜任，应随时考察检举，以为调整张本。为调动便利起见，按照地域远近，一区与二区对调，三区与四区对调，以避免因亲故关系而生隐匿之弊。因一、二区距县较近，委派本府科长分往督导，三、四两区县长以其情形复杂，环境特殊，平时对于政令，动辄暗中掣肘，此时派员前往，恐难葳事，县长为慎重起见，特于 9 月 2 日亲往第三区召集各工作人员实地清查。当时该地驻防之 385 旅曾向县长要求派员协助，并表示愿听受指挥，但因事属行政范围，且系奉令办理，军人无添加之必要，故未予接受，彼等甚感失望，当时虽未敢公然阻扰，而居心破坏，已成显而易见之事。实在此非常时期，固不愿与彼等发生摩擦，但亦不能因噎废食，畏难苟安，当以实干硬干之精神，毅然进行，卒于短时期内清查竣事，并且结果非常完备。惟第四区地面辽阔，山岭重叠，又为八路军久驻之区，历年政令能够达到者仅两联保、八保，亦均清查无遗。再者，县长在此次清查户口时，对于民众意志以及生活状况随时随地加以考察，县长在四区时，对民间疾苦，抚询甚详。总之，"此次清查户口，处境虽属困难，而结果尚属完备，共计人口增加在五千人以上，壮丁增加在七千名以上，由于各工作人员之努力，亦因人民抗战情绪之热烈，毫无过去欺蒙龌龊之心理所使然也"[1]。

---

① 《呈复动员知识分子清查户口情形并造赍统计表祈鉴核由》，甘肃省档案馆，档号：15—14—410。

表5—1　　　　　　庆阳县户口及壮丁学龄儿童识字人数统计表

区别		第一区	第二区	第三区	第四区	合计	附记
联保数（保）		9	3	4	2	18	
保数（保）		41	21	25	7	94	
甲数（甲）		432	280	249	68	1029	
户数（户）		5817	3894	3221	952	13884	
男女人数	男（人）	28091	14380	15230	3514	61215	1. 查本县去岁清查户口统计表为32联保；131保；1430甲；13912户；男58686丁；女46635人，男女共计105321人，壮丁19143人
	女（人）	22066	11910	12916	2979	49871	
人口总数（人）		50157	26290	28146	6493	111086	
壮丁数（人）		10848	5050	5466	636	22000	
学龄儿童数（人）		6628	3324	3505	655	14112	2. 此次清查后人口增加5876人，壮丁增加7809人
识字人数（人）		3932	1831	1868	156	7787	
备考		查学龄儿童内男4555人，女2073人	男2209人，女1115人	男女共如上数未分列	同左		

资料来源：《庆阳县户口及壮丁学龄儿童识字人数统计表》，甘肃省档案馆，档号：15—14—410。

（三）查报户口异动

查报户口异动为保甲编组后之必要工作。举办保甲的主要目的是组织好人，清除坏人。然而，谁好谁坏，无从臆断，因而必须经过详细之调查，始可确定。编组保甲之所以需先行清查户口，意即在此。清查户口可以使保甲编组更加确实，不过，欲使保甲之编组永久确实，则必须随时办理户口异动之查报。因户口不是固定不变的，而是时时有所变化，如出生、死亡、迁徙、婚姻、继承、分居及其他种种关系，致使户口数目时有增减，户口情况时有变异，如果不予随时整理，不办异动登记，则当时虽经清查，亦有确实之保甲组织，但不期月余，则仍失其性能，历时愈久，则愈不正确，而效用亦逐渐丧失。所以清查户口为编组保甲之前提，而办理户口异动查报则为编组保甲事后之连续性工作。凡各乡镇内之各甲，其出入人口应随时稽查，各种变化情形须随时查报，一有异动，由户长报告甲长，甲长报告保长，保长报告乡镇长，乡镇长根据报告填造户口异动清册，区长再根据清册造具户口异动统计表，每月与户口异动实况加以核对，使无错误，则户口可以永久正确。户口正确，盗匪不易隐匿，奸宄无法逗留，一有陌生之人，立刻可知其来历，如发生非常事变，顷刻即知其某人所为，一切居民之情况动作均能了然，则地方安宁秩序可永久维持，地方自治事业与政府之各项建设要政亦能顺利推行，事半功倍，则国家图强致富之基，更由此而渐臻稳固。①

对此，甘肃省政府在 1934 年办理户口异动登记时亦有感触：办理户口异动，一方面可使"匪人无所匿迹，从根本上消灭土匪活动之能力"，另一方面可"求得户口动态之实况，而使各县户口永远有真确数字之可考"。可以说，"此种工作，在步骤上实与编查保甲户口有一贯之精神，而为发挥保甲效用之唯一方法。惟欲使此项工作办理尽善，有条不紊，则关于办理之程序及考核方法，似不能不有一种完密之规定，否则，保甲人员恐有无所措手之困难"。然而，"查户口异动登记暂行办法，三省总部前于二十一年十二月间已经明令公布，本省似无单独再订之必要，顾详核该项办法第三、第四、第五、第七等条之规定，所有户口异动之登记及汇报，系以甲长办公处为主办机关。唯本省人才缺乏，民智锢闭，充任甲长者定多不识字之人，对于填表等事，自难胜任，即或请人代填，而一甲之内只有十户，此十户之中，亦未必即有读书识字者，此为本省之特殊情形，似应按照事实略予变更。再办理户口异动手续较繁，主办人员不免有懈怠及需索情事，似亦应再增订专条，以资预防"②。

正是鉴于甘肃实际情形与特殊需要，1934 年 12 月 28 日，甘肃省政府拟定《甘肃省户口异动登记办法》十九条：一是甘肃省民政厅为彻底明了全省户口异动状况，统计户口确数起见，特制定本办法颁布。二是凡各县保甲户口编查完竣后，除对于户口异动之紧急事宜，依照各县编查保

①　赵益谦：《编组保甲与清查户口》，《闽政月刊》第 1 卷第 1 期，1937 年 3 月 31 日，第 19 页。

②　《呈为拟定甘肃省户口异动登记办法及各种登记报告表式请查核并转报南昌行营查核由》，甘肃省档案馆，档号：15—14—529。

甲户口条例第二十四、第二十五条规定，由户长报告甲长，甲长通报保长、乡镇长紧急处分外，平时须遵照本办法举办全县户口异动登记。三是户口异动之登记，以各县乡镇公所为主办机关，县政府为监督机关。四是户口异动之登记，依下列各项：（1）出生；（2）死亡；（3）婚姻；（4）迁入；（5）迁出。五是各户长如遇户口异动事项发生，应于三日内口头报告该管甲长。六是甲长接到户长报告后，应前往该户，经查明属实后，即于门牌上注明增减数目，并会同前往保长办公处申请登记。七是保长接到申请后，应复询登记表，无误后令户长及甲长画押或捺印证明。八是保长每届月终，应将该保户口异动状况汇造报告表二份，呈报乡镇公所。九是乡镇公所接到报告表后，应于户口调查表内查明户数，分别登记，并于每月五日以前，将该乡镇上月份各保所造户口异动状况报告表照抄一份，列表呈报县政府。十是县政府根据各乡镇呈报各表于每月十日以前，将该县上月份户口异动状况统计列表呈报民政厅备考。十一是户口异动之登记，各县政府与乡镇长及各保长须在原有之户口调查表上明白填写，以昭确实，并于附记栏内注明登记年月日，限于篇幅不敷填用时，可就原表上另加浮条登记。十二是乡镇公所户口异动之登记，由助理员负责办理，乡镇长负监督指导之责。十三是保长办公处户口异动登记及填写报告表等事项，由书记掌理，并以该保小学教员协助。十四是关于各县户口异动状况之统计报告，由县政府专设户籍员一人负责办理。十五是如有户口异动事项发生，该户长于规定期内无正当理由而不为报告者，处五角以下之罚款。十六是办理户口异动之助理员、保长及甲长有下列情事之一者，处二元以下之罚款：（1）无正当理由不受理关于户口异动登记之报告者；（2）怠于户口异动之登记者；（3）关于户口异动之登记，向报告人有所需索者；（4）对于本办法规定之统计报告表不按期编造者。十七是办理户口异动登记之助理员、保长及甲长异常出力，能按期报告且能详细明确者，得由县政府酌予奖励并呈报民政厅备查。十八是户口异动登记的各项表式，由民政厅制定。十九是本办法自呈请省政府核准之日施行，如有未当事宜，得随时呈请修正。①

虽然查报户口异动对于保甲运行极为重要，甘肃省政府也为此在南京

---

① 《甘肃省户口异动登记办法》，甘肃省档案馆，档号：15—14—529。

国民政府颁行条例的基础上，制定了适合甘肃地方实际情形的相关法规，然而，直至抗战前后，甘肃省大多县份的保甲编组和户口清查工作仍然混乱不堪，对于户口异动的查报更是未曾举办。

1937年5月，甘肃保甲委员邵体璋视察临洮县区政保甲时发现："该县保甲历任漠视，从未切实办理，成绩低劣，出乎意外。职经各区所见，门牌十不存一，保甲长挂牌从未一见（亦有恐惧过军滋扰，存于室内者），联保主任办事处迄未成立，办事处挂牌尚存区署内，户口调查表只有1936年时所制之一份存区署内。民众方面不但不晓保甲之意义，即漏户漏口，更随处发现。至编组次序是否错乱，因无门牌，实无从调查。联保连坐切结、保甲规约、民有枪炮登记烙印迄未举办。户口异动查报工作不但未能切实办理，即联保主任尚不知户口异动为何物。"据各保甲长称，1936年前所制之户口调查表，经办人员并未挨户详查，多为屋内造册。去年虽奉令整理保甲，但因县府未派委员下乡督促，各区皆未办理。①

1939年3月26日，甘肃省永登县政府在呈报中亦称："查本县户口登记过于凌乱，城关有相连数十户未登记者，有已登记而实无其户者，各区各保或仅一二十户，或多在五六百户，各户人数、年龄、性别等栏，更系随意填写，因此征兵、征夫、禁烟以及一切政务，无一事能按法定手续办理。"而县境地域辽阔，各族杂居，浑水摸鱼，事事掣肘。"窃念省府对于保甲可谓煞费苦心，近数月来，委派督察专员分区极力整顿，更集中训练保长，又令各县训练户警，专办户口异动，今本县户口之登记与编制如此混乱，是不独有碍工作推行，且与钧府整理政治之苦心完全违背，为正本清源计，非重行清查，彻底改编不可"。唯数年行之而不获者，断非朝夕之力所能完成，且征发浩繁，必须兼顾，工料昂贵，又需巨资，"加之上年所颁表式过于简单，不独烟民、学童、壮丁年龄无从考察，尤不足为将来异动之根据，似仍以分列亲属同居姓名者为宜"。如此则一户一页，所占工料、时间、人工尤巨，县长思维再四，拟请由地方筹款，先将表册印妥，再由县长率领全县各区保长暨学校教员，预定三个月查编完竣，否则钧府督察专员到县，亦将无法措施，而本县保甲基础亦永无就范

---

① 《临洮县区政保甲视察报告书》，甘肃省档案馆，档号：4—8—448。

之日。①

综上所述，20 世纪 30 年代甘肃省县政府对于保甲编组、户口清查、户口异动查报等项工作，虽有办理，但基于诸多原因之影响，几无成效。那么，是什么因素阻滞着甘肃保甲制度的深入推进，又是什么因素促动着保甲制度在中国乡村社会落地生根？虽然答案千头万绪，但有一条毋庸置疑，即抗战年代之中国，沉重的兵役田赋不断压迫着普通民众的生存资本，而保甲制度征兵征粮的主要功能却又几乎成为国民党维系战争机器运行的发动机。这种二律背反之矛盾，一方面使得保甲制度的推行因民众的不认同而变得困难重重，另一方面国民政府为了更加有利于征兵征粮而不得不对保甲制度努力推行，因为这一时期之国民政府还未制定出一个更好的基层社会管理体系来代替保甲制度以完成抗战年代特殊的战争后勤任务。

二　保甲制度对甘肃基层社会的整合与调控

抗日战争不仅是中日两国之间军事力量的对抗，更是两国人力、物力、财力的长期比拼。在这一艰苦卓绝的战争中，中国军民是如何在军事、经济力量处于极大劣势的情境下坚持抵抗日本侵略者达十四年之久，并且取得了最后胜利？中国虽然地广人多，但人口分布却极不平衡，况且 90% 以上的中国人口聚居于偏远的农村地带，如何将抗战的理念宣传到封闭保守的中国农村？如何将众多的青壮年劳力征送至抗日前线？如何将农村社会财富集中起来并用之于抗战？保甲制度无疑成为国民政府实现上述目标的理想选择。尽管民国时期的保甲制度还存有着诸多难以克服之弊病，但它在中国抗战的艰难年代，却圆满地完成了历史赋予它的历史使命。

20 世纪三四十年代的中国社会仍然是一个徘徊于近代化大门之外的农业社会，自给自足的小农经济仍然是中国经济的主要特征。自近代以来，中国的城市人口虽有增加，"但城乡人口的比例却没有重大变化。尽管从国外进口一些新产品，国内工厂也生产出一些新产品，但都是微不足

---

① 《呈报本县户口登记前极凌乱拟由地方筹款先将表册印妥重行改编可否之处伏乞鉴核示遵由》，甘肃省档案馆，档号：15—14—463。

道，对人们的生活质量几乎没有影响。信贷机构数量极少，而且力量也很微弱；统一的全国市场还未形成，对外贸易对于大多数人口并不重要。在整个中国农村，依旧呈现高出生率和高死亡率的人口统计格式。经济上的困难，特别是农村的贫困，是中国的普遍现象"①。因此，虽然在中国东南沿海的通商口岸及各大城市已有规模不同的工业经济崭露头角，但这些表象并不能掩盖中国半殖民地半封建的社会性质，即中国国家机器的运行仍主要依赖于乡村社会的人力、物力与财力，尤其是在革命战争年代。因此，抗战爆发后，随着东南沿海及华北主要城市的迅速沦陷，农村丰富的人力、物力和财力资源无疑成为中国持久抗战的发动机和动力源。

虽然说农村是中国持久抗战的基石，但如何将广袤的乡村社会纳入国家行政体系，并有效地实施征兵纳粮、训练壮丁、征运兵员等，保甲制度无疑承担了这一艰巨而光荣的历史重任。对此，当时政、学两界亦一致认同："保甲负有复兴农村，解放农民，致国家于富强，促民族于复兴之重任。亦惟有将复兴农村，解放农民，致国家于富强，促民族于复兴之重责托付于乡镇保甲，始可得到成功。"②

既然历史将这一重担托付于保甲，那么，作为保甲制度的实际执行者，乡镇保甲长将主要承担哪些工作呢？为了更加清晰地说明保甲制度在平时与战时的不同角色，本书以甘肃省保甲制度的推行为例。1934年8月甘肃省政府颁行《修正剿匪区内各县编查保甲户口条例》，其中规定：1. 保长受区长之指挥监督，负维持保内安宁秩序之责。2. 甲长承保长之指挥监督，负维持甲内安宁秩序之责。3. 各户户长如发现特殊情事，须立即报告甲长。③ 不难发现，在平常年代，保甲长主要职责是清查户口、控制人口流动，防止奸匪潜入，安定乡村社会秩序等。其主要措施为：清查户口、编组保甲、办理户口异动登记，办理救灾、御匪或建筑碉堡公路，以及协助军警搜捕盗贼或攻剿土匪等。

然而，抗战的爆发和战争机器的持续运行，迫使乡镇保甲长的职能亦开始发生变化。因为战争年代的乡镇保甲长，不仅需要"办理征兵征粮，

① 费正清编：《剑桥中华民国史》（上卷），中国社会科学出版社1994年版，第31—32页。
② 李宗黄：《现行保甲制度》，重庆中华书局1943年版，第188页。
③ 《修正剿匪区内各县编查保甲户口条例》，甘肃省档案馆，档号：15—14—525。

筹募公债捐款，组训民众，防御奸匪，抢运物资，搬运军需，探听敌伪消息，协助军警工作"，而且也需要"户口调查，异动催报，民众纠纷的排解，各种会议的召开，政府法令的推行，乡保学校的设立，扫除文盲，提倡合作事业，发展后方生产，振兴实业，充实自卫力量，维持地方秩序，优待征属，救济难民，以及长官来要招待，军队到要慰劳……一切的一切，举不胜举"。可以说，战时的乡镇保甲长在实施管、教、养、卫，推行地方自治的同时，将更多的精力投放在"动员人力、物力、财力，争取抗战胜利"方面①，可谓责任繁重，重托在肩。

为了使保甲制度在战争年代更加行之有效，1938年甘肃省政府在原有保甲编制的基础上，重新设立新的一级，即为联保。联保介于保和区之间，每联保设联保主任一人。联保主任接受区长的指挥监督，办理如下各项事务：（1）辅助区长推行各项重要政务；（2）指挥监督所属保长甲长执行职务；（3）抽查户口；（4）教诫本联保内居民毋为非法；（5）辅助军警搜捕匪犯汉奸及间谍；（6）执行保甲规约上之奖惩；（7）计划并办理本联保内之公共事务；（8）其他依法令或保甲规约所规定，应由联保主任执行之事项。②

甘肃省政府在抗战时期设立联保主任，亦是用心良苦。正如1938年11月甘肃省政府训令称：此次新设之联保，一为辅助区署，推行省县政令；二为扶植保甲，树立自治基础。在此基础上，借此吸收知识青年，深入内地乡村，共同担负抗战之重托。因此，对于联保主任之人选，必须严格遵循"保甲补充条例"第七条之规定，慎重遴选，原有之联保主任，如其资格不合规定，但因其过去口碑尚佳，且成绩优良，可以重新加委，令其继续工作；若其资格不合且能力短缺，则一律停职，重新遴委；不得稍事犹豫。同时规定，由于"目前联保主任工作繁重，应以专任为原则"③。甘肃省政府一改原有保甲人员均为义务职之原则，将联保主任委以专任，一方面体现了甘肃省政府对于保甲工作的重视及努力推行之决

---

① 葛文渊：《对于乡镇保甲长应有的认识》，《浙江省地方行政干部训练团团刊》1943年第34期，第12页。

② 《甘肃省保甲补充条例草案》，甘肃省档案馆，档号：15—14—525。

③ 《令为妥编联保并慎选联保主任由》，甘肃省档案馆，档号：15—14—525。

心，另一方面也标志着国民政府开始把乡村社会的控制权由自治人员之手纳入国家行政体系的范畴，国家基层权力机构开始由县政府向乡镇公所（联保）下移。

无论国民政府对乡镇保甲长的职能如何规定，面对特殊的战争环境，乡镇保甲长实际上承担了对基层社会的组织、动员、控制、整合以及征纳田赋兵役等所有事项。正如时人所言："全面抗战期间，后方一切人力、物力之供应，无不以保甲组织为其基础。"[1] 而"举凡征兵、征工、催科、派款、各种繁难工作，无不责成保甲办理"[2]。不过，保甲制度虽兼有"保、教、养、卫"四大功能，但加强壮丁训练、完成兵役任务无疑成为抗战时期保甲工作的重中之重。自 1934 年甘肃省政府推行保甲制度以来，壮丁训练便成为甘肃保甲推行中的一项核心内容。为了对各县壮丁人数有案可查，甘肃省政府在清查户口之时，即"另备壮丁清册，将保内十八岁以上四十五岁以下之壮丁按户登记，其册内应列事项：（1）姓名；（2）年龄；（3）住址；（4）有无职业；（5）技能；（6）已否受训"。壮丁清册与户口调查表呈送区署后，由区署汇转县政府、省政府及专员公署备查。[3]

至于壮丁登记及实际训练情形，代理西和县县长张标于 1935 年 9 月 27 日呈称："遵查本年保甲，依限于七月八日以前办理完竣，业将编查保甲暨户口数目列表呈报在案。惟当时各乡镇查报壮丁，全县共计二千六百五十六名内，复经县长派员切实抽查，并以本县处在匪区，除将老弱暨染有嗜好不堪任用者一律淘汰外，全县实有壮丁计中山镇三百三十一名，板桥乡三百三十三名，西华乡四百五十五名，固城乡二百九十五名，太白乡五十六名，共计一千四百七十名，前经分别列表呈报甘肃第三区行政督察专员公署核转在案。"[4] 同时称："本县壮丁队正在编组，不日即可编成，编竣后即遵照奉发训练办法，切实训练。"[5]

---

① 《快邮代电》，新津县档案馆藏新津县政府民政科档案，档号：1938—55—2。

② 胡次威：《谈保甲制度》，《新四川月刊》1939 年第 1 期，第 94 页。

③ 金塔县政府第一科制订：《本县整理保甲补充办法》，甘肃省档案馆，档号：15—14—556。

④ 《呈赍编组本县各乡镇壮丁队报告表乞鉴核由》，甘肃省档案馆，档号：15—14—328。

⑤ 《呈复壮丁队正在编组情形请鉴核由》，甘肃省档案馆，档号：15—14—328。

由此可见，即使在平时，甘肃省政府对保甲制度的推行和壮丁的登记亦甚是积极，因此，时至抗战爆发，甘肃各县壮丁登记及训练已取得了一定成绩。1936年12月1日，永靖县民众代表称："民国以来，各省军阀为充实力起见，或编保卫团或组保安团，诸如此类，名目不一，编法亦异，以致遍地成为似是而非之军队，国事酿为内忧外患之局面，土劣日益剥削，人民益不堪命。蒋委员长有见及此，倡办四大要政，必以保甲为先，所有以前之保卫保安各团队，归并保甲之内，诚为人民自卫之阶梯，亦充实国力之良方。职县遵照办理将近二载，凡四十五岁以下十八岁以上之男子，除残疾人及在学校肄业或家无次丁在外有职业者免除外，其余合格之男子均编入壮丁之内，依法组织，按期训练，匪人不敢入境，地方赖以安宁，办理保甲之效果，从此可见。"①

抗日战争爆发后，随着中国正面战场的不断失利和东南沿海各大城市的相继沦陷，为了坚持抗战，国民政府对大后方农村地域的人力、物力、财力的需求与日增加。而战前经过训练的壮丁亦成为国民政府征运兵员的第一选择。为了适应战时需要，甘肃省政府对应征壮丁做了较为详细的规定，如对应征办法、身家状况、身体状况、抽签实施办法、壮丁解送办法等亦做了具体规定。②甘肃省保甲视察员1938年赴各县实地调查后称：各县基本上完成了上级分配的兵役任务。如康乐设治局虽然自1928年回汉冲突以后，继受旱灾及红军过境之影响，民心迄未安定，回汉相处，表面虽甚融洽，内心仍有隔膜，宗教问题，依然严重。但在该局的努力下，保甲工作仍取得一定进展，征兵事宜亦有较好成绩。1938年"该局短少兵额共一百四十名，已于上月送省一百三十六名，除中途逃跑八名及检验未及格者二十余名外，共计验收一百零一名，仍欠三十九名，约于最近期间即可补送来省"③。临洮县"一二三月份短少兵额共二百十五名"，在联保主任及保甲长的宣传督导下，"各区已送到新兵一百十余人，日内当可送足一百五十名，县府即派专人送省"。同时"该县义壮常备队，虽于四

---

①《呈请整顿保甲以苏民生由》，甘肃省档案馆，档号：15—14—328。

②参见《调查应征壮丁注意事项》，甘肃省档案馆，档号：15—14—541。

③《康乐设治局区政保甲视察报告书》，甘肃省档案馆，档号：4—8—448。

月一日成立，但训练实自四月十五日开始”①。

由上所述，甘肃省作为抗战之后方基地，为抗战提供了大量的兵员支持。虽然在这一过程中，乡镇保甲长出于诸多原因而采取了许多为人不齿之手段，但在抗战之特殊年代，从坚持抗战的全局出发，无论乡镇保甲长采取了何种手段，都在一定程度上完成了国家赋予他们的历史重托，因此，从历史和国家的角度来看，他们的行为既是恶劣的，也是值得同情的。毕竟国家的利益高于一切，抗日战争事关中华民族的生死存亡，个人的利益服从国家的需要，是每个公民应尽的义务。

三　保甲制度的角色转换及功能异化

抗日战争时期，保甲制度在完成训练壮丁、征运兵员的同时，亦承担着治理乡村社会、安宁地方秩序的本职工作。事实上，加强非常时期基层社会之控制，对抗战所需之征兵纳粮任务的完成显得尤为重要。抗战爆发后，为了应付战争之需要，保甲制度的社会控制功能再次得以强调。1937年12月8日，甘肃省政府训令各县：“查整理保甲，各县行将就绪，关于严格调整保甲长人选，精密统计户口及壮丁技能、人员数目等事，业经通饬各该县遵照在案。惟此次整理保甲，为求切实完成清乡工作，加重民众组织训练与使用，以应付非常，树立自治基础起见，必须藉此时机，加倍努力，完成整理之任务。兹再根据整理保甲办法，以要事数则相告，各该县长务必特别注意，督饬实施。”② 此次保甲整理之内容有以下方面。

第一，实行联保连坐，以发挥保甲之消极精神。实行连坐切结之本意，原为“予人自新，互相监视，杜绝匪源，保护良善”。而在抗战时期，为防止汉奸、间谍的活动，尤需切实办理。乡镇保甲长应将连坐切结的意义及责任，先向各户长普遍讲解，“如有无人与之联保，不能觅取切结者，由保长一面交付该户支分较亲之亲属看管或具报，一面责令同甲各户户长严密监视”。第二，切实执行保甲规约，以发挥保甲之积极精神。“查保甲公约，为实行团结互助，发展公共利益之一种规律”。凡属保甲以内之住户，均有奉行遵守之义务，应由县政府指导乡镇保甲长，“在法

---

① 《临洮县区政保甲视察报告书》，甘肃省档案馆，档号：4—8—448。
② 《甘肃省政府民二成字第1680号训令》，甘肃省档案馆，档号：15—14—556。

令道德范围以内，依照地方实际需要情形，酌量协定，广为印刷张贴，或用大字誊写墙壁，再由保甲长及地方知识分子向一般民众详细讲解，俾能了解公约内容，知之既真，行之自易。"第三，登记户口异动。户口经一次调查后，不久即发生变动，如不继续查报，则以前调查，概无意义，以后统计，亦无根据。"为随时稽查奸宄，永久保持户口数目之精确起见，应督饬区保甲长遵照省府颁行的户口异动登记办法及表格，按月查报，由县统计呈报备查。"第四，查验自卫枪支。登记自卫枪支，其目的是"使民间枪支不落匪人之手，并由政府保护，作为充实地方武力之用。应督饬乡镇保甲长遵照各县自卫枪炮查验烙印及相关规程办理，造册呈报"①。

由上可知，甘肃省政府将"联保切结"作为保甲整理的第一事项，在一定程度上隐现出民国保甲制度本身所固有的封建性和传统性。事实亦证明，20世纪30年代国民政府试图"融保甲于自治之中"的改革尝试并未给保甲制度带来太多的民主意蕴。事实上，以"连坐"的方式迫使老百姓相互监视之情景，在宋朝的剧本中多有出现。当村庄出了"杀人公事"，追击嫌疑犯，"脚不点地""赶得汗流气喘，衣服拽开"的往往并不是官差，而是该嫌疑犯的"连坐"邻舍。不难想见，传统保甲中"连坐"的株连法对普通老百姓的惩处及其心理压迫是何等深刻。民国保甲制度虽在一定程度上借鉴了地方自治的精神，但在20世纪三四十年代的峥嵘岁月，国民政府并未将保甲制度的痼弊——株连之法彻底革除。尽管国民政府时期的"联保连坐"已经不像王权时代那样严苛得令人难以喘息，甚至很多地方的"连坐"亦仅为书面文字，但国民政府将株连之法的保留，仍在一定程度上说明了国民政府推行基层政制改革的局限性。

在人们将目光聚焦于国民政府推行保甲制度的同时，也许会问，保甲制度为什么会在20世纪30年代获得新生？在保甲与自治的交替交融中，保甲制度为什么还能稳中求胜？抗战时期的保甲制度为什么会朝着传统保甲之特征迅速偏移？事实上，这既与近代中国半殖民地半封建的社会性质密切相关，亦与几千年来中国传统乡村社会形成的人脉关系网络紧密相连。可以说，中国乡村社会特殊的关系网络，为保甲制度的实施提供了适宜的社会环境和发达的文化空间。

---

① 《甘肃省政府民二戌字第1680号训令》，甘肃省档案馆，档号：15—14—556。

　　中国乡村社会这种"权力的文化网络"中既包含着"宗教信仰、相互感情、亲戚纽带以及参与组织的众人所承受并受其约束的是非标准"，而乡村社会反过来"赋予文化网络一种受人尊敬的权威"，它激发着"人们的社会责任感、荣誉感——它与物质利益既相区别又相联系——从而促使人们在文化网络中追求领导地位"①。乡村社会中的人们，由于世世代代生于斯、死于斯，仅仅用"熟悉"二字，已不能完全概括他们之间的关系，整个村庄都笼罩在一种"爱得也深，恨得也深"的社会氛围之中，人际关系盘根错节。由于一个村庄的居民世世代代居住在一起，因此，他们之间即使有了隔阂，也不能一走了之，这种特定的社会环境亦会酝酿出一种乡村社会特有的经世仇恨，这种仇恨不仅能使邻里之间"老死不相往来"，甚至报复时无所不用其极。② 这种特殊的乡村文化网络，在为保甲制度提供了内生动力的同时，亦为国家权力的强行介入自开缺口。国家权力与乡村既有权力的融合，构成了抗战时期中国乡村社会独特的权力结构网络。

　　抗战时期保甲制度对乡村社会的控制可分两种类型：一是联保连坐，二是保甲规约。前者属于保甲制度的外化控制（External Control），后者属于保甲制度的内化约束（Internal Control）。前者依靠的是严刑峻法，后者依靠的是潜移默化的礼法。保甲制度在儒家文化的熏陶下历经千年，其隐含的社会控制功能不仅有株连式的联保连坐，也有潜移默化式的保甲规约。甚至有人认为"保甲运用，全赖保甲规约为之维系，其权威效用与政府之法规相埒"。而正因为"以往之保甲，绝无规约之可言，即有之，亦系区长县长制定之印版文字，不过保甲长加盖手摹或印信，以应上官考绩之用，故以往之保甲，不惟不能显著其功用，且为世诟病也"③。费孝通在谈及中国乡村社会时也认为，"在一个熟悉的社会中，我们会得到从心所欲而不逾矩的自由。这和法律所保障的自由不同。规矩不是法律，规矩是'习'出来的礼俗"④。而礼俗之所以会被乡民所世代遵从，且不被

---

① ［美］杜赞奇：《文化、权力与国家——1900—1942年的华北农村》，王福明译，江苏人民出版社1995年版，第20页。

② 李银河：《论村落文化》，《中国社会科学》1993年第5期。

③ 《保甲规约刍议》，《县训》1935年第8期，第16页。

④ 费孝通：《乡土中国》，生活·读书·新知三联书店1985年版，第5页。

轻易抛弃，归根结底是因中国乡村社会从古到今几乎未发生太大之变化，他们生产方式刻板，生活内容单调，加之经济落后，交通不便，信息闭塞，诸如上类，在加剧乡村社会固化的同时，亦赋予了礼俗和乡约的神圣化和有效性。[①] 基于此，时人提议："我国素以宗法社会著称于世，宗族家族之观念，深入人心……其族规乡约早已刊入家乘"，对其违反之人，"或用体罚，或当众谴责，毫不客气。这种互相监督的精神，拘束力的伟大，实较政府的法令，有过之而无不及"[②]。由此可见，乡土社会在中国几千年的历史熏陶和乡土文化的积淀下，已形成了自己独特的内部规矩，而保甲制度则是这种内在约束的一种权力表现形式。这也是保甲制度能在中国乡村社会存留千年之久的重要原因。

近代以来，在西方坚船利炮的冲击和欧风美雨的浸润下，中国社会开始朝着近代化的方向缓缓移行，而国家权力在近代化的推动下亦悄然地向着乡村社会逐步渗透。虽然中国乡村社会是一个具有悠久历史的生命体，在面对国家权力的渗入时，无疑会出现本能的抵制，不过，这种抵制虽在一定条件下能够争取到自己的有限利益，却加深了国家权力的渗入。[③] 乡村社会原有的权力结构开始受到新乡村精英分子的挑战，他们有知识、有技能，甚至比他们更有门路和雄心，这些已不再是没落的乡村士绅阶层所能够比拟的。[④] 尽管乡村与国家权力的博弈在一定程度上加速了传统乡村社会的瓦解，但国家权力在 20 世纪三四十年代的渗入也付出了一定的代价。因为连年的战争促使国民政府在借用保甲制度加强对基层社会控制的同时，亦无休止地征索着难以计量的战争物资和兵役劳役。虽然国民政府借助于保甲制度将乡村社会的人力、物力、财力聚集在一起，在一定程度上维持了抗战的持续运行，但不幸的是，国民政府始终无法建立起一套行之有效、互利双赢的能促进基层社会与国家整合的基层社会控制体制，也

[①] 周晓虹：《传统与变迁——江浙农民的社会心理及其近代以来的嬗变》，生活·读书·新知三联书店 1998 年版，第 1 页。

[②] 徐幼川：《实施保甲规约之我见》，《江苏民政》1935 年第 1 卷第 2 期，第 21 页。

[③] 汤水清：《施压与抵制——从"窃线"案件看 1940 年代后期国家权力与乡村社会的关系》，《近代史研究》2013 年第 4 期。

[④] ［美］亨廷顿：《变化社会中的政治秩序》，王冠华等译，上海世纪出版社 2008 年版，第 28—29 页。

无法摆脱乡村社会紊乱失序的现状。究其原因，一方面，是位于国家和基层社会之间的绅权结构在民国的质变；另一方面，则是在战争的严酷催逼下，保甲制度的社会功能已经脱离了既有之轨道而发生变异。即保甲制度对基层社会的控制已经失却了对乡民的治理和教化功能，而更加青睐于对其无休止的索取，更为不幸者，乡镇保甲长在执行中更倾向于"以暴制暴"的单一手法，其最终之结果当不言自明。

不过，基层政制的变革必须与其所产生的时境相适应，而时境的变化亦会引发政制改革的脱轨。20世纪三四十年代的中国，连年的战争迫使国民政府不得不寄托于保甲制度更多的期望。虽然对战争物资和兵员的有效征运，在一定程度上实现了国民政府推行战时保甲的主要目的。但在这一过程中，国民政府也的确强加给乡镇保甲长额外的繁重工作，但也赋予了与其本身职责并不相称的无限权力。这一扭曲的历史变相，真切地展示出战争年代保甲制度特有的社会功能和畸形的发展走向。

虽然有人称"保甲为地方民众组织之基础，为推行政令、维持治安可资运用之最好机构，负有发展自治、完成建设之重大使命，故保甲组织之任务为双重的，保甲制度之性质为演变的"[1]。但事实上，20世纪三四十年代的保甲制度不仅仅是县以下所有行政机构的代名词，而且在实际执行中亦承担了基层行政机构所应承担的所有任务。在这一混沌的历史时期，不管是保甲机构，还是自治设施，无一不以保甲命名；不管是行政事务，还是民事纠纷，无一不与保甲休戚相关。对于保甲事务之繁苛、乡镇保甲人员待遇之微薄，时人曾讥讽称："保教养卫四件事，衣食住行一块钱。"[2]

1938年，甘肃省第一区行政专员胡公冕在提及乡镇保甲人员处境时表示：保甲组织本为肃清奸宄，促进民众互助，树立自治基础。无奈县区组织尚未健全，各种事务往往又推置于乡镇保甲，"县区纸上行文，保甲日充奔走，于是为保甲者苦矣"。自抗战以来，"所责于保甲者尤多，举凡役政、养路、救济以及征发集会"等，无不依赖于保甲，于是乎，本

---

① 萧文哲：《保甲制度之检讨》，《地方自治半月刊》1940年第1卷第12—13期合刊，第37页。

② 阮毅成：《保甲制度与地方自治（续）》，《浙江自治》1939年第14期，第6页。

来可业余轻松完成之任务，在抗战时期却"昕夕从公，犹虞不给"。不得已，乡镇保长只好抛弃原有之工作，而专门办理保甲公事。① 既然乡镇保甲长决心弃业从公，那么，如何解决乡镇保甲人员及其家属的生活问题，则显得尤为重要。靖远县政府提议称："自抗倭战争发生，物价昂贵较之平时竟达数倍"，而乡镇保甲人员之俸给，过于微薄，"生活殊感艰穷，在此种情况之下，不但不能使之安心工作，抑且难期养廉，以极低微之待遇，求廉能之干材，不啻缘木求鱼，如欲奖励廉能，使政治臻于上，理自应增加待遇"②。甘肃省民政厅厅长马继周在致各县市局长的函中亦表示："区乡镇长事务繁杂，待遇菲薄，加以差役烦扰，怨尤汇聚，贤能者往往视为畏途，裹足不前，而为之者又未必尽皆贤能，十余年来，乡镇工作未能有长足之进展，此实为最大原因。"③

那么，甘肃省政府能否切实解决乡镇保甲人员及其家属的生活待遇问题呢？陇西县县长孙振邦一语道出了实情：近年来"本省于干部训练及服务待遇已有相当改进，惟以拔选之干部，因教育尚未发达关系，其资质已较低下，而训练之时期甚短，故精神之改造、能力之补益，未能充分。一旦担任繁重艰苦之工作，仍有力不能胜之遗憾"。加之待遇未能增高，每月仅有薪公费五元，如果其家境殷实，且在本保服务，尚可勉强敷用；如若家境不济，便难以枵腹以从。诸如此类，困难横生。不过，抗战时期，财政紧缺，如要提高待遇，即要增加地方负担，因此，甘肃省政府虽有提高乡镇保甲人员待遇之想法，但因情势所迫，而又不能遂行，"此为政治上矛盾现象之一种"④。

既然乡镇保长不得不把全部精力用之于保甲事务，但甘肃省政府又不能提供其足够的办公经费和生活补偿，那么，乡镇保甲长要么事事无为，要么暗中摊派。但抗战时期，征兵催粮，急如星火，乡镇保甲长即使想庸碌无为亦有所不能。因此，为了维持保甲运转，保证自己及家人的衣食住行，乡镇保甲长便名正言顺地向所辖区域的居民就地摊派（不过这种摊

① 第一区专员胡公冕提：《拟请提高联保主任及保长经费案》，甘肃省档案馆，档号：4—4—176。

② 《靖远县政府对实施新县制之意见》，甘肃省档案馆，档号：4—4—164。

③ 《致各县市局长函》，甘肃省档案馆，档号：4—8—621。

④ 《健全保长品质并提高其待遇以资服务而利选用案》，甘肃省档案馆，档号：4—4—176。

派并不单独进行，而是随军粮及徭役一起摊收）。虽然这种摊派表面上有合理之处，但其多摊之数却相当惊人。马叙伦的一位朋友称：他老家的一位乡长仅用半年时间就私自摊收经费三四十万，这还不算其家里过大小红白事时保长的送礼。当然，保长的礼钱也是向其保里各户摊派的。因此，老百姓除了准备缴纳军粮、代购兵役需要每月"预备几万几千块钱外，还得预备千百块钱给保长送份子"①。此外，乡镇保长在征兵过程中更是捞得了不少好处。例如，当政府要在一个乡镇开始征兵，而这个乡镇在征兵前又没有做过详细的户口清查，于是，乡镇保长便乘机舞弊。如上面本来只征 10 名，他们则征 30 名，这多余浮报的 20 个名额，便成为乡镇保长敲诈勒索的本源。1946 年报称："北平壮丁价格每名值百数十万与一百万元之间。"② 因此，当时有歌谣称："现在征兵事，流弊遮青天。朱门弟四五，不见出兵男，贫家落户儿，征土满衣衫。为的没势力，囊中缺金钱，……没势又没钱，汝身塞北立，家庭却在南。非是怨征兵，只怨理公难。"③

不过，抗战时期的乡镇保甲长也不是容易干的。一方面，地痞流氓乘隙而入，占据乡镇保长职位，鱼肉百姓，横征暴敛；另一方面，上级政府催粮征兵，急如星火，如有耽搁延误，轻则劫其家产，重则刀砍鞭抽，打死逼死者比比皆是。对于抗战时期的征兵困难及其问题，蒋本通亦做过较为中肯的评述："谁也不能否认此次抗战是我国生死存亡的关头，更不能否认上前线杀敌是中国国民人人应尽的义务，日本帝国主义的强盗，已经冲进了我们的心腹，杀戮了百万的人民。"是而可忍，孰不可忍，"我们要为国家、民族、家乡、子孙……都应该到前线去杀敌"。然而，征兵之路却障碍重重，有些地方甚至发生激烈冲突。这不是老百姓缺乏爱国思想，而是他们对于征兵的意义不甚了解，更何况各种现实的困难也影响着出征壮丁保家卫国的决心和信心。譬如，"出征人家属的担负，田园荒芜，妻子儿子的留恋，老父老母的悲哀，谁高兴抛弃了目前的苦闷而去求得将来的光明呢？还有更不好的现象，当保甲长等赴各乡去

---

① 马叙伦：《从民变说道保甲制度和民主》，《周报》1946 年第 26 期，第 4 页。

② 凌元：《征兵惨闻》，《光明报》1946 年第 8 期，第 10—11 页。

③ 常鲁呆：《征兵弊》，《田家半月报》1941 年第 8 卷第 18 期，第 16 页。

征调，人民既不完全明了抗战的意义，看见那些征兵官吏与平日鱼肉惯的保甲长，自然对之如临大祸一样，发生反感"①。不过，国民政府认为，乡镇保甲长与普通民众之间的冲突，无论谁是谁非，面对抗战时期的特殊需要，都应该以国家、民族的利益为重。因为在他们看来，保甲制度是抗战年代"急不容缓的一种救亡工作，但是战时的民众本身所需要者以及国家所需要于民众者与平时不同，如军需的问题、交通的问题、民夫的征发、汉奸的制止，无事不需要保甲，所以保甲之事亦应当就战时的特殊情形而决定的一种新的方针及办法"。他甚至提出，战争年代的民众组织"不必拘泥形式或名称，只要工作可以开展，形式或名称都可以迁就环境的"②。

正是抗战年代特殊之时境给予了保甲制度特有的社会功能，同时也赋予了乡镇保甲长与其本身职责并不相符之无限权力。保甲制度在完成征兵纳粮、维持战争运行的同时，亦失去了本身固有之属性，而乡镇保甲长在这一过程中亦由一个乡村社会的治理者迅速转变为一个乡村社会的控制者和索取者，甚至是欺诈者的角色。正如杜赞奇所言：虽然欧洲与中国在国家权力的渗透中有诸多相似之处，但中国国家政权的向下延伸仍有其自身之特点，由于国民政府对乡村社会的榨取能力要远远超过对其的控制能力，因此，民国时期"国家政权的现代化在中国只是部分地得到实现"③。的确，国民政府也试图改变这种国家政权内卷化的倾向，并将国家权力由县一级下移至乡镇村庄，但事实证明，单靠法规的制定和制度的改良并不能从根本上解决中国乡村社会根深蒂固的陋习，何况这些法规的执行和行政机构的改良都需要国家权力强有力的扶植和推行，而这恰恰也是国民政府无力做到的，尤其是在战争年代。与之相联系，民国乡镇保甲长在完成征兵纳粮之任务及充实自己腰囊的同时，亦为自己的行为背负上了沉重的历史骂名。

---

① 蒋本通：《抗战中的征兵问题检讨》，《越王魂半月刊》1939 年第 3 期，第 15 页。

② 黄伦：《战时保甲制度的任务》，《时代动向半月刊》第 4 卷第 6 期，1938 年 9 月 30 日，第 12—13 页。

③ ［美］杜赞奇：《文化、权力与国家——1900—1942 年的华北农村》，王福明译，江苏人民出版社 1995 年版，第 66 页。

第三节　甘肃保甲户口资料中的人口问题

清查户口既是保甲制度的核心内容，又是保甲编组得以实施的前提。它不仅是封建王朝催征田赋兵役的主要依据，也是现代国家对基层社会实施有效管理的重要保证。马克思在《政治经济学批判·导言》中强调指出："当我们从政治经济学方面观察某一国家的时候，我们从该国的人口、人口的阶级划分、人口在城乡海洋的分布、在不同生产部门的分布，输出和输入，全年的生产和消费，商品价格等开始。"① 然而，户口统计并不是一连串笼统数字的排列组合，而是与人类生活紧密相关的一种社会问题。恩格斯在《家庭、私有制和国家的起源》中明确指出："根据唯物主义观点，历史中的决定性因素，归根结底是直接生活的生产和再生产。但是，生产本身又有两种。一方面，是生活资料即食物、衣服、住房以及为此所必需的工具的生产；另一方面，是人类自身的生产，即种的繁衍。一定历史时代和一定地区内的人们生活于其下的社会制度，受着两种生产的制约。"② 可见，人口的再生产不仅需要与当时当地物质资料的再生产相协调，也必须与当时的社会制度相适应。反言之，对某一时期人口问题的分析，也可以从中探究出当时该地区的社会风俗、经济发展与政治进化的程度。

一　保甲制度推行前甘肃人口之历史状况

中国封建统治者为了征派赋役、管理户口，很早就建立了一套较为完善的户口统计制度，但由于诸多因素，王权时代对户口的统计数据多不精确。究其原因，官民双方均难脱其责。可以说，"隐匿不报或少报人丁、口数是民众所为，而漏报、漏统和应付上报是官员做法。至于一些民族、阶层和群体人口数没有被纳入'大计'之中，则是由制度造成。另外，个别时期上报户数多于实际，主要是官员为求政绩而虚报。因而，历史上户口不实的主流为官方所掌握户口数据低于实际生存人口数。当然，这种

---

① 《马克思恩格斯选集》（第 2 卷），人民出版社 1972 年版，第 102 页。
② 《马克思恩格斯选集》（第 4 卷），人民出版社 1972 年版，第 2 页。

状况在不同时期和朝代之间也有程度之别"①。

事实上,封建王权时代的人口调查之所以不准确,也与其整体的乡村治理观念紧密相关。与西方国家不同,中国历代封建王朝对于乡村社会向取放任政策。"西洋各国,因处在竞争之下,所以国家对于人民的生产消费都取干涉的政策,对人民的数目、财力,皆时时调查,而人民亦依赖国家而生存。可是中国国家向取放任的政策,人口也不调查,土地也不调查,所谓'太平有道时,人民仰相望',人民与国家毫无关系,国家只希望人民纳税,不希望人民干涉政治,人民也乐得自耕自食,有了纠纷的事体,先有家长、族长的判断,实在不得解决才打官司,中国人只希望政简刑轻,所以国家和人民都很消极。"② 不难发现,封建王权时代的人口调查是在一种极其消极的状态下进行的,因此其结果也是可想而知的。

冯和法在论及中国农村的人口问题时称:"关于中国农村社会的实况的统计,可分为四类:第一,已有材料的错误与矛盾;第二,已有材料的缺少准确性;第三,不足代表全体的部分材料;第四,便是完全没有。"③以甘肃省为例,清末民初,甘肃除宣统年间进行过一次"地理调查"外,较少进行人口统计,人口资料缺乏。虽然清代也进行过人口统计,但由于原始统计资料已丢失不存,因而学术界对甘肃人口也只能进行粗略估计。由于依据的资料不同,对于甘肃人口的估计数亦相距甚悬,有的差距之大,令人难以置信。虽然其中也有一些来源不同的统计数,具有一定的参考价值,但因与估计数相杂,难以区分,因而失却了原有之价值。④

据1941年7月《甘行月刊》第1卷第45期《甘肃之人口》一文中载,甘肃人口向少有正确统计,兹将历次调查统计或估计数字列表于后,仅供参考。

①　王跃生:《中国近代之前户口统计中的问题考查》,《统计研究》2013年第9期。
②　梁漱溟:《中国地方自治问题》,《苏声月刊》1934年第1卷第5期,第88页。
③　冯和法:《中国农村的人口问题》,《中华农会学报》1931年第89期,第33页。
④　甘肃省档案馆编:《甘肃历史人口资料汇编》(第二辑),上册,甘肃人民出版社1996年版,第1页。

表 5—2　　　　　　甘肃省历次人口调查统计或估计数字列表

统计或估计者	统计或估计时期	人口数
清会典		15193125 人
民政部	清光绪二十八年	10385306 人
民政部	宣统元年	907940 人
内务部	民国元年	986400 人
甘肃内务部	民国 7 年	6370000 人
中华续行委办会	民国 7—8 年	6083565 人
邮政局	民国 8—9 年	5927997 人
甘肃内务部	民国 10 年	9500000 人
内政部	民国 11 年	1169597 人
农商部		5173237 人
邮政局	民国 14 年	7422818 人
内政部	民国 17 年	6281286 人

上列数字，以《清会典》所载及光绪二十八年所调查者为最多，想系当时甘、宁、青三省尚未划分，该两项数字殆包括甘、宁、青三省人口而言。例如，宣统元年及民国元年的两项调查统计，仅以陇南一部分人口为依据，而陇东及陇西县均未列入计算，故其数字均不及百万人。中华续行委办会办理基督教在华情形统计报告中有 1918—1919 年甘肃人口估计表，其数字却大半是根据内地会议代表的估计和邮电局的统计资料。1922年内政部对甘肃人口的调查数字为 1169597 人，较 1918 年内务部统计数字少 5200403 人，不可否认，一方面是由于 1920 年甘肃大地震所造成的巨大的人口死亡，但另一方面却出自调查的不尽确实。①

综观上述调查，1928 年的人口统计相对还算确实，除日本东京经海研究所的估计数字不尽可靠外，其余数字相差均不甚远，在 600 万人左右。对于 1928 年户口调查之缘起，彭昭贤为《民国十七年各省市户口调查统计报告》作序时称："国家成立之要素有三：一曰人民，二曰土地，三曰主权。但民为邦本，本固邦宁，故人民尤为国家成立之唯一要素。国

---

① 甘肃省档案馆编：《甘肃历史人口资料汇编》（第二辑），上册，第 2 页。

家统由人民而成立，人民赖国家而生存。国家之盛衰，视乎政治之良窳，而政治设施之唯一对象，又实为人民全体。故治国必先知人民之状态，为政必先明人民之需要。此总理所以于建国大纲规定完成县自治以清查户口为首务，而统计学家所以公认户口统计为基本统计也。"①

彭昭贤指出，我国户口向无切实调查，其总数究为几何？至今犹成疑问。据中外学者之估计，有谓 2.8 亿人，有谓 3.3 亿人，又有谓 4.5 亿人。而我国一般人士却恒称为 4 亿人，有若此数永远不致变迁者。1927 年在东京国际统计会议席上，美人韦尔考克斯坚持中国人口仅有 3.3 亿人，每户平均口数仅有 4.9 亿人之估计。意日等国代表群附其议，当时我国代表极力争辩不止此数，但亦不能提出确实证据与之对抗。按外人所以故将中国人口从少估计者，实系别有用意。因彼辈心目中以中国土地如此之广，物产如此之富，而人口却又如此之寡，他国地狭人稠，向中国殖民乃天经地义，理所当然，自不应认为侵略行为。日本前所主张之满蒙外，在巴黎和会席上能获得列强之谅解者，亦即利用欧美人之此种心理。可见户口调查与统计之完成，无论对内对外，均为急不容缓之要务也。②

南京国民政府成立后，国民政府内政部"以一切政策实施标准，均有赖于户口统计始可确定，乃从事拟定户口编查条例及人事登记条例，同时并根据十六年八月间国民政府所颁布新法规未制定以前得援用旧法规之通令，呈准分行江浙皖三省援用前内务部民国四年颁布之县治户口编查规则，暨警察厅户口调查规则及各项表式，着手调查户口，以为各省区之先导"。对于此次调查户口之意义，国民政府内政部认为"一以为筹办自治之准备，二以知户口统计之实数"③。

在这次户口调查中，甘肃省被调查者除省会兰州外，为 79 县。户口调查主要从五个方面进行。第一，户数；第二，性别，分男、女两栏；第三，生活存亡，主要介绍该地经济及人民生活状况；第四，迁徙，即户口

---

① 内政部统计司编：《民国十七年各省市户口调查统计报告》，甘肃省档案馆旧政权资料，财经 168 号。转引自《甘肃历史人口资料汇编》（第二辑），上册，第 64—65 页。

② 内政部统计司编：《民国十七年各省市户口调查统计报告》，甘肃省档案馆旧政权资料，财经 168 号。转引自《甘肃历史人口资料汇编》（第二辑），上册，第 64—65 页。

③ 内政部统计司编：《民国十七年各省市户口调查统计报告》，甘肃省档案馆旧政权资料，财经 168 号。转引《甘肃历史人口资料汇编》（第二辑），上册，第 67—68 页。

异动数字。

总体来看，1928 年甘肃各县户口调查数目，"除皋兰等 50 余县户口，系依各该县长进赍户口调查表列数目照登外，其余未赍到之洮沙、武威、古浪、武都、伏羌、通渭、西固、华亭、庄浪、固原、静宁、环县、海原、正宁、宁朔、灵武、碾伯、大通、金塔等县，因地方发生匪患，迭经饬催，迄今尚未据呈赍前来，暂照 14 年省政府统计表列各数填注。至夏河、磴口两县，系新设县治，容俟查覆，至日后再行续报。再，生活一格，各县调查时，均将此项漏列。再，此表前已编定，故未将划归宁夏、青海二省之宁夏、西宁等 16 县划出"①。

综观 1928 年甘肃省各县人口调查，相对于以往之调查结果，已算是较为精确的。然而，由于政治环境与自然环境的双重限制，1928 年的甘肃户口调查仍有相当大的估计成分，甚至有些县的人口调查数字，是根据以前的估计数字转登而来。不难想象，以前的数字已经是估计数，而经过多年的世事变迁，人口数字已经发生了很大变化。事实上，这一人口数目的变化是很多县，甚至甘肃所有县都无法准确掌握的。为了弥补此类缺憾，甘肃省人口统计在 1930 年和 1932 年均有开展，然而结果均未能超越 1928 年的调查水平。

二　保甲制度的推进与甘肃户口的清查

20 世纪 30 年代初，在邵力子与朱绍良的先后努力下，甘肃省政权基本上被纳入南京国民政府的有效统驭之下。恰逢此时，保甲制度向全国各省迅速蔓延，地处西北边陲的甘肃省亦感受到了来自国家权力的威严。1933 年 8 月，甘肃省即拟将本省原有之自治组织暂时停办，而代之以保甲制度。1934 年江西行营又电令甘肃省政府，令其丈量土地，清查户口、办理警卫·保甲、修筑道路。对于国民政府倡行之四大要政，甘肃省政府"以本省夙称贫瘠，地居边远，人财两缺，未便轻于滋事，同时并举，特拟于四项要政中，先择优办保甲一项"②。同时甘肃省政府认为"清查户

① 《甘肃各县现在户口确数表》，转引自《甘肃历史人口资料汇编》（第二辑），上册，第 77—93 页。

② 《各县举办保甲并颁发保甲法规由》，甘肃省档案馆，档号：15—14—531。

口应包孕于保甲之中"，因而将清查户口与办理保甲合二为一。① 同年 7
月订立保甲切结规约，9 月办理壮丁表册，10 月正式编组壮丁队，1935
年 2 月办理登记枪支户口。

1934 年 10 月，中国工农红军被迫进行长征。为了阻止红军进入甘
肃，1935 年，蒋介石发布了《告西北各省民众书》，再次命令甘肃省政府
加紧"编组保甲，实行联保切结"。为了响应蒋之号召，朱绍良在《新年
之回忆与将来之希望》一文中，把"厉行编组保甲，实施陈报土地，整
顿各县团队肃清共产党"作为国民党甘肃省政府 1935 年的中心工作。由
此，一场以清查户口、陈报土地为基础，以编查保甲、整顿壮丁团队、实
行联保切结为手段，以反共、堵截长征红军、加强甘肃统治为目的的政治
运动，在 1935 年的甘肃全境轰轰烈烈地开展了起来。②

虽然 1935 年甘肃省政府实行清查户口的目的在于"搜查共产党机关，
扑灭共产党组织，惩办共产党分子"，然而，保甲制度在甘肃各县的迅速
推行，却在一定程度上调动了民众对于保甲编组与户口清查的积极性。究
其原因，"一方面国民党反动统治者各级各类人物和乡村封建地主乡绅，
把清查户口当作你死我活的阶级斗争而倍加积极、主动、认真地进行；另
一方面一般老百姓则又为躲避'隐匿户口'即'逃共''隐共'的罪名而
被迫积极登记户口而求平安"③。因此，这次户口调查统计对实际人口的
网罗程度比历史上任何一次人口统计都要深入和全面。④

甘肃省政府对于此次保甲编组、户口清查，计划分四期举办。正如甘
肃省政府所言：甘肃地居边陲，交通不便，情形特殊，甚至很多县对于推
行保甲，系为首举。为了避免畸形发展，甘肃省政府决定在"各县分期
举办，次第推行"，以作为"本省自卫组织之基础"，而"辅助自治之完
成"⑤。

甘肃省政府依据各县地理位置、经济环境、人文条件等的不同，将各
县编为四组，每一组推行的时间稍有差异。具体如下：第一期为"皋兰、

① 张纯明：《现行保甲制度之检讨》，《行政研究》1937 年第 2 卷第 3 期，第 217 页。
② 甘肃省档案馆编：《甘肃历史人口资料汇编》（第二辑），上册，第 108 页。
③ 甘肃省档案馆编：《甘肃历史人口资料汇编》（第二辑），上册，第 108—109 页。
④ 甘肃省档案馆编：《甘肃历史人口资料汇编》（第二辑），上册，第 108—109 页。
⑤ 《各县举办保甲并颁发保甲法规由》，甘肃省档案馆，档号：15—14—531。

临夏、天水、榆中、永登、定西、渭源、靖远、永靖、景泰等县，及康乐设治局"，"自本年（1934）十一月举办，至明年三月底完成"；第二期为"临洮、临潭、岷县、洮沙、漳县、甘谷、武山、礼县、秦安、通渭、清水、成县、两当、西固、民勤、会宁、海原等县，自本年十二月举办，至明年四月底完成"；第三期为"武都、西河、武威、永昌、古浪、镇原、固原、崇信、庄浪、华亭、灵台、泾川、静宁、隆德、华平、平凉、徽县、康县、宁定、和政、陇西等县，自明年一月举办，至明年五月底完成"；第四期为"张掖、山丹、民乐、临泽、酒泉、高台、玉门、敦煌、安西、金塔、鼎新、文县、正宁、合水、环县、宁县、庆阳等县，自明年二月举办，至明年六月底完成"①。

那么，甘肃省政府的这次户口清查的结果如何呢？笔者翻阅 1935 年至 1936 年甘肃省各县长关于保甲编组情形的呈报中发现，甘肃省各县至 1936 年年底基本上完成了对所辖区域的户口清查工作。例如，1935 年 4 月 19 日，皋兰县长倪子明呈称："职县户口现已编查完竣，所有各乡户口，均已汇核齐全。"② 3 月 29 日，榆中县长叶超呈称："窃查职县办编组保甲，业于本月 24 日将 9 乡 1 镇保甲报告册 10 本，呈报在案。兹查各乡镇调查户口，亦经先后办理完竣，填造各该乡镇户口统计第一、二两表，呈报前来。"③ 6 月 22 日，洮沙县代理县长宋振声呈称："案查职县保甲业已编查完竣，兹据各乡镇公所先后呈送编查报告册、户口统计表前来，县长复核后，除饬各乡镇长令行各保长认真从事各户口之变动，并严密编组壮丁队，增加民众自卫之实力，理合将编造户口统计第一、第二表及各乡镇编查报告册、壮丁统计表具文呈赍钧厅鉴核。"④ 6 月 15 日，定西县长董建宇呈称："遵查职县办理保甲，系按照进度表规定，依次进行办理，已于 4 月 20 日编查完竣。综计全县共编为 160 保，1624 甲，16889 户，男女共 110934 口。即将甲长、保长分别委充。"⑤

依据甘肃省分期举办办法，能够按期完成保甲编组与户口清查之县占

①　《各县举办保甲并颁发保甲法规由》，甘肃省档案馆，档号：15—14—531。

②　《皋兰县长倪子明呈》，甘肃省档案馆，档号：15—14—345。

③　《榆中县县长叶超呈》，甘肃省档案馆，档号：15—14—348。

④　《洮沙县代理县长宋振声呈》，甘肃省档案馆，档号：15—14—344。

⑤　《定西县县长董建宇呈》，甘肃省档案馆，档号：15—14—115。

据了甘肃省的绝大多数。但并非所有的县均能在甘肃省规定的期限内完成如此艰巨而烦琐的任务。

为了保证保甲制度的顺利推进,对于办理稍有迟缓之县,甘肃省政府及时地给予督促与压力。例如1935年5月当临洮县保甲编组事项迟滞不前时,甘肃省政府即训令该县县长王重撰:"查办理保甲为本省目前最要之政,早经规定限期,并迭令督促在案。该县系第二期办理保甲县份,截止到本年四月底至,即应将保甲户口编查事项办理完竣,呈报查考。兹已逾期一月有余,该县对于编查报告册、户口及壮丁统计表,尚未呈赍前来,殊属延缓。合亟令仰该县长遵将未办事项,星夜赶办,限于6月22日办理完竣,飞报查核。倘仍敷衍玩延,定行呈请从严议处。凛遵勿违,切切!此令。"① 正是在甘肃省政府的严厉催逼下,该县县长"遵照令示各节,星夜赶办"。6月24日呈文称:"业经造就户口统计表一份,壮丁统计表一份,户口编查报告册一本,理合一并具文,呈赍厅长鉴核查考。"②

事实上,不能依限完成的县何止临洮一县。同年5月,甘肃省政府训令渭源县长赵培元,饬将"保甲未办完竣各事项,限于6月18日以前办理完竣"。该县长于6月1日甫经接事,便对保甲未办完竣各事项赶速继续办理,兹查该县"各乡镇之户口统计表及壮丁清册,均已陆续造报前来,县长当即依照第一、第二两户口统计表,并壮丁统计表,详细汇填完善"③。礼县代理县长詹世铭在1935年6月22日的呈文中称:因职县"南乡一带,土匪出没无常,扰害地方不安,致令编查员裹足不前,办理各项未得依限完成,业将延迟日期情形,前已呈请展限在案。现在稍为平靖,当即严令各乡镇长设法编查妥确,先后呈赍前来。县长复核无异,即饬令编查委员会依式汇填户口统计暨壮丁统计各表六份,理合具文一并呈赍鉴核转存,实为公便"④。

由上可知,即使有些县没有在甘肃省政府的规定期限内完成户口清查

① 《临洮县县长王重撰呈》,甘肃省档案馆,档号:15—14—345。
② 《临洮县县长王重撰呈》,甘肃省档案馆,档号:15—14—345。
③ 《渭源县代理县长赵培元呈》,甘肃省档案馆,档号:15—14—347。
④ 《礼县代理县长詹世铭呈》,甘肃省档案馆,档号:15—14—347。

任务，但在甘肃省政府的督促下，仍在延期几月后将相关完成之情形呈报在案。笔者在翻阅甘肃各县呈报及其相关统计数字后认为，仅以 1935 年甘肃省户口调查统计的技术方法而言，事前设计有五种登记统计表，其登记统计项目彻底突破了甘肃省历史上传统的统计模式。此次户口统计不仅按保、甲、户依次进行了登记和统计，并附有简单的区域地图，而且按近代人口统计方法进行了统计分组和统计分析。客观地说，这次甘肃户口统计是甘肃历史上有充分证据证明的第一次具有近代意义的人口资料，在甘肃省人口发展史上具有重要意义。

三　20 世纪 30 年代甘肃人口资料的微观分析

　　既然 1935 年甘肃省政府的户口清查是甘肃省有史以来最为精确的一次，那么，借用此次甘肃历史人口调查资料来研究当时甘肃人口分布及其人口状况，对于更好地了解民国时期甘肃乡土社会的民情风俗无疑具有重要的价值。为了有利于进一步分析甘肃人口状况，笔者将甘肃省政府根据 1935 年编查保甲时各县呈报之户口数字与 1936 年甘肃陆地局调查之各县面积相结合，绘制而成的《甘肃省各县局面积户口与其密度统计表》，兹录如下。

表 5—3　　　　　　甘肃省各县局面积户口与其密度统计表

县别	面积		户口					每一方公里所当人口数	每女子百人所当男子数
	方公里	%	户数（户）	人数					
				共计（人）		男（人）	女（人）		
					%				
总计	391506.28	100	1086068	6609675	100	3590540	3019135	平均16强	平均118
皋兰县	5457.82	1.4	31284	222191	3.4	117566	104625	40强	112
榆中县	3589.72	0.9	11688	77528	1.2	40773	36755	21强	110
临潭县	20420.09	5.2	9051	51385	0.8	26331	25054	2强	107
渭源县	1658.88	0.5	11596	67811	1	36259	31552	40强	110
景泰县	3520.45	0.9	4767	27864	0.4	14948	12916	8弱	115
永昌县	12123.16	3.1	10871	65812	1	35102	30710	5强	112

续表

县别	面积		户口						每一方公里所当人口数	每女子百人所当男子数
	方公里	%	户数（户）		人数					
				%	共计（人）	%	男（人）	女（人）		
镇原县	2773.65	0.7	22103	2.1	151702	2.3	84352	67350	54 强	125
高台县	6135.84	1.6	7337	0.7	73644	1.1	39395	34249	12 强	111
岷县	8111.92	2.2	41088	3.8	185787	2.8	100774	85013	22 强	118
漳县	1410.05	0.4	8074	0.7	41435	0.6	22287	19148	29 强	116
华亭县	1514.89	0.4	11041	1.1	61035	0.9	37094	23941	40 强	121
环县	4622.63	1.2	6091	0.6	58583	0.9	32658	25925	12 强	125
西固县	2550.80	0.7	11482	1.1	55023	0.9	28534	26489	21 强	108
成县	2123.37	0.6	22066	2	107764	1.6	57923	49823	50 强	116
会宁县	5097.89	1.3	11188	1	70599	1	38186	32413	13 强	117
灵台县	1039.45	0.2	17526	1.6	106280	1.6	59881	46399	102 强	121
山丹县	6136.38	1.6	6327	0.6	44510	0.7	24708	19802	7 强	124
民乐县	1553.04	0.3	10803	1	73574	1.1	41588	31986	47 强	130
永登县	11943.94	3.1	24510	2.3	179114	2.7	101075	78039	15 强	121
武威县	7047.58	1.9	35362	3.3	295730	4.6	163053	132675	41 强	121
秦安县	2786.92	0.7	33707	3.1	190365	3	100473	89892	68 强	111
武都县	7719.25	1.9	36490	3.4	173939	2.6	91229	82709	22 强	110
天水县	6842.88	1.8	68569	6.3	343533	5.2	188149	155384	50 强	126
武山县	1592.52	0.4	21530	2	131074	2	70890	60184	82 强	117
靖远县	14515.20	3.8	13975	1.3	84670	1.3	45997	28673	6 弱	119
庄浪县	884.51	0.2	7538	0.7	52455	0.8	28074	24341	59 强	115
隆德县	3455.79	0.9	13130	1.3	81698	1.2	44214	37484	23 强	118
清水县	1542.76	0.4	19515	1.9	103416	1.3	57739	45677	66 强	126
宁县	2477.04	0.6	21691	1.9	144871	2.3	81929	62942	58 强	124
合水县	2858.58	0.7	3007	0.3	22972	0.4	13012	9960	8 强	130
文县	5399.67	1.4	18515	1.7	104425	1.6	55593	48832	19 强	114
西和县	1443.22	0.3	13556	1.3	89096	1.4	47873	41223	61 强	116
洮沙县	840.39	0.2	4437	0.4	27526	0.4	14683	12841	32 强	114
两当县	1534.46	0.4	4381	0.4	21030	0.3	11696	9334	13 强	125

县别	面积		户口						每一方公里所当人口数	每女子百人所当男子数
	方公里	%	户数（户）		人数					
					共计（人）		男（人）	女（人）		
				%		%				
徽县	2360.92	0.6	20764	1.9	97480	1.5	51656	45824	41 强	112
西固县	10447.67	2.7	23144	2.1	153474	2.4	84627	68847	14 强	123
正宁县	879.27	0.2	7161	0.7	46747	0.7	26718	20029	53 强	133
泾川县	690.09	0.2	21339	2	131241	2	73392	58849	19 强	123
庆阳县	7431.78	1.9	20346	1.9	137393	2.1	76442	60951	18 强	125
平凉县	1622.38	0.4	20242	1.9	128882	1.9	73128	55754	79 强	131
崇信县	505.96	0.1	6055	0.6	35359	0.5	19361	15998	69 强	121
敦煌县	64178.42	10.3	3500	0.3	27102	0.4	15687	11415	4 强	137
酒泉县	8751	2.3	17590	1.6	115540	1.7	63400	52140	13 强	121
定西县	4454.09	1.2	16889	1.5	110934	1.7	57988	52946	24 强	109
宁定县	1382.18	0.4	11394	1	59359	0.9	30022	29337	42 强	103
陇西县	3838.65	0.9	18425	1.7	95907	1.5	51504	44403	25 强	116
礼县	3936.85	1.1	34437	3.1	188603	2.8	103858	84745	47 强	122
民勤县	9555.15	2.4	16482	1.5	135344	2.1	73506	61838	14 强	118
甘谷县	1234.87	0.3	27456	2.5	150526	2.4	79552	70974	121 强	112
和政县	962.15	0.2	9027	0.8	46966	0.7	24122	22844	48 强	108
永靖县	1603.47	0.4	7349	0.7	37311	0.6	19762	17549	23 强	112
金塔县	8501.76	2.2	5388	0.5	41503	0.6	22457	19046	48 强	117
古浪县	3017.33	0.8	7628	0.7	54688	0.8	30435	24253	18 强	121
海原县	9870.34	2.5	7371	0.7	54720	0.8	29500	25220	5 强	118
临洮县	2334.05	0.5	21778	2	130557	1.9	68976	61581	55 强	112
通渭县	2778.62	0.7	28311	2.6	156997	2.3	82051	74946	56 强	109
静宁县	3558.30	0.9	33716	3.1	220416	3.4	118716	101700	61 强	128
化平县	729.91	0.2	3937	0.4	25042	0.4	13349	11693	34 强	114
康县	3788.88	0.9	19924	1.8	97075	1.5	53294	43781	25 强	121
鼎新县	1584.23	0.4	1352	0.1	9649	0.1	5154	4495	6 强	114
夏河县	9123.84	2.2	7565	0.7	34265	0.5	16096	18169	3 强	88

续表

县别	面积		户口						每一方公里所当人口数	每女子百人所当男子数
	方公里	%	户数（户）		人数					
				%	共计（人）	%	男（人）	女（人）		
康乐设治局	2524.82	0.6	8428	0.8	47243	0.6	24545	22698	18 强	108
玉门县	15062.63	3.8	3756	0.3	25189	0.4	14022	11167	1 强	125
安西县	33522.98	8.6	2895	0.2	19310	0.3	10702	8608	5 强	122
临泽县	2362.25	0.6	8130	0.7	67260	1.1	36902	30358	28 强	121
临夏县	2475.05	0.6	33419	3.1	165513	2.5	89000	76513	66 强	116
张掖县	3711.75	0.9	16574	1.5	173658	2.6	97604	76054	46 强	128

资料来源：《甘肃省各县局面积户口与其密度统计表》，《甘肃统计季报》（民政），1936 年第 1 卷第 1 期，第 28—32 页。

通过上表，可以清晰地看出 20 世纪 30 年代甘肃人口分布、男女比例、各县局的面积、户口与其密度的基本情况。首先，我们可以看到甘肃地域辽阔，但人口密度甚为稀疏，每一方公里所当人口数平均不足 17 人。且各县人口分布极不平衡。依表所示，每一方公里所当人口数超过 100 人者为灵台、甘谷两县，仅占 1935 年甘肃进行人口调查之 67 县的 3% 不足；每一方公里所当人口数超过 50 人的县份为镇原、秦安、成县、天水、武山、庄浪、清水、宁县、西和、正宁、平凉、崇信、临洮、通渭、静宁、临夏 16 县，仅占全省县份的 24% 不足；相反，每一方公里所当人口数不足 10 人者有临潭、景泰、永昌、山丹、靖远、合水、敦煌、海原、鼎新、夏河、玉门、安西 12 县，占据全省县份的 18%。

通过对上述甘肃历史人口密度的分析不难发现，20 世纪 30 年代的甘肃人口主要集中在陇东、陇南一带，相反，河西走廊与甘南藏区一带的人口则极为稀疏。这一方面是因国民政府时期的甘肃乡村社会仍然延承着自给自足的农业经济模式，而农业经济模式下土地与雨水成为靠天吃饭的农民们生存的前提和基础。甘肃陇东、陇南一带土地相对于河西而言较为肥沃，雨水亦更加充沛，因而更适于农业形态下人们的生存。相反，河西走廊一带除武威、永昌、张掖等少数几个农业区域外，大多数地方处于沙漠戈壁的包围之中，在如此的环境中求生存，自然比陇东、陇南一带更为不易，因而人口稀疏亦在预料之中。正如陈赓雅在考察西北途经甘肃景泰时，陇农与之交谈谓："只要庄稼好，不怕鸦雀吵。倘若老天爷肯赏雨水，庄稼得收，虽遭兵燹，多纳捐税，也都不怕，怕的就是老天爷不赏雨！"① 事实上，即使在我们今天工业化经济已经取得长足进展的情形下，甘肃人口仍然大多集中于陇东、陇南一带，说明人们的科技和经济仍然无法从根本上改变甘肃河西一带恶劣的生存条件。

另外，国民政府统治下的甘肃地方社会，权力结构异常复杂，宗教习俗各有差异。以甘南藏区为例，夏河县人口的稀疏一方面源自该地居民逐草而居的游牧经济模式，另一方面则出自该地佛教的兴盛以及民众对于出家为僧的热恋。此外，造成甘南藏区人口稀少的另一个重要原因则是民族间的相互仇杀。该地汉回藏三族杂居，过去三族间的感情尚属融洽，"自十七年回军马廷贤兵败过该县，该县旧教回民暴动，围城屠杀汉民，城内外房屋被焚一空，自此汉回之间仇视日深。十八年马哈希顺率回民再至该县，烧杀藏族村落人民，于是两族互相仇杀焚掠，至于鸡犬不留。而汉藏之间，又因鲁师长与杨土司之冲突，时发生刺杀事件。回族旧教之与新教争执亦非常激烈，现在逃亡在外之暴动回民，又皆互相团结，提出'武装上庄'（上庄即回家再从事耕种之意）之口号，倘不迅速设法解决，恐又将演成互相仇杀之惨剧"②。可见，民国时期甘南藏区恶劣的政治、经济与地理环境，也是造成这一地区地旷人稀的重要原因。

其次，由于 20 世纪 30 年代的甘肃农村基本上延续着其自给自足的农业经济形态，因而封闭的农业经济和落后的"重男轻女"的思想观念仍然限制着男女人口比例的平衡发展。"昔日的中国女孩比起男孩来更容易遭溺婴之殃。女子的婚事当然要由父母安排，不能由爱情做主。战战兢兢的新娘立即成为婆母淫威下的媳妇。在小康以上的家庭里，她还可以看到丈夫娶进第二个老婆或姨太太，特别是如果她没有生育男孩，她会被丈夫以各种理由遗弃。"相反，丈夫死后，女方却不能轻易改嫁，因为当时的中国妇女没有独立的经济地位，"她的劳动被并入整个家

---

① 陈赓雅：《西北视察记》，甘肃人民出版社 2002 年版，第 104 页。

② 黄鹏昌：《视察岷县临潭卓尼等县县局一般行政报告》，甘肃省档案馆，档号：4—8—440。

务，并不给她带来什么收入"。同时，女人们的屈从地位还由缠足的陋习表现出来，"在日常生活中，小脚使女人靠脚跟颤巍巍地移动，步履艰难，也起到了防止女人敢于外出的作用"。可以说，"社会习俗强加于女人的低下地位，在中国这个讲究身份的社会里，只不过是等级制的表现方式之一而已"①。事实上，这种畸形的社会形态在偏僻闭塞的甘肃农村表现得尤为突出。

通过 1935 年甘肃户口清查资料可以看出，除夏河县外，甘肃各县的男女人口比例均都是男多女少。尽管女性人数的减少不仅造成了男女婚配的失衡，亦在一定程度降低了人口的出生率，但在追求男权为上的传统乡村社会，上述问题并未受到人们的重视。这是因为，在一个乡村社会的小群体内，每个人对群体内其他成员的情况都谙熟于胸，发生于这群人之间的一切事件都不会逃过每个成员的视野。如果说这个小群体中有若干成功与失败的指标，那么，人们就总是要竭力在这些方面超过群体内的其他成员，获取较高的评价。生儿子也成为判断一个乡民在乡村社会内成功与否的一个重要指标。在乡民眼里，某人生了两个儿子，就比只生了一个儿子的人更有优势，生三个的又高于生两个的，生四五个的就更会成为人们羡慕的对象。这种优势不仅仅是心理上的，更是一种实实在在的"势力"②。

虽然男多女少的人口比例占据甘肃省人口状况之主流，但也有例外。如夏河县的人口比例就是女多男少。为什么会有这种"异常现象"呢？原因有二：一是夏河县特殊的政治生态。在夏河县，普通民众世世代代生活于拉卜楞寺的统辖之下，以至于当地民众只知道有拉卜楞寺，而不知道有夏河县和甘肃省，当然更不知道拉卜楞寺也要归属甘肃省管辖。正如马鹤天在考察夏河时发现，夏河"市内仅五千余人，藏民占十分之七，回民占十分之二，汉民占十分之一耳。归至河岸，遇二藏民学生，询之，尚知为中国人，但不知何省何县，盖知有拉卜楞，而不知有甘肃省夏河县也"③。正是在拉卜楞寺宗教、政治、经济的多重控制之下，拉卜楞寺成

① ［美］费正清：《美国与中国》，世界知识出版社 2003 年版，第 22—23 页。
② 李银河：《论村落文化》，《中国社会科学》1993 年第 5 期。
③ 马鹤天：《甘青藏边区考察记》，甘肃人民出版社 2003 年版，第 49 页。

为夏河县民众的真正主导者，而为拉卜楞寺奉献一切也成为每个夏河县民的神圣义务。其实，夏河自1926年就已成立了设治局，1928年改名为夏河县，然因其政令不出拉卜楞街头，故而有"政府"犹似"公使馆"之笑语。[①] 鉴于夏河县特殊的政治生态，马鹤天认为拉卜楞的"建设开发之责，嘉木样与夏河县长应共同担负，因县长有职责而无权力，嘉木样有权力而无职责。惟嘉木样向来不问政治，一切多所隔膜，如黄司令能利用其权力而与县府合作，则夏河之建设甚易"[②]。二是夏河县特殊的地域风情。甘肃省保甲视察员黄鹏昌在视察甘南藏区时称：与汉民社会不同，"临邑为汉番回三族人民杂居之地，普通男子好斗，女子好娼，重男轻女之风最盛。耕嫁操作，多女子为之，如负柴、担水、推车、牧牛等苦力工作，几成女子之天职。积习相沿，遂养成女勤男惰之现象"。且"番族结婚时，如沿洮河一带之番民，大概与汉人结婚之情形仿佛，惟番民一个人，无论生育几子，家中只留一个，其余均送入寺院为喇嘛"[③]。这种特殊的地域风情以及女子在家庭经济中的主流地位，都与夏河这一藏区"女多男少"的人口现象紧密相关。笔者亦发现在1935年夏河县人口调查数据及其男女比例中，并未将拉卜楞寺出家为僧的男子统计在内，这也是夏河县人口比例中女多男少、比例失调的一个重要原因。

其实，1935年甘肃省各县对于户口的统计，远比《甘肃省各县局面积户口与其密度统计表》所显示的更加详密。当时各县制定的户口统计表分为第一、第二两表，此外还有"甘肃省各县所属各乡镇保甲户口壮丁统计表"。第一表主要登记普通户口和外国人寄居中国户口（如甘肃省秦安县户口统计第一表）；第二表主要登记船户户口、寺庙户口及公共处所人口。由于甘肃地处西北边陲，船户人口数量极为罕见，寺庙人口除几个特殊县外，亦不构成甘肃人口的主要成分。加之甘肃经济落后，交通极为不便，因而外国人也甚少前来，即使各县有外籍人寄居，也不会超过10人之数。故此笔者仅以"户口统计第一表"作为蓝本，从形式上和内容上鉴析其统计的科学性和现代性。

---

① 马无忌：《甘肃夏河藏民调查记》，文通书局1947年版，第10—11页。

② 马鹤天著，胡大浚点校：《甘青藏边区考察记》，甘肃人民出版社2003年版，第55页。

③ 黄鹏昌：《视察岷县临潭卓尼等县局一般行政报告》，甘肃省档案馆，档号：4—8—440。

表5—4　　　　　　　　　　　甘肃省秦安县户口统计第一表

区域别	户数（户）		人口总数（人）	现住（人）	他住（人）	壮丁（人）	是否识字（人）	职业 有（人）	无（人）	非家属同居者（人）
街泉镇	11677	男	30213	29792	421	6402	9852	29972	241	124
		女	30224	30199	25		19	3661	26563	36
龙山乡	2787	男	9200	9118	82	839	647	8876	324	63
		女	7250	7187	63		3	349	6901	14
陇城乡	3547	男	10790	10545	245	293	8214	10378	412	52
		女	8714	8618	96		7	564	8150	21
莲花乡	1224	男	5388	5345	43	268	1273	5242	146	45
		女	4432	4311	121		4	254	4178	15
中山乡	2397	男	6486	6464	22	753	795	6172	314	36
		女	5446	5399	47		1	296	5150	9
云山乡	1406	男	3590	3554	36	1083	984	3496	94	25
		女	2892	2747	145		9	419	2473	19
千户乡	2106	男	6465	6141	324	604	1216	6440	25	31
		女	5476	5397	79		5	528	4948	7
郭王乡	4206	男	12863	12649	214	4244	2627	12298	565	109
		女	10660	10137	523		12	264	10396	42
三合乡	1915	男	6321	6200	121	1313	1268	6108	213	35
		女	5573	4919	654		8	416	5157	16
安魏乡	2442	男	9157	9061	96	1918	2841	8958	199	95
		女	9225	8010	1215		6	8657	568	17
总计	33707	男	100473	98869	1604	17717	29717	97940	2533	615
		女	89892	86924	2968		64	15408	74484	196
备考	"是否识字"栏内所填者，均系识字，不识字者一概未填。									

资料来源：《甘肃省秦安县户口统计第一表》，甘肃省档案馆，档号：15—14—352。

　　该表仅从统计方法而言，已经具备了现代户口调查的技术因子，它将全县人口按户、口等分门别类加以登记，使人对当时该县人口状况一目了然。且通过上表，我们还可以发现《甘肃省各县局面积户口与其密度统计表》中无法看到的人口特征。例如：第一，该县人口流动极为少见。究其原因，是在农业经济形态下，土地仍然是乡民的主要生活凭借，尤其是对于贫困落后、交通闭塞的甘肃农村而言，更是如此。因而当时甘肃人口基本上被固定在"生于斯，死于斯"的本乡本土，人口外移现象极为少见。正如费孝通先生所言："以农为生的人，世代定居是常态，迁移是变态。大旱水灾，连年兵乱，可以使一部分农民抛井离乡；即使像抗战这样大事件所引起基层人口的流动，我相信还是微乎其微的。"① 即使有外移人口，亦大多为婚姻嫁娶而发生的非经济型社会流动，在男女比例相对平衡的情形下，这种流动在男女双方均有发生。

第二，该县男性人口基本上都参加户外工作，而女性却甚是少见。这一方面因为传统乡村社会的女性一般不愿抛头露面，她们的主要职责是生儿育女和主持家务；另一方面是因从小缠足给妇女身体所造成的无法弥补的伤残，从根本上制约了妇女从事户外工作的能力。

第三，在教育方面，男性受教育的机会亦远远大于女性。如秦安县人口调查表显示，全县女性人口中，能识字者仅为64人，占全县人口的万分之三，占男性识字人口的千分之二，占女性总人口的万分之七，甘肃乡村社会对女性知识权利的歧视，由此可见一斑。事实上，在甘肃落后的农村地区，教育向来不为乡民所重视，正如该县户口统计表中所示，该县识字人口仅占全县人口的15%，而这一数字事实上还包括了居住在县城的学生和工作人员。追寻乡村社会文化落后之原因，费孝通认为"这种乡土社会，在面对面的亲密接触中，在反复地在同一生活定格中生活的人们，并不是愚到字都不认得，而是没有用字来帮助他们在社会中生活的需要。我们同时也等于说，如果中国社会乡土性的基层发生了变化，也只有发生了变化之后，文字才能下乡"②。

---

① 费孝通：《乡土中国》，生活·读书·新知三联书店1985年版，第3页。
② 费孝通：《乡土中国》，生活·读书·新知三联书店1985年版，第20页。

第 六 章

甘肃乡镇保长的群体构成与人事更迭

无论基于何种理由，民国乡镇保长群体形象的"劣化"已成为一个不争的历史事实。一方面，国民政府试图借助保甲制度以改革中国基层政制的梦想最终以乡镇保长的群体"劣化"而匆匆收场；另一方面，时人眼里和文人笔下的民国乡镇保长几乎都是丑态百出、贪得无厌的卑劣之徒。那么，作为"公正"的历史记忆为什么只会留下他们的斑斑劣迹？历史记忆、民众认同与真实的历史之间究竟存留着多大间隙？民国时期的乡镇保甲长是否真如记忆所及的那样"贤者不为，为者不贤"？笔者在翻阅史料时发现，好保长的记述在民国报刊中亦时有出现，如1939年《萧山日报》连载之《老保长》、吴兴县乡镇长联系会编印《乡镇自治》中连载之《女保长》，都从不同的侧面记述了好保长的社会影像。① 甘肃省档案馆馆藏之保甲档案中亦有相关的各类记述。然而，这些好保长的影像为什么不能成为历史的片段记忆？相反，沙汀、茅盾等人塑造的恶保长形象却能够深入民心，并进而成为公众记忆？毋庸置疑，沙汀、茅盾等人所刻画的无恶不作、欺凌弱小的恶保长形象更能勾起民国时期特定历史环境中人们对乡镇保长这一群体的沉痛记忆，并使曾经身历其境的人们重新回到从前的"历史"。对那一特定年代乡镇保长的痛恨几乎成了大多数乡民们的普遍记忆，而沙汀、茅盾等人的文学作品正好迎合了广大民众的这一认同。正是这种文学性的刻画与民众认同的重合，构成了人们对民国时期乡镇保长普遍的"历史记忆"。近年来学术界对于民国保甲制度的研究成果

---

① 参见丰箫《善恶之间：南京国民政府时期保长形象的游移》，《学术月刊》2010年第10期。

日渐丰硕，但对于保甲制度的实际执行者——乡镇保长群体结构的研究则甚少触及，以至于对民国乡镇保长群体的认知仍停留于表面，甚至于人云亦云而缺乏内质性认识。鉴于此，本章以 20 世纪三四十年代甘肃乡镇保长群体结构为切入点，以甘肃省档案馆馆藏之民国乡镇保长档案资料为依托，系统论述民国乡镇保长产生模式的演变历程及其群体构成的阶段性和不稳定性，并在此基础上，进一步分析民国乡镇保甲长为什么会以"劣迹斑斑"的群体形象进驻人们的大脑，并进而成为公众记忆，以及这一"历史记忆"背后所隐藏的"真实的"历史。

第一节　委派与选举：对乡镇保长产生模式的反思

抗战后的中国政局风雨飘摇，国共内战一触即发。抗战的胜利并未给中国人民带来一个和平安定的生活环境，相反，新一轮的战争将再一次考验着中国人民的承受力和忍耐度。面对战后全国人民对和平的殷切期望，重返南京的国民政府为了赢取舆论民心，开始沿承总理遗教，实施"宪政"统治。然而宪政之基在于地方自治，如何在基层社会贯彻自治精神并使其初具"民主色彩"，国民政府将目光集中在了乡镇保长的选举上。因为在时人眼里"民主就是选举，选举就是民主。有了选举就有了民主，没有选举就没有民主"①。然而，战后的中国社会艰难困窘，战争与贫穷始终困扰着这个辽阔的国家，国民政府推行基层政制民主化的努力，无论基于何种理由，都难以找到一片适宜于生存的土壤。而乡镇保长民选的异化及最终失败的结局，宣告了国民政府在天时、地利、人和均处不利的时境下试图通过民主的幻象来挽救日渐消亡的政治声誉，其结果只能是一场民主的滥觞。

一　乡镇保长产生模式的转变

在国民政府的行政体系中，国家权力的末梢不再是王权时代的县政府，而是国民政府在保甲制度推行中设立的乡镇公所。乡镇保长作为国家行政体系的组织细胞，成为执行各种政令不可或缺的一分子。在国民政府

---

① 王振民：《关于民主与宪政关系的再思考》，《中国法学》2009 年第 5 期。

的政制视域内，无论乡镇公所抑或保甲公所，它们都是保甲制度的有效组织，而国民政府正是倚借这些组织将国家权力渗透于基层社会，从而加强对基层社会迅捷有效的管理与控制。

回溯 20 世纪三四十年代保甲制度的发展轨迹，不难发现，南京国民政府推行的保甲制度不再是中国传统保甲制度的翻版，而是当中国被卷入国际化的巨潮之后，面对西方政治制度与思想文化的强烈冲击而产生的一种自觉式的反应：试图将西方基层民主模式之自治与中国传统基层控制模式之保甲熔为一炉。虽然国民政府的这一政治理想看似完美，然而任何一项政治制度的改革归根结底均将以人为本。"普通常有以'人治'和'法治'相对称，而且认为西洋是法治的社会，我们是'人治'的社会。其实这个对称的说法并不很清楚的。法治的意思并不是说法律本身能统治，能维持社会秩序，而是说社会上人和人的关系是根据法律来维持的。法律还得靠权力的支持，还得靠人来执行，法治其实是'人依法而治'，并非没有人的因素。"① 正所谓"法由人立"，"法赖人行"，"所谓王安石治法虽善，终为无治法之人而归败绩"②。因此"有合理之制度，尚需有健全之人事，苟所用非人，则不啻交利器与拙匠之手，不徒无益，反收偾事"③。蒋介石对此亦有感触："为政之道，首在得人，人事之成否，即效能之高下与政治之成败所连。"④ 可见制度执行者素质之良窳，对于一项政治制度的改革和推行影响甚巨。正是鉴于人事问题的重要性，国民政府在推行保甲制度的过程中，一方面通过各种法令制度对乡镇保长的行为进行规范约束，另一方面则以转变乡镇保长的产生模式来对其群体加以改良。

1932 年，南京国民政府重植保甲时规定，乡镇长的产生主要由县政府委派，并呈报该省民政厅备案；保甲长的产生虽表面上由当地民众选举，但事实上仍由乡镇公所推荐，由当地素孚声望且家境殷实之人担任，并呈报县政府备案。至于乡镇保长贤与不肖，"当县长的多半是照例不

① 费孝通：《乡土中国》，生活·读书·新知三联书店 1985 年版，第 48 页。
② 宰时：《新县制之研究与人事之关系》，甘肃省档案馆，档号：15—9—7。
③ 宰时：《新县制之研究与人事之关系》，甘肃省档案馆，档号：15—9—7。
④ 宰时：《新县制之研究与人事之关系》，甘肃省档案馆，档号：15—9—7。

管，随便委任。还有些县长甚至专找些坏虫去充任，因此才可以上下呼应，狼狈为奸，当乡镇长的，只要一张委状在手，于是在乡壩里，就可以作威作福，刮尽地皮"①。对此情形，时任甘青宁监察使的戴槐生亦有感触："洮河陇南各县吏治，亟待整顿，盖县长对省府政令，例多敷衍，无切实奉行者。而县以下之区长，多不识字，对政令不但多不了解，且挟势横行乡里，民受其殃。"② 为了推进基层政治改革，提升行政效率，1939年9月19日《县各级组织纲要》对乡镇保长的产生模式进行了如下修订：（1）保设保民大会，选举保长，乡镇设乡镇民代表会，选举乡镇长。（2）保民大会的出席人员以户为单位，每户出席一人；乡镇代表会的代表由保民大会直接产生，每保选举代表二人。国民政府称，这种规定只是为了适用我国目前农业社会的实际情形，求其简便易行的初步规定，如果将来自治事业行有成效，则将依据《纲要》第六条之规定，"中华民国人民无论男女，在县区域内屆往六个月以上，或有住所达一年以上，年满二十岁者，为县公民，有依法行使选举、罢免、创制、复决之权"。到那时乡镇保甲的民意机关一定将以个别的公民为单位，行使直接民权。③ 国民政府之所以如此改制，则是鉴于过去乡镇保长的人选困难，往往贤者不为，为者不贤，基层政权机构往往被土劣把持操纵，违法舞弊，残害人民，而上级机关又不易纠察。如果设立民意机关，就可以运用民主方法，采取民主监督制，使直接发生利害关系的全体人民公开选举，以此产生出优良尽职的乡镇保长。然而，民意机关的设立并未改变乡镇保长对一切事务的执行仍然只以上级命令为依据，并未通过乡镇民代表会和保民大会。究其原因，一则因地方行政基层人员唯恐乡镇民代表会和保民大会的健全，使他们不能假借政令，殃民自肥；二则民众对于乡镇民代表会和保民大会的认识只停留在听报告，签受命令而已，并没有给他们更多可以发挥权力的机会。④ 尽管如此，乡镇民代表会和保民大会的成立标志着国民政府的保甲制度开始在自治精神的规约下朝着民主的方向发展，虽然这种民

①　保自春：《关于人民选举乡镇长》，《现代农民》1944年第9卷第13期，第13页。

②　戴槐生：《巡视陇南公毕返兰》，《申报》1936年4月24日，第7版。

③　高清岳：《新县制下乡镇保甲组织之检讨》，《地方自治半月刊》1940年第1卷第12—13期合刊，第12页。

④　秦柳方：《乡村长实行民选问题》，《国民公论》1940年第4卷第8期，第272页。

主意象的背后蕴藏着诸多的政治目的。

新县制实施后，国民政府即要求各省办理乡镇保长之民选工作，然而由于受诸多因素的影响，甘肃省政府直至1944年年底才开始着手此项事宜。1944年11月10日，国民政府内政部函询甘肃省政府："查乡镇组织暂行条例规定，乡镇长、副乡镇长及保长、副保长分别由乡镇民代表会及保民大会选举，贵省此项选举已否开始办理，利弊得失如何？又关于办理此项工作，除乡镇组织暂行条例已规定者外，是否有由中央另颁补充法规之必要。"① 对于内政部的询问，甘肃省政府回函称："查三十三年度本省正赶办县各级民意机构之建立，尚未办理乡镇保长选举事宜，拟于三十四年由各县市择条件优越之乡镇先行试办，如有成效，再推广其他地区，并定于上半年现行试办民选保长副，下半年再试办民选乡镇长副，经将实施限度及实施方法厘定编入本府三十四年度工作计划。至补充法规似应有中央颁布之必要，俾各级办理人员有所遵循步骤。惟本省教育尚未普及，人才缺乏，乡镇保长资格不宜过高，以免选举时发生困难，所以选举程序及方式亦宜力求简便易行，而予以弹性之规定，俾地方有权力伸缩之余地，不致为法所拘。"② 由此可见，虽然国民政府从1940年起就要求各省办理乡镇保长民选事宜，但在异常艰难的抗战年代，各省对于此项政制变革不得不一拖再拖，直至抗战胜利在望，国民政府才将注意力再一次集中到这一基层政制的改革上。

在内政部的督促下，甘肃省政府决定于1945年开始办理乡镇保长选举事宜，并制定了《甘肃省政府三十四年度工作计划关于民选乡镇保长条文》，从三个层面对甘肃乡镇保长民选事宜作出说明。第一，创办缘起。"查本省各县市乡镇民代表会、保民大会三十三年内均已办成，主为训练人民行使人权、提高参政兴趣及健全乡镇保基层干部起见，所有乡镇保长副亟应依法实行民选，以符规定。"第二，实施限度。"查民选乡镇保长副事属创举，深恐办理稍有不善，致滋流弊，为慎重起见，应由各县

---

① 内政部公函：《函请将贵省办理乡镇保长选举情形见示由》，甘肃省档案馆，档号：4—8—620。

② 内政部公函：《函请将贵省办理乡镇保长选举情形见示由》，甘肃省档案馆，档号：4—8—620。

市择条件优越之乡镇先行试办，如有成效，再推广其他地区，并于上半年各县市先行试办民选保长副，下半年再试办民选乡镇长副。"第三，实施方法。"选举保长、副保长方面：1. 各保保民大会举行达六次以上，经县政府考核完毕者，得选举保长、副保长。2. 就本保公民中经已任公职候选人检复及格者选举之，本保公民中如符此项及格人时，应依照乡镇组织暂行条例第五十四条之规定办理。3. 保民大会应加倍选出保长、副保长各两人，由乡镇公所呈请县政府圈定委任之。选举乡镇长副方面：1. 各县民选保长、副保长办理确有成效，各乡镇民代表会举行四次以上，甲种公职候选人检复及格完竣，经县政府考核优异，呈由省政府核准者，得实行民选乡镇长副。2. 乡镇民代表会选举乡镇长副时，应就本乡镇公民中经甲种公职候选人检复及格者选举之。3. 乡镇民代表会应加倍选出乡镇长副各二人，缮具各种履历表，由各县市政府呈请省政府圈定委任之。"①

由上可知，初办选举的甘肃省政府为了稳妥起见，在不违背原则的前提下首先择区试办，同时为了保证乡镇保长的质量，要求乡镇保长当选人数加倍而有所选择。然而，择区试办遭到了内政部的反对，而当选人数的加倍亦为此后的乡镇保长选举增添了诸多困惑。1945 年 9 月，内政部再次函电甘肃省政府称："查抗战已告结束，今后地方工作，应以完成自治为先务，而举办乡镇长副及保长民选，实为推进自治之主要过程。贵省各县市虽以文化水准不甚齐一，人民政治兴趣有欠浓厚，对于此项事务，开始办理时，限于事势，自难望悉符理想，然国策所关，似不便先择少数乡镇试办，侯著有成，效及各地。教育发达然后普遍举办，致稽地方自治之进行。所有缺点尽可于办理过程中随时督导，加以改进，以期宪政基础早日奠定。"② 在内政部的催促下，1946 年 3 月，甘肃省政府决定在全省各县普遍推行乡镇保长民选制度。正如甘肃省政府主席谷正伦所说："现值宪政伊始，还政于民之际，乡镇公所为自治领导机关，而乡镇长之产生似应由人民选举贤能素孚众望者担任为宜。"但本省各县除一部分乡镇"业经试办，成效颇佳外，而其他各乡镇长仍属委派，以致意见纷歧，工作难

---

① 《甘肃省政府三十四年度工作计划关于民选乡镇保长条文》，甘肃省档案馆，档号：4—8—620。

② 《内政部快邮代电渝民字 3917 号》，甘肃省档案馆，档号：4—8—620。

达。时代之要求，兹为健全人事组织，亟宜普遍民选乡镇长，方能促进地方自治，完成建国工作"①。因此，甘肃省政府决定"本府本年度工作计划内亦订定全省各市县局乡镇保长一律普遍实施民选"，并分令各市县局遵照，切实办理。② 1946 年 7 月，甘肃省政府颁发了《甘肃省各县市局办理区乡镇长选举应行注意事项》二十五条，决定将 1945 年试办民选的乡镇保长一律改选。并通令各县称："案查本省各县市局上年试办民选乡镇长办法，规定乡镇长选二人呈由本府核定一人，保长选二人由县市府核定一人，与民选乡镇长办法不合，刻各县市已普遍实施民选乡镇长，所有上年试办之民选乡镇保长似应通饬一律另行改选，以符规定。"③

就在甘肃省政府积极筹备民选乡镇保长之时，内政部再次特电催促甘肃省政府称："奉主席手谕，将各省实施乡镇保长民选情形迅速呈核，贵省实施情形如何，请依下列各项：一是已成立乡镇民代表会及已举办乡镇保长民选之乡镇数字；二是全省所有乡镇保长，预计须在何时始可完全出自民选；三是已否订有乡镇保长选举单行规章；四是各县举办乡镇保长民选之年月；五是各地举办乡镇保长民选之实施情形；六是各地实施乡镇保长民选有何困难及流弊；七是地方公正士绅及优秀青年，是否踊跃竞选；八是各候选人有无利用不当及非法方法竞选情事；九是民选乡镇保长素质是否较未民选前为高；十是各县政府及人民对乡镇保长民选之观念如何。请迅速分别县市查报，并请将一、二、五三项提前电复。"④

二　乡镇保长实行民选之原因

国民政府为何要将乡镇保长的产生模式由委派转变为选举，而且办理得又如此迫切呢？事实上，这与战后中国国内政治的剧烈变动紧密相连。因为抗日战争的爆发"完全改变了国共两党政治斗争的条件。问题变成

---

① 《准兰州市参议会函请普遍实行民选乡镇长以符民治一案请鉴核示遵由》，甘肃省档案馆，档号：4—8—620。

② 《准兰州市参议会函请普遍实行民选乡镇长以符民治一案请鉴核示遵由》，甘肃省档案馆，档号：4—8—620。

③ 《为签呈上年试办之民选乡镇保长应通饬一律另行改选以符规定请核示由》，甘肃省档案馆，档号：4—8—620。

④ 《南京内政部致甘肃省政府函电》，甘肃省档案馆，档号：4—8—620。

了那个党能在这个国家的农业比较重要而现代化程度较差的地区，最充分地动员民众，建立军事力量，战争使这种竞争从官僚政治的现代化转向社会革命"①。

自抗战进入相持阶段后，蒋介石便将注意力由对外转向对内，如何在中国取得合法有效的领导地位成为其考虑的首要问题。1939 年 9 月 9 日，国民党参政会一届四次会议召开，蒋介石在开幕词中为此次会议设置了三个议题：集中人力，建设后方；加强军事，争取胜利；注意国际形势，推进战时外交。尽管蒋介石闭口不谈结束党治与实行宪政，但参议员提交的众多提案还是将会议的主题拉到结束党治与实施宪政上。为了使宪政之路在预设的轨道中运行，在蒋介石的允诺下，由国民党籍之参政员孔庚等 59 人联署提交了《请政府遵照中国国民党第五次全国代表大会决议案定期召集国民大会制定宪法开始宪政案》。内称："抗战两年，所流者全国国民之赤血，所竭者全国国民之脂膏，在现在党治之下，政府仅能对党负责，对全国国民几无责任之可言。"为此国民政府必须重视民意，珍重民力，实施如下措施："第一，由政府授权国民参政会本届大会，推选若干人组成宪法起草委员会，以制定一可使全国共同遵守之宪法。第二，在国民大会未召集以前，行政院暂时对国民参政会负责，省市县政府分别暂对各级临时民意机关负责。第三，于最短期内颁布宪法，结束党治，全国各党各派一律公开活动，平流并进，永杜纠纷，共维国命。"② 然而此时抗战正酣，宪政之议也只能成为文牍案卷。

太平洋战争爆发和美国参战进一步坚定了蒋介石抗战必胜的信念，也加速了其对战后国内政治的安排。蒋认为随着抗战的胜利，由"训政"进入"宪政"无疑是国民政府赢取民心、奠定统治的不二选择。然而如何才能实现宪政之治？完成地方自治无疑是其通向成功的康庄大道。因为地方自治是"宪政制度的最重要的成分，没有地方自治，宪政制度只是徒具其表的形式"③。对于宪政与地方自治的关系，孙中山在《建国大纲》

---

① ［美］费正清、费维恺编：《剑桥中华民国史》（下卷），刘敬坤等译，中国社会科学出版社 1994 年版，第 11 页。

② 孟广涵主编：《国民参政会纪实》（上卷），重庆出版社 1987 年版，第 596 页。

③ Min Tu-ki, *National Polity and Local Power: The Transformation of Late Imperial China*, Cambridge, Mass, 1989, p.159.

中早有论述。"凡一省过半数以上之县皆达成完全自治者，则为宪政开始时期"及"全国有过半数省份达至宪政开始时期，则开国民大会决定宪法而颁布之"①。胡汉民在 1929 年国民党三大开幕词中也称："所谓训政，是以党来训政，是以国民党来训政。在训政时期中，国民大会的政权乃由本党的全国代表大会代行。"为了将来实现宪政，训政期间"最重要的就是要靠实现总理所详细规定的地方自治了。地方自治实在是人民的一种基本团结、基本组织。有了这个组织以后，众人才能变成人民，才能谈到一切民权的行使"②。由此可见，地方自治与宪政实同为民权运动之产物，宪政之基础。"人民政治兴趣、政治能力及政治道德，固有赖地方自治之培养训练，而地方自治又必借宪政为之领导促进与保障，二者实相辅相成，互为表里，无先后之可争。而以地方自治充实宪政，以宪政促进地方自治，乃今后中国政治建设的必由之路。"③

　　然而，自 20 世纪 30 年代初南京国民政府推行保甲以来，地方自治被遗落于历史的角落，虽然国民政府表面上为遵循总理遗教而不得不对地方自治时加提念，但事实上地方自治在基层社会中已失去了往昔的光彩。在中日战争还未结束而国共竞逐日趋激烈的特殊年代，如何借用保甲制度来加强对基层社会的有效控制，充实与中国共产党最后摊牌的力量，同时又使这一传统制度披上民主的外衣，保甲制度与地方自治的融合便成为国民政府解决这一难题的理想选择。正如梁漱溟所说，在消极散漫的中国乡村社会步入近代以来，随着交通的发达和欧风美雨的浸润，已经很难维持原来的模样，"要求中国复兴，必定要转到一个新的方向去，什么新的方向呢，就是要由消极的境界转到积极的境界，由散漫的状态转到组织的状态，这样新生活的转变，才是实行地方自治的精义所在"④。

　　虽然国民政府曾致力于保甲与自治的融合，但仅仅理论层面的融合并

---

　　①　高铚:《推行宪政促进地方自治平议》,《新中华》(复刊)1944 年第 2 卷第 11 期, 第 5 页。

　　②　荣孟源主编:《中国国民党历次代表大会及中央全会资料》(上册),光明日报出版社 1985 年版, 第 617—618 页。

　　③　高铚:《推行宪政促进地方自治平议》,《新中华》(复刊)1944 年第 2 卷第 11 期, 第 7 页。

　　④　梁漱溟:《中国地方自治问题》,《苏声月刊》1934 年第 1 卷第 5 期, 第 91 页。

不能解决面临的现实困局。为了能使现有的基层政制确具民主色彩，国民政府便将希望寄托在乡镇保长的民主选举上。尽管这一单调的民主模式不能尽显国民政府改革基层政制之本意，但即使这样简单的民主表达在辽阔封闭的中国农村也不见得能够顺利推行。因为"形诸法制如欧洲所有者，始终不见于中国"。"权利自由这类观念，不但是中国人心目中从来所没有的，并且是至今看了不得其解的。"① 何况乡镇保长民选制度在理论上亦遭到了时人的质疑。他们认为军政时期及训政时期最先注重者"在以县为自治单位，盖必如是，然后民权有所讬始，主权在民之规定便不致成为空文也。今于此忽之，其流弊遂不可胜言"。第一，"以县为自治单位，所以移官治于民治也，今既不行，则中央及省仍保其官治状态，专制旧习何由打破"。第二，"事之最切于人民莫如县以内之事，县自治尚未经训练，对于中央及省何怪其茫昧津涯"。第三，"人口清查，户籍厘定，皆县自治最先之务，此事已办，然后可言选举。今先后颠倒，则所谓选举，适为劣绅土劣之求官捷径，无怪选举舞弊所在皆是"。第四，"人民有县自治以为凭借，则进而参与国事可绰绰然有余裕，与分子构成团体学理乃不相违，苟不如是，则人民失其参与国事根据，无怪国事操纵于武人及官僚之手"②。虽然上述说法不无道理，但事实上则是以短视的目光误读孙中山的思想。在孙中山看来，如果想让中国的政治达到民有、民治、民享的地步，即需从最下层做起。实行地方自治，使人民有参与本地地方政治事务的机会，直接选举地方的官吏，自由制定地方的法令，独立经营地方的特种事业，人民并得运用四个政权（选举、罢免、创制、复决）以监督促进地方的政治效率。以其本人话来说："地方自治者，国之础石也，础不坚，则石不固。观五年来之现象，可以知之。今后当注全力于地方自治。"③ 可见，孙中山的地方自治思想并非仅仅局限在县一级，相反，培育乡民四权意识，选举乡镇保长才是其自治思想的核心内容。

事实上，国民政府将乡镇保长的产生模式由委派制转变为选举制，除了迎合国民党即将由"训政"迈向"宪政"的政治因素外，也隐含了国

① 陈序经：《选举，宪政与东西文化》（二），《现实文摘》1948年第1卷第9期，第9页。
② 郑拔驾：《宪政与地方自治》，《台湾训练》1947年第5卷第5期，第20页。
③ 莊心在：《中国政治建设与地方自治》，《新声月刊》1931年第3卷第3期，第3页。

民政府对乡镇保甲人员素质的深切关怀。在近代中国推行的各种政制改革中均会遇到一个致命的问题，那就是人才的选拔与任用。观诸民国乡镇保长之现状，诚如时人所称："沿至今日，去古愈远，人心愈坏，而地方保甲愈趋愈下，其弱者顶名充数，一无能为；其强者则交结官差，私通胥吏，或曰县中某头脑其亲戚也，衙前某先生其好友也，乡愚无知，以为与官府声气相通，不敢稍有触犯，以罹咎戾；于是乎擅作威福，鱼肉乡间。每节须送节规者有之，做寿分帖苛派礼物者有之，稍有事端，便生枝叶，肆其贪狼之性，逞其狡兔之谋。其在名乡望族，或尚敛迹而不敢恣肆，倘在穷乡僻壤，去城较远，官府耳目有所不及，则若辈更肆无忌惮，无所不为矣。"① 这种不良现象之存在，"大之足以妨得国策的贯彻，小之亦使地方有志人士不屑置身于地方政治，人才既不肯到乡镇，于是基层政治永无起色"②。

　　国民政府推行地方自治，其目的就是要求地方人民处理地方事务，以避免上述问题的再度发生。然而，中国地大物博、人口众多，如果想让如此众多的民众处理自己的事务显然不切实际，这就需要"少数思想清楚、精力强健的现代化人物"为之代表。但20世纪40年代的中国民众知识水准"普通低浅，知识青年竞向城市活动，乡村社会的文化和经济都操纵在土豪劣绅的手里，人民自身对自治漠不关心，一切旧势力的活跃足以窒息这萌芽的自治运动而有余。所以过去推行自治，其结果不出二途：或是成立了机关，但无实际活动，所谓自治，名存实亡；或是自治机关由土豪劣绅支持，使得土豪劣绅的统治合法化、衙门化。在老百姓看来，根据自治条则产生的乡长、区长，仍不过是昔日之保正、团总等的化身而已"③。同时上级委派的乡保长，"常以政府一员的姿态出现，一切政令设施，都是自上而下，一味以命令为主，而不问民情的是否适合，只求功令的敷衍，而不顾民众的要求如何，因是要想动员而不能彻底，即令努力推行，亦无法获得置效"④。加之"近年以来，差徭繁兴，乡务特忙，支应军差，

① 《旧报新抄：地保》，《申报》1940年8月1日，第12版。
② 《社评：改进地方基层政治》，《申报》1943年3月14日，第2版。
③ 陈柏心：《完成地方自治的途径》，《现代读物》1939年第4卷第4期，第40—41页。
④ 秦柳方：《乡村长实行民选问题》，《国民公论》1940年第4卷第8期，第271页。

尤为难事。稍有不周，便遭凌辱，因之对乡长一职，率多裹足不前，视为畏途"①。"稍有资产或稍有知识者，皆逃避一空，不肯承乏。而夤缘得此者，又擅作威福，以土皇帝自居，一保或一甲之人，皆不得聊生。"② 有鉴于此，国民政府决心借用民选模式以改良已处劣化的乡镇保长，并认为民选的乡镇保长或能"充分代表民意，深知民间疾苦，为民众所拥护，受民众的爱戴，动员工作固能顺利进行，民力也易于发挥"③。

三　乡镇保长民选中的困难与问题

综上所述，国民政府将乡镇保长的产生模式由委派转变为选举，其目的固然是为了争取舆论民心、迎合宪政之需；但同时亦想借用民选的方式彻底清除原有委派之乡镇保长的种种弊病，为乡村社会治理添加一种新的领导力量，并在此基础上缓解民众与乡镇保长之间的紧张关系。然而，国民政府的这一政治理想能否实现，面对国民政府功利激进之态度，时人评论称："选举的意义在求才，而不在骛名，粗制滥造的选举，只在骛名，而非求才。欲速则不达，这句话固然可以作为故意拖延选举的借口，但无计划、无步骤的选举，适足以偾事。"④ 事实证明，上述说法实非危言耸听。自1946年实施乡镇保长民选以来，"曾经造成许多使人啼笑皆非的场面。假造民意的选举票一大把一大把塞进选举柜，两个集团因为势均力敌，竟因此造成团殴的场面"。之所以会出现如此怪现象，是因为"中国人民一向不习惯民主国家人民应享受的权利，对于民意选举向来更漠不关心。因此，虽然政府已经把选举权交给人民，但人民大多都没有好好地运用这个基本权利"⑤。正是源于上述问题的诸多制约，甘肃省政府在内政部的不断催促下仓促实行普遍民选，一开始便遇到了诸多困难。

第一，民选乡镇保长对于偏僻闭塞的甘肃乡村来说简直是"千年未有之巨变"，毋庸说普通乡民，即使县政府行政人员对于民选之事亦闻所未闻，试办之初，未免疑虑重重。加之民选初行之时，制度本身的不健全

①　郭昌龄：《关于乡镇长》，《乡村工作》1937年第6期，第18—19页。
②　成骏：《湖北农村杂写》，《申报》1936年4月8日，第8版。
③　秦柳方：《乡村长实行民选问题》，《国民公论》1940年第4卷第8期，第271页。
④　王蕴卿：《论民选保甲长之重要性》，《民治》1945年第1卷第3—4期，第7—8页。
⑤　十郎：《谈"选举"》，《申报》1947年7月12日，第2版。

及朝令夕改，更使执行者茫然若失。时人评论称："十年以来，许多人感觉尽管乡、镇、村、闾、邻等编制已经改名为乡镇保甲，但是据行政当局的报告，除了广西省已普遍实行保长民选，安徽省已开始试行民选保长而外，其余各省县市的保长，不免大多数仍由政府委派，即使有的省份实行民选乡镇保长，仍不过是选出加倍人数呈送政府择委。"① 甘肃省在试行民选乡镇保长时情形亦是正是如此。

第二，甘肃地处西北边陲，地瘠民贫，教育文化极为落后，要想在这一乡村区域选拔出一批品能兼优的乡镇保长，无异于水中捞月。因此，甘肃各县之民选乡镇保长虽然表面上实行民主选举，但实际上是"换汤不换药"，民选的乡镇保长仍大多由原来的乡镇保长充任。例如1946年庄浪县政府代电称："本县民选乡镇长于奉令办理后，即发动党团各学校力量，宣传鼓励地方公正士绅及具有革命性之有为青年踊跃竞选，同时一面通告登记候选人并公布选举日程，一面根据颁发注意事项订定各乡镇应行注意事项、选举日程表，并制发各项应用表册、选举票等分饬各乡镇公所遵照，积极准备，扩大举行。自八月十六日开始选举，由县长并派员会同党团参议会负责人依照日程表亲赴各乡镇监选，及函请各乡县参议员就地参加指导选举，截至本月二十日，本县维新、卧龙、宁阳、安东四乡镇长副已依法选出，经核当选人均为青年党团员，悉曾任公教人员多年，资历多佳，尚属合法，至选举时会场秩序严整，并因扩大宣传，人民情绪颇为兴奋。"② 不难看出庄浪县政府对于此次民选乡镇长赞誉有加。然而，庄浪县民选的乡镇长果真是当地有为青年？庄浪县长陈永康在随后的呈电中道出了实情："本县定于八月无法开始选举乡镇长，据卧龙等乡镇民代表会呈请，以乡镇长责繁任重，本乡人才缺乏，稍不胜任，贻误实深，为利公便民计，拟恳仍选举现任乡长连任。"③ 对此甘肃省政府认为"查籍隶本乡镇之现任乡镇长原有被选权，如果当选，自可连任"④。由此观之，迫于政治、经费、人才等诸多因素的困扰，20世纪40年代甘肃各县所谓

---

① 王蕴卿：《论民选保甲长之重要性》，《民治》1945年第1卷第3—4期，第7页。
② 《庄浪县政府快邮代电》，甘肃省档案馆，档号：15—14—113。
③ 《庄浪县呈甘肃省政府电》，甘肃省档案馆，档号：15—14—113。
④ 《甘肃省政府代电》，甘肃省档案馆，档号：15—14—113。

的乡镇保长民选其实仍不过是新瓶装旧酒，名异而实同。

第三，甘肃各县乡镇保长民选的主动权和决定权始终掌握在少数人的手中。由于民国时期的甘肃乡村社会仍然延承着封建时代的乡村治理模式，士绅阶层与知识分子掌控着乡村社会的政治、经济命脉，在中国乡村社会的等级体系中，无论乡镇保长的产生模式是委派还是选举，其结果均将代表少数精英的利益。但事实上，乡村精英的利益并非与普通民众的利益完全相悖。首先让我们看一看当时民选的乡镇保长是何许人？1946 年 4 月，皋兰县北辰乡民称：该乡"第五保第八甲民户张子述者，出身军人，前在国民革命第五路军总司令部属充军，做事勇敢，忠诚朴实，为长官素所赞许者也，时赐奖章，以资其功。后因作战代伤，下伍旋里，自该张某到吾乡之后，仗义疏财，专为慈善，亲老扶幼，言辞和悦，拯危救困，本乡长幼男女勿不钦敬感怀，诚吾乡公正之伟人也。曾在赵老湾募缘化布，修建庙宇，又在沟中募建佛堂，见义勇为，虽死不辞。吾乡去岁大旱，饿殍盈野，张某即以身作则，办理荒旱，亲至邻华堂处，不非口舌，不辞劳苦，敦请邻君施舍白米白石，每人分散二斗，此情此德，不啻再造。所作之善，不能尽述，张某一身清白热心，赴汤蹈火，亦所不避，诚吾乡贫民之救星也，是以公举"①。可见该乡所举之张某不仅拥有充军的经历、殷实的家资，而且在当地也有一定的声望。这种乡村精英不仅能够得到乡民的普遍认同，同时也能得到乡村士绅和政府的信任。透过甘肃乡村社会的政治实景，我们仍能看到这样一种场景：虽然欧风美雨飘荡在中国社会已近百年，但地处西陲的甘肃乡村仍然延续着传统的经济形态和生产方式，制度的变革仅仅改变着基层政治机构的名称，却未真正触及乡村社会治理的内核和本质。在自给自足的农业经济形态下，普通乡民与乡村精英的利益在某种程度上仍然是吻合的，这种利益的吻合亦决定了民选乡镇保长应有的标准。

相反，如果当选的乡镇保长不能符合乡村社会的这一标准时，无论是乡村士绅、知识阶层，还是普通民众均会伸出弹劾之手。1946 年 8 月，当陇西县云田乡民得知该乡民选乡长为雷虎卿时，即联名呈诉甘肃省政府

①《呈为公举得人忠诚朴实服务热心公众选举得专委任事》，甘肃省档案馆，档号：15—15—664。

称:"窃查云田乡奉令选举乡长,结果雷虎卿为乡长,究其原因,地方劣绅李馥勾结赵凤翔及雷虎卿三人大花金钱,设摆酒宴,邀本保乡民代表活动乡长,唯查该代表多系先年保长,劣绅李馥任意挑拨,故不以民众意见,而以狼狈为奸,渔利自肥,失了民意主旨,误了选举规则。又查赵凤翔、雷虎卿皆先年乡长,种种贪污案件民等告发县府及专署者不胜枚举,即被勒令停职,县府有卷可考,迄今悬案未结,依法不宜当选。再查李栋、李馥品学兼优,秉公正直,人地相宜,按照当选法规,李栋为正乡长,李馥为副乡长。"① 同时云田乡中心国民学校校长唐仲藩、教员雷霖、李彬、李馥、王俊杰等亦呈报甘肃省政府:"窃查陇西云田乡选举乡长,结果雷虎卿为正乡长,李栋为副乡长。唯查雷虎卿曾任过云田乡乡长,民众多不满意,言旧案未结不应当选,但旧案是否结束,职等不明,迩来本乡一般民众情形风潮迭起,大不安宁,职等因雷虎卿人地不宜,上恐误公,下怕累民,依照地方实际情形与民众意念,李栋为正乡长,李馥为副乡长,方可上不误公,下不累民。"② 从雷虎卿个人简历看,雷虽然担任过乡长、联保主任,并取得了甲、乙两种公职候选人资格③,它的职位亦得到上级行政部门的庇护,但由于其行为已经背离了该乡士绅及民众的普遍认同,最终仍逃脱不了"并案核办",改选下课的政治命运。

第四,国共内战爆发后,田赋兵役日趋加重,乡镇保长开始在上级命令与民众抵触间艰难斡旋,一些深得民望的乡镇保长鉴于形势险恶,均纷纷请辞。就以陇西县乡镇长更选为例。1947 年 5 月 21 日,陇西县莱子镇镇长伍昌麟辞函称:"查本镇镇长一职,前由第一期代表会选昌麟接充,现已将近二载之久,任劳任怨,奉公守法,未能有益于桑梓,亦未贻害于地方,昌麟本应用全力暂将应付,但近月内身得恶疾,精神错乱,认事不清,反轻反重,若不及早辞卸,不免上误下累,贻害终身,相应函请,查照转报县府另选贤达接替,推进一切,则昌麟感德无涯矣。"④ 5 月 31 日,

① 《为呈报陇西县云田乡选举乡长雷虎卿悬案未结依法不宜充任由》,甘肃省档案馆,档号:15—15—651。

② 《为恳请陇西云田乡选举乡长实情伏乞核准由》,甘肃省档案馆,档号:15—15—651。

③ 《甘肃省陇西县乡镇长选举当选人名簿》,甘肃省档案馆,档号:15—15—651。

④ 《呈转本县莱子镇长伍昌麟辞职请核示由》,甘肃省档案馆,档号:15—15—651。

陇西县政府称，马河镇"正副镇长陈世荣、田积仓前于上年八月间经代表等依令选举，接充办理镇务迄今半载，因才不胜任，公务推行为艰，办理延久，势必公私俱累，数月以来在代表会场再三坚辞，且迭经函请本会另选干员，以利公私"①。9月16日，陇西县政府称："查四月份本县乡镇长副动态情形计，紫来乡副乡长颜希贤被选为乡民代表，首阳镇长原祥麟病故，复兴乡副乡长汪启齐因事他往，昌谷乡长罗锦山因推动工作困难，碧岩乡副乡长张希汉因就学深造，乡长包廷选被选为乡民代表，均经先后辞职。"② 事实上，这种情形不唯甘肃独有。1946 年 1 月，张晓崧在谈论上海整编保甲意义时称："本市整编保甲工作自本月 15 日开始以来，已历数日，一般情形，堪称良好，惟有一部分市民被任为甲长或保长时，颇多不愿就职。"③ 乡镇长的频繁更迭不仅加剧了资金的浪费和社会的紊乱，同时也造成了乡镇保甲机构的运转不良，乡村社会陷于权力的真空状态。

乡镇保甲机构是国民政府行政体系的重要组成部分，是国家权力深入乡村社会的重要一级，也是国民政府加强基层社会控制的桥梁和纽带。如果说 20 世纪 40 年代乡镇长的处境艰难，那么保长的处境则更如水火。因此，在乡镇长纷纷请辞的同时，无人应选保长遂成为保长选举的瓶颈。1949 年 4 月 28 日，皋兰县中正乡乡长王子丰报称："该乡第十保保长管意，自本年二月十六日当选，迄今抗不接办，致政令无法推行，附送管意一名，请予法办。"但管意称自己"目不识丁，恐有贻误"，因而请求辞退。经县政府派员调查称"中正乡第十保前次选举保长实欠合法，兹为解决该保纠纷，免误要公计，当会同该乡长于十九日前往该保，召集保民代表管如、刘竹轩及绅耆民众等七十五人"，重新选举，"结果仍将管意以六十二票当选为该保保长"。为了能使该保长顺心就职，皋兰县政府决定"管意第一次被选为保长，因系前任乡长陈森章主持监选，确实不合选举保长法令手续，该乡长王子丰不查明原委，竟勒令管意接充保长，如

---

① 《呈转本县马河镇长陈世荣副镇长田积仓辞职请核示由》，甘肃省档案馆，档号：15—15—651。

② 《电复紫来乡副乡长颜希贤等辞职案情形请核示由》，甘肃省档案馆，档号：15—15—651。

③ 《张晓崧谈整编保甲意义》，《申报》1946 年 1 月 19 日，第 2 版。

此处理，殊属失当，除将该乡乡长王子丰记大过一次，以示惩戒外，已令饬该新任保长管意即日接办"①。从上述材料中不难看出，无论选举手续是否合法，管意当选保长并非心甘情愿，然而迫于上级政令及行政处罚，管意就职也只能是无奈之举。

既然民选保长已经成为一种形式，那么被选的乡镇保长素质则不言自明。1947年1月，据靖远县大庙乡乡长杜兴泰称："查上年本乡当选之保长副确能得到民众信仰，办事稳练，成绩较好者固多，而有少数之保长副以近来对保政之不能推行而致落后者有之，因无办事能力已失保民素望，经保民大会开会罢免者有之，此种情形实由于初次选举，民众尚不明了选举意义，以致当选者未得其人，经查应予更换之保长副，需要另行选举精干者接充，以期推行保政效率之易速，以故拟据保民大会之要求，饬即另选。"② 然而，这种稍现规则的民选制度在1947年以后开始发生了质的改变。内战爆发和田赋兵役的持续加重将普通民众逼到了生死边缘，沦落为国民政府征兵纳税的乡镇保甲机构开始成为民众发泄仇恨的对象，乡镇保长不再成为乡村精英竞逐的对象，即使普通乡民对于竞选该职亦避犹不及。然而，为了完成上级政令，各县政府不得不按照规定选举出足够数量的乡镇保长，正是在这一特殊的时境交替中，各地土劣分子乘虚而入，鸠占鹊巢。据称贵州某县长甚至"大批出售乡镇长，以三堂乡长而言，包张争赎，竟出资达六百万元；胜龙镇镇长出资四百万元；其余二三百万不等，最低亦需百万元"③。本欲改善乡镇保长素质的民选制度此时却成了各地土豪劣绅发财致富、争权夺利的护身符。

面对乡镇保长素质的严重劣化和欺压民众之情事接连发生，乡镇保长与民众之间的矛盾开始日趋加剧，甘肃省政府在无力提高待遇、加强培训的情境下，唯有一途便是加重对不称职之乡镇保长的惩处。1947年1月21日，甘肃省政府规定："民选保长副如有办事不力或已失民望情事时，除所处保民大会得自动提议予以罢免外，该管乡镇长并得依'修正各县

---

① 《据本县中正乡长王子丰报以新任保长管意抗不接充一案处理经过情形电请核备由》，甘肃省档案馆，档号：15—15—666。

② 《为呈未届期满之民选保长副如遇办事不力或失民望时如何办理请鉴核示遵由》，甘肃省档案馆，档号：15—15—666。

③ 《某县长大卖乡镇长》，《贵州民意》1945年第1卷第4期，第18页。

市办理地方自治人员考核及奖惩暂行条例'第三条及第六条之规定,按其情节酌予惩处。"① 然而,正可谓"徒善不足以为政,徒法不能以自行",甘肃省政府对于乡镇保长的惩处既不能制止保长的频繁辞职和拒不就任,亦无法提高当选保长的个人素质,乡镇保长的民选模式并未给国民政府的乡村社会治理带来更高的效率。

随着战争的持续进行和田赋兵役负担的不断加重,乡镇保长与普通乡民之间的矛盾日益尖锐,诋毁、呈讼乡镇保长的案卷多如牛毛。如皋兰县八堡乡民众匿名控诉该乡乡长施子寅,称其"本无乡长之资格,更非民众之悦服,不过此次经选乡长者,纯系一种运动手段。况我八堡乡共分七保,心悦诚服之人不过三四人也,其余民众均在敢怒不言。政府此次民选乡长,一为地方治安,二要减轻民众负担,方合政府法令与地方治安之条例。此人做事心似狼毒,视财如命,与地方不为无益,反而害之"。因此,请求甘肃省府"恋念苦情,以救民命,速派贤员接替"②。靖远县大庙乡民匿名控诉该乡乡长杨兴泰,称其"为人狡诈,武断乡曲,吸食鸦片,蔑视法纪,种种劣迹,笔难尽述。前于民选乡长时,曾以磕索人民血汗之资——前为本乡副乡长,贿买各保之乡民代表,大肆活动,选伊为乡长。强奸民意,把持乡政,殊失'民主'之至意。所可痛者,该乡长身为公务人员,而竟吸食鸦片,诛求人民之血汗,供一己之享乐,每至各保巡查,各保长深以大烟之无法供应为苦"。因而要求甘肃省府将其彻查究办,以维法纪,而维宪政。③ 面对乡镇保长与乡民矛盾的不断加剧,为了维持乡村社会的稳定,完成战乱年代地方自卫及征兵征粮等工作,甘肃省政府对于上述民众之诉讼,一般采取"匿名禀告,应予不理"的态度而匆匆收场。这一方面表明了随着中国国内政治环境的剧烈变动,甘肃省政府已无暇处理乡镇保长的优良寡窳,维持现状成为这一时期甘肃省政府的最佳选择;另一方面甘肃省政府也认识到战争年代乡镇保长的特殊使命与普通民众利益之间的尖锐矛盾,处于夹缝中的乡镇保长成为民众控诉攻击

---

①　甘肃省政府代电:《电释民选保长副惩处办法》,甘肃省档案馆,档号:15—15—666。

②　《呈为减轻民众负担更换棘手乡长由》,甘肃省档案馆,档号:15—15—666。

③　《为吸食鸦片贿选乡长把持乡政鱼肉人民祈鉴核澈查究办以肃法纪而维宪政由》,甘肃省档案馆,档号:15—15—666。

的对象已成见怪不怪的平常事。

面对乡镇保长民选而引发的诸多问题，1947 年 7 月，甘肃省镇远县县长崔汝峻呈报称："查现值剿匪紧张之际，军差供应日益浩繁，本县现任民选乡镇人员多不理事，遇事敷衍诿卸，贻误匪轻，为求政令运用灵活配合军事之需要，计拟请在绥靖期间，凡乡镇人员因故去职或开缺时，准由县府暂派干员代理，一俟军事平定再行补行民选。"① 对于崔的建议，内政部认为"与规定不合，未便准行。如民选乡镇长因故去职或开缺时，得由原选举之民意机关依法改选或选补，并报民政厅查核，以免藉口情形特殊，任意由县遴员派任，滋生流弊"②。可见在内战初始，民选乡镇保长虽给国民政府控制乡村社会带来了一系列的问题，但基于对宪政和地方自治的长远考虑，国民政府仍然不想在此时脱掉为其乡村社会控制披上的民主外衣。

然而，国民政府的这种坚持并未延续多久，随着国共内战的全方位展开和国民党军队的不断失利，使得国民政府对基层社会的汲取越来越多，而民选乡镇保长在诸多因素的困扰下已无法完成战争年代对人力、物力和财力的大规模征运。1948 年 6 月，甘肃省政府呈电内政部称："1. 本省各县市局乡镇长系三十五年七月起办理民选，依照县各级组织纲要第三十三条、市组织法第三十四条之规定，区乡镇长任期定为二年，瞬将届满，自应分别改选。为行宪政府业已成立，省县自治通则即将颁布，此项通则公布后，县以下各级自治机构均将全部改组，预计时日至多当不出一年，区乡镇长如在此时改选，将来自治通则颁行后，在新选之乡镇长任期未满前又须改选，值兹动员战乱时期，安定为先，人事变更频繁，不特影响业务之推行，尤恐因选举之争竞滋生事端，似应重加考虑，酌予变通，以期法令事实，兼筹并顾。2. 在此过渡期间，各县市局乡镇长任期届满者，拟援照省县参议员延长任期例，一律延长至自治通则颁布后，区乡镇自治机关改组成立后，正式区乡镇长选出之日为止。"③ 对于甘肃省政府的这一

① 《据镇远县政府电请绥靖期间乡镇人员去职开缺准由县暂派员代理一案请核示由》，甘肃省档案馆，档号：4—8—622。

② 《内政部复甘肃省政府电》，甘肃省档案馆，档号：4—8—622。

③ 《民政厅长马继周致甘肃省政府代电》，甘肃省档案馆，档号：4—8—622。

提议，内政部还是认为不可，并令其"于期满后依法改选，不得延长"①。但此时的甘肃省政府迫于形势之严峻，已不再遵循内政部的意见，而于同年7月训令各县市局长专员称："各区乡镇长任期已再电内政部准予延长在案，在未奉令前，各区乡镇长任期届满者一律暂缓改选，仰饬遵照。"②

　　虽然甘肃省政府已对内政部的政令进行了变通处理，但战争年代乡镇保长的驭重角色已不容其朝选夕辞，将乡镇保长的产生模式由选举转变为委派再一次成为这一时期甘肃省县政府的共同意愿。1949年5月，甘肃省第四区行政督察专员高增级、天水县县长高德卿、秦安县县长杜凌云、清水县县长杨贻书、礼县县长阎广、通渭县县长李志谟、甘谷县县长陈永康、武山县县长柴庆荣、西和县县长张孝友、两当县县长刘世英、徽县县长胡晋一联名提议"乡镇保甲长暂时采用派任办法"。其理由是"民选乡镇保甲长施行以来，利弊互见，如选贤与能、推行政令、维护桑梓、不负民望者固多，其有文化闭塞、知识水准低落之区域，碍于法令，限于人才，以削足适履之拙策，奉行民选之功令，非特不堪称职，且足以误国误民。值兹非常时期，为应付万一，配合上级政府之要求，对民选乡镇保甲长亟应予以调整"③。其调整办法为："1. 民选乡镇长经县府考核如有才不胜任，贻误要公者，准由县长撤换，报请省府核备。2. 如本乡无适当人选，准由县长另派其他乡镇人员充任。3. 各乡镇保甲长由各乡镇保长切实考核，其不称职者由各乡镇长另派其他公正精干富有热情人士充任。"④

　　对于上述提议，其他各县亦随之附和。如西和县政府呈电称："查本乡镇长实行民选以来，固有选举得人，工作顺利者，而因选举造成地方派系意见分裂，纠纷迭出者亦复不少。乡镇长当选后应付人事足感困难，每一工作辄有人出而反对，藉端攻击，希图再选，且有乡镇长希求人民之所好，不顾国家之大计者，以致影响工作效率甚大。值此军事时期，地方事务繁多，实有改选为派之必要。"⑤ 通渭县长李志谟称："乡镇保长实施民

①　《内政部函甘肃省政府代电》，甘肃省档案馆，档号：4—8—622。

②　甘肃省政府：《区乡镇长任期届满者暂缓改选》，甘肃省档案馆，档号：4—8—622。

③　《乡镇保甲长暂时采用派任办法案》，甘肃省档案馆，档号：4—8—622。

④　《乡镇保甲长暂时采用派任办法案》，甘肃省档案馆，档号：4—8—622。

⑤　西和县政府：《乡镇长之选举改由县政府委派任用案》，甘肃省档案馆，档号：4—8—622。

选以来，所有地方自治及政府委派事项无形降低效率，揆厥原因，多由代表会代表偏重情感，所选出之乡镇保长间有不合政府选贤与能之意旨，以致能者退藏，庸碌当道，对一切政令之推动，率多迟误。值兹非常时期，似应权衡本省实际需要，将乡镇组织予以变通，以求切合。"[①] 庄浪县县长严德骏称："本省文化落后，人民水准、文化水准较低，一般下级工作干部选任困难，尤自民选乡镇长以来，常因人事不宜或因办事能力太差，对工作不明缓急，屡有贻误。兹当戒严期间，乡镇工作应以精强干练者充任，故民选乡镇长有酌改由政府委派之必要。"[②] 华亭县县长李晓白称："本县系接战地区，军差繁重，工作紧张，选任之乡镇长碍于情面，办事敷衍，工作推进至感困难，亟应由县府遴派干员暂行接办，以利事功。"[③]漳县县政府称："民选乡镇长如有违法失职经县府撤职或因事辞职后，乡镇长职务应由各该乡镇公所主任干事代理，并应定期依法选举，按地方实际情形，而乡镇长选举最易发生纠纷。值此戒严时期，地方秩序极其重要，为避免竞选互相摩擦，保持地方和气，加强乡镇工作效率起见，各县市如有开缺，乡镇长暂行停止选举，以免地方发生纠纷。"[④] 面对各县之提案，甘肃省政府认为："1. 民选乡镇保长在现行法令未变更前未便遽行废止，惟有不能胜任情事，为适应当前非常情势，便利县政之推行，自应于法令事实兼筹并顾之下，酌予变通办理。2. 民选乡镇保长如确有不能胜任情事，得予免职另选，报府核备，但在接战地域各县得由各该县府暂行遴派妥员代理，仍将代理人员姓名、资历报府备查。"[⑤]

由上可知，近代中国连绵不绝的战争使得乡村社会青壮年劳力极度缺乏，而劳力的缺乏和社会的动荡进一步加剧了乡村社会的贫困，在这个人力、物力极度缺乏的年代，国民党政权为了维持战争机器的运行，只能任由乡镇保长对乡村社会进行无休止的索取。然而，这种索取遭到了乡民们

---

① 《各县乡镇保长拟将民选改由政府遴派以增效率而利政令案》，甘肃省档案馆，档号：4—8—622。

② 《为戒严期间民选乡镇长酌量改由政府委派以利工作由》，甘肃省档案馆，档号：4—8—622。

③ 《接战地区乡镇长拟请一律派任以利行政案》，甘肃省档案馆，档号：4—8—622。

④ 《甘肃省三十八年全省行政会议漳县县政府提案》，甘肃省档案馆，档号：4—8—622。

⑤ 甘肃省政府：《核饬行政院会议有关民选乡镇保长改由县政府委派》，甘肃省档案馆，档号：4—8—622。

的拼死抵制，而乡镇保长的频繁更迭更使国民政府的征运计划屡受挫折。为了进一步加强对基层社会的控制与索取，同时避免因乡镇保长频繁更迭而引发诸多问题，甘肃省政府在内战行止之时最终决定将乡镇保长的产生模式由选举回溯到委派。乡镇保长产生模式的回流，在一定程度上隐现出国民党政府推行基层民主的限度，尽管这种限度的背后隐藏着诸多无奈。诚如蒋廷黻在谈论改革地方行政时所言："健全行政不外组织紧凑、运用灵活、职权相当；人才得宜、才尽其用；经费充足、支配合理。我国地方政府对此三方面殊欠健全。"① 正是在政治、经济、人才等诸多因素的制约下，国民政府所实施之"地方民选，既无民选制度之前提条件存在，又无民选制度之真正内容，一切还是以一党包办作中心，其结果，当然是包办、操纵、贿选、劫持等怪象也就层出不穷，而牛波马勃，败鼓之皮也都成为人民代表，即使有一二正绅，也不外是点缀而已"②。

四　乡镇保长民选失败的历史根源

虽然国民政府试图通过民选乡镇保长的模式来为其社会控制披上民主的外衣，并以此来改变人们对乡镇保长的恶劣印象，但结果事与愿违。究其原因，不仅在于 20 世纪 40 年代特殊的战争环境和捉襟见肘的地方财政，更重要的是中国乡村社会对于民主观念的淡薄和无知。

为了彻底推行乡镇保长的民选，甘肃省政府期望颇殷。正如甘肃省政府主席谷正伦于 1946 年 8 月致各县市长函中所云："查此次区乡镇长普选，关系宪政前途至巨，乡镇人选之贤否，为地方成效之关键，各该县市局长举办此项要政，亟应扩大宣传，灵活运用，尽量鼓励地方公正士绅及有为青年踊跃参加竞选，务使贤能当选，土豪无法把持，藉以健全乡镇人事，巩固自治基础，将来区乡镇长人选之优劣，即可视为各该县市局长政绩之良窳，仰即转饬所属，切实遵办为要。"③ 然而，选举乡镇保长对于偏僻落后的甘肃乡村社会来说显得格外扎眼，这不仅对普通的老百姓，即使是各县行政人员，亦一时难解其中之奥妙。如何才能使乡镇保长的选举

---

① 《蒋廷黻谈改革地方行政》，《申报》1936 年 4 月 30 日，第 6 版。
② 黄道庸：《现行地方民选制度平议》，《民主星期刊》1945 年第 8 期，第 2 页。
③ 《致各县市局长函》，甘肃省档案馆，档号：4—8—621。

工作更能呈现民主意象，各县均进行着不同的尝试，甚至有的县份感到省政府规定不合时宜而将其抛于脑后。

1946 年 9 月，渭源县政府代电称："本县此次选举乡镇长之前，一般人民及地方各界人士均以乡镇民代表太少，恐不能代表真正民意，颇愿直接投票选举，本府为采取各界人士及一般人民赞同普选起见，经实施民众直接选举，并由县长会同党团参议会首长亲赴各乡镇依次监选，出席民众为数甚多，会场极为隆重，其结果异常圆满。"① 在渭源县政府看来，这种民众直接选举的方式更能呈现民主意象，也更能受到老百姓们的欢迎。

然而，对于渭源县政府的此种选举方式，甘肃省政府则给予了全盘否定。甘肃省政府认为"乡镇长副应由乡镇民代表会选举，县各级组织纲要第三十一条、乡镇组织暂行条例第二十九条，及本府前令乡镇长选举应行注意事项第三项，均有明白规定。该县长不察法令，擅自主张，实属违法，拟予记过一次，以示惩戒。所有已选乡镇长副，并饬依法改选，以符法令"②。可见，在甘肃省政府看来，选举并不是简单的游戏，而是具有复杂规范的现代化选举，渭源县政府的这种选举模式是对民选乡镇保长相关法规的一种漠视和错误解读。

为了杜绝此类现象的再次发生，甘肃省政府再次训令各县："本府为实施民选乡镇保长，前经制定乡镇保长选举应行注意事项通饬遵照在案，兹查各县局办理此项要政，对于有关法令，多不切实研究，遂致所有举措未能尽符规定，甚有藉口乡镇民代表过少，擅自采取直接投票方式者，更属违法行为，似此何能达成民选乡镇保长之任务。嗣后各县局办理民选乡镇保长，务须恪守法令，积极进行，不得稍有贻误，致干查究，除分行外，亟电仰遵照。"③

由此可见，虽然甘肃省政府对民选乡镇保长的各项事宜进行了详密的规定，但各县基于不同的需要而对其进行了变相之解读，从而使各县在乡

---

① 《据渭源县政府电报办理民选乡镇长情形签请鉴核示遵由》，甘肃省档案馆，档号：4—8—621。

② 《据渭源县政府电报办理民选乡镇长情形签请鉴核示遵由》，甘肃省档案馆，档号：4—8—621。

③ 《甘肃省政府训令各县遵循民选乡镇保长事项由》，甘肃省档案馆，档号：4—8—621。

镇保长的选举中步骤凌乱、种类各异。事实上，这也是民主选举模式在甘肃边陲之地实行过程中难以避免的过程。

既然选举乡镇保长在甘肃地域系属首创，在实行过程中难免问题良多。例如，对于乡镇保长选举方式及应得票数，《县各级组织纲要》及《乡镇组织暂行条例》均无明文规定，为便于办理起见，甘肃省政府决定比照内政部对于省县市参议会正副议长选举方式之解释做划一之规定："区乡镇保长副之选举，应用无记名连记法，分别正副选出，各以得出席人过半数之投票为当选，选举结果，无人当选时，应举行再选，各以得票较多者为当选，票数相同时，以抽签定之。"①

乡镇保长实行民选后，如被控诉，是否适用停职之规定，县政府可否不经保民大会罢免，径予撤职？对于这一问题，甘肃省政府认为，"县长有监督指挥乡镇长办理地方自治及委办事项之职权，乡镇长如确有违法失职情事，自可先予停职，饬知乡镇民代表会再依法罢免及改选，至保长违法失职，亦可由乡镇公所比例办理"②。同时，甘肃省政府规定："乡镇保长如有违法失职情事，应由县政府或乡镇公所基于行政上之监督权，予以处分。"③ 而乡镇长辞职，"虽经乡镇民代表会否准，如该管县政府认为有准其辞职之必要时，自可径予批准，督导乡镇民代表另行改选"④。为了进一步明确权责关系，国民政府内政部于 1946 年 7 月对县、乡（镇）政府与县参议员及乡镇民代表的职权做了如下说明："查民选乡镇保长，如有违法失职情事，应由县政府或乡镇公所基于行政之上监督权，予以处分。至县参议员及乡镇民代表，在职务上仅有到会发言与表决之行为。"⑤ 不难看出，国民政府虽设立了县参议会及乡镇民代表会，但在国民政府看来，他们只是摆摆门面，而对基层社会的真正控制权仍牢牢掌握在县政府及乡镇公所的手中。

战争年代下的乡镇保长身兼数职，身轻责重，对于他们而言，何种行

---

① 《为民选乡镇保长投票时用无记名连记法或单记法祈核示由》，甘肃省档案馆，档号：4—8—620。

② 《民选乡镇保长办法案》，甘肃省档案馆，档号：4—8—620。

③ 《甘肃省政府复临洮县政府财教代电》，甘肃省档案馆，档号：4—8—621。

④ 《内政部三十五年十月十四日民字二三九七号公函》，甘肃省档案馆，档号：4—8—621。

⑤ 《重庆内政部致甘肃省政府电》，甘肃省档案馆，档号：4—8—620。

为属于违法舞弊，又何种行为属于对上级政令的"疲顽延误"，孰难定论。即使就事论事，各方由于利益所及，所得结论亦不尽相同。对于乡镇保长身轻责重之事实，时人亦有论述："现制保甲固有任务，在维持保甲内之秩序与安宁、清查户口、编制门牌、取具联保切结、检查奸宄、教诫住民毋为非法，辅助军警搜捕人犯，督率人民举办防御工事之设备与建筑，事务繁重，已可概见。而政府往往不察政令之性质，一切政令几皆循县、区、乡镇，各级，下集于保甲，责其推行，以位低无给之保甲长任此繁剧，覆舟之虞，不卜可知。其流弊所至，保甲人员因不胜繁剧，只有疲玩，遂使政令耽误而不能行。"[1]

有见于此，甘肃省政府于1946年12月呈请内政部："查本省各县局民选乡镇保长，业经普遍实施，今后罢免案之提出，势所必有。惟乡镇长负有办理中央及省县委办事项暨本乡镇自治事项双重责任，如办理兵役、催纳粮赋等，每易启地方土劣之嫌怨，而罢免案之成立，依乡镇组织暂行条例第十六条之规定，有全体代表过半数之出席，出席人三分之二之同意即可成立。例如某乡共有乡民代表二十人，如有十一人出席，即可开会，又只须有七人同意，即构成三分之二以上之人数，于是罢免乡镇长案遂于此轻松中宣告成立。而狡黠之徒，难免不藉为泄愤营私之具，在贪渎者固无所顾惜，而忠贞者反受罢免之累，将至演成朝选夕罢之风气。值此宪政开始，人民行使四权尚未纯熟，本府认为罢免乡镇长案似应有下列之限制，俾减少无谓之纷扰。（一）乡镇长应选就职后，除违法渎职者外，至少应任职六个月以上始得提出罢免。（二）罢免案之理由，应由提案人提出理由书交代表会，被罢免人提出答辩书限期答辩，并分径全体代表研究后始得开会。（三）同一理由经否决后，不得提出作第二次之罢免理由。以上三项是否可行，相应电请查照核复。以便施行。"[2]

尽管甘肃省政府在一开始就感觉到了民选乡镇保长及罢免程序的问题

---

[1] 萧文哲：《保甲制度之检讨》，《地方自治》第1卷第12—13期合刊，1940年10月30日，第41页。

[2] 甘肃省政府代电内政部：《电请核复限制罢免乡镇长案由》，甘肃省档案馆，档号：4—8—621。

所在，尽管甘肃省政府在相关问题上亦做了必要的补救规定，但实践中的问题仍使甘肃省政府不得不对此再加考量。1948 年 8 月，甘肃省政府再次训令各县市局长、专员：

（一）查"甘肃省加强乡组织实施办法"第十一条规定，民选乡镇保长如有违法失职情事，得由县政府先行撤免，并报省政府备案。原系在动员战乱时期，应付非常事项之权宜措施，乃自施行以来，各县间有不明斯旨，每以轻微事项率行撤免，而呈报文件后不详叙案情，且与改选日期同时报请备查，若不亟行纠正，殊失民主意义。

（二）兹重新规定如此：（1）战乱时期，对于自卫工事、防奸工作、补给业务、征兵征粮以及其他有关工作，如有违抗命令，或办理不力之乡镇长，得先行撤职查办。（2）乡镇长如有贪污重大嫌疑，并有脱逃之虞者，得先行撤职，移送当地法院法办。（3）乡镇长依前二项之规定经撤免后所遗职务，由各该乡镇公所主任干事暂行代理。并于三日内呈报本府，俟奉指令后再依法选举。（4）其他事项之考核奖惩，应遵依"修正各县市办理地方自治人员考核及奖惩暂行条例"第四条之规定，每年分两次考核，于六月底及十二月底行之，如有时间性之重大事件时，亦应依照同条例第九条之规定，专案呈奉本府核准后施行。（5）乡镇长经撤免后之继任人员任期，以补足前任未满之期为限，并非于改选后另行计算任期。[①]

由上所述，国民政府对乡镇保甲长频繁更迭的关注和考核目标的转移，一方面，体现出国民政府推行乡镇保甲长的选举仅为权宜之计，其目的并不是要真正实行地方自治，实现地方民主政治，而是希图借用民主之外衣行控制之目的；另一方面，也隐现出中国国内政治环境的剧烈变动，已使国民政府无暇顾及地方社会的政治改革，在当时紧迫的政治现实中，国民政府只希望借助乡镇保甲长从基层社会索取更多的战争物资。正如王先明所说，"晚清以来直到民国时期，近代民族—国家权威始终处于重新建构的过程之中，国家权威对于乡村社会的利益调整和控制基本处于失位状态。这加重了乡村社会秩序重建的成本，也延缓了消弭乡村危机的过程。南京国民政府形式上完成了国家统一，但三十年来军务费与债务费平

---

① 《重新规定乡镇长撤免事项仰遵照由》，甘肃省档案馆，档号：4—8—622。

均占岁出总额百分之七十以上，而各省的军费尚不计入的事实，表明它并未真正建立起国家权威的社会认同"①。

连年的战争和繁苛的田赋兵役不仅加剧了乡村社会的危机，而且进一步激化了普通民众对国民政府的不满，身陷国民政府与广大民众之间的乡镇保甲长在双方的施压下步履维艰。这一艰难处境迫使贤者避匿而劣者乘隙而入，最终形成恶性循环。其结果则是乡民把所有的不满全部归咎于乡镇保甲长。而少数不肖的乡镇保甲长更是不顾乡民的死活，敲诈勒索变本加厉。20 世纪 40 年代中后期的乡镇保长不再是乡村社会人们尊崇的对象，相反成为人们鄙视痛恨的发泄口，痛殴、击毙乡镇保甲长的事件频频发生。在这种情境之下，国民政府试图通过民选乡镇保长的模式来获取公正士绅及有为青年为地方服务的愿望无疑是海市蜃楼，可望而不可即。正如当时一些从事农村改造运动的人不久发现，"经济生活问题的根子深深地扎在社会和政治制度之中。要实现任何一种西方式的民主，必须首先提高生活水平。但提高生活水平又有赖于社会变革"。事实上，"对中国农村旧秩序的任何一方面进行任何一项真正的改革，都意味着整个制度的根本改革，中国农村问题影响深远，要求改革的压力又很大，因此一些改良的行动似乎很可能会触发一种导致革命的连锁反应"②。

不难看出，城市化、工业化、世俗化、民主化、普及教育和新闻参与等，作为现代化进程的主要层面，它们的出现绝不是任意而互不关联的。从历史角度来看，它们是如此密切相连，以至于人民不得不怀疑，它们是否算得上彼此独立的因素。换言之，它们所以携手并进且如此有规律，就是因为它们不能单独实现。③

笔者以甘肃省档案馆馆藏 1946 年 12 月甘肃省各县市实施民选乡镇保长情形呈报表，来分析国民政府推行民选乡镇保长的愿望与现实之间的差距。

---

① 王先明：《试论城乡背离化进程中的乡村危机》，《近代史研究》2013 年第 3 期。

② ［美］费正清：《美国与中国》，张理京译，世界知识出版社 2003 年版，第 253、256 页。

③ ［美］塞缪尔·P. 亨廷顿：《变化社会中的政治秩序》，王冠华等译，上海世纪出版社 2008 年版，第 25 页。

表6—1 甘肃省各县市实施民选乡镇保长情形呈报表

项别 / 县市别	各县举办乡镇保长民选之年月	各地实施乡镇保长民选有何困难及流弊	地方公正士绅及优秀青年是否踊跃竞选	各候选人有无利用不当及非法方法竞选情事	民选乡镇保长素质是否较未民选前为高	各县政府及人民对乡镇保长民选之观念如何
兰州市	保长1944年11月选完；区长1945年12月至1946年10月选完	无	士绅青年均竞选区长，对保长不感兴趣	无	较高	观念均佳
礼县	保长1944年4月起选完；乡镇长1946年10月选完	初选时感觉困难，经详加解释后已顺利必无流弊	青年踊跃，士绅不感兴趣	无	较高	实施民选足慰人民期望
宁定县	1946年10月前遵限选完	保长民选尚顺利，乡镇长民选比较复杂困难	士绅青年均踊跃竞选	无	尚难逆睹	人民观念虽深但未彻底
永登县	于1946年12月遵限完成	民智太低，不免土劣活动	寥寥无几	土劣从中活动，当无非法情事	比较未选前为低	县府极为热忱，人民尚不明了选举意义
永靖县	1946年10月以前选完	乡镇长选举尚顺利，选保长甚困难	竞选乡镇长，对保长不感兴趣	无	较高	观念均好

续表

项别\县市别	各县举办乡镇保长民选之年月	各地实施乡镇保长民选有何困难及流弊	地方公正士绅及优秀青年是否踊跃竞选	各候选人有无利用不当及非法方法竞选情事	民选乡镇保长素质是否较未民选前为高	各县政府及人民对乡镇保长民选之观念如何
清水县	乡镇长1946年7月选完;保长9月选完;	无	均踊跃竞选	无	较高	观念均佳
化平县	保长1944年5月起民选;乡镇长1946年2月起民选	回教民占全县人口百分之八十以上,较为困难,尚无流弊	士绅去年竞选者甚少	无	前后一般	政府与人民观念认为民选与委派无甚差别
临夏县	乡保长均于1945年12月起民选,1946年10月前办完	唐汪乡乡民代表因选举曾一度发生意见	均不甚踊跃	无	素质并不见高,事功或不如从前	政府人民均观念乐成
武威县	乡镇长1946年8月选完;保长年内选完;	无	青年踊跃,士绅竞选甚少	无	较高	县政府以民选乡镇长系为创举,深恐此项人员能力或未能胜任
泾川县	遵限于1946年10月前选完	无	士绅青年竞选者得十分之七八	无	较高	观念均佳
陇西县	遵限于1946年10月前选完	无	士绅竞选	无	乡镇长较高,保长犹昔	均乐观

项别　　　　　　　　　　　县市别	各县举办乡镇保长民选之年月	各地实施乡镇保长民选有何困难及流弊	地方公正士绅及优秀青年是否踊跃竞选	各候选人有无利用不当及非法方法竞选情事	民选乡镇保长素质是否较未民选前为高	各县政府及人民对乡镇保长民选之观念如何
镇原县	拟遵 1946 年 12 月内办完	无	均踊跃竞选	无	较高	均重视
临洮县	1946 年 10 月前选完	被选者有推辞情形	士绅青年均不踊跃	无	较高	尚好
金塔县	1946 年 4 月起至 10 月前选完乡镇长	无	初办时未见踊跃	无	较高	观念均佳
玉门县	遵于 1946 年 11 月前普遍选完	地方选举后由政府劝导充任	无人竞选	无	选后犹昔	无热烈表示
通渭县	乡镇长 1946 年 9 月选完	无	甚少竞选	无	犹昔	尚好
夏河县	乡镇长均于 1946 年 11 月前选完	无	不甚踊跃	无	前后大致相同	少数汉回人尚热心，藏民则认为滋扰
渭源县	均于 1946 年 9 月选完	无	士绅青年均踊跃	无	较高	均满意
岷县	遵于 1946 年 12 月内办完	无	青年踊跃	无	选后有少数较低	观念均佳
皋兰县	乡镇保长于 1946 年 10 月内选完	难免少数土劣操纵	士绅青年均不愿应选	狡猾者乘机活动	选后较差	恐有迟钝影响
华亭县	乡镇长 1946 年 10 月前办完	不无少数把持，尚无流弊	青年竞选，士绅观望	无	较高	观念尚佳

续表

项别\县市别	各县举办乡镇保长民选之年月	各地实施乡镇保长民选有何困难及流弊	地方公正士绅及优秀青年是否踊跃竞选	各候选人有无利用不当及非法方法竞选情事	民选乡镇保长素质是否较未民选前为高	各县政府及人民对乡镇保长民选之观念如何
西吉县	乡镇保长1946年7月选完	无	均踊跃	无	较高	观念尚佳
山丹县	乡镇长1946年9月办完	无	均踊跃	无	较高	观念均佳
会宁县	遵限于1946年12月内办完	无	均踊跃	无	较高	均重视
民乐县	乡镇保长1946年8月选完	选后多不愿就职,尚无流弊	不甚踊跃	无	乡镇长较高,保长有少数欠佳	观念尚深
固原县	遵限1946年12月内选完	民选比较委派者稍逊,流弊尚无	均踊跃	难免暗中非法活动	前后相同	政府感觉委派者便利人民只求贤而有能
成县	均于1946年8月选完	无	均踊跃	无	除一二乡外,余均较高	观念均佳
庄浪县	乡镇保长1946年8月选完	无	均踊跃	无	前后相同	观念均佳
平凉县	遵于1946年12月内办完	多推诿辞职	不甚踊跃	无	较高	均佳
徽县	乡镇保长均于1946年10月办完	公正人士不愿与人争,有兴趣者又多非正人	不甚踊跃	无	素质前后相同,行政技能较低	人民无成见

续表

项别 县市别	各县举办乡镇保长民选之年月	各地实施乡镇保长民选有何困难及流弊	地方公正士绅及优秀青年是否踊跃竞选	各候选人有无利用不当及非法方法竞选情事	民选乡镇保长素质是否较未民选前为高	各县政府及人民对乡镇保长民选之观念如何
崇信县	乡镇保长 1946 年 9 月选完	顺利	均踊跃	无	较高	观念均佳
甘谷县	乡镇保长 1946 年 9 月办完	顺利	均踊跃	无	较高	观念甚好
武山县	乡镇保长 1946 年 10 月办完	无	均踊跃	无	较高	观念均佳
静宁县	乡镇保长 1946 年 9 月选完	贤能者视为畏途，且有不出席保民大会者	不甚踊跃	无	素质尚好，办事能力欠佳	人民观念尚佳，政府恐民选后政令难行
安西县	乡镇长 1946 年 10 月办完	乡镇长因军差太多，少人愿就	不踊跃	无	较高	观念尚佳
灵台县	乡镇保长 1946 年 10 月办完	无	均踊跃	无	较高	观念均好

资料来源：《甘肃省各县市实施民选乡镇保长情形呈报表》，甘肃省档案馆，档号：4—8—621。

由表6—1可知，第一，甘肃各县民选乡镇保长自1944年开始试行，至1946年年底基本结束，为期近两年时间。虽然至1946年年底，甘肃省仅上报完成有35县，还有几个县尚未呈报，想必尚未完成，但民选乡镇保长在偏僻闭塞的甘肃各县能够如此迅速推行，已属不易。

第二，甘肃各县在实施民选乡镇保长时，大多存有如下问题：（1）民众对于民选乡镇保长的意义多不明确，需要详加解释后始能推行；（2）甘肃农村民智未开，选举事宜难免会被少数土劣所把持；（3）甘肃民族杂居，少数县如化平县，回教民占全县人口的80%以上，使得实施选举较其他县更加困难;(4)很多县的乡镇保长选出后,畏难而不愿就职,有时县政府不得不对当选之人再三劝导,方可充任;(5)各县在选举过程中情形不一,很多县的公正人士多不愿与人争权,而有兴趣者又多非正人;有的县贤能者视乡镇保长一职为畏途,甚至拒绝出席保民大会;还有的县因军差太多,对当选乡镇保长一途更是躲犹不及。

第三,甘肃各县地方公正士绅及优秀青年对于竞选乡镇保长的态度,可分为如下几种:(1)一般而言,各县士绅及青年对竞选区长、乡镇长较有兴趣,且能参加,但对于保长选举,则不愿自掉身价,避而不出;(2)各县士绅与青年对于竞选乡镇保长的态度也有差异,一般而言,青年对于选举事宜较为热心,且能踊跃参加,相对而言,士绅的热情却较为低落,甚多很多县的士绅多不愿参加竞选,即使不得已被选中,也以各种理由推诿而不愿就职;(3)在差役繁重的很多县竟无人竞选,即使在县政府的再三劝导下,竞选之人也寥寥无几。如表6—1所示,在甘肃省已经实施民选的35个县中,士绅与青年不愿参加竞选之县竟占了13个县,占已办县的37%强,而尚未呈报的几个县的选举情形(如夏河、临潭、卓尼等县),鉴于其特殊的政治与人文环境,对其活跃程度更是难以奢望。

第四,通过对表6—1的分析不难发现,甘肃各县政府及民众对于乡镇保长选举的态度与被选出的乡镇保长素质亦成正比。譬如,有的县,县政府及人民对于民选乡镇保长的观念均佳,民选之乡镇保长的素质也较委派时为高;相反,有的县,由于县政府及人民对于民选乡镇保长的观念不清,甚至认为民选与委派无甚区别,因而选出的乡镇保长与以前委派的并无两样,甚至有些县选出的是地痞流氓,素质还不如从前。事实上,在民主观念缺失的近代中国乡村社会,无论乡镇保长是委派还是选举,对于普通的老百姓来说,均属于形式主义,他们所期望的并不是产生模式的改变,而是能让真正的贤能者就任,并在此基础上减轻他们所承受的超负荷的苛捐杂役。

总而言之,无论乡镇保长产生于何种模式,以贤能者出任乡镇保长无疑是国民政府及当地民众的共同心愿。正如时任甘肃省民政厅厅长马继周在《致各县市局长函》中所言:"查区乡镇长民选事宜,业由省政府制订应行注意事项通饬施行,像兄老成硕划,对于此项工作,当已妥适交备,迅速推进。惟区乡镇长事务繁杂,待遇菲薄,加以差役烦扰,怨尤汇聚,贤能者往往视为畏途，裹足不前，而为之者又未必尽皆贤能，十余年来，乡镇工作未能有长足之进展，此实为最大原因。兹当实施民选区乡镇长之际，地方负责首长正宜把握时机，鼓励公正士绅及有为青年踊跃参加竞选，务使地方坚强，不肖分子难再利用机会，把持地方，则乡镇组织必可充实健全，乡镇工作可顺利推进，此举关系重大，务能尽力为之。将来乡镇人选之贤否，即可视为县市局政绩之良窳。至应如何灵活应用，尚望参酌各地实际状况，妥善筹划，以收宏效。"[1]

第二节　乡镇保甲长的群体构成与人事嬗递

事实上，甘肃地域辽阔，各地区之间的发展又极不平衡，即便对于乡镇保长选举资格的认定，各地亦难免会有所不同。正如甘肃省民政厅厅长马继周称：本省民选区乡镇长资格，前经参酌乡镇组织暂行条例及公职候选人检复办法之规定，于甘肃省各县市局办理区乡镇长选举应行注意事项第三条明白订定为：区乡镇长由区乡镇民代表会就本区乡镇公民中年满二十五岁，具有下列资格之一者选举，任期二年，连选得连任。"（1）经自治训练及格者；（2）普通考试及格者；（3）曾任委任以上者；（4）师范学校职业学校或初级中学以上学校毕业者；（5）曾办地方公益事务著有成绩，有公文书足资证明者；（6）经甲乙两种公职候选人检覆及格者。"但内政部在随后的函电中则修订为："区乡镇长、副区乡镇长由区乡镇民代表会就本区乡镇公民经公职候选人试验或检复及格者选举之，任期二年，连选得连任。"不过，由于"公职候选人检复已停止办理，各种选举条例有关检复条文亦经电准内政部电复失效"。因此，凡属本区乡镇公民，均可当选为区乡镇长。但甘肃省政府认为，区乡镇长职务繁杂，关系重要，非有学识经验者，殊难胜任愉快，为慎重办理起见，拟将甘肃省各县市局办理区乡镇长选举应行注意事项第三条条文，依乡镇组织暂行条例第二十九条之规定修改为："区乡镇长、副区乡镇长由区乡镇民代表会就本区乡镇公民中年满二十五岁，具有下列资格之一者选举之，任期二年，连选得连任。（1）经自治训练及格者；（2）普通考试及格者；（3）曾任

---

[1]　《致各县市局长函》，甘肃省档案馆，档号：4—8—621。

委任职以上者；（4）师范学校职业学校或初级中学以上学校毕业者；
（5）曾办地方公益事务著有成绩，有公文书足资证明者。"

表6—2　　　　　甘肃省各县市局办理区乡镇长选举应行注意事项
第三条条文对照表

原条文	内政部修正条文	拟修改条文
区乡镇长由区乡镇民代表会就本区乡镇公民中年满二十五岁具有下列资格之一者选举之。任期二年，连选得连任。（一）经自治训练及格者（二）普通考试及格者（三）曾任委任职以上者（四）师范学校职业学校或初级中学以上学校毕业者（五）曾办地方公益事务著有成绩，有公文书足资证明者（六）经甲乙两种公职候选人检覆合格者	区乡镇长副区乡镇长由区乡镇民代表会就本区乡镇公民经公职候选人试验或检覆及格者选举之，任期二年，连选得连任	第三条文依乡镇组织暂行条例第二十九条之规定修改为：区乡镇长副区乡镇长由区乡镇民代表会就本区乡镇公民中年满二十五岁具有左列资格之一者选举之，任期二年，连选得连任。（一）经自治训练及格者（二）普通考试及格者（三）曾任委任职以上者（四）师范学校职业学校或初级中学以上学校毕业者（五）曾办地方公益事务著有成绩，有公文书足资证明者

资料来源：《甘肃省各县市局办理区乡镇长选举应行注意事项第三条条文对照表》，甘肃省
档案馆，档号：4—8—622。

　　由此可见，甘肃乡镇保长选举资格之认定虽然经历了不断反复，但其
结果仍然是在甘肃省政府的坚持下，在结合本省实际情形的基础上，对不
符甘肃地方情形之规定进行了修改补正。甘肃省政府正是希望通过这种选
举模式获取真正能够领导乡村民众之贤能之人充当乡镇保长，以完成特殊
年代下国家赋予乡镇保长的历史使命。然而，甘肃省政府的愿望是否能够
实现呢？

一　甘肃省各县乡镇保长群体分析

（一）乡镇长群体分析

虽然国民政府对于乡镇保长民选给予了太多的期望，当地民众亦希望

通过民选模式获得更好的乡镇保长，但受诸多因素的影响，很多地方士绅及知识青年对于民选事宜并不热心，而民众对选出来的乡镇保长亦多不认同。那么，抗战胜利后乡镇保长的素质究竟如何呢？为了进一步分析这一群体的基本特征，并在一定程度上保证文本分析的实证性和准确性，笔者以甘肃省档案馆馆藏之平凉县高平、双桥、郿岘、白水、梨花、盘龙、崆峒、暖泉、武安、浚谷、安定等乡镇，以及皋兰县、陇西县、靖远县选举之正、副乡镇长当选名册为蓝本，从四个方面系统分析这一群体的主要结构与基本特征。

表 6—3　　　　　　　　　平凉县高平镇选举正、副镇长当选名册

团体名称	当选正、副镇长	姓名	年龄（岁）	性别	籍贯	简历
高平镇	当选正镇长	王九思	39	男	甘肃平凉	平师肄业西训团政干班第二期毕业现任高平镇合作社理事长保长等职
	当选副镇长	朱荫庭	35	男	甘肃平凉	平中肄业西训团政干班第一期毕业曾充连长保长等职
	当选候补正镇长	杨秉荣	36	男	甘肃平凉	西训团政干班二期毕业曾充保长及高平镇合作社理事主席
	当选候补副镇长	焦成义	29	男	甘肃灵台	平中肄业曾充保长及镇民代表

资料来源：《平凉县高平镇选举正副镇长当选名册》，甘肃省档案馆，档号：15—14—108。

表 6—4　平凉县双桥政和郿岘白水四乡镇选举正、副乡镇长当选人名册

团体名称	当选正、副镇长	姓名	年龄（岁）	性别	籍贯	简历
双桥乡	正乡长	姚树棠	46	男	平凉	高小毕业情训班兴平公安局长
	副乡长	朱子柜	25	男	平凉	高小毕业曾任暖泉乡乡队附
	候补正乡长	郝勤	25	男	平凉	省立平凉师范毕业
	候补副乡长	李怀庆	30	男	平凉	高小毕业
政和乡	正乡长	王谟	35	男	平凉	平凉中学毕业曾任中心学校校长
	副乡长	刘勇	26	男	平凉	高小毕业曾任县政府书记

续表

团体名称	当选正、副镇长	姓名	年龄(岁)	性别	籍贯	简历
政和乡	候补正乡长	田轩栞	34	男	平凉	曾任合作社理事
	候补副乡长	王怀琮	31	男	平凉	西训团毕业
郎岘镇	正镇长	侯彦明	35	男	平凉	曾任镇长排长等职
	副镇长	王成德	26	男	平凉	曾任小学教员副乡长等职
	候补正镇长	冯治	53	男	平凉	曾任小学教员之职
	候补副镇长	曹希孔	35	男	平凉	曾任乡长之职
白水镇	正镇长	朱正明	34	男	平凉	曾任区长及指导员等职
	副镇长	张耀亭	30	男	平凉	曾任国民学校教员等职
	候补正镇长	朱养彦	48	男	平凉	曾任二区区长等职
	候补副镇长	许西园	34	男	平凉	曾任乡镇长等职

资料来源:《平凉县双桥政和郎岘白水四乡镇选举正副乡镇长当选人名册》,甘肃省档案馆,档号:15—14—108。

表6—5　　平凉县选举梨花盘龙崆峒三乡镇正、副乡长当选人名簿

团体名称	当选正、副乡长	当选及候补人姓名	年龄(岁)	性别	籍贯	简历
梨花乡	正乡长	马良弼	31	男	平凉	高小及西训团毕业曾任校长及副乡长
	副乡长	古生贵	55	男	平凉	曾任校董现任乡民代表会主席
	候补正乡长	熊正甲	36	男	平凉	高小及西训团毕业曾任校长乡长
	候补副乡长	海启潮	54	男	平凉	曾任保长及校董
蟠龙乡	正乡长	陈丕新	32	男	平凉	甘肃省立第七师范毕业西训团第三期毕业曾任平凉师学校事务主任及平凉县中心学校校长等职
	副乡长	张世栋		男	平凉	平凉师范学校毕业西训团政干班第一期毕业曾任白水镇干事国民学校校长等职
	候补正乡长	车兴科	28	男	平凉	西训团政干班毕业曾任安定乡乡长等职
	候补副乡长	张明亮	25	男	平凉	西训团毕业曾任化平县政府科员等职

团体名称	当选正、副乡长	当选及候补人姓名	年龄（岁）	性别	籍贯	简历
崆峒乡	正乡长	司灏	30	男	平凉	曾任宁夏吴忠堡查缉所第一股股长
	副乡长	刘铎	37	男	平凉	曾任合作社经理
	候补正乡长	朱元祥	47	男	平凉	曾任崆峒乡乡长
	候补副乡长	赵正荣	20	男	平凉	现任崆峒乡户籍干事

资料来源：《平凉县选举梨花盘龙崆峒三乡镇正副乡长当选人名簿》，甘肃省档案馆，档号：15—14—108。

表6—6　　平凉县选举暖泉武安浚谷安定四乡正副乡长当选人名簿

团体名称	当选正、副乡长	姓名	年龄（岁）	性别	籍贯	简历
暖泉乡	乡长	李樊齐	39	男	平凉	平中肄业曾任庆阳县府科长及高平镇长
	副乡长	明朗亭	34	男	平凉	小学毕业曾任暖泉乡新民保长
	候补乡长	惠德团	36	男	平凉	平中毕业曾任平凉青年团干事
	候补副乡长	李志鹏	40	男	平凉	识字
浚谷乡	乡长	栗志杰	49	男	平凉	曾任科长
	副乡长	杜志俊	30	男	平凉	曾任巡官
	候补乡长	李凤荣	37	男	平凉	曾任保长
	候补副乡长	马铭	42	男	平凉	曾任保长
武安乡	乡长	魏荣吉	53	男	平凉	曾任联保主任农会理事主席
	副乡长	锁登州	22	男	平凉	力行中学毕业
	候补乡长	马进元	56	男	平凉	曾任乡长现任乡民代表主席
	候补副乡长	马生钰	38	男	平凉	曾任保长等职
安定乡	乡长	郑世芬	45	男	平凉	曾充平凉化平等县府科长
	副乡长	张志道	39	男	平凉	曾充任保长
	候补乡长	孟特芳	45	男	平凉	曾任四区第三初级小学校长
	候补副乡长	罗经邦	43	男	平凉	曾充安定乡副乡长及自卫队分队长等职

资料来源：《平凉县选举暖泉武安浚谷安定四乡正副乡长当选人名簿》，甘肃省档案馆，档号：15—14—108。

表6—7 平凉县清平等四镇选举正、副镇长当选人名册

团体名称	当选正、副镇长	姓名	年龄（岁）	性别	籍贯	简历
清平镇	当选正镇长	林世培	40	男	平凉	充保长六年
	当选副镇长	魏政平	51	男	平凉	曾任陕西省党部干事
花所镇	当选正镇长	朱秉煜	37	男	平凉	中学毕业曾任小学教员及乡农会常务理事
	当选副镇长	蔡俊秀	29	男	平凉	兰州警训所毕业曾任干事
什字镇	当选正镇长	杨效杰	30	男	平凉	高小毕业西北干部训练团政干班一期毕业曾充正副镇长
	当选副镇长	阎允陞	29	男	平凉	高小毕业西北干部训练团政干班一期毕业曾任副镇长
安国镇	当选正镇长	李俊杰	27	男	平凉	平中毕业任新民小学教导主任
	当选副镇长	张彦恒	27	男	平凉	高小毕业任户籍干事

资料来源：《平凉县清平等四镇选举正副镇长当选人名册》，甘肃省档案馆，档号：15—14—108。

表6—8 甘肃省皋兰县乡镇长选举当选人名簿

乡镇别	当选人姓名	性别	年龄（岁）	简历
城关镇	正 杨兴隆	男	27	电政局油矿局事务员等职
	副 魏致义	男	38	曾任保长
兰谷乡	正 李得福	男	43	曾任中山乡乡长联保主任等职
	副 陈相志	男	25	曾充石洞乡副乡长
桑园乡	正 周世槐	男	51	曾充乡长
	副 周静庵	男	35	曾任乡民代表会主席
下伍乡	正 陈玉齐	男	35	中学毕业曾任科员
	副 王廷任	男	32	师范毕业曾充校长
西固乡	正 周心齐	男	43	曾充科员区长等职
	副 孙杨典	男	50	曾任乡长
蔡河乡	正 王太初	男	52	曾任校长教员等职师范毕业
	副 王树成	男	37	曾充保长
中正乡	正 蒋成林	男		曾任联保主任乡长等职
	副 赵顺成	男		曾充干事

续表

乡镇别	当选人姓名	性别	年龄（岁）	简历
水磨乡	正 黎尚廷	男	30	中学毕业曾任乡长副乡长等职
	副 张义	男	36	西讯一期毕业任乡长队长等职
定远镇	正 窦五桂	男	47	北京医科大学毕业
	副 蒋含贞	男	46	中学毕业任区长等职
保定乡	正 牛汉臣	男	51	曾充联保主任副乡长等职
	副 郭维贤	男	25	曾充小学校长乡公所干事等职
新城乡	正 赵龙武	男	34	曾任县合作社副经理
	副 郜廷棠	男	28	曾任小学校长书记长
水川乡	正 张玉理	男	48	曾任教员校长等职
	副 刘进武	男	25	曾任干事副乡长等职
北山乡	正 高健齐	男	42	曾任保长
	副 张建齐	男	24	曾充乡公所干事
八堡乡	正 施子寅	男	51	曾任农会理事长
	副 保志叔	男	25	曾任乡公所户籍干事
源泰乡	正 陈亲瑜	男	30	曾充县府科员
	副 彭维宗	男	28	曾任小学校长
中山乡	正 刘勋廷	男	39	曾任师管区副官
	副 苏元春	男	30	曾任户籍干事
云霖乡	正 朱信臣	男	29	曾充保长乡长等职
	副 张安义	男	28	曾任自书乡队附等职
石洞乡	正 魏毓祥	男	29	曾任县府科员
	副 杨新民	男	37	曾任副乡长
柴沟乡	正 杨映霖	男	32	曾任县府科员督练员乡长校长等职
	副 何世睿	男	26	曾任校长
礼乐乡	正 孔繁奎	男	31	曾充乡民代表会主席
	副 范多玉	男	25	曾任副乡长
阿干镇	正 祁焕	男	28	曾任小学校长
	副 侯言中	男	27	曾任县政府军事科员小学教员

资料来源：《甘肃省皋兰县乡镇长选举当选人名簿》，甘肃省档案馆，档号：15—15—664。

表6—9 陇西县试办民选乡镇长副名册

乡镇名称	当选乡镇长副	姓名	年龄(岁)	性别	籍贯	简历	党证字号	检复及格证书字号
南安镇	当选镇长	杨志清	45	男	陇西	曾任陇西县第一科科长县参议会事务员	甘字00七一二号	甘甲公检字第00一八五六号
	当选副镇长	阎镇威	26	男	陇西	曾任陇西县南安镇副镇长阳坡乡乡长	陇字四九八二号	乙公检甘字第三六一六号
首阳镇	当选镇长	李植	26	男	陇西	曾任陇西县首阳镇副镇长复兴乡乡长		甲公临甘字第00一八八三号
	当选副镇长	王永江	37	男	陇西	曾任首阳镇棹坪保国民学校校长		甘甲公检字第00一八八三号
莱子镇	当选镇长	伍昌麟	32	男	陇西	曾任陇西县紫来乡乡长保昌镇镇长		县检甘字第646号
	当选副镇长	王咸	33	男	陇西	曾任陇西县莱子镇天元保国民学校教员		甘甲公检字00一八七二号

附记:查南安镇副镇长,因甲种公职候选人内,无适当人选,经在乙种公职候选人内选出,兹已补报甲种候选人检复;

资料来源:《陇西县试办民选乡镇保长副名册》,甘肃省档案馆,档号:15—15—651。

表6—10 甘肃省陇西县乡镇长选举当选人名簿

乡镇别	职别	当选人姓名	性别	年龄(岁)	简历	
保昌镇	镇长	魏争汉	男	36	陇西天柱学校毕业曾任甘谷县政府指导员	
	副镇长	郭子珍	男	33	陇西师范学校毕业曾任保昌镇副镇长	
紫来乡	乡长	刘晓春	男	54	兰州农业学校毕业曾任陇西县政府指导员	
	副乡长	颜希贤	男		备注	副乡长经抽签决定为苟致中,该员一再坚辞,准由颜希贤递补)

续表

乡镇别	职别	当选人姓名	性别	年龄（岁）	简历
文峰镇	镇长	陈甲三	男	39	陇西师范学校毕业曾任文峰镇镇长
	副镇长	刘乃康	男	31	陇西中学校毕业曾任国民学校校长
翠屏乡	乡长	潘申彦	男	41	西北训练团毕业曾任翠屏乡副乡长
	副乡长	吉星耀	男	32	陇西县立初级中学校毕业
昌谷乡	乡长	罗锦山	男	33	曾任昌谷乡中心学校校长
	副乡长	骆海云	男	28	曾任昌谷乡乡队附
碧岩乡	乡长	包廷选	男	36	曾任莱子镇中心国民学校校长
	副乡长	郭希璘	男	28	曾任国民学校校长及碧岩乡户籍干事。备注：（人选困难故该员资格欠缺）
复兴乡	乡长	马俊	男	30	陇西中学校毕业曾任复兴乡附乡长
	副乡长	周阎运	男	38	小学毕业。备注：（该乡因无人才选举致有困难故该员资格欠缺特此证明）
仁德乡	乡长	王敬军	男	32	曾任复兴乡乡队附
	副乡长	胡维忠	男	26	曾任仁德乡禄川保国民学校校长。备注：（参加竞选人过少故该员资格欠缺）
高窑镇	镇长	马铭骥	男	35	曾任陇西县第一指导区村长
	副镇长	栾瑞林	男	33	西北干部训练团毕业曾任高窑镇长
马河镇	镇长	陈世荣	男	30	曾任马河镇太泉保保长。备注：（该镇人才缺乏选举致有困难故资格欠缺）
	副镇长	田积仓	男	25	曾任马河镇公所干事
云田乡	乡长	雷虎卿	男	32	曾任乡长联保主任。备注：（雷霓卿原名雷炳均取得甲乙两种公职候选人之资格已电请核实）
	副乡长	李栋	男	25	曾任教员及乡民代表
阳坡乡	乡长	倾志仁	男	42	曾任特党部指导员营长阳坡乡乡长
	副乡长	赵得明	男	26	曾任连附副官阳坡乡副乡长

资料来源：《甘肃省陇西县乡镇长选举当选人名簿》，甘肃省档案馆，档号：15—15—651。

表6—11　　　　甘肃省陇西县改选乡镇长选举当选人名簿

乡镇别	职别	当选人姓名	性别	年龄（岁）	简历
南安镇	镇长	阎镇威	男	26	陇西中学校肄业曾任南安镇长
	副镇长	杜奋武	男	37	法政学校肄业曾任南安镇公所干事

续表

乡镇别	职别	当选人姓名	性别	年龄（岁）	简历
莱子镇	镇长	伍昌麟	男	32	陇西师范学校毕业曾任紫来向乡长
	副镇长	焦杰	男	25	陇西师范学校肄业曾任陇西县政府科员
首阳镇	镇长	原祥麟	男	33	陇西师范学校肄业曾任陇西县政府科员
	副镇长	李植	男	27	临洮乡村师范毕业曾任复兴乡长

资料来源：《甘肃省陇西县改选乡镇长选举当选人名簿》，甘肃省档案馆，档号：15—15—651。

表6—12　　　　　　甘肃省靖远县乡镇长选举当选人名簿

乡镇别	当选人姓名	性别	年龄（岁）	简历	备考
城关镇	（正）范懋	男	26	中央政治学校肃州分校初中毕业	
	（副）曾拱辰	男	43	历任城关镇联保主任镇长等	
北湾乡	（正）种永德	男	27	兰州中学高中毕业曾任副乡长	
	（副）李作旺	男	27	兰州工业职业学校肄业	
平堡乡	（正）许俊学	男	41	小学毕业曾任联保主任	
	（副）强宇一	男	32	靖远师范毕业曾任乡长	
大芦乡	（正）贾世立	男	30	小学毕业曾任副乡长	
	（副）段永清	男	25	兰州西北中学毕业曾任保长	
河畔乡	（正）王成智	男	26	兰州农校高中肄业曾任永登武威青年团股长	
	（副）薛世安	男	25	兰州中学毕业曾任保长	
莱滩乡	（正）万米纲	男	33	兰州乡村师范肄业西训团肄业	
	（副）郭维洲	男	36	兰州师范毕业	
三滩乡	（正）何延年	男	32	兰州中学肄业曾任乡长	
	（副）于思孝	男	31	兰州中学毕业	
东湾乡	（正）吴振鼎	男	25	靖远师范毕业曾任小学教员	
	（副）李菁药	男	25	兰州中学毕业	
陡水乡	（正）李生洲	男	33	兰州中学毕业	
	（副）李敏	男	30	西训团毕业曾任副乡长	
大庙乡	（正）杜兴泰	男	41	兰州第五中学毕业曾任副乡长	
	（副）刘念祖	男	42	小学毕业曾任小学教员	

续表

乡镇别	当选人姓名	性别	年龄（岁）	简历	备考
永安乡	（正）刘崙	男	25	靖远师范毕业曾任副乡长	
	（副）高昭阳	男	26	西训团毕业曾任乡公所干事	
东明乡	（正）唐尊学	男	32	靖远师范毕业曾任乡长	
	（副）杨树田	男	32	保训合一干训所毕业曾任保长	

资料来源：《甘肃省靖远县乡镇长选举当选人名簿》，甘肃省档案馆，档号：15—15—666。

由上表可见：第一，各县当选的乡镇长名称不一，候补乡镇长在平凉县各乡镇的当选名册中几乎均有出现。究其原因，则是在甘肃省试行乡镇保长选举之初，按照甘肃省政府规定：乡镇民代表会选举乡镇长正副时，"应加倍选出乡镇长正副各二人，缮具各种履历表，由各县市政府呈请省政府圈定委任之"。由于这种选举模式与"民选乡镇长办法不合"，因而在1946年7月后被废止，以前试办之民选乡镇保长要求一律改选，以符规定。然而这种重新选举在已选之县并未真正实行。因此，平凉县除清平等4镇因选举时间稍迟而只选出正、副乡镇长外，其余12个乡镇全部以正、副乡镇长及候补正、副乡镇长的名目出现。其实，这种选举特点虽然只是应对特殊时境的一种试验性尝试，但其实效并非一无是处。例如1946年4月7日，平凉县政和乡"民选乡长王谟，因现充鄟岘镇中山中心学校校长，不克兼任乡长，经该乡代表会通过，呈请辞职到府，除令准辞职，遗缺以候补乡长田轩棐接充，并填发当选证书"。可见，这种选举模式在一定程度上补救了意外情形的发生，维持了乡村社会行政机制的正常运行。

然而，在20世纪40年代乡村危机日益严重，乡镇保甲长与民众之间冲突日形恶化的情形下，即使甘肃省政府预选出四位正、副乡镇长，到时候也不一定能够维持乡镇机构的正常运行。正如甘肃平凉县政府在1946年9月23日的代电中所呈："查本县政和乡系于本年元月十九日实行民选，当经选定王谟为正乡长、刘勇为副乡长、田轩棐为当选候补正乡长、王怀琮为当选候补副乡长，业于本年元月二十四日以民政35子字第840号电报备查在案。后以当选正乡长王谟任职未及一月，因兼任校长之故，恳请辞职，由该乡乡民代表会准予辞退，以候补田轩棐递补，经呈奉钧府民二35卯字第 2425 号指令准予备查。副乡长刘勇因事向代表会辞职，经该会于六月二十九日会议议决，准予辞退，而当选之候补副乡长王怀琮弃权外出，未克递补。又乡长田轩琴于本年七月三十一日因病向代表会请辞，经该会于八月一日会议议决，准辞。本府以该乡本年元月间初选之候补乡长副均已递补无额，故令该乡重选，此本府 35 午字第 2043 号电报选举之始末也。"乡村危机的日益严重和田赋兵役负担的与日俱增，不断恶化着乡镇保甲长在乡村社会的生存环境，躲避乡镇保甲长之职位已成为有良知的乡村士绅最后的选择。

对于乡镇保长的窘境，时人感触谓："保甲长职，农不暇当，绅士不愿当，而有廉耻的人又不肯当，势必只有地痞流氓、土豪劣绅、无业游民、街头市侩来干，他们还争着愿干，因为他们的观念格外有一种心理，他们的行动格外有一套干法，他们承着中国败治社会传统习性之所渲染和趋尚的，几于大多数在观念上也具有一种升官发财的封建思想，和在行动上也形成一套因循敷衍的幕僚习气，这种思想和习气，问之他们为什么要如此，他们根本讲不出所以然，不过就图饱私囊来讲，他们眼见得'做官做府都为身和口'，人家在上头做大官要大钱，我们在下头做小官，不妨寻几个小钱，豢养身家口肥口腹。有了这个'自私欲'燃烧于中，兼之实际上身为保甲长一年到终，得不着半文薪水，大势所趋，室人交遍所责，只有遇事便贪，无钱不要。"农村社会的贫困和乡镇保甲长薪金的低廉，进一步加剧了不肖之徒的"恶欲"，乡镇保甲长无论是民选还是委派，均难以摆脱时代的困扰与历史的命运。

为了避免因乡镇长的频繁更迭而引起乡镇机构运转不灵，甘肃省政府决定对本应改选之乡镇保长采取延职续用之办法，以避免因重新选举而使乡村社会再次陷入无序状态。正如 1948 年 8 月甘肃省民政厅厅长马继周给内政部胡次长的信函中所说："钧部对于本省区乡镇长延长案代电已奉到，原应如期改选，然本省自卫建设及征兵业务亟待完成，而征借征实又待开始，乡镇长为基层执行业务之重要干部，一时不能遽易生手，致误要公，经提省府会议，决议延长任期，已由省府代电备查，敬祈得予照准为祷。"内政部接电后认为，"贵省既非绥靖区所属，区乡镇长俟至任期届满后，自应依法改选，但治安情形不良，办理选举确有困难之区乡镇，贵省政府自可酌予延缓"。由此可见，随着国共内战持续进行，乡村危机日益严重，田赋兵役与日俱增，乡镇保长职责已与乡民之生存发生尖锐矛盾，乡镇保长职位不再成为乡村精英竞逐的对象，随选即辞或被迫就任者屡见不鲜，本欲借助选举以提高乡镇保长素质的民选制度却在乡村危机中悄然失败。

　　第二，根据甘肃省政府对竞选乡镇保长人员资格的规定："区乡镇长、副区乡镇长由区乡镇民代表会就本区乡镇公民中年满二十五岁"的公民中选出。按此规定，1946年甘肃各县当选之乡镇长副及候选乡镇长副的年龄一般都在25岁以上，且年龄阶段主要集中于25岁至40岁，占当选乡镇长总人数的75%左右（见表6—13）。这种年龄结构一方面表明在20世纪40年代的战争时境下，要从事责重任繁之乡镇工作，必须由年富力强的中青年人来担任；另一方面亦表明，随着科举制度的废除和传统士绅阶层的没落，一部分新的乡村精英开始在乡村社会的管理中崭露头角。

表6—13　　　　　　　　甘肃省各县民选乡镇长年龄统计表

年龄	25岁以下	25—30（岁）	31—35（岁）	36—40（岁）	41—45（岁）	46—50（岁）	50岁以上	不详	共计
人数（人）	3	58	36	24	14	8	11	4	158
百分比（%）	2	37	23	15	9	5	7	2	100

　　第三，通过对平凉、皋兰、陇西、靖远4县民选之158名乡镇长的分析，可以发现他们的一个共同特征，即均是男性，且都是本地人（虽然有些名册未注明当选人籍贯，但依据当时记录之习惯，如无特殊说明，一般情况下都是由本地人担任，可以忽略不写）。在20世纪40年代的中国，毋用说在偏僻闭塞的甘肃省，即使在中国东南一带，女子的地位仍是非常低微的。在这个男权至上的国度和时代，女子几乎被剥夺了读书与工作的权利，"女子无才便是德"成为当时人们的普遍认同，而这一认同一直延续到20世纪50年代，即使在如今的甘肃农村社会，这一说法仍较为流行。女性做一些"抛头露脸的事"不仅不会受到乡民的认同，甚至对他们来说简直就是一种羞辱。正如甘肃省秦安县户口统计表所示，在秦安县的人口中，能识字的女性仅有64人，占全县人口的万分之三，占男性识字人口的千分之二，占女性总人口的万分之七，甘肃乡村社会对女性知识

权利的歧视，由此可见一斑。即使在有无职业一栏中，有职业男性人口数是女性人口数的 6.4 倍，从中足见甘肃农村社会女性地位的卑微。在这样一种社会氛围下，出任乡镇保长这种"抛头露脸的事"自然没有妇女，甚至她们根本就不用出来参加选举，因为在近代甘肃乡村社会的居民意识中，女性几乎就不能被认为是有"四权"的"公民"。事实上，造成这一现象的原因亦归咎于中国的乡土社会是一个"男女有别"的社会。正如费孝通所言："西洋的家和我们乡下的家，在感情生活上实在不能并论。乡下，有说有笑，有情有意的是在同性和同年龄的集团中，男的和男的在一起，女的和女的在一起，除了工作和生育事务上，性别和年龄组间保持着很大的距离。这绝不是偶然的，在我看来，这是把生育之外的许多功能拉入了这社群中去之后所引起的结果。中国人在感情上，尤其是在两性间的矜持和保留，不肯像西洋人一般在表面上流露，也是在这种社会圈局中养成的性格。"这种被"社会秩序范围着的个性，为了秩序的维持，一切足以引起破坏秩序的要素都被遏制着。男女之间的鸿沟从此筑下"。在这种封建伦理规约着的传统社会，女性地位的低下亦成为家庭和社会稳定的需要。

同样，甘肃省各乡镇的当选人都是清一色的本地人也是有原因的。由于家族和乡土本位意识的影响，决定了传统中国农村的政治文化具有鲜明的区域性特点。而这一特点突出的表现为乡民对家族、村庄或乡里这些血缘或地缘性的区域性共同体的认同，要远远高于对本区域以外的国家体系的认同。地方主义在中国乡村社会中到处可见，"排外"几乎成为一个外地人到一陌生环境中的第一感受。"人脉"似乎成为中国乡村社会联络各种人群的主要纽带。而就民国乡镇长而言，他们身负催粮征赋、征兵征役和管理地方、办理自治之多重使命，因此，他们不仅需要国家权力给予他们行为的"合法"定性，而且更需要乡民对他们行为的广泛认同，并得到他们的理解与同情。尽管当时乡镇保长的使命与所属乡民的利益不无矛盾之处，尽管大多数民众亦痛其所为，但他们最终还不至于像东南沿海一带的伪区乡镇长，落到被民众群殴甚或击毙的下场。究其根源，在于他们行为的"合法化"和本乡本土民众对其个人品格的认可与同情。可以说，这种乡土感情在越是落后闭塞的乡村社会，越能显示出其巨大的威力。甘肃省政府在实施民选乡镇保长的过程中，也是鉴于甘肃的这种特殊情形，一般情况下也是不会让外乡人充当本地乡镇长的。

第四，乡镇机构是国家权力下移至乡村社会并建立行政机构的最后一站，也是沟通国家权力与地方社会的桥梁和纽带。作为乡镇机构的执行者，乡镇长的地位无疑是极为重要的，尤其是在20世纪40年代这个特殊的时代与国情下。因此，乡镇长素质之良窳无疑牵动着国家与社会变动中的每一根神经。那么，这一时期甘肃民选之乡镇长的文化素质究竟如何呢？通过对平凉、皋兰、陇西、靖远4县民选之158名乡镇长的分析发现（见表6—14），甘肃省民选乡镇长中，在相关学校就读且有学习经历者不足总人数的40%，即便把培训机构毕业以及识字的乡镇长全部算入，也不及总人数的一半。民国乡镇长的文化素质由此可见一斑。

表6—14　　　　　　　　甘肃省各县民选乡镇长学历统计表

类别	大学	师范	高中	中学	小学	职业学校	政法学校	培训机构	识字	无学历或不详	总计
人数（人）	1	18	2	24	14	2	1	11	1	84	158
百分比（%）	1	11	1	15	9	1	1	7	1	53	100

注：本表主要呈现乡镇长所受教育程度，故在类别中并未将毕业或肄业分开。

既然学历在偏僻的甘肃乡村社会不能过于苛求，那么，工作经历便在甘肃乡镇长的选举中显得格外重要。在上述4县158名当选之正、副乡镇长中（见表6—14），曾经从事过乡村行政管理工作者几乎占到总人数的90%。其中曾担任过区乡镇长副镇长、联保主任、乡镇干事的有63人，占总人数的40%，曾担任过保长的有19人，占总人数的12%，两者相加，占到总人数的一半有余。同时，中小学教员及校长也成为当选乡镇长的主要成分，他们亦占到总人数的16%。这一数据说明，乡镇长一职在甘肃乡村知识分子心中仍具有一定地位。在当选的乡镇长中，没有行政经历者仅17人，占总人数的10%，但他们基本上都是30岁左右的知识青年。在158名当选人中，既无从政经历，亦无学校文凭的只有一人，但他能识字，在当时甘肃农村中，也算一个文化人。

从上述列举之158名当选的正、副乡镇长个人简历来看，甘肃省政府在选择乡镇长时，对曾有行政经历的人格外关注。一方面，因为这些人既有经验，又有人脉。即曾经担任过保长或县、乡镇职务的人员，往往会在各种场合与县各级部门的人拉上关系，从而为其以后的选举增加筹码；另一方面，对于落后的甘肃乡村社会来说，曾经担任过公职的人更容易得到普通乡民的认同。在普通乡民看来，如果不让这些人担任乡镇长，他们更无法选出比他们更好的人来担任这一职务。而且这些人不仅拥有行政经历，在乡村社会中也拥有较高的社会地位和人脉关系，他们都是普通百姓眼中少有的一部分"能人"。况且近代中国农村经济是一种"过穷日子的经济"，在这种经济形态中，"由于没有任何别的出路，人们几千年都接受了这种制度化了的贫困农民生活。这样每个人才能在他的亲属圈子里找到适当的地位，安身立命，并且确实感到自己是紧密结合在社会中的一分子"。在这样一个贫穷落后的乡村社会中，这些曾经拥有过公职的人之所以能在乡民的选举中脱颖而出，不仅源自上级的照顾，更来自他们在乡村社会潜在的个人声望和人脉资源。

（二）保长群体分析

与乡镇长相比，保长的地位却是如此地不堪一提。乡镇机构在国民政府的行政体系中已属重要一级，乡镇长也因此而成为国家正规的行政人员，而保长介于国家权力与乡村民众之间，只是乡镇机构行使国家权力的必要补充。他们既非国家行政人员，也没有必要的生活补贴，但他们的工作却比任何行政人员更加繁重、更加艰巨。虽然他们的工作性质被称为"义务职"，但在战争连绵不绝的20世纪40年代，各种苛捐杂役纷呈迭至，枵腹从公的保长究竟是如何做到"义务从公"的？当时的保长群体又是由一个什么样的群体结构组成的？为了对这一群体有一个较为全面的认识，笔者以1946年甘肃省庄浪县17个乡镇156名保长为蓝本，以实事求是的态度分层次讨论这一时期保长的群体特征。

表6—15　　　　　　　　甘肃省庄浪县保长选举当选人名册

乡镇保别	当选人姓名	性别	年龄（岁）	简历
水洛镇	正　王千仓	男	31	高小毕业
旺龙堡	副　李昌源	男	48	高小肄业

续表

乡镇保别	当选人姓名		性别	年龄（岁）	简历
堡山保	正	李鹏祥	男	41	高小毕业
	副	杨西凡	男	38	高小毕业
盘安保	正	李熙荣	男	37	高小毕业
	副	李作锐	男	38	高小毕业
周堡保	正	杨培生	男	44	高小毕业
	副	李秉春	男	38	高小毕业
妙村保	正	杨悦川	男	52	高小毕业
	副	柳效耀	男	28	初级毕业
涌泉保	正	董利权	男	50	初级毕业
	副	王永顺	男	31	高小毕业
义泉保	正	柳选才	男	35	初级肄业
	副	马正仓	男	30	高小毕业
永寿保	正	陈西科	男	25	高小毕业曾任副保长
	副	罗积荣	男	30	初级肄业前任甲长
鱼龙保	正	郝养政	男	56	高级小学毕业前任保长
	副	陈玉珊	男	29	高小毕业
来龙保	正	陈启愚	男	32	高级小学毕业前任保长
	副	陈兆忠	男	35	初级毕业曾任保队附
柳梁保	正	柳荣泉	男	40	高小毕业曾任保长
	副	柳刚林	男	35	初级毕业前任保队附
茂林保	正	杨天恩	男	40	高小毕业曾任保长
	副	杨昭芳	男		初级毕业曾任保队附
荆山保	正	孙发荣	男	42	初级小学毕业曾任保长
	副	朱　邦	男	46	初级毕业曾任队附
金锁镇忠恕保	正	孔祥义	男	28	曾充保长
	副	田永忠	男	28	曾充保户籍干事
五柳保	正	毛鸿宾	男	32	高小毕业
	副	柳锡元	男	28	曾充副保长
朱店保	正	朱国财	男	37	小学毕业
	副	朱维输	男	28	高小毕业

续表

乡镇保别	当选人姓名	性别	年龄(岁)	简历
石门保	正 柳玉文	男	36	曾充保长
	副 万回串	男	25	师范毕业曾充保长
南山保	正 白生福	男	33	曾充排长
	副 丁世海	男	30	曾充盘查哨长保长等职
三台保	正 柳同滨	男	45	曾充副保长
	副 柳相同	男	30	曾充副保长保队附
水樱保	正 柳毓秀	男	32	曾充保长
	副 柳 积	男	30	曾充副保长
英山保	正 刘兆源	男	43	曾充保长
	副 柳明发	男	40	高小毕业
长义保	正 王 斌	男	30	曾充副保长
	副 赵文宪	男	27	曾充保长
丁山保	正 柳效元	男	28	曾充保长
	副 李彦虎	男	30	原任镇民代表
永宁镇东壁保	正 贺得芹	男	33	曾充自卫队班长
	副 陶清河	男	44	曾充保长
鱼化保	正 张生俊	男	48	曾充保长
	副 苏茂荣	男	37	中学毕业曾充保队附
北辰保	正 张得第	男	39	曾充保长
	副 陈重柏	男	34	曾充排长班长等职
中和保	正 苏毓华	男	47	曾充保长
	副 解明玺	男	40	曾充保长
南华保	正 苏和润	男	32	曾充国民兵团分队长保长队附等职
	副 苏天霖	男	29	曾充保队附
西园保	正 苏茂芳	男	42	曾充联保主任保长等职
	副 周志成	男	40	曾充保队附副保长等职
通化镇东川保	正 陈高明	男	38	曾充保长
	副 刘克勤	男	23	曾充保长
新集保	正 石秀岩	男	32	曾充村长
	副 何旭清	男	30	曾充甲长

续表

乡镇保别	当选人姓名		性别	年龄（岁）	简历
西川保	正	韩耀元	男	28	高小毕业曾充国民学校教员
	副	苏发兰	男	23	庄浪县训练所毕业
野超保	正	石耀山	男	32	师范肄业
	副	金甫清	男	35	曾充村长
北山保	正	张有寿	男	40	曾充村长
	副	杨永仓	男	38	曾充保长
通边保	正	李得喜	男	35	曾充保长
	副	李满甲	男	32	曾充甲长
安东镇马安保	正	马焕章	男	25	庄浪县训练所毕业
	副	赵金玺	男	26	庄浪县训练所毕业
桃山保	正	张友三	男	34	曾充保安队分队长
	副	李鸣皋	男	27	甘肃省社训总队毕业
云台保	正	关进仓	男	28	高小毕业
	副	岳献琴	男	26	高小毕业
唐山保	正	张廷雄	男	49	小学毕业
	副	岳俊锋	男	41	高小毕业
双合保	正	柳国栋	男	26	曾任固原边疆学校及中小民校校长
	副	闫占山	男	30	曾充保长
曹婆保	正	杜生盛	男	35	曾充保长
	副	田永堂	男	29	曾充保长
显阳保	正	曹鸿刚	男	38	曾充保长
	副	田万禄	男	36	曾充保长
汤安保	正	雍藏珍	男	35	高小毕业
	副	李芳桂	男	28	高小毕业
卧龙乡西佛保	正	蒙连仓	男	38	小学毕业
	副	蒙永谦	男	30	曾充保长
榆林保	正	白有元	男	28	曾充保长
	副	杨旺狱	男	31	曾充保长
红崖保	正	蒙世应	男	32	小学毕业
	副	孙连贵	男	30	小学肄业

续表

乡镇保别	当选人姓名	性别	年龄（岁）	简历
花梨保	正　魏廷才	男	25	庄（浪）中（学）毕业
	副　魏恩恭	男	23	小学毕业
石山保	正　刘万顺	男	21	小学肄业
	副　石海玉	男	25	小学肄业
水偎保	正　魏宗民	男	28	小学肄业
	副　魏树桐	男	30	曾任保长
陈庙保	正　陈国忠	男	35	曾任保长
	副　陈汉章	男	24	小学毕业
新太乡 田家保	正　田生荣	男	35	高小学业
	副　杜志忠	男	27	曾充保长
高家保	正　高毅魁	男	35	曾充村长
	副　田俊科	男	40	曾充村长
东沟保	正　万振东	男	40	高小毕业
	副　邵庆国	男	32	高小毕业
万安保	正　万铭鼎	男	25	高小毕业
	副　万国英	男	28	曾充保长
马家保	正　马秉珠	男	40	曾充村长
	副　马生榩	男	25	高小毕业
徐城保	正　李自俊	男	29	曾充保长
	副　万主绪	男	27	高小毕业
良邑乡 宝泉保	正　常秉彝	男	43	高小毕业曾充保长
	副　李成珊	男	24	高小毕业
关东保	正　陈应元	男	38	国民学校毕业
	副　史效先	男	27	国民学校毕业
龙泉保	正　李正春	男	29	中心学校毕业曾充保长
	副　李生香	男	35	中心学校毕业曾充乡民代表
银河保	正　何正佑	男	20	中心学校毕业曾充保长
	副　任得禄	男	34	保国民学校毕业曾充保长
龙山保	正　杨得祥	男	32	保国民学校毕业曾充保长
	副　王作勤	男	40	中心学校毕业曾充保长

续表

乡镇保别	当选人姓名		性别	年龄（岁）	简历
佛念保	正	李喜义	男	42	中心学校毕业曾充乡民代表
	副	徐仰治	男	45	高小毕业曾充保长之职
新龙乡石桥保	正	余青云	男	40	高小毕业曾任保长
	副	朱世维	男	37	小学毕业曾任户籍干事
平定保	正	王秉禹	男	37	初级毕业曾任保长
	副	王秉江	男	30	初级毕业曾任甲长
聂城保	正	王建功	男	30	高小毕业曾任甲长
	副	刘发祥	男	31	高小毕业曾任甲长
页崖保	正	马纪仓	男	39	小学毕业曾任保长
	副	赵秉乾	男	35	小学毕业曾任甲长
长庆保	正	雷兴瑞	男	42	高小毕业曾任保长
	副	王昌恒	男	35	初级毕业曾任甲长
龙泉保	正	马玉树	男	27	高小毕业曾任保长
	副	马兆荣	男	24	小学毕业曾任甲长
中元保	正	苏昇有	男	32	初级毕业曾任保长
	副	靳登宪	男	30	初级毕业曾任保长
五村保	正	史照明	男	26	静（宁）中（学）肄业曾任灵台县政府科员
	副	焦正刚	男	32	初级毕业曾任保长
宁阳乡广宁保	正	张国浩	男	40	曾任保长
	副	张建祥	男	38	中学肄业
龙山保	正	赵凌斗	男	41	平凉师范毕业
	副	马明远	男	30	小学毕业
祁山保	正	谢正午	男	35	曾任保长
	副	杨连江	男	32	曾任甲长
隆中保	正	李耀山	男	28	小学毕业
	副	王善射	男	26	曾任甲长
湫龙保	正	李秉坤	男	30	高小毕业
	副	杜文芳	男	36	曾任保长
兴隆保	正	王致宾	男	35	曾任保长
	副	张宏才	男	30	曾任村长

续表

乡镇保别	当选人姓名	性别	年龄（岁）	简历
朝阳保	正　李守信	男	28	曾任保长
	副　台象吉	男	30	曾任保长
长源保	正　张绍乾	男	29	小学毕业
	副　张毓秀	男	26	小学毕业

资料来源：《甘肃省庄浪县保长选举当选人名册》，甘肃省档案馆，档号：15—14—113。

由表6—16可知：第一，年龄结构。在庄浪县10乡镇78保156名当选保长中，年龄阶段主要集中25岁至40岁，其中25岁至30岁的青年人最多，占保长总人数的37.3%；31岁至35岁的青年人稍逊于前，占总人数的23.7%，36岁至40岁的保长人数亦占据总人数的19.9%，三者相加，总共占据总人数的81%。与同一时期甘肃民选乡镇长的年龄结构相比，具有异曲同工之特点。

表6—16　　　　　　　　甘肃省各乡镇民选保长年龄统计

年龄	25岁以下	25—30（岁）	31—35（岁）	36—40（岁）	41—45（岁）	46—50（岁）	50岁以上	不详	共计
人数（人）	8	58	37	31	13	6	2	1	156
百分比（%）	5.1	37.3	23.7	19.9	8.3	3.8	1.3	0.6	100

第二，学历特点。通过对甘肃省各乡镇民选保长学历的分析（见表6—17），不难看出保长与乡镇长的学历水平仍存有一定的差距。首先以学历程度而言，乡镇长的最高学历为大学（北京医科大学毕业），在甘肃地域能有如此高学历者，乃凤毛麟角，只此一人；而师范或中学毕业者，在民选乡镇长中则较为普遍。与之相较，民选保长中，最高学历则为师范或中学毕业，而这一学历在当选保长中亦不多见，两者相加仅占全部人数的3.8%。而小学与初级毕业的人数较高，占到总人数的52.6%。不难想象，在甘肃落后的乡村地带，知识分子群体本来极为缺少，一般具有较好

教育程度的士绅或有为青年，均不愿担任无薪无职的"保长"，在他们的心目中，竞选乡镇长才是他们应该选择的对象。而这一现象也造成了甘肃很多地方在民选乡镇保长的过程中，地方士绅与知识青年对乡镇长的选举还较为热情，而对保长的竞选则避而远之。

表6—17　　　　　　甘肃省各乡镇民选保长学历统计表

类别	师范	中学	高小	小学	初级	培训机构	无学历或不详	总计
人数（人）	3	3	42	25	15	4	64	156
百分比（%）	1.9	1.9	26.9	16	9.7	2.6	41	100

注：本表主要呈现保长所受教育程度，故在类别中并未将毕业或肄业分开。

第三，资历特点。资历是一个人工作经验与身份地位的象征，它不仅代表着一个人知识与经验的积累，也代表着一个人曾经的身份和地位，这对于偏僻闭塞的甘肃乡村社会来说，更加显出其与众不同的优越性。因此，在乡镇保长的产生过程中，无论甘肃省政府采取何种模式，具有资历的乡村士绅或有为青年均成为乡民推崇的对象，也成为当选乡镇保长的理想人选。正如表6—18所示，甘肃省各乡镇民选保长中，拥有工作经历者就占了当选总数的66%，而剩下无工作经历者，则由当地中小学毕业的知识青年来担任。不难看出，在甘肃乡村社会，具有资历或知识的人都受到了普通民众的敬重。

表6—18　　　　　　甘肃省各乡镇民选保长资历统计

类别	保长	甲长	村长	联保主任	保队附	户籍干事	乡镇民代表	自卫队队长	排长班长	学校教员	校长	县政府科员	无工作经历者	总计
人数（人）	64	11	6	1	6	3	2	2	2	1	1	1	56	156
百分比（%）	41	7	3.8	0.6	3.8	1.9	1.2	1.2	1.2	0.6	0.6	0.6	35.9	100

二　乡镇保甲人员的地位与待遇

中国的乡村社会在几千年来形成了自己独特的运行模式，虽然国民政府试图通过保甲制度将国家权力渗入这一乡土社会，然而，作为国家权力的执行者，乡镇保长的角色和地位在时人笔下褒贬不一。究竟乡镇保长在20世纪三四十年代充当着一种什么样的角色，处于一种什么样的地位？对这一问题的进一步考证，必将更加清晰地透视国民政府推行保甲制度的目的和意义。

对于保长在乡村社会中的地位，费孝通认为，乡村社会中保长往往被乡民所忽视。譬如，如果乡村社会发生争执矛盾，调解之人并非保长，而是村中士绅。因为乡村社会的调解不是利益的重新分配，而是一种伦理的教育过程。"我曾在乡下参加过这类调解的集会。我之被邀，在乡民看来是极自然的，因为我是在学校里教书的，读书知礼，是权威。其他负有责任的是一乡的长老。最有意思的是保长从不发言，因为他在乡里并没有社会地位，他只是个干事。'调解'是个新名词，旧名词是'评理'。差不多每次都由一位很会说话的乡绅开口。他的公式总是把那被调解的双方都骂一顿。'这简直是丢我们村子里脸的事！你们还不认了错，回家去。'接着教训了一番。有时竟拍起桌子来发一阵脾气。他依着他认为'应当'的告诉他们。这一阵却极有效，双方时常就'和解'了，有时还得罚他们请一次客。"不难看出，在民国时期的乡村社会，真正得到民众敬重的并非与国家权力有紧密关系的保甲长，而是乡土社会"礼治"的代言人。然而，费孝通先生所谓之上述情形，在国民政府时期已非普遍现象，因为随着国家权力对乡村社会的逐步渗透，很多地方乡镇保长的职位已经被士绅阶层所代理，他们既是国家权力的执行者，也是乡土社会"礼治"的代言人。

况且，乡镇保长在乡村社会中的地位如何，还取决于他们在乡村社会中的经济与政治地位。经济地位决定一个人在乡村社会中的权力地位，而权力地位也必将进一步加强其在乡村中的经济能量。笔者以甘肃省档案馆馆藏1938年之渭源、康乐、临洮三县55名联保主任调查考核表为例，具体分析当时联保主任（新县制实施后改为乡镇长）这一群体的家庭经济状况。

表 6—19 　　　　　　《甘肃省渭源县现任联保主任调查考核表》

（1938 年 5 月 27 日）

姓名	吴希周	杨畅霖	蓝生辉	侯照文	曹世炎	王士明	魏勇
年龄（岁）	25	25	24	23	29	28	20
籍贯							
县区	渭源第一区	渭源第一区	渭源第一区	渭源第二区	渭源第二区	渭源第三区	渭源第三区
曾受何种教育	高小毕业	高小毕业	高小毕业	高小毕业	高小毕业	省立第三师范毕业	高小毕业
曾任何种职务	保长	无	保长	保长	前四区联保主任	曾任小学教员	无
家庭经济状况如何	小康	小康	小康	殷实	殷实	小康	小康
有无烟毒嗜好及终身难愈之疾病	无	无	无	无	无	无	无
思想是否新颖纯正意志是否振作积极	思想幼稚意志尚能振作	思想纯正意志尚能振作	思想幼稚意志平常	思想意志俱无足取	思想尚纯正意志平常	思想纯正意志振作	头脑糊涂意志不振
精神是否吃苦耐劳	尚能吃苦	颇能吃苦耐劳	尚能吃苦	尚能吃苦	尚能吃苦	尚能吃苦	不能吃苦
生活是否俭朴有序	生活俭朴	生活俭朴	生活俭朴	生活俭朴	生活俭朴	生活俭朴	生活俭朴
何时任职	1937 年 11 月	1937 年 11 月	1938 年 3 月	1937 年 11 月	1938 年 3 月	1937 年 11 月	1937 年 11 月
是否勤慎尽职	尚能勤慎服务	颇能勤慎尽职	尚能勤慎服务	不能尽职	尚能勤慎服务	尚能尽职	不能尽职

续表

姓名	吴希周	杨畅霖	蓝生辉	侯照文	曹世炎	王士明	魏勇
在地方曾否做过公益事业	无	无	无	无	办理该处初级小学	无	无
有无土劣行为	无	无	无	无	无	无	无
曾否受过刑事处分	无	无	无	无	无	无	无
最近有无被控案件	无	无	无	无	无	无	无
一般之人评语	平常	屡剿巨匪造福地方	平妥	平妥	平妥	办事认真	年幼无知难得地方信仰
填报者之评语	（丁）学识能力俱属薄弱难胜斯职	（丙）学识虽差办事精神工作能力俱堪胜任	（丁）学识薄弱脑筋简单难胜巨任	（丁）才学俱劣办事敷衍堪称少朽	（丁）办事能力尚妥惟学识太差难胜斯职	（丙）学识能力俱可胜任	（戊）毫无足取应予淘汰

资料来源：《甘肃省渭源县现任联保主任调查考核表》，甘肃省档案馆，档号：4—8—448。

表6—20　　　　**《甘肃省康乐设治局现任联保主任调查考核表》**
（1938年6月13日）

姓名	马凤山	高自明	苏克义	马有禄	白占奎	马世元	王天福	景茂春	缐五伦
年龄（岁）	31	37	34	44	32	41	36	38	42
籍贯	康乐第一区	康乐第一区	康乐第一区	康乐第一区	康乐第一区	康乐第一区	康乐第一区	康乐第二区	康乐第二区
信仰何种宗教	回教	回教	回教		回教		回教		

姓名	马凤山	高自明	苏克义	马有禄	白占奎	马世元	王天福	景茂春	缐五伦
曾受何种教育	本省第一区联保主任训练班毕业	未受教育	临洮初级中学毕业	未受教育	未受教育	未受教育	未受教育	私学六年	私塾三年
曾任何种职务	闾长	闾长	小学校长	闾长	无	村长	无	军需	无
家庭经济状况如何	小康	小康	小康	小康	较贫	小康	小康	小康	小康
有无烟毒嗜好及终身难愈之疾病	无	无	无	无	无	无	无	无	无
思想是否新颖纯正意志是否振作积极	思想纯正	思想纯正	思想纯正意志振作	思想纯正	思想纯正	思想纯正	思想纯正	思想纯正意志振作	思想平常意志消沉
精神是否吃苦耐劳	尚能吃苦	尚能吃苦	尚能吃苦	尚能吃苦	尚能吃苦	尚能吃苦	尚能吃苦	尚能吃苦	尚能吃苦耐劳
生活是否俭朴有序	生活俭朴	生活俭朴有序	生活俭朴有序	生活俭朴	生活俭朴	生活俭朴	生活俭朴	生活俭朴	生活俭朴
何时任职	二十七年一月	二十四年四月	二十五年一月	二十四年四月	二十六年六月	二十六年五月	二十六年五月	二十七年一月	二十六年三月
是否勤慎尽职	不能尽职	尚能尽职	勤慎尽职	尚能尽职	尚能尽职	不能尽职	尚知勤慎服务	勤慎尽职	不能尽职

续表

姓名	马凤山	高自明	苏克义	马有禄	白占奎	马世元	王天福	景茂春	缐五伦
在地方曾否做过公益事业	无	创办本区初级小学	无	创办本区初级小学	无	无	无	无	无
有无土劣行为	无		无	无	无	无	无	无	无
曾否受过刑事处分	无	无	无	无	无	无	无	无	无
最近有无被控案件	无	无	无	无	无	无	无	无	无
一般之人评语	办事激烈	颇得回民信仰	办事和平民众悦服	颇得回民信仰	舆论尚佳	作事急切	办事公平	舆论融洽	老朽无能
填报者之评语	(戊)学识经验太差	(丁)学识经验虽差人格尚佳颇得回民信仰	(乙)学识经验俱堪胜任	(丁)人格尚佳颇得回民信仰惟学识经验太差	(丁)学识经验较差	(戊)俱无足取	(丁)学识经验较差	(丙)品格经验俱佳惟学识稍差	(戊)俱无足取应予淘汰

表6—21 《甘肃省康乐设治局现任联保主任调查考核表》(续表)

闻多士	杜作梅	马得仓	马春魁	周郁文	马福禄	陈海涵	马威元	董锡礼	刘正荣	马秉礼	苏建勋
33岁	40岁	39岁	40岁	36岁	50岁	30岁	47岁	43岁	50岁	30岁	33岁
康乐第二区	康乐第二区	康乐第二区	康乐第二区	康乐第二区	康乐第三区	康乐第三区	康乐第三区	康乐第三区	康乐第三区	康乐第三区	康乐第三区

续表

闻多士	杜作梅	马得仓	马春魁	周郁文	马福禄	陈海涵	马威元	董锡礼	刘正荣	马秉礼	苏建勋
		回教	回教		回教	回教	回教			回教	回教
高小毕业	私塾三年	未受教育	未受教育	高小毕业	未受教育	高小毕业	高小毕业	高小毕业	未受教育	高小毕业	高小毕业
闾长	无	曾任联保主任	曾任保长二年	曾任联保主任及保长	曾任乡长	曾任前第四区区员	曾任巡官副官等职	无	曾任路工段长二年	曾任乡长	曾任前第五区区员
小康	富裕	富裕	富裕	小康	足用	足用	小康	较贫	小康	富裕	富裕
无	无	无	无	无	无	无	无	肺疾甚重	无	无	无
思想平常意志消沉	思想纯正	思想纯正	俱无足取	思想纯正意志平常	思想纯正意志平常	思想纯正意志振作	思想意志俱属平常	思想意志俱属平常	思想意志平常薄弱	思想意志俱属平常	思想纯正意志振作
尚能吃苦耐劳	尚能吃苦耐劳	尚能吃苦耐劳	尚能吃苦耐劳	尚能吃苦耐劳	尚能吃苦耐劳	尚能吃苦耐劳	尚能吃苦	不能耐劳	尚能吃苦耐劳	尚能吃苦耐劳	尚能吃苦耐劳
生活俭朴	生活俭朴	生活俭朴	生活俭朴	生活俭朴	生活俭朴	生活俭朴有序	生活俭朴	生活俭朴	生活俭朴	生活俭朴	生活俭朴
二十七年一月	二十七年一月	二十四年三月	二十五年二月	二十四年三月	二十七年一月	二十七年一月	二十七年一月	二十七年一月	二十七年四月	二十七年一月	二十七年一月
尚知努力服务	尚知努力服务	尚能尽职	不能尽职	尚知勤慎从公	尚知勤慎从公	尚能尽职	尚知勤慎服务	不能尽职	不能尽职	尚知勤慎尽职	尚知勤慎尽职
无	无	无	无	无	兴办初级小学	兴办初级小学	修理公路	兴办教育	修理公路	无	修筑公路
无	无	无	无	无	无	无	无	无	无	无	无
无	无	无	无	无	无	无	无	无	无	无	无
无	无	无	无	无	无	无	无	无	无	无	无
平常	办事认真	回民信仰	办事敷衍	舆论融洽	舆论融洽	舆论融洽	平常	平常	庸懦无能	回民信仰	回民信仰

续表

闻多士	杜作梅	马得仓	马春魁	周郁文	马福禄	陈海涵	马威元	董锡礼	刘正荣	马秉礼	苏建勋
(丁)学识经验俱难胜任	(丁)学识稍差经验尚佳	(丁)品格能力尚佳唯学识稍差	(戊)俱无足取应予淘汰	(丁)学识经验俱差	(丁)难胜巨任	(丙)能力经验尚堪称职	(丁)难胜巨任	(戊)身体太弱难耐繁巨	(戊)俱无足取应予淘汰	(丙)能力尚佳	(丙)学识虽差能力经验尚可胜任

资料来源:《甘肃省康乐设治局现任联保主任调查考核表》,甘肃省档案馆,档号:4—8—448。

表 6—22   《甘肃省临洮县现任联保主任调查考核表》
(1938 年 5 月 14 日)

姓名	陆天一	赵监	李乐天	边耀如	冯百源	陈寿亭	张进选	孙炳福	祁作祥
年龄(岁)	31	32	32	34	51	32	40	27	31
籍贯 县区	临洮县第一区	临洮县第一区	临洮县第一区	临洮县第一区	临洮县第一区	临洮县第一区	临洮县第一区	临洮县第一区	临洮县第一区
曾受何种教育	中校毕业陇南军官学校毕业甘肃第一区社会军训干部训练总队部毕业	小学	小学教育	小学教育	私塾三年	私学	师范毕业	私学二年	小学肄业

续表

姓名	陆天一	赵监	李乐天	边耀如	冯百源	陈寿亭	张进选	孙炳福	祁作祥
曾任何种职务	联保主任及临洮社训第一中队第四分队队长	前征收局稽查	无	无	无	无	无	无	无
家庭经济状况如何	小康	小康	小康	富裕	小康	能以度日	小康	小康	贫
有无烟毒嗜好及终身难愈之疾病	无	无	无	无	似有烟毒嗜好	肺病	有烟毒嗜好	无	无
思想是否新颖纯正意志是否振作积极	思想尚可而意志消沉	思想幼稚	思想平庸	尚精明	精力意志衰	思想糊涂	思想腐化意志消沉	思想糊涂意志不振	思想意志俱无可称
精神是否吃苦耐劳	尚能吃苦	尚能吃苦	尚能吃苦	难耐劳苦	不能耐劳	精神萎靡	不能吃苦	难耐劳苦	尚可

续表

姓名	陆天一	赵监	李乐天	边耀如	冯百源	陈寿亭	张进选	孙炳福	祁作祥
生活是否俭朴有序	生活有序	生活俭朴	生活有序	尚俭朴	生活无序	俭而无序	生活无序	俭而无序	俭而无序
何时任职	民国二十五年三月二十四日	本年二月	本年三月三日	本年三月三日	本年三月三日	本年三月三日	本年三月	二十四年八月	本年二月十二日
是否勤慎尽职	服务勤慎	尚知勤慎从公	不能尽职	服务尚知勤慎	不能尽职	不能尽职	不能尽职	不能尽职	不能尽职
在地方曾否做过公益事业	未	未	未	未	未	未	未	未	未
有无土劣行为	无	无	无	无	无	无	无	无	无
曾否受过刑事处分	无	无	无	无	无	无	无	无	无
最近有无被控案件	无	无	无	无	无	无	无	无	无

续表

姓名	陆天一	赵监	李乐天	边耀如	冯百源	陈寿亭	张进选	孙炳福	祁作祥
一般之人评语	人颇忠厚	舆论尚佳	流氓	舆论尚佳	平常	迹近地痞	土豪	平常	地痞
填报者之评语	（丙）学识尚可思想亦佳，唯意志消沉能力薄弱难胜巨任。	（丁）人尚精明惟程度太差	（戊）俱无足取	（丁）人尚精明唯学识太差难称斯职	（戊）老朽	（戊）庸才	（戊）毫无可取应予淘汰	（戊）庸碌之辈不足胜任	（戊）能力薄弱学识太差

表6—23　《甘肃省临洮县现任联保主任调查考核表》（续表）

姓名	高明山	杨映华	孙葆清	陈正杰	张登云	张瑶	李泽轩	田景峰	边瑞南
年龄（岁）	23	26	46	32	29	28	34	38	28
籍贯									
县区	临洮县第一区	临洮县第一区	临洮县第一区	临洮县第一区	临洮县第三区	临洮县第三区	临洮县第三区	临洮县第三区	临洮县第三区
曾受何种教育	临洮初级中学毕业	师范学校	省第一师校毕业	私塾三年	高小毕业	高小毕业	省一中毕业	三师毕业	高小毕业

续表

姓名	高明山	杨映华	孙葆清	陈正杰	张登云	张瑶	李泽轩	田景峰	边瑞南
曾任何种职务	无	漫洼高小校长	高小学校校长及教员	无	黄石坪小学校校长等职	上营小学校长等职	本区区长	新十四师营长临中教员	曾任新民渠督工员等职
家庭经济状况如何	小康	小康	小康	小康	足用	足用	足用	足用	足用
有无烟毒嗜好及终身难愈之疾病	无	无	无	无	无	无	似有烟毒嗜好	无	无
思想是否新颖纯正意志是否振作积极	平庸	思想平常意志薄弱	头脑清晰意志振作	思想不纯意志消沉	平常	思想腐败意志消沉	平常	思想纯正尚能振作	思想纯正尚能振作
精神是否吃苦耐劳	尚可	尚可吃苦耐劳	颇能吃苦耐劳	难耐劳苦	尚能吃苦耐劳	不能吃苦	平常	能够吃苦耐劳	能够吃苦耐劳
生活是否俭朴有序	俭而无序	尚俭朴	俭朴有序	生活浮而无序	俭朴	生活腐化	平常	俭朴	俭朴

续表

姓名	高明山	杨映华	孙葆清	陈正杰	张登云	张瑶	李泽轩	田景峰	边瑞南
何时任职	本年正月	去年元月	二十四年六月一日	去年十月	二十七年任职	二十七年任职	二十五年任职	二十七年任职	二十五年任职
是否勤慎尽职	不能尽职	不能尽职	服务勤慎颇能尽职	不能尽职	不能尽职	蔑视公令	仅可敷衍公事	尚可尽职	尚可尽职
在地方曾否做过公益事业	未	建筑漫洼小学校	办理教育兴修水利	未	未	未	未	协助教育	兴办水利
有无土劣行为	无	无	无	无	无	无	无	无	无
曾否受过刑事处分	无	无	无	无	无	无	无	无	无
最近有无被控案件	无	无	无	无	无	无	无	无	无
一般之人评语	平常	平常	官员得地方信仰	迹近地痞	平常	舆论太坏	平常	舆论尚佳	舆论尚佳

续表

姓名	高明山	杨映华	孙葆清	陈正杰	张登云	张瑶	李泽轩	田景峰	边瑞南
填报者之评语	（丁）思想幼稚经验亦差	（丁）学识尚可能力薄弱	（乙）学识经验俱佳	（戊）学识太差能力薄弱	（丁）学识经验俱差	（戊）品学俱劣应予淘汰	（戊）能力薄弱因循敷衍	（丙）尚可称职	（丁）学识较差

表6—24 《甘肃省临洮县现任联保主任调查考核表》（续表）

姓名	董育生	李国彦	徐世祥	麻文轩	周毓彩	靳尚勤	孙文达	史国珍	王俭
年龄（岁）	40	35	36	31	42	23	20	34	32
籍贯									
县区	临洮县第二区	临洮县第二区	临洮县第二区	临洮县第二区	临洮县第二区	临洮县第二区	临洮县第二区	临洮县第二区	临洮县第二区
曾受何种教育	私塾毕业	私塾毕业	私塾毕业	省立三师毕业	优级师范毕业	高小学毕业	高小学毕业	高小学毕业	高小学毕业
曾任何种职务	曾任里长保长等职	曾任学校董事保长等职	曾任小学校董事	曾任高校小学教员	无	曾任旧第四区书记	曾任保长	曾任小学董事	曾任小学董事
家庭经济状况如何	小康	殷实	富裕	殷实	殷实	小康	小康	殷实	小康
有无烟毒嗜好及终身难愈之疾病	无	无	无	无	无	无	无	无	无

续表

姓名	董育生	李国彦	徐世祥	麻文轩	周毓彩	靳尚勤	孙文达	史国珍	王俭
思想是否新颖纯正意志是否振作积极	思想平常	思想腐化意志不振	思想平常意志不振	思想腐化意志消沉	思想纯正意志平常	思想意志俱无足称	思想意志俱无足称	思想意志俱无足称	思想平常意志不振
精神是否吃苦耐劳	尚可吃苦耐劳	尚可能吃苦耐劳	尚可能吃苦耐劳	尚可能吃苦耐劳	尚可能吃苦耐劳	尚可能吃苦耐劳	尚可能吃苦耐劳	尚可能吃苦耐劳	尚可能吃苦耐劳
生活是否俭朴有序	俭朴无序	俭朴无序	俭朴无序	俭朴无序	俭朴无序	俭朴无序	俭朴无序	俭朴无序	俭朴无序
何时任职	去年十月	本年二月	本年元月	本年元月	去年十月	本年二月	去年十月	去年十月	本年二月间
是否勤慎尽职	敷衍公事	敷衍公事	敷衍公事	工作怠惰不能尽职	尚知努力公务	敷衍公事不能尽职	敷衍公事不能尽职	办事勤慎	不能尽职
在地方曾否做过公益事业	曾助办地方教育	曾助办学校	曾助办学校	未	未	未	助办地方教育	助办地方教育	助办地方教育
有无土劣行为	无	无	无	无	无	无	无	无	无

续表

姓名	董育生	李国彦	徐世祥	麻文轩	周毓彩	靳尚勤	孙文达	史国珍	王俭
曾否受过刑事处分	无	无	无	无	无	无	无	无	无
最近有无被控案件	无	无	无	无	无	无	无	无	无
一般之人评语	平尚称清白	舆论不佳	尚知为地方着想	平常	舆论融洽	平常	平常	平常	平妥
填报者之评语	(丁)办事尚妥学识太差	(丁)能力学识俱难胜任	(丁)品识虽尚可取惟能力太差意志消沉难胜繁巨	(戊)俱无足取	(丙)能力尚佳惟无进取精神	(戊)能力幼稚学识亦差	(戊)能力太差	(丁)能力尚可学识太差	(丁)识学俱差不堪胜任

资料来源:《甘肃省临洮县现任联保主任调查考核表》,甘肃省档案馆,档号:4—8—448。

表6—25　甘肃省渭源、康乐、临洮三县55名联保主任的家庭经济状况

类别	富裕	殷实	小康	足用	能以度日	较贫	贫	总计
人数	7	6	31	7	1	2	1	55
比例	12.7	11	56.4	12.7	1.8	3.6	1.8	100

由表 6—25 可知，1938 年甘肃省三县联保主任中，富裕之家占 12.7%；殷实之家占 11%；而小康之家竟占总人数的 56.4%；能用与能以度日之家占 15%。而生活真正贫困者仅占 5%。可见，在当时甘肃省各县中，联保主任一般都是由家境殷实的人来充任。人们也许会想，既然说当时乡镇保长一般情况下均为乡村士绅所充任，然而观其家庭情况，富裕之家充当联保主任者为何并不多见？事实上，在甘肃偏僻落后的乡村地带，富裕之家并不如江南一带多见，而且殷实小康之家，在甘肃乡村已属于社会上流。正如 1938 年 7 月甘肃省保甲视察员黄鹏昌在视察岷县、临潭、卓尼等县局区政保甲报告中所谓：上述各县"地瘠民贫，年来因天灾迭见，及驻军之剥削，人民生活，甚形困苦，举家流亡远地者，颇不乏人，其殷实之户，财产在五千元以上者，为数寥寥无几"。例如临潭县财产数量在二万元以上的家庭有 13 户；一万元以上者为 10 户；近一万元者 3 户。偌大的一个临潭县，富裕之户竟如此稀少，无怪乎充任甘肃省联保主任的富裕之家并不多见。

结　语

国民政府"融保甲于自治之中"的历史逻辑

　　20 世纪 30 年代初，中国社会已深深地卷入了国际化的旋涡，欧风美雨的浸润使得传统的中国都市初具了近代城市的面相，但不发达的农业经济形态和几乎未曾发生变化的中国乡村社会，仍然为传统的保甲制度提供了滋生的土壤。自民国以来，舶来的地方自治开始替代传统保甲，承担起治理中国乡村社会的重任。尽管地方自治自清末新政流入中国以来，备受历届北京政府之推崇，孙中山更是将其列为立国之本，然而地方自治在中国乡村社会治理中的诸多"不适应"，使得乡村社会在传统保甲缺失的情形下陷于无序状态之中。而这一时期中国共产党在鄂豫皖乡村区域的迅速拓展，进一步加深了南京国民政府对乡村社会控制的紧迫感。在地方自治无法达到预期目标之前提下，南京国民政府便将目光转向于传统的保甲制度。1932 年 8 月，南京国民政府决定在鄂豫皖等中共苏维埃区域推行保甲制度，试图借此来加强对乡村社会的控制，并达到"围剿"红军的军事政治目的。

一

　　保甲与自治是 20 世纪 30 年代共同存留于中国基层社会的一对孪生兄弟。一方面，地方自治是孙中山提倡之立国之本，放弃地方自治，有违总理遗教。且很多人相信："我们今后不谈民主政治则已，否则，我们要坚决的确信，推行地方自治便是建设民主政治的工作起点。"① 另一方面，保甲制度虽为封建遗留，但在近代中国乡村社会控制中却不可缺离。因为"欲求民众的组织健全，团结坚固，只有推行保甲，方有实现的可能"②。因此，如何在保甲与自治之间寻求平衡，成为 20 世纪 30 年代国民政府内部争论不休的一个话题。综观时人论争，焦点有三：一以自治为主，二以保甲为重，三曰保甲与自治，互为一体。主张自治者，认为"保甲运动为自治工作之一，当不可舍本而逐末"；提倡保甲者，认为"自治事业，头绪纷繁，与其浑言自治，不如实施保甲制度之为具体"。但大多认为"保甲与自治，虽为二事，而运用之妙，实可并为一体也"③。

对于如何看待保甲与自治之关系，国民党内部一直以来存有分歧。据局内人士回忆，当时国民党内部存有"办自治不办保甲"与"办保甲不办自治"的不同意见。以杨永泰和张群为首的"新政学系"主张从鄂、豫、皖、闽、赣等"剿匪"省开始推而广之，各省一律"停办自治，改为保甲"；而以陈果夫为首的 CC 系则强调，"剿匪区"各省"停办自治，改办保甲"，只不过是一时之权宜之计，将来仍需遵循孙中山生前主张，回过头来改办自治。④ 对于各方争论，国民政府则试图从各县的实践中获得答案，为此，它要求各县县长就保甲与自治的关系问题各抒己见。国民政府的问题是："查现在各省有专办保甲、停办自治者，有自治保甲兼办者，两种制度，意义究有不同，就目前情形论，何者得适，而保甲之办理，如何始能与自治互为表里，发挥所长。"⑤ 各县的普遍结论是：保甲与自治要达到"互为表里，发挥所长"，最理想状态是"融保甲于自治之中"。可以说，从 1932 年南京国民政府重植保甲，到 1936 年国民政府"融保甲于自治之中"，再到 1939 年国民政府"新县制"的推行，从中折射出国民政府在"鱼和熊掌不能兼得"时的矛盾心理及理想与现实碰撞下的艰难抉择。

----

① 冷俊人：《地方自治述要》，上海正中书局 1935 年版，第 196 页。

② 汪镕三：《保甲与自治》，《苏衡月刊》1935 年第 1 卷第 1 期，第 50 页。

③ 叶木青：《保甲与自治》，《浙江民政月刊》1935 年第 5 卷第 2 期，第 26—27 页。

④ 胡次威：《国民党反动统治时期的"新县制"》，载《文史资料选辑》，第 129 辑。转引自魏光奇《官治与自治——20 世纪上半期的中国县治》，商务印书馆 2004 年版，第 213 页。

⑤ 程方：《中国县政概论》下册，上海商务印书馆 1939 年版，"附录"第 503 页。

　　综观这一时期国民政府内部关于保甲与自治的争论，其间既有思想的争鸣，亦有权力的争斗，更有新与旧、东与西的相冲与相容。20世纪三四十年代国民政府推行的保甲制度，不再是中国传统保甲的翻版，而是当中国被卷入国际化的巨潮之后，面对西方政治制度与思想文化的强烈冲击而产生的一种自觉式的反应，即试图将西方基层民主模式之自治与中国传统基层控制模式之保甲熔为一炉。然而，国民政府的这种理想在当时中国特殊的国情下化为泡影，因为中国四分五裂的政局、凋敝的国民经济、拮据的人才资源和严酷的战争环境，不可能为国民政府这种政治制度改革的尝试提供起码的条件。即国民政府试图以中西合璧的形式治理中国基层社会的梦想既缺乏现实的社会基础（即舶来之地方自治缺乏民智的开拓和广泛的认同基础，而传统之保甲则又为人们所唾弃），更缺乏时代的适应性。

　　尽管如此，国民政府"融保甲于自治"的努力是值得肯定的。虽然发端于自给自足农业经济形态下的保甲制度，因其固有的封闭性和单一性，使其不足以适应近代中国社会的剧烈变动和政治、经济、文化的瞬息变迁，然而由于其土生土长于中国大地，几千年儒家思想的熏陶和自给自足的生活习惯已经有形无形地潜入其中，并且成为中国人生活的一部分，保甲制度不再是单一的社会管理形态，更是一种与中国人生活紧密相关，与儒家思想、宗族观念融为一体的政治思想和生活模式。相反，地方自治确实能够弥补中国传统保甲的诸多缺陷和不足，然而，地方自治毕竟源自西方社会，东西文化的巨大差异，使得地方自治在中国乡土社会中难以扎根。因此，如何将保甲制度中的中国特色与地方自治中的近代文明有机地结合起来，无疑是近代中国基层社会走向科学管理的必由之路。

　　由此可见，对于保甲制度与地方自治的评判，不能简单地用"好"和"坏"来界定。因为保甲制度与地方自治产生于两个不同的时代、两种不同的文明体系，其间并无优劣之分，如果有所区别，更多的应该是时代的差异和观念的变迁。因此，一味地否定保甲制度，而不对其延承千年之久的历史文化及其所隐含的中国特色加以提炼，无疑有"丢掉西瓜"之感。相反，如果对地方自治不能去粗取精、去伪存真，而一味地推崇赞誉，难免有"崇洋媚外"之嫌。况且再好的东西也要适合中国国情，才能发挥其应有之效用。正如2012年12月19日《人民日报》发表评论员文章称："一个社会如果没有接受作为生活方式的民主，民主就很难实现。基层民主的重大意义就在于，它在社会的最基层，在实践中建立一系列民主规则，并通过一系列民主形式，培养群众的民主习惯，为民主创造内在条件，让民主成为一种生活方式，这样的民主才是不可逆转的。"①

二

然而，民主对于 20 世纪三四十年代的中国农村社会而言，几近于天方夜谭。革命战争年代"那些朝不保夕，吃了上顿没下顿的中国乡村老百姓是没有闲心去关切什么社会变革的宏图大计的。他们是观潮派和渐进主义者，仅希望在现实生活中能做到与自己切身利益绝对有关的小修小补"②。何况在近代中国社会，由于高度发展的精耕细作的农业始终未能突破家庭经营的规模，他们的生活始终徘徊于"糊口水平的家庭农作"，而"小农意识"成为中国乡民们最具特色的社会心理。在这种经济形态与小农意识的双重制约下，对于那一时代中国乡村社会的普通老百姓来说，地方政制是民主还是专制，乡村社会的保甲长们是选举还是委派，都不是最重要的，他们期待的是能够切实为老百姓办实事、办好事的基层政制和基层官吏。

不可否认，国民政府推行的保甲制度深入中国腹地，延展至偏僻闭塞的中国农村，将代表国家权力符号的乡镇公所设立于大大小小的乡镇集市，使得千百年来乡村社会绅权自治的状态发生了根本性的改变，国家权力开始由传统的县一级下移至乡镇村庄。在新与旧的交替交融中，人们既可以看到国家权力的下移与地方原有权力群体的冲突③，也可以看到不同利益群体为了自身利益而不惜相互攻讦的事实④。保甲制度犹如一块巨石

---

① 张洋：《基层民主：从政治形态到生活方式》，《人民日报》2012 年 12 月 19 日，第 17 版。

② ［美］塞缪尔·P. 亨廷顿：《变化社会中的政治秩序》，王冠华等译，上海世纪出版社 2008 年版，第 41 页。

③ 柳德军：《二十世纪四十年代甘南藏区保甲制度之推行》，《历史研究》2017 年第 5 期。

④ 柳德军：《民国保甲诉讼中的"罪名"与"罪行"——以甘肃保甲讼案为中心》，《甘肃社会科学》2017 年第 4 期。

投入乡村社会这片宁静的水面，从而泛起的各种涟漪均将成为保甲制度推行过程中难以回避的附加物。

当然，保甲制度是否健全、能否行之有效，亦与其两大支柱——经费与人才紧密相连。国民政府拮据的保甲经费和落后的国民教育，成为保甲制度运行中的两大瓶颈。民国时期的保甲长系属义务职，而政府能给予之"办公费少至一元，故民间有管教养卫四件事，衣食住行一块钱的歌谣"①。而战争年代沉重的兵役钱粮，则进一步加深了普通民众对保甲制度的疑惧，加剧着普通民众与乡镇保甲长之间的冲突。而这种情形的发展结果是，保甲长不仅要义务从公，而且工作繁重，抗战的爆发及其持续进行，进一步加重了乡镇保甲长的责任，"致其本职业往往无从兼顾"，更为甚者，当时乡镇组织尚未健全，"一切政令均赖保甲推行，处理万一不当，政府之斥责、人民之怨恨汇集一身，以致公正廉明之士视为畏途，土劣地痞乘机活动，往往借保甲之名行勒索敲诈之事，此其影响，实甚重大"②。由此可见，20 世纪 40 年代的乡镇保甲长已处于国家权力与普通民众的双重压力下进退失据，这从民国时期频繁的保甲诉讼中亦能窥视出战争年代乡镇保甲长尴尬的地位和处境。

不过，从 20 世纪三四十年代民众对于乡镇保长的频繁诉讼以及省县政府的处理结果中可以看出，保甲制度的运作及其功能，在很大程度上仍依赖于乡村精英的认同和支持，甚至在乡村社会形成官、绅、民利益的适度平衡与互动。正如孔飞力所说："辛亥革命前后，农村名流并不因科举制度和旧政权给予的特权被取消而消失；农村名流以什么方式改变了自己的特征，又以什么方式去适应变化了的环境，这些必定是近代中国社会史研究的中心问题。"③ 这一问题从民国乡镇保甲长的群体构成中似乎寻得了答案。虽然科举制的废除使得原有的乡村士绅阶层逐渐衰落，但乡村名流基于自身特有的地位和财富，仍然身居乡村社会之翘楚。虽然国家权力的下移和乡镇机构的设立在一定程度上侵蚀着原有的乡村秩序，但乡村名

---

① 阮毅成：《保甲与自治》，《民意》（汉口）1938 年第 33 期。

② 倪渭卿：《保甲制度之推进及其问题》，《黄埔》（重庆）1939 第 2 卷第 6 期。

③ ［美］孔飞力：《中华帝国晚期的叛乱及其敌人》，谢亮生等译，中国社会科学出版社1990 年版，"前言"第 4 页。

流仍然是国家权力拉拢的对象。20世纪30年代乡镇保长大多由乡村精英担任的事实，在一定程度上道出了乡村精英在科举制度废除后的出路选择。

不过，无论基于何种理由，民国时期乡镇保甲人员整体形象的"劣化"则成为一个不争的历史事实，并为其"群体记忆"刻下了一道深刻的历史烙印。南京国民政府试图改革中国基层政制的尝试为何会以乡镇保甲人员群体形象的"劣化"而匆匆收场？无论在时人眼中还是在文人笔下，民国乡镇保甲长为什么都是丑态百出，贪得无厌的卑劣之徒？作为公正的"历史记忆"为什么只是留下了他们的斑斑劣迹？综观民国保甲制度运行之全过程，民国乡镇保长群体之所以会以"劣迹斑斑"的形象进驻人们的头脑，其原因一方面固然是出于对真实过去的历史性回忆，另一方面则是缘于后来文人学者的形象宣传。因为人们头脑中的"过去"并不是客观实在的，而是一种社会性的建构，回忆永远是在回忆的对象成为过去之后。人们如何建构和叙述过去在很大程度上取决于他们当下的理念、利益和期待。记忆是社会中不同人群争夺的对象，也是他们之间权力关系的指标。① 不难发现，作为公众记忆沉淀而成的历史记忆也并不是对过往或逝去历史的单纯的记忆、回忆，尤其是当其作为一种集体记忆并被社会认同时。

事实上，民国时期的乡镇保长并不都如记忆所及的那样"贤者不为，为者不贤"，好保长的形象在时人的记述中亦有反映，尽管这种形象并非时代之主流。1939年《萧山日报》上连载小说《老保长》，以极具乡土特色的文字，记述了一个大字不识的老保长因德高望重而被屡次推选为保长的事例。故事中的老保长虽在办理保校过程中因看不懂公文而遭到个别村民的嘲讽，但老保长办好保校之决心，以及该村保校的顺利开办，最终为自己赢得了"面子"，亦赢得了保民们的信任。② 事实上，这类好保长的记载亦非一例。抗战结束后，吴兴县乡镇长联系会编印的《乡镇自治》中曾连载过《女保长》的故事，其中生动地描述了一位年轻的女保长王

① M. Halbwachs, "Individual Consciousness and Collective mind", *American Journal of Sociology*, Vol. 44, Issue 6 (May 1939), pp. 812 – 822.

② 丰箫:《善恶之间: 南京国民政府时期保长形象的游移》,《学术月刊》2010年第10期。

莉在办理保校过程中的遭遇及其智慧应对。当面对近代教育与乡土文化的激烈碰撞时，女保长在尊重民众风俗习惯及乡村信仰的基础上，成功地推动了保校的开设和乡村公共卫生事业的进行，从而赢得了民众的认同和对其工作的支持。[①]

然而，这些乡镇保长的良好形象为什么不能成为历史的片段记忆？相反沙汀、茅盾等人塑造的恶保长形象却能够深入民间，并进而成为公众记忆？沙汀、茅盾等人塑造的保长形象之所以深受人们喜爱，不光是因为他们对保长的刻画入木三分，更是由于他们所塑造的保长形象在一定程度上迎合了人们对乡镇保长长期积淀的痛恨心理，并使曾经身历其境的人们重新回到了从前的"历史"。这种单向性的刻画和描写与普通民众的心理的重合，构成了民国时期乡镇保长长时段的"历史记忆"。

[①] 《女保长》，浙江省湖州市档案馆藏，档号：313—1—375。转引自丰箫《善恶之间：南京国民政府时期保长形象的游移》，《学术月刊》2010 年第 10 期。

参考文献

一 未刊档案

（1）甘肃省政府档案：4（全宗号）—8（目录号）—440（案卷号），4—8—448，620，621，622；4—4—164，176；4—5—515；4—1—341. 藏甘肃省档案馆。

（2）甘肃省民政厅档案：15—17—117，226，135，136，137，138，139，140；15—16—85，196，198；15—15—28，90，323，370，373，450，459，461，651，664，666，667，672；15—14—22，50，108，113，248，310，328，394，410，416，422，463，486，496，512，516，520，525，527，529，531，541，535，556；15—13—70；15—12—194，205，527；15—9—5，6，7，8，240，458；15—7—451；15—6—263. 15—3—368. 藏甘肃省档案馆。

（3）甘肃各县市档案：72—1—76，204；32—1—375；14—1—477，591；26—1—29，312；16—4—415；20—1—187. 藏甘肃省档案馆。

二 民国报刊

《申报》《大公报》《中央日报》《甘肃省政府公报》《甘肃民国日报》《西北日报》《新华日报》《中国建设》《永安月刊》《地方行政》《时事类编》《中国漫画》《光华大学半月刊》《东方杂志》《时代动向》《力行月刊》《民意周刊》《胜利》《县训周刊》《新政治月刊》《国民外交杂志》《地方自治》《抗战农村》《战斗周报》《民众动员》《国民公论》《中国法学杂志月刊》《南潮月刊》《中央导报》《浙江青年》《苏声月刊》《警高月刊》《服务月刊》《浙江省地方行政干部训练团团刊》《地方自治》《现代农民》《宪政月刊》《闽政月刊》《训练月刊》《战时生活》

《民力周刊》《新西康月刊》《青年月刊》《黄埔》《地方行政》《民教指导》《文化建设》《行政效率》《是非公论》《新生中国》《新路周刊》《陇铎月刊》《县政研究月刊》《线路半月刊》《民族杂志》《新中华》《现代读物》等。

三 经典文献

《马克思恩格斯选集》第 2 卷，人民出版社 2012 年版。

《马克思恩格斯选集》第 4 卷，人民出版社 2012 年版。

《毛泽东选集》第 1—4 卷，人民出版社 1991 年版。

《毛泽东文集》第 1—2 卷，人民出版社 1993 年版。

《毛泽东文集》第 3—5 卷，人民出版社 1996 年版。

《毛泽东文集》第 6—8 卷，人民出版社 1999 年版。

四 资料汇编

甘肃省志编纂委员会编：《甘肃省志·大事记》第 2 卷，甘肃人民出版社 1989 年版。

甘肃省档案馆编：《甘肃历史人口资料汇编》第二辑（上、下册），甘肃人民出版社 1998 年版。

甘肃省政协文史资料委员会编：《甘肃文史资料选辑》，第 1、3、4、7、8、11、13、21、24、25、41 辑，甘肃人民出版社 1986、1987、1987、1980、1980、1981、1982、1985、1986、1987、1996 年版。

荣孟源主编：《中国国民党历次代表大会及中央全会资料》（上册），光明日报出版社 1985 年版。

台北"国史馆"编：《蒋中正总统档案·事略稿本》（1—38），台北"国史馆"2003—2005 年版。

张研、孙燕京主编：《民国史料丛刊》（77），大象出版社 2009 年版。

中国第二历史档案馆编：《中华民国史档案资料汇编》，第 4 辑，第 1 册，江苏古籍出版社 1991 年版。

五 学术著作

陈秉渊：《马步芳家族统治青海四十年》，青海人民出版社 2007 年版。

陈高傭：《抗战与保甲运动》，商务印书馆 1937 年版。

陈赓雅：《西北视察记》，甘肃人民出版社 2002 年版。

陈万里：《西行日记》，甘肃人民出版社 2002 年版。

从翰香：《近代冀鲁豫乡村》，中国社会科学出版社 1995 年版。

方希孟：《西征续录》，甘肃人民出版社 2002 年版。

费孝通：《江村经济——中国农民的生活》，商务印书馆 2001 年版。

费孝通：《内地农村》，上海生活书店 1946 年版。

费孝通：《乡土中国》，生活·读书·新知三联书店 1985 年版。

费孝通：《乡土重建》，岳麓书社 2011 年版。

费孝通、吴晗：《皇权与绅权》，岳麓书社 2012 年版。

费孝通主编：《社会学概论》，天津人民出版社 1984 年版。

冯天瑜：《中国文化史断想》，华中理工大学出版社 1989 年版。

高亨庸：《保甲长之任务》，正中书局 1947 年版。

高良佐：《西北随轺记》，甘肃人民出版社 2003 年版。

谷苞主编：《西北通史》，第 5 卷，兰州大学出版社 2005 年版。

顾颉刚：《西北考察日记》，甘肃人民出版社 2002 年版。

顾执中：《西行记》，甘肃人民出版社 2003 年版。

侯鸿鉴、马鹤天：《西北漫游记·青海考察记》，甘肃人民出版社 2003
　年版。

黄强：《中国保甲实验新编》，正中书局 1935 年版。

黄宗智：《华北的小农经济与社会变迁》，中华书局 2006 年版。

黄宗智：《清代的法律、社会和文化：民法的表达与实践》，上海书店
　2007 年版。

黄宗智：《长江三角洲小农家庭与乡村发展》，中华书局 2000 年版。

朗擎霄：《保甲运动之理论与实际》，大东书局 1930 年版。

李长莉、左玉河主编：《近代中国的城市与乡村》，社会科学文献出版社
　2006 年版。

李世众：《晚清士绅与地方政治——以温州为中心的考察》，上海人民出
　版社 2006 年版。

李烛尘：《西北历程》，甘肃人民出版社 2003 年版。

李宗黄：《现行保甲制度》，中华书局 1945 年版。

林竞:《蒙新甘宁考察记》,甘肃人民出版社 2003 年版。

林鹏侠:《西北行》,甘肃人民出版社 2002 年版。

刘进:《中心与边缘——国民党政权与甘宁青社会》,天津古籍出版社 2004 年版。

刘文海:《西北见闻记》,甘肃人民出版社 2003 年版。

马鹤天:《甘青藏边区考察记》,甘肃人民出版社 2003 年版。

马无忌:《甘肃夏河藏民调查记》,文通书局 1947 年版。

毛独时:《战时保甲的实施》,大众书局 1938 年 7 月版。

孟广涵主编:《国民参政会纪实》(上卷),重庆出版社 1987 年版。

裴景福:《河海昆仑路》,甘肃人民出版社 2002 年版。

钱穆:《现代中国学术论衡》,岳麓书社 1986 年版。

邱捷:《晚清民国初年广东的士绅与商人》,广西师范大学出版社 2012 年版。

冉绵惠:《民国时期四川保甲制度与基层政治》,社会科学文献出版社 2010 年版。

阮毅成:《地方自治与保甲制度》,独立出版社 1939 年版。

陶保廉:《辛卯侍行记》,甘肃人民出版社 2002 年版。

王奇生:《党员、党权与党争——1924—1949 年中国国民党的组织形态》,华文出版社 2011 年版。

王树民:《曙庵文史杂著》,中华书局 1997 年版。

王先明:《变动时代的乡绅:乡绅与乡村社会结构变迁 1901—1945》,人民出版社 2009 年版。

魏光奇:《官治与自治——20 世纪上半期的中国县治》,商务印书馆 2004 年版。

魏光奇:《有法与无法——清代的州县制度及其运作》,商务印书馆 2010 年版。

闻钧天:《中国保甲制度》,商务印书馆 1935 年版。

谢觉哉:《谢觉哉日记》(上卷),人民出版社 1984 年版。

谢晓钟:《新疆游记》,甘肃人民出版社 2003 年版。

徐炳昶:《西游日记》,甘肃人民出版社 2002 年版。

徐勇:《非均衡的中国政治:城市与乡村比较》,中国广播电视出版社

1992 年版。

许涤新、吴承明主编：《中国资本主义发展史》第 3 卷，人民出版社 2003
年版。

宣侠父：《西北远征记》，甘肃人民出版社 2002 年版。

严正德、王毅武主编：《青海百科大辞典》，中国财政经济出版社 1994
年版。

杨天宏：《口岸开放与社会变革——近代中国自开商埠研究》，中华书局
2003 年版。

杨钟健：《西北的剖面》，甘肃人民出版社 2003 年版。

叶木青：《中国保甲制度之发展与运用》，世界书局 1937 年版。

于建嵘：《岳村政治——转型期中国乡村政治结构的变迁》，商务印书馆
2011 年版。

张恨水、李孤帆：《西游小记·西行杂记》，甘肃人民出版社 2003 年版。

张仲礼：《中国绅士》，上海社会科学院出版社 1991 年版。

章开沅、马敏、朱英主编：《中国近代史上的官绅商学》，湖北人民出版
社 2000 年版。

周联合：《自治与官治——南京国民政府的县自治法研究》，广东人民出
版社 2006 年版。

周希武：《宁海纪行》，甘肃人民出版社 2002 年版。

周晓虹：《传统与变迁：江浙农民的社会心理及其近代以来的嬗变》，生
活·读书·新知三联书店 1998 年版。

周中一：《编整保甲须知》，商务印书馆 1944 年版。

朱德新：《二十世纪三四十年代河南冀东保甲制度研究》，中国社会科学
出版社 1994 年版。

［美］杜赞奇：《从民族国家拯救历史——民族主义话语与中国现代史研
究》，王宪明等译，江苏人民出版社 2009 年版。

［美］杜赞奇：《文化、权力与国家——1900—1942 年的华北农村》，王
福明译，江苏人民出版社 1995 年版。

［美］费正清：《美国与中国》，张理京译，世界知识出版社 2003 年版。

［美］费正清：《剑桥中华民国史》（上卷），杨品泉等译，中国社会科学
出版社 1994 年版。

［美］费正清、费维恺编：《剑桥中华民国史》（下卷），刘敬坤等译，中国社会科学出版社 1994 年版。

［德］哈拉尔德·韦尔策编：《社会记忆：历史、回忆、传承》，季斌等译，北京大学出版社 2007 年版。

［美］李怀印：《华北村治——晚清和民国时期的国家与乡村》，岁有生等译，中华书局 2008 年版。

［美］塞缪尔·亨廷顿：《变化社会中的政治秩序》，王冠华、刘为等译，上海世纪出版社 2008 年版。

［美］施坚雅：《中国农村的市场和社会结构》，史建云等译，中国社会科学出版社 1998 年版。

［德］马克斯·韦伯：《新教伦理与资本主义精神》，于晓等译，陕西师范大学出版社 2006 年版。

［美］齐锡生：《中国的军阀政治（1916—1928）》，杨云若等译，中国人民大学出版社 2010 年版。

［美］易劳逸：《毁灭的种子：战争与革命中的国民党中国 1937—1949》，王建朗等译，江苏人民出版社 2009 年版。

六　学术论文

陈谦平：《国际化发展：中华民国史研究的新视角》，《近代史研究》2012 年第 1 期。

陈兴唐、韩文昌、潘绪贤：《冯玉祥与甘肃"雷马事变"》，《民国档案》1986 年第 3 期。

戴巍：《妥协与冲突：南京国民政府时期甘南藏区保甲推行及其绩效考查》，《历史教学》2012 年第 3 期。

丰箫：《善恶之间：南京国民政府时期保长形象的游移》，《学术月刊》2010 年第 10 期。

丰箫：《1946—1947 年海宁县的户政》，《中国农史》2009 年第 2 期。

龚喜林：《抗战时期国民政府征兵过程中农民的生存与反抗》，《历史教学》2012 年第 22 期。

龚汝富：《民国时期江西保甲制度引发的经济纠纷及其解决——以宜丰、万载两县保甲诉讼档案为中心》，《中国经济史研究》2007 年第 3 期。

贺跃夫：《孙中山的地方自治观与南京政府之实践》，《中山大学学报论丛》1995 年第 5 期。

柳德军：《民国时期甘南藏区保甲编组中的利益冲突与调适——以夏河县"尕旦拉哈和小坞"之争为中心》，《求索》2013 年第 5 期。

柳德军：《南京国民政府与西北地方实力派的冲突与调适——以"孙马事件"为中心的考察》，《民国研究》2013 年春季号。

李银河：《论村落文化》，《中国社会科学》1993 年第 5 期。

李伟中：《南京国民政府的保甲制新探——20 世纪三四十年代中国乡村制度的变迁》，《社会科学研究》2002 年第 4 期。

李德芳：《保甲与自治关系考》，《北京师范大学学报》2002 年第 1 期。

李国青：《南京国民政府时期保甲与地方自治关系探论》，《求索》2010 年第 4 期。

李强、侯杨方：《1940 年代末江南地区人口与家庭的微观分析——以保甲户籍册资料为中心》，《西北人口》2009 年第 2 期。

李常宝：《民意迟滞下的国家政治期待：再论抗战期间国统区兵役行政》，《学术论坛》2012 年第 2 期。

李金铮：《发展还是衰落：中国近代乡村经济的演变趋势》，《史学月刊》2013 年第 11 期。

卢毅彬：《控制与消解——国民政府时期甘肃保甲制度研究》，硕士学位论文，兰州大学，2006 年。

马敏：《过渡特征与中国近代社会形态》，《历史研究》1989 年第 1 期。

马俊亚：《20 世纪二三十年代的乡村危机：事实与表述》，《史学月刊》2013 年第 11 期。

冉绵惠：《抗战时期国统区"抓壮丁"现象剖析》，《史林》2009 年第 4 期。

沈成飞：《视导保甲政务与提高基层行政效率——以抗战时期的广东国统区为例》，《中山大学学报》2012 年第 3 期。

沈成飞：《抗战时期广东国统区保甲长群体研究》，《抗日战争研究》2009 年第 4 期。

沈成飞：《国家权力和乡村势力间的调适与冲突——抗战时期广东黄冈保甲示范乡透视》，《中山大学学报》2006 年第 2 期。

尚季芳：《控制与消解：从保甲长的难局看国民政府时期的地方基层社会》，《历史教学》2010 年第 6 期。

汤水清：《施压与抵制——从"窃线"案件看 1940 年代后期国家权力与乡村社会的关系》，《近代史研究》2013 年第 4 期。

王先明：《历史记忆与社会重构——以清末民初"绅权"变异为中心的考察》，《历史研究》2010 年第 3 期。

王先明：《从自治到保甲：乡治重构中的历史回归问题——以 20 世纪三四十年代两湖乡村社会为范围》，《史学月刊》2008 年第 2 期。

王先明：《辛亥革命后中国乡村控制体制的演变——民国初期的乡制演变与保甲制的复活》，《社会科学研究》2003 年第 6 期。

王先明、常书红：《晚清保甲制的历史演变与乡村权力结构》，《史学月刊》2000 年第 5 期。

王先明：《试论城乡背离化进程中的乡村危机——关于 20 世纪 30 年代中国乡村危机问题的辨析》，《近代史研究》2013 年第 3 期。

王云骏：《民国保甲制度兴起的历史考察》，《江海学刊》1997 年第 2 期。

武乾：《南京国民政府的保甲制度与地方自治》，《法商研究》2001 年第 6 期。

王云骏：《从自治到保甲：民国时期社会管理的政治学分析——基于南京推行地方自治的历史考察（1927—1937）》，《暨南学报》2013 年第 8 期。

王倩、石庆海：《1936 年安徽保甲户口编查数据的考查》，《南方人口》2011 年第 3 期。

翁有为：《从 20 世纪三四十年代乡村的生存与出路看社会转型问题》，《史学月刊》2013 年第 11 期。

谢增寿：《国民党南京政府保甲制度述论》，《西华师范大学学报》1984 年第 4 期。

肖如平：《从自卫到自治——论国民政府的保甲制度》，《历史档案》2005 年第 1 期。

夏卫东：《南京国民政府时期的户口查记制度——以浙江为例》，《民国档案》2008 年第 3 期。

杨焕鹏：《论南京国民政府时期保甲性质的转变——以浙江省为中心》，

《鲁东大学学报》2009 年第 6 期。

原世聪：《南京国民政府时期甘肃民众控告县长研究》，硕士学位论文，西北师范大学，2016 年。

张维迎、邓峰：《信息、激励与连带责任——对中国古代连坐、保甲制度的法和经济学解释》，《中国社会科学》2003 年第 3 期。

赵小平：《国民党保甲制述论》，《许昌学院学报》1990 年第 3 期。

赵世瑜：《传说·历史·历史记忆——从 20 世纪的新史学到后现代史学》，《中国社会科学》2003 年第 2 期。

朱德新：《三十年代的河南统治者与保甲行政人员》，《史学月刊》1999 年第 1 期。

张皓：《民国时期乡村自治推行之前因后果——从"民国乡村自治问题研究"谈起》，《史学月刊》2003 年第 5 期。

张济顺：《沦陷时期上海的保甲制度》，《历史研究》1996 年第 1 期。

朱德新：《略论日伪保甲制在冀东的推行》，《河北学刊》1993 年第 2 期。

朱国斌、郭宝平：《寻求控制和参与之间平衡的尝试———论 20 世纪上半叶中国的地方自治》，《社会科学辑刊》2000 年第 5 期。

七　外文资料

Blum, R. and Blum, E., *Health and Healing in Rural Greece*, Stanford, Calif. : Stanford University Press, 1955, p. 128.

M. Halbwachs, "Individual Consciousness and Collective mind", *American Journal of Sociology*, Vol. 44, Issue 6 (May 1939).

Min Tu-ki, *National Polity and Local Power*：*The Transformation of Late Imperial China*, Cambridge, Mass, 1989.

Sir Thomas Browne, "Hydriotaphia-Urne-Burial, or, A brief Discourse of the Sepulchral Urnes Lately Found in Norfolk (1658)", in：Sir Geoffrey Keynes [Hg.], *Selected Prose of Thomas Browne*, London, 1976.

后　　记

　　2011 年是我幸运的一年。这一年，我终于结束了长达三年的考博旅程，成为南京大学博士生的一员，并幸运地忝列陈谦平先生之门墙。这一年，我告别了"喝喝小酒打打牌"的悠闲自得的生活，从生活宜人的天水赶赴心慕已久的南京，只为实现心中的博士梦。

　　记得刚入南京大学，一切都是那么的新奇。抱着"争取三年，力求四年，保证五年"的博士毕业计划，求学第一年的我，与同届好友龙天贵、段锐、李凤成、陈志刚等，几乎走遍了南京大学附近的村道小巷，享尽了南京旧书店的精彩时光，尝遍了附近小饭店的各色美味，至今回忆，仍心向往之。

　　也许是有了六年的工作经历，使我更加珍惜来之不易的求学机会。在南京大学精致的校园栏内，随时可以看到各种讲座信息，也随时能够聆听各学科大咖的学术讲座。不过，在我看来，认真听取本专业教授的系统授课，感受他们在本专业领域高屋建瓴的学术认知，学习和模仿他们的研究思路和方法，更是求学之正途。

　　"板凳宁做十年冷，文章不写一句空"，不仅是南京大学的史学传统，亦是陈谦平先生始终坚守的治学本真。正如其本人在《民国对外关系史论（1927—1949）》一书中所言："本人生性懒散，又是完美主义者，自认非绝对满意之作而不投稿，所以在学术刊物上发文不多。"先生所言之生性懒散，作为学生，未曾发现，只是与其偶遇校园，唯见其步履匆匆。至于发文不多，但数亦近百，且篇篇精致。作为学生，不及万一，但力求模仿。自读博以来，深受先生实证研究之影响，以至于从学从教，都力求本真。博士论文选题，亦是在甘肃省档案馆蹲点一年，抄录近百万字档案史料后，才在先生的指导下最终确定。先生于我，亦师亦父，唯有不断努力，方不负先生培养之恩。

本书是在博士学位论文的基础上修改而成，从成稿到出版，前后历经九年有余，部分内容在修改过程中已有发表，但为了使本书严密规范，在出版之前，本人又对本书的史料、语言文字和论点作了反复的订正。与其说本书最大之特点是用甘肃省档案馆馆藏之档案，系统论述了 20 世纪三四十年代甘肃保甲制度的实践逻辑，还不如说本书的最大亮点是更加注重国民政府保甲制度推行中"人"的因素，唯有通过对保甲实践活动中"人"的叙述，才能更好地揭示保甲制度推行中不同社会地位的"人"的生活，才能更加深刻地理解民国时期乡村社会的权力结构和人生百态。

在本书即将付梓之际，想说的话很多，又不知从何说起，感恩的心常有，又不知如何表达。十年前的我，学术上无知无畏，信心百倍；现在的我，虽初窥学术门径，却畏首畏尾。幸运的是，在我学术道路上，遇到了诸多"贵人"相扶，从而使我的学术发展"顺风顺水"。真的，也许一个人的发展，不仅需要自身努力，而且需要运气，更加需要人气，而我的运气和人气更好一些罢了。

感谢我的父母，在我已近不惑之年，还要辛劳奔波，抚育孙辈。感谢我的爱人崔丽霞，为我抚育着一双优秀儿女，而且承担着家中的大小事务，给了我一个宽松悠闲的学习环境。感谢山西大学近代中国研究所岳谦厚教授的提携，近代中国研究所的五位老师，亲如兄弟姐妹，和谐融洽。感谢山西大学马克思主义学院对本书出版的大力资助。感谢中国社会科学出版社对几无市场利润的历史学术著作出版的积极支持，对他们扶持青年学者和无私奉献的精神表示衷心的敬意。

学术成果已出，唯有抱诚惶诚恐之心，期待着读者的批评。

2023 年 2 月 28 日于陕西师范大学文汇楼 502 室